唐 晋 ■ 主 编
刘宏伟　周 毅 ■ 副主编

大国崛起

以历史眼光和全球视野
解读 15 世纪以来 9 个世界性大国崛起的历史

人民出版社

目录 / Contents

前　言　/01

一、努力推进中国的和平崛起　/02

二、寻求积极的战略互动　/05

三、适应世界政治特征的演变　/08

第一章　第一个殖民大国葡萄牙　/001

一、在与阿拉伯人的战斗中成长　/002

二、向未知探索　/008

三、瓜分世界：教皇子午线　/017

四、建立殖民帝国　/024

五、启示　/041

第二章　美洲大陆的主宰西班牙帝国　/045

一、光复伊比利亚　/046

二、伟大的地理大发现　/052

三、疯狂冒险的西班牙人　/062

四、野蛮贪婪的财富掠夺者　/070

五、争霸欧洲　/077

六、"黄金漏斗"西班牙　/085

七、启示　/089

第三章　金融资本家荷兰　/090

一、由尼德兰到荷兰　/091

二、17世纪发展经济的模范国家　/098

三、殖民扩张大发横财　/104

四、确立海上霸主地位　/112

五、在竞争中衰落　/115

六、启示　/118

第四章　从"快乐的英格兰"到"日不落帝国"　/119

一、在风雨中磨炼　/121

二、强国萌芽：资本主义经济的兴起　/126

三、建立现代民主政治　/133

四、工业革命：英国世界霸权形成的前提　/138

五、日不落帝国　/146

六、越过强盛的巅峰　/155

七、总在弱势一方的砝码　/163

八、启示　/170

第五章　陆上强权法兰西　/171

一、高卢人与法兰克人　/172

二、从封建割据到政治统一　/175

三、王权的绝对与相对　/182

四、启蒙运动的兴起与法国大革命　/194

五、拿破仑的崛起与第一帝国的兴亡 /199

六、三十年的退缩与普法战争的惨败 /210

七、启示 /220

第六章　夹缝中的德意志　/221

一、这块土地上的1789个独立政权 /222

二、为什么是普鲁士 /232

三、铁血宰相俾斯麦 /243

四、强大的德国：是福是祸？ /251

五、启示 /262

第七章　东方列强日本　/264

一、中国的学生 /265

二、布国威于四方 /271

三、上下一致学西方 /282

四、万世一系的近代天皇制 /294

五、武力扩张、争霸东亚的不归路 /300

六、启示 /311

第八章　好霸争强的俄罗斯　/313

一、由莫斯科公国到莫斯科王国 /315

二、"西化"的彼得大帝 /321

三、东征西讨的叶卡捷琳娜二世 /327

四、欧洲大陆上最强大的军队 /334

五、帝国主义列强锁链上最弱的一环 /339

六、苏联时期 /348

七、启示 /363

第九章 美国：从蚂蚁到大象　/365

一、从定居点到美国　/366

二、向西、向西、向西　/375

三、美洲是美洲人的美洲　/381

四、资本主义经济的一统天下　/387

五、新贵与老欧洲　/394

六、启示　/403

后　记　/407

前 言

世界历史波澜壮阔，大国兴衰构成了其中重要的篇章。长期以来，不知有多少学者和政治家呕心沥血去探寻其中的逻辑线索，产生了多少启迪今天的宏论巨著和丰富实践。然而，大国兴衰又是难有最终答案的难解之谜，这不仅在于问题本身具有的复杂性，而且也由于世界在变化，历史在进步，不同国家兴衰的轨迹不可能简单重复。由此而来，有关大国兴衰的探讨也就永远不会过时。

15世纪以来，葡萄牙、西班牙、荷兰、英国、法国、德国、日本、俄罗斯、美国这九个先后崛起的国家，在历史兴衰和发展方面具有典型的意义。阐述其发展历史，探寻其发展轨迹，总结其经验教训，对于今天的中国尤其大有裨益。

以史为鉴，面向未来。随着持续而强劲的发展，中国已经进入民族复兴的关键时期，与此同时中国与外部世界的关系也已经发生了重大而深刻的变化。有西方战略家甚至认为：中国崛起成为一个大国，将是21世纪国际关系中最为确定的发展趋势之一，中国和世界其他国家如何调整彼此间的实力和利益，已经成为我们这个时代的关注中心。姑且不论这种认识具有多少简单线性思维的成分在里面，中国应如何推进民族的伟大复兴以及应对中国与国际体系关系的深刻调整，却是难以回避的重大课题。

一、努力推进中国的和平崛起

半个多世纪以来，世界特别是亚洲出现了一些重大变化。在基本和平的国际环境下，一些国家包括中国先后经历了经济起飞，走上了经济现代化的道路。这些事实为和平崛起提供了实践上的认识基础。实践证明：国家自身的完善、社会组织和国民素质的提高是实现现代化的前提和最大要素；在经济全球化的条件下，利用和创造条件适应国际经济结构的变化，发展中国家可以获得某种"后发优势"，实现跨越式发展。

有一些基础性因素决定了中国在国际体系中的地位。悠久的历史、灿烂的文明、辽阔的疆域、众多的人口以及具有强劲生命力的战略传统决定了中国无法不显示其重要性。尤其从现有实力和发展潜力上看，中国是一个充满活力的最大的发展中国家，是世界上为数不多的在经济、政治、文化、军事等不同领域具有综合实力和潜力的国家之一，由此也决定了中国必然具有长期的国际政治抱负。如果再考虑到从20世纪70年代末以来快速的经济增长、社会发展及引起的各种连带效应，中国的实力得到迅速提高，发展的潜力越来越多地显现出来，受到世界日益增多的关注。与此相关联，中国积极参与到越来越多的国际经济、政治和安全体制中来，在世界范围尤其在亚太地区发挥着举足轻重的影响。

值得注意的是，任何国家都不可能一帆风顺长期直线发展，中国的现代化进程不可能在短期内完成，其间甚至可能遇到意想不到的困难；而在国际体系中，尤其在政治、安全和思想领域中国远非处于主动地位，甚至还需要去努力化解所谓"崛起困境"。因此可以理解，改革开放以来的中国保持了比较积极但相对低调的外交姿态，那就是邓小平反复告诫中国人要谦虚谨慎，要多做实事，少说空话，不争一日之短长，不扛旗，不打头阵，不引火烧身，不将西方的矛盾集中在自己身上，而是一心一意搞好现代化建设。同时坚持独立自主的和平外交政策，在国际事务中发挥重要建设性作用。

关于中国未来的崛起前景，有学者做了非常系统的研究，其中不乏深入的分析。感觉欠缺的是，许多作品对崛起前景和过程的展望往往显得过于乐观，研究中过多采用的是线性的分析方法。战略思考需要立足于消除威胁并寻求达成目的的有效途径。我们当然愿意看到中国未来可观的前景，但是中国现代化的困难并不仅仅是前进过程中的伴随品，而是稍微松懈就随时可能酿成严重的危机，其中经济和社会的结构性问题尤其值得高度警惕。有分析认为："到2020年，中国将成为世界上最大的经济实体，占世界GDP总量比重将达到22%，高于美国所占比重（20%），中国的人均GDP水平相当于美国的1/4，属于中等发达国家。"不论这种分析是否过于乐观，在我们看来，前景固然光明，但过程也许更重要，对于可能出现的经济结构性危机，对于可能的世界性经济动荡，我们做好充分准备了吗？

关于"崛起困境"，它与"安全困境"相似，但不完全等同于"安全困境"。"安全困境"强调在无政府状态的国际体系中国家之间相互恐惧的关系，而"崛起困境"则是在此基础上崛起的国家在扩展体系影响力的过程中所必然遭遇体系施加的限制，承受较大的安全压力。就如同修昔底德看到的伯罗奔尼撒战争一样，"雅典势力的增长，引起斯巴达人的恐惧，从而使战争成为不可避免的了"。20世纪90年代初期开始盛行，至今仍有市场的"中国威胁论"的基本逻辑也在这里。

中国致力于民族的复兴，并不是向现有国际体系及其秩序挑战，近40年的快速发展在很大程度上得益于融入国际体系的开放政策。当然，随着对外关系的深入，中国进一步体会到国际秩序并不是中性的，存在严重的权力分配失衡，也时常受到来自霸权国家和体系主导国家的防范和遏制。中国与西方国家政治体制不同、文化禀赋不同，一些国家对中国的发展存在很深的疑虑，甚至将中国定位为潜在的最大战略对手。20世纪80年代末90年代初期以来我国在外交上遇到的种种困难，包括中美关系的起伏和"台独"势力的猖獗，都与一些国家的遏制政策紧密相关，并将在未来较长时期继续困扰中国。

这里要强调的是，仅仅注重霸权国家和体系主导国家的政策约束还远远不够，这仅仅是"崛起困境"的直观表象。在我们看来，当前国际体系赖以存在的资本扩张与集聚的逻辑带来的影响更为隐蔽，同时也更为重要，它对后发国家具有无形但却持久的惯性制约。在国家间相互联系日趋强化的新的国际关系背景下，这种惯性在加强，对后发国家的影响更具基础性。

在国际体系发展的特定阶段，主要力量的分布与对比关系会维持相对固定的态势，如果没有大的战争这种基本态势更难以动摇。在体系演变中，存在维持其原有结构的内在要求，而后起的国家要冲破原有体系结构的限制而进入先进行列具有很大难度。有人也许看到了冷战结束以来国际格局的迅速变化，苏联的解体及随后大国力量的消长，然而问题在于，较长时期以来，不论格局的外在形式如何变化，其国际资本扩张和集聚的内核并没有发生实质性改变，由于西方国家强大的资本在全球化过程中占据了主导地位，全球化的发展甚至在很大程度上强化了这种格局的历史惯性。在世界范围资源有限、发展机会有限的条件下，不同发展水平的国家不可能拥有一样宽广的发展空间。

一个多世纪以来，还没有哪一个后进的大国能够跻身于发达国家行列。中国如果能够突破历史惯性的束缚实现现代化，必然成为当代世界的一个伟大创举，但目前没有任何条件允许我们低估过程中必须克服的艰难与困苦，中国在较长时期里都将保持发展中国家的身份，尽管是其中最大的。从这个角度，中国在对外关系中将长期处于战略守势，忽略这一点，战略思考就容易犯冒进的错误。中国与外部世界适应和调整彼此的关系，还需要很长的时间才能完成。而对于中国，如何处理好融入全球政治经济进程与保持必需的自主性之间的关系，仍然是战略筹划必须解决的问题。

一方面，历史证明，孤立于国际体系之外不可能跟上世界发展潮流，难免陷入更加落后被动的境地，向现有秩序挑战往往收效甚微甚至不得不承受巨大的压力；另一方面，完全做体系的追随者以求跻身强国之列，或超越现阶段国际体系的现实而追求世界范围的政治经济利益，要实现中国的崛起也无异于缘木求鱼，因为在当前资本扩张逻辑仍然占主导地位的国际体系中，在全球化深入发展的背景下，利益向少数人和少数国家倾斜的情况不仅没有发生根本变化，反而在总体上趋于强化。没有自主的体制和社会创新，现有世界体系不可能自动为有人口众多的中国提供现代化的空间。

二、寻求积极的战略互动

每个国家都有不同的战略文化和历史传统，有不同的战略偏好和历史际遇，同时也必然要在与外部世界的交往互动中调整战略和政策。国家之间尤其是大国之间的战略互动复杂而敏感，没有一成不变的单行线。历史的发展有规律可循，但并没有必然要经过的点。

国家与国际体系尤其是与主要大国的战略互动，对国家的命运产生重要的有时甚至是决定性的影响。持续40余年的美苏冷战对抗固然有权力争夺的基本成分，但是相互怀疑和敌对政策的循环刺激也是重要的动因，并使局面逐渐恶化，在失去法西斯这一过去必须共同面对的威胁后，意识形态的斗争最终主导了两国关系。随后一些事情的发展令许多人始料不及，其中包括中苏关系破裂、中美达成战略谅解等，它们对冷战最后的结局绝非无足轻重。

许多研究已经揭示：影响国家战略决策的因素众多，并且相互间具有非常复杂的作用关系。只集中于传统构成要素——国家实力、结构变化和外部威胁的战略筹划是不全面的，仅仅这些要素不能解释国家所做出的行动；与此同时，相互联系、观念变化及国内制度特征、集团的政治压力等要素在战略选择中也起着十分重要的作用。由此而形成的国家间战略互动必然是复杂的过程。这里我们可以更好地理解美国前国防部长佩里早些时候关于中美关系的精辟看法：中国和美国并没有注定走向冲突，他们最终是伙伴还是敌人，"将取决于政策而不是命运"。

中国采取不同的战略将可能产生迥异的效果，稳健而积极的参与和冒进而刚性的扩张之间有天壤之别；而其他国家不同的对华政策也必然引起相应的反应，强化防范和限制必然迫使中国寻求化解之道，而进行积极的沟通与协调，也许对谁都有益处。

但是，总有人相信大国政治必然导致悲剧的发生，认为国际体系是一个险恶而残忍的角斗场，要想在其中生存，国家别无选择，只得为权力而相互竞争。"在21世纪初期，美国可能面临的最危险前景是中国成为东北亚的潜在霸权国。""富裕的中国不可能是一个维护现状的大国，而将是一个决心获取地区霸权的雄心勃勃的国家。"这些言论实际是对问题采用单一逻辑的简单理解，没有看到国际条件的变化和世界政治的进化，与过去相比，国家战略选择的余地毕竟不一样了。

二战结束后，依据以往经验，人们对世界政治的本质认识仍然主要限于权力争夺，几乎不相信合作，所以才有冷战的出现。基于遭受西方列强欺压的惨痛历史，新中国成立后采取了向苏联一边倒的政策，并在困难重重的情况下敢于和外部强权抗争，进行了抗美援朝战争，从而极大提高了中国的国际地位。当然，后来由于对环境的变化没有予以足够的关注，脱离世界的潮流，过于强调斗争，一段时期把国家发展放在了一个封闭的环境里。对比那个时代，今天的国际环境毕竟比较宽松了，国家已经越来越难以做出比较极端的选择。

"中国威胁论""中国崩溃论""国际体系的挑战者"等诸多对于中国未来走向的武断预见之所以难以绝迹，一个原因是对国际政治的按某种逻辑所做的简单图画式解释，另一个原因在于中国崛起的过程远没有结束，没有比较完备的事实经验作为分析的依据。事实上，这也正是中华民族复兴过程中对我国战略研究提出的强劲挑战，同时也是国际关系研究经常遇到的困难，即"理论和经验工作的联系比较松散"，当然，无论如何，这也不能成为掩盖战略研究和国际关系研究相对落后和质量低下的借口。

冷战结束以来，中国与主要大国关系的发展显示出竞争与协调的总体平衡，中美关系虽然多次出现反复，但并没有陷入安全困境的恶性循环。邓小平说："中国威胁不了美国，美国不应该把中国当作威胁自己的对手。我们没有做任何一件伤害美国的事。"也许正因为如此，近年美欧一些国家对中国积极的评论有所增多。2005年9月，美国副国务卿佐立克在有关中美关系的讲话中提出，中国应成为国际社会"负责任的利益攸关者"，其中固然有约束中国的成分，但总体上表现出一个比较积极务实的定位。另外还有分析认为："中国的软实力正在不断增强，深厚的历史文化底蕴正散发巨大的能量吸引国际社会关注，'北京共识'成为世界争先效仿的发展模式，务实、主动的外交姿态获得认可。中国运用'软实力'实现和平崛起，打消其他国家的顾虑，已经取得了一些成果。"

中国的弱势地位不可能在短时期改变，要想达到预定战略目标，应防止与强权进行正面的直接对抗和碰撞，不应采取简单的直接路线，一般需要开发更广泛的战略资源和更广阔的回旋空间，经过曲折的道路和长期的努力。在互动过程中创造条件拓展机遇，是中国国家角色定位中必须考虑的因素，应避免逞一时之勇，赌国家之命运情况的出现。

强调国家间积极的战略互动，并不代表对待强权也要一味示好而损害国家的根本利益，和平是乞求不来的。在总体上处于守势，并不意味处处被动处处防范。无论是过去还是现在，从来没有哪个霸权国的实力强大到可以压制所有的真理和正义，何况中国长期以来的战略实践，已经积累了巨大的财富。要推进中国与国际体系的良性互动并有效维护国家安全，不仅要依赖或者越来越依赖强化相互信任和合作，而且也需要必备的战略威慑力，甚至具备打赢合法性战争的能力。

国家间互动固然重要，但也不能将其绝对化。在根本上，只有中国社会变革与进步的历程不可逆转，中华民族的复兴才可能最终得以实现。我们应该重视外部因素，但也不能为其左右，像中国这样的大国，除自强之外，无胜人之本。当然，推进与国际体系的良性互动，一方面不应蜕变为依附于他人，另一方面也要避免过于敏感而反应过度。中国社科院美国所研究员资中筠指出："百年来，中国人总是把自己应走的道路系于有关国家对自己的态度，因此总是走不出那个怪圈。""过去由于对西方的失望，转而以俄为师，结果不也是受欺辱吗？如果前苏联的道路真能使我强大，也不能因为它对我行大国沙文主义而不学。这个道理其实并不深奥……"

三、适应世界政治特征的演变

中国要想在21世纪里有较大的作为，就决不应该仅仅在国际竞争和互动的一般技巧上下功夫，更重要的是及时认清世界政治特征演变和发展大势，从而激发出更大的战略智慧，敏锐洞察未来世界可能的走势，及时消除自身存在的不适合未来发展的种种弊端，维护国家的安全和利益，谋求社会的全面发展。换言之，战略的使命，不是也不可能是为世界设计某种自以为是的结局，谁也不能凭借国家的力量把自己的奇思妙想、周密蓝图强加于客观世界，而只能审时度势，做历史发展允许做的事情。

从目前情况看，对中国未来产生影响的世界政治特征演变至少表现在以下几个方面。

第一，世界的整体性增强，国际体系对作为个体的国家的影响逐步强化，任何国家，包括中国甚至也包括美国，都应适应世界整体性带来的约束，顺应世界发展大势以求获取自身的利益。世界整体性增强，必然削弱大国的特殊性。布热津斯基就曾指出："从长远看，全球政治注定会变得与一国独掌霸权力量的状况越来越不相协调。因此，美国不仅是第一和唯一的真正全球性超级大国，而且很可能也是最后一个。""这不仅是因为民族国家正日益相互渗透，而且因为知识作为力量正被越来越广泛地传播和分享，而且越来越不受国界的限制。经济力量也可能会变得更加分散。"未来世界很难按照某个国家或某种势力所设计的方向去发展演变，即使采用什么极端的手段或拥有超强的经济和军事实力也做不到。在美国著名学者、哈佛大学教授约瑟夫·奈看来，信息革命构成更加微妙的挑战，它正在改变国家、主权和控制的性质，也正在改变软实力的作用，"在我们所关心的问题中，没有哪个问题会容易用我们的军事力量优势加以解决"。奈进而认为：如果美国所扮演的角色不是独奏，而是乐队指挥，那么美国治下的和平可能更长久一些。对于目前的美国如此，对于未来更加现代化的中国也是如此。

中国在对外关系中所要争取的不应该是领导者或者霸权地位，而是寻求战略的主动权，积极参与国际事务，促进中国与世界关系更为和谐地发展。邓小平多次强调，中国即使今后发展起来，也决不称霸，永不当头，他说："如果十亿人的中国不坚持和平政策，不反对霸权主义，或者是随着经济的发展自己搞霸权主义，那对世界也是一个灾难，也是历史的倒退"（《邓小平文选》第三卷，第158页）。世界历史是进化着的，顺应世界潮流才能立于不败之地。在崛起进程中，中国既要善于用合作借势，以迂为直，又要勇于承担责任，待时而动。国家兴衰的谜底，也许就藏在特定的国家于变与不变的世界整体趋势下不懈努力、顺势而为的大智大慧之中。

第二，国际关系更趋复杂，国家为了更好地维护自身的利益，与其他国家尤其是大国越来越难以过于强调个别领域的共同性或者差异性，而是要在诸多的领域取得平衡。由于国家与外界的联系在空间上不断延伸，更多的国家被牵扯到一些原本属于特定区域的利益联系甚至矛盾纠纷之中，各国利益要在与更多竞争对手的角逐中来获得；与此同时，国家间的联系已经不是发生在个别领域，而是在越来越众多的领域得以实现，并越来越难以忽视非政府组织和个人的介入和影响。这一切都发生在非常多样化的世界里，在这样的世界，"距离曾经给国家提供过保护，而全球化正在缩小这种距离"。

国际关系的复杂化发展将给世界的未来带来更多的不确定性和不可预测性。沃勒斯坦认为，现代世界体系正处于结构性危机之中，"这是一个极不稳定、不可能预知结局的时期。历史并不站在任何人一边，变革的前景取决于每个人的行动"。今天的战略谋划要习惯面对这样一个充满未知的世界，然而，要为"难以预测和动荡不安的世界上每一件事情做好准备并非人力所能"，所以这必然迫使所有国家不得不谨慎从事，进行更多的协调，否则就不能推动国家间关系相对平稳地发展，也不利于形成较为有效的全球治理。实际上，在冷战结束以来的时间里，复杂性的发展在很大程度上维持了国际局势相对平稳的局面，也曾在一定程度上牵制了强权政治的发展。由此可以理解为什么冷战结束后的世界会处于这样一种状态：既没有进入一种有序的轨道，但也没有失去控制；到处充满动荡和矛盾，但却又保持着总体上的平衡。

中国的对外战略努力必须具有认识复杂性和运用复杂性的能力，这是国际局势发展的必然要求。一方面，复杂性对实现国家利益带来更加严峻的挑战，使我们从一个对手容易识别的世界向一个威胁难以确定的世界过渡；另一方面，复杂性也为推动中国与外部世界关系的发展提供了更多的选择和回旋余地。在这种条件下，任何缺少远见的或极端的举动都可能引起新的动荡，对角色进行简单的或极端的定位将是不适当的，对外战略的思考应积极寻求能够通过多种途径、运用多种力量、化解多重威胁、达成多重战略目标的方法，以求更好地实现国家利益，推动国家间关系的协调发展。

第三，国际关系的非零和特性逐渐显现，"非友即敌""非合作即对抗""非得即失"等观念已经越来越不合时宜，谋求国家的生存和发展需要更具包容性和更具远见的战略思维，角色定位既要有利于国家利益的实现，也要具有适当的弹性，为各国家间的战略博弈提供条件。

前　言

在实力迅速增长和正在崛起的条件下探讨中国角色定位问题，无疑带有浓重的现实主义色彩。有研究强调崛起的零和特性："崛起为世界强国意味着该国在国际社会中的作用上升，影响力增大，客观上要分享原先占据主导地位的国家在世界事务中的主导权。""享有世界主导权的国家不愿意放弃其主导地位，而崛起大国要分享主导权，这决定了后者对前者的挑战是不可避免的。"美国著名政治经济学教授吉尔平也曾说过："在根本上，今天的国际政治同修昔底德所描述的情况并没有什么区别。"在很大程度上确实如此，国际政治中一直都存在着一种权力逻辑，甚至直到今天依然占有主导地位，许多国家时常会像当时雅典一样处在"安全困境"之中，今天的中国也遇到了许多棘手的安全问题。

然而，世界毕竟在变化，国际体系不是简单循环，而是进化的系统。一些新因素和原本不重要的因素对其演化进程产生越来越明显的影响，各种全球性问题和威胁的凸现也使国家面临新的选择，单纯的权力政治逻辑已经受到越来越多的挑战。权力政治将国家束缚在或领导、或自助、或挑战、或追随等比较有限而又单纯的选择之中，其主导下的国际关系容易发生冲突、对抗和战争。探索中国角色定位和利益的实现，不能过于局限于现实主义视角，今天的世界也不能用纯粹的现实主义理论或其他某一特定的理论来解释，甚至那些试图将现有多种理论综合在一起的努力也很可能不见成效，因为在本质上这种努力依然难以摆脱按图索骥的局限。更为有益的工作也许是针对重大问题做一些"朴实的分析"，逐步改进、深化和积累我们对迅速变化的世界、对中国与世界关系的认识和理解。

国际关系的非零和性将随着国家间联系的增多而增强。过去这种非零和性表现为二战后法德和解及由此推动的西欧联合，也表现为冷战没有升级为热战而是以非战争方式结束等重大事变和连锁反应，但仅有这些还不够，未来国际关系进化的空间也许更大，国家也将具有更多的选择余地。这一点连吉尔平也承认：尽管总受到限制，但选择永远存在。历史经验有助于教我们这些选择是什么以及可能带来什么结果。在这个意义上可以说，互相学习的过程可以出现并将影响到国际关系的进程。

中华民族的复兴以及伴随而来的中国与国际体系关系的深刻调整，是一个长期而复杂的过程，在当前及未来较长的一段时间里，中国的战略哲学思考至少应着眼于解决以下重大战略难题：第一，突破一个多世纪以来，后进的大国难以现代化的困境，摆脱国际体系惯性对中国崛起有形和无形的束缚，处理好融入全球政治经济进程与保持必需的自主性之间的矛盾；第二，尽快认识、适应和充分运用冷战后国际关系的变化，超越传统权力政治的种种局限，推动对外关系平衡协调发展；第三，增强中国社会自身持续发展和进步的能力，并以此作为参与世界和影响世界的基础。这些问题相辅相成、相互联系，甚至互为条件、互为支撑。

尽管实力增长较快，但是中国在较长时期里仍将处于弱势地位，中国尤其在现有国际体系中缺少结构性资源，也即在体系中仍处于相对下游的位置，对世界政治进程的影响能力还比较有限。由此决定中国对国家利益的追求不能采取过于直接的战略途径，需要开发更广泛的战略资源和更广阔的回旋空间，经过曲折的道路和较长时期的努力才可以达到。因此，在国际体系中，我国较长时期的角色选择似应做一个积极而自主的参与者，其中包括妥善处理与整个国际体系，也包括与占主导地位的西方世界以及美国当前这唯一的超级大国的关系。

另外，多维的世界需要用多维的视角来认识，在总体上保持积极而自主的参与者角色的同时，应保持角色适度的适应能力和必要的灵活性。对于具体问题和在具体领域，则应根据具体的情况和条件有所区别，采取不尽相同的姿态和处置方式，不能死守某一种思维和行为模式，不同的手段和途径只有相互配合、相互借助，才能取得好的效果。对待外部强权也是一样，一味采取对抗的姿态不可取，而一味屈从追随也不可行，需要发挥力量时就要有足够的决心，而应该妥协时就要及时适度后退。

当初面对帝国主义的侵略，毛泽东是如此精练而又深刻地概括了中华民族的特征："我们中华民族有同自己的敌人血战到底的气概，有在自力更生的基础上光复旧物的决心，有自立于世界民族之林的能力。"今天中国面临的问题已经大大不同于那个时候了，但是我们赖以存在的民族特性和战略智慧应该发扬光大，以此为基础，推动社会创新，持更宽阔的胸襟走向世界。若如此，中国的未来和对世界的贡献都将不可限量。

第一章
第一个殖民大国葡萄牙

葡萄牙位于欧洲伊比利亚半岛的西南部,面积92225平方公里,2018年时人口约1027.7万。就是这个面积和资源都赶不上中国的福建省、似乎无足轻重的小国,却以当时不到100万的人口,拉开了人类大航海的序幕,使相互隔绝的人类联系日益紧密,并在几十年间奇迹般崛起成为西欧最富有的国家之一,一度与西班牙瓜分了整个地球。

一、在与阿拉伯人的战斗中成长

伊比利亚半岛上很早就有人类活动，阿尔塔米拉石洞里的岩画是现存人类旧石器时代的代表作之一。此后，腓尼基人、希腊人、科尔特人和迦太基人先后影响着西班牙文明的发展。公元前206年，罗马人在决定性的伊利帕克大战中战胜了迦太基人，赢得了第二次布匿战争的胜利，基本结束西班牙战局，并于公元前197年在西班牙东南部设立了近西班牙行省和远西班牙行省。到公元前133年，罗马军队终于镇压了各地的反抗，西班牙正式成为罗马帝国的一个行省。罗马帝国将基督教定为国教后，半岛居民也接受了基督教。

蛮族成了新主人

在公元3世纪时，罗马已开始陷入"现状无法忍受，未来也许更加可怕"的"经济、政治、智力和道德的总解体时期"，兵源日益枯竭，边防逐渐弛废。公元375年的匈奴西征迫使大批"全部生活只有狩猎和追逐战争"的基本上处于原始社会末期的日耳曼人涌入罗马帝国，掀起了移民狂潮，这时已风雨飘摇的西罗马帝国无力挡住外族入侵。这些被罗马人称为蛮族的日耳曼人在罗马境内大肆劫掠，410年日耳曼人的一支西哥特人洗劫了罗马城，这成了帝国崩溃的征兆，此后直到476年西罗马帝国灭亡，罗马城多次被洗劫。419年西哥特人在罗马帝国境内建立了第一个日耳曼王国，后来于5世纪末6世纪初将版图扩展到高卢南部、西班牙北部，此后又于585年征服斯韦魏人，占领葡萄牙，完成了对整个西班牙的统治。

476年西罗马帝国灭亡后，原帝国行政系统崩溃。罗马帝国政治制度的崩溃留下了一个任何蛮族国王或酋长也不能弥补的巨大空隙，以当时日耳曼人的文明程度又不足以担当建立、维护庞大的行政机器的责任，事实上这些互不隶属的蛮族王国使得西欧世界经常陷入四分五裂的战争混乱状态，当时唯一没受什么影响的只有遍布各地的教会了，所以这个空隙被作为新兴民族的导师和法律制定者的教会填补了。同时这种野蛮对文明的征服给欧洲的古典文化以致命的打击，使之完全崩溃，于是教会事实上又承担起了文明教化的责任。自然而然地，这些蛮族逐渐放弃了自己以前的信仰，皈依了天主教①。589 年西哥特国王宣布加入天主教，自那以后直到现在，伊比利亚半岛上的绝大多数居民一直是罗马天主教的忠实信徒，并在此信仰支撑下一直反抗着阿拉伯人的入侵，直到最后光复国家。

伊斯兰教兴起

在欧洲陷入一片混乱时，阿拉伯半岛上涣散的阿拉伯人却在穆罕默德领导下团结起来。穆罕默德，于 571 年前后出生于麦加的古来氏族，他的同族人称他为"艾敏"，意思是忠实人，在《古兰经》中他被称为穆罕默德，即是声望很高的人。在他 30 至 40 岁的时候，经常在麦加的一个山洞中修行，后来，宣称自己是唯一的神——安拉的使者，开始传教活动，号召人们放弃多神教及偶像的膜拜，归信宇宙的主宰安拉。于是这个宗教被称为伊斯兰，意思为顺服安拉，教徒称为穆斯林，即顺服安拉意志的人。他的教诲被记录在他去世后成书的《古兰经》中，《古兰经》不仅为信徒们提供宗教戒律，而且为个人和公众生活提供了明确的规范，因此伊斯兰教既是一种宗教信仰，也是一种社会法规和政治制度，它有助于将当时四分五裂的各阿拉伯部落团结起来。还有重要的一点是，诵读《古兰经》使得各地的穆斯林书同文，字同音，因此《古兰经》

---

① 1054 年，东西教会分裂后，基督教已不是一个具体宗教的名字，变成了一种统称。东部教会标榜自己的正统性，自称正教，因为是东部教会，又称东正教，又因为采用希腊礼仪，又叫作希腊正教。西部教会强调自己的普世性，自称公教，因其领导中心在罗马，所以又称罗马公教，汉语一般译为罗马天主教。因为后世伊比利亚半岛是天主教的坚固阵地，所以这里提前用上了天主教的名称。

实际上起到了语言教科书的作用,成为有效联系各穆斯林的纽带。同时,卓有成效的传教又使被后来的阿拉伯帝国征服的地区迅速地穆斯林化,这十分有利于帝国的统治。

穆罕默德的传教深受下层民众的拥护,古来氏的贵族统治集团则认为他所宣传的伊斯兰教是一种异端邪说,并对他及信徒们进行迫害。622年,穆罕默德逃往麦地那,在那里他进一步传播伊斯兰教作为团结各部落的纽带,并开始建立穆斯林武装。通过武力和传教,到632年穆罕默德去世时,已基本统一了部落林立的阿拉伯半岛。在《古兰经》为信仰而与异教徒作不懈斗争,死后入天园的号召下,穆罕默德去世后,阿拉伯人冲出半岛迅速向四周扩张。至750年穆斯林第一阶段扩张结束后,阿拉伯已成为一个东起印度河流域、西到大西洋、北至里海、南抵尼罗河,横跨亚、非、欧三大洲的令人印象深刻的大帝国。伊斯兰教也成为一种世界性宗教。

占领伊比利亚

随着西罗马帝国奴隶制的崩溃,各日耳曼国家开始了封建化过程。所谓封建化就是采邑制的普遍实行,采邑就是封地,国王在战争中将土地分封给酋长,酋长又将土地分封给追随他的人,这些酋长后来形成世俗贵族集团。通过层层分封,形成一种从小到大的领主与附庸的关系。在采邑内,领主拥有政治权利、经济权利、司法权和自己的武装。根据封建法律,国王有权要求贵族提供服务,宣誓效忠,但国王也有义务保证贵族的合法权利,从而形成双向权利、义务的"准契约关系",这与中国的封建制有极大的不同。所以封建化实际上意味着国王对全国土地的终极所有权分解为无数贵族的土地实际占有权,国家分解为无数个独立的地方政治实体。封建制使贵族集团拥有了反抗国王的实力,封建法规又使他们拥有了对抗国王的权利。针对时强时弱的国王,他们也采取了服从或对立的态度。在封建化过程中,教会也得到了封地,从而教会也成为一种独立的力量。

第一章　第一个殖民大国葡萄牙

7世纪末8世纪初,当生机勃勃的阿拉伯人到达北非时,处于封建化过程的西哥特王国却进入了阴谋与混乱的时代。西哥特王国的国王们没有采取世袭制而是由贵族选举产生,这导致了王位的争夺异常激烈,总共32位国王中有10位被篡权者杀死。在少数情况下,父亲的王位由儿子继承,但这往往引起内战。富裕的教会也经不起权力的诱惑,有时与贵族联手反对国王,农民也因为近似奴隶的地位而对现状不满。靠篡位上台的最后一个国王罗德里克与大贵族矛盾重重。阿拉伯伍麦叶王朝驻北非的埃米尔(即统治者)穆萨看到了西哥特王国内的混乱,711年他派遣塔里格率1.2万摩尔人①渡过直布罗陀海峡,进攻西哥特王国。国王罗德里克以2.5万人迎战,7月19日两军相遇,但国王的政敌加入了阿拉伯一方向国王进攻,而且国王的军队中大部分是农奴,在战场上大量逃亡,一触即溃,国王本人也失踪了。此后,阿拉伯人对西哥特的武装征服就似在旅游观光,仅仅半年的工夫,绝大部分的伊比利亚半岛就纳入了阿拉伯帝国的版图,只有少数地方进行了顽强抵抗。732年,查理曼大帝击退了阿拉伯人对法兰克的进攻,此后阿拉伯帝国的势力就止步于比利牛斯山脉。一些西哥特人的残余势力退入贫瘠荒凉的北部阿斯土里亚斯山区继续抵抗,开始了持续7个多世纪的光复运动。

阿拉伯人的统治总体来说还算温和,他们不仅带来了东方先进的生产技术,而且也不强迫改信宗教,虽然信奉伊斯兰教有免税的好处。在此期间,许多犹太人也来到了伊比利亚半岛,因为在这里比大多数地方可以享有更多的自由和庇护。在统治西班牙期间,阿拉伯人开始把西欧的古典文化传回到欧洲,这不是简单的传回而是在吸收和继承基础上的再创造,西班牙正处于传回的两条重要通道之一,并成为欧洲的文化中心,西班牙的阿拉伯人被认为是欧洲新学问的主要来源。在天文、数学、医学和艺术方面,辉煌的伊斯兰文化都使当时欧洲的其他地区相形见绌。

---

① 北非土著柏柏尔人的后裔,7世纪被阿拉伯人征服后成为北非的穆斯林。

但温和的统治和繁荣的文化并不能掩盖穆斯林是外来征服者的事实，随着统治者生活的日见奢靡，对农民的剥削也越来越重。本来征服者只占居民的少数，占领军力量也比较薄弱，但阿拉伯人之间还起了内讧，甚至对基督教的抵抗也腾不出手来应对。1031年，伍麦叶王朝大臣们举行公开会议，决定永远废除哈里发制度，被囚禁的末代哈里发希木沙三世以乞求一盏灯和一口面包给饥饿的女儿度命来迎接这个划时代的公告。在伍麦叶哈里发王朝的废墟上，有大约23个小国家兴起，创建者都是些首领和小王，他们互相残杀，弄得筋疲力尽，有的小国还向当时基督徒建立的抵抗国家称臣纳贡，雷翁王国的阿方索七世甚至自封为"两教信徒之王"，这些小国后来被来自摩洛哥的穆拉比兑王朝以及穆瓦希德王朝统一，但这两个王朝都很短命。

基督徒的光复运动

基督徒的光复运动被称为"列康吉斯达运动"，是英语"reconquest"再征服的音译。718年阿拉伯人进攻阿斯土里亚斯失败后就没有再尝试，而这次胜利却激励了基督徒们的士气和信心，开始了光复运动。很快地阿斯土里亚斯王国建立起来了，经过向南扩张，9世纪时成为雷翁王国，后来卡斯提、纳瓦尔、阿拉贡和加泰罗西亚王国相继成立。光复运动最激烈的时期是11~13世纪。1095年，教皇乌尔班二世用8个月的时间以"收复"圣城耶路撒冷、"解放主的陵墓"为由在欧洲煽动起宗教狂热，号召进行对穆斯林的圣战。作为两大宗教在地中海西端对峙的前沿，这同样激起了伊比利亚半岛上基督徒的狂热，他们把光复运动看成是基督教反对伊斯兰教侵犯的一部分，所以反抗阿拉伯人统治的武装也被看成是罗马教皇号召组织的十字军的一部分。雷翁王国的阿方索六世是当时所有西班牙基督教国家的霸主，在反抗阿拉伯人统治的过程中，他夺取了葡萄卡莱地区，后来建成葡萄牙州。1095年，阿方索六世任命勃艮第的亨利为葡萄牙伯爵，管理葡萄牙州，还把私生女特雷莎嫁给他。1112年，亨利去世后，其子阿方索·恩里克斯继承爵位。由于其母特雷莎宠用加利西亚人费尔南多·佩雷斯而失去葡萄牙贵族的支持,1128 年,业已成年的阿方索·恩里克斯驱逐其母特雷莎后亲政。1139 年 7 月 25 日,恩里克斯开始称王,欧洲历史上一个新国家——葡萄牙王国就这样形成了。1143 年其表兄雷翁—卡斯提国王阿方索七世承认葡萄牙王国的自主。出于对强大邻国的不信任,为了保护自己和刚成立的国家,阿方索·恩里克斯向罗马教皇提出申请,把葡萄牙作为教廷管辖下的封建领地。1179 年葡萄牙国王称号被予以正式承认。新王国成立后面临很多的矛盾,内则有国王想加强权力与大贵族和高级教士之间的矛盾,外则有卡斯提王国的干涉。经过多次内战和对外战争,国王取得了胜利,一个集权的中央政府建立起来了,同时商人及相关的知识分子也取得了与传统的统治阶级相抗衡的权利。

二、向未知探索

15世纪的欧洲已处于扩张的前夜,它的序幕却是由不起眼的葡萄牙王国拉开的。欧洲为什么要扩张?为什么是小小的葡萄牙率先开始了扩张?

首先在于葡萄牙国内政治稳定,有能力进行大规模的探险活动。第二是葡萄牙三面被陆地包围,要发展,除了进行海上探险外别无他途。第三是国内面积狭小,资源有限,而且由于欧洲封建制的特点,国王、贵族、平民都有法律保障的权利,国王不能无限压榨,只能将目光转向海上。

包括葡萄牙在内的全欧洲向外扩张的最重要的原因是:寻求财富和战胜异教。

寻求财富

寻求财富指寻找黄金、白银等贵金属和香料。战胜异教则指教会的对外扩张。15世纪,欧洲的社会经济在摆脱黑死病之后开始复苏,人口得到恢复,抛荒的土地得到复垦,城镇兴起,商业也开始繁荣,庄园主也开始要求用货币地租取代劳役地租,货币的需求量越来越大。但这带来一个严重的问题:货币不足。欧洲本身贵重金属的蕴藏量就不多,这为数不多的贵金属在与阿拉伯商人进行的香料和奢侈品贸易中又大量流向东方,进一步加剧了严重的金银荒。1460~1530年间,欧洲的白银产量增加了4倍,仍供不应求。黄金在伊比利亚半岛完全消失。"在15世纪,追求黄金的热病弥漫全欧洲,其中葡萄牙高烧尤甚。"由于黄金不足,葡萄牙政府实行减少黄金成色的货币政策,导致物价飞涨,大批中小贵族因通货膨胀、地租收入不足而濒临破产,王室的收入也大受影响,社

第一章　第一个殖民大国葡萄牙

会矛盾激烈冲突。由于欧洲封建制的特点，国王和贵族无法无限地压榨平民取得财富，实行扩张可有效缓解社会各阶层的矛盾，缓解从根本上说是由于需求旺盛与供给不足带来的矛盾，不论对国王、贵族、平民、教会来说都是如此。因此，扩张成为全社会各阶层都支持的事业，持续时间长达上百年。

今天的人们很难想象香料对于当时欧洲人的重要性。香料指的就是胡椒、丁香、肉桂、豆蔻、甘松香、檀香、龙涎香、樟脑、苦艾、姜和辣椒。其中主要是四大香料：丁香、胡椒、肉桂、肉豆蔻，它们主要产自印度和亚洲的南洋诸岛。香料的用途有两种：用作调味品和用于香水、药品、宗教仪式。其中最主要的用途是用作调味品，在欧洲饮食结构中肉食占了相当大的比重，但肉食多用盐煮或在冬天用盐腌制，味道平淡无奇，用香料一是可以使平淡无味的肉食变得可口；二是去除因没有冷藏设备而长时间放置的肉食中的异味。所以自从罗马人第一次尝到香料的美妙滋味后，香料就成为欧洲人生活中不可缺少的东西，整个欧洲需要大量的香料。但香料产自遥远的东方，路途漫长，运输也不总是顺畅，而且需要经过多次转手才能运到西欧，因此价格变得异常昂贵。由于香料的贵重，在有些贵金属匮乏的欧洲国家胡椒还被用作购买商品，这不是简单的以物换物，而是真正的购买，香料被当作了货币，成为一种支付手段。直到今天，在欧洲香料仍属于价格比较高的商品。香料贸易因此成了一种整个欧洲为之疯狂的生意。但是从东方到西方的传统商路掌握在阿拉伯人手中，并由有地利之便的威尼斯商人运到欧洲各地，他们获得了非常可观的利润，这让其他欧洲人嫉妒得眼发红。虽然当时非洲也产胡椒，但味道远次于亚洲胡椒，被称为"假货"，只有中下阶层人才用它。因此，另外开辟一条到东方的商路，打破"无耻的"阿拉伯人的垄断，分香料贸易一杯羹，成了当时欧洲的一种普遍想法，这在离意大利较近的伊比利亚半岛表现得更为明显。

14世纪初出版的《马可·波罗游记》（也叫《东方见闻录》）更刺激了欧洲人"到东方去"的强烈冲动。这本书被称为"世界第一奇书"。

书中马可·波罗以大幅的篇章、热情洋溢的语言，记述了中国、印度、日本无穷无尽的财富，巨大的商业城市，极好的道路和桥梁，以及华丽的宫殿建筑。这些东西完全超过了当时欧洲人的认知，他们不相信基督教文明之外的世界有这样高的文明。当马可·波罗临终时，他的亲友认为他生前撒下了弥天大谎，死后进不了天堂，于是动员马可·波罗向上帝忏悔，以"解救他的灵魂"。但马可·波罗坚决拒绝。他郑重声明，不仅未言过其实，而且"所见的异事，尚未说到一半！"到后来，随着东西方交通的恢复和研究的深入，《马可·波罗游记》的真实性得到了越来越多的人的承认。

战胜异教

与世界其他两大宗教伊斯兰教和佛教不同，基督教浸透了普世主义、改变异端宗教信仰和好战精神。《圣经》还表达了这样一条基本教理：基督之所以出世，不仅是为了安排以色列人的命运，而且也是为了安排全人类的命运。基督教唯我独尊的上帝观和拯救全人类的使命感成为传教运动的内在动力。积极传教一直是基督教会的主要特点。自被立为罗马帝国的国教后，基督教在欧洲的发展可以说是顺风顺水，教会不但没有随罗马帝国的崩溃而崩溃，相反那些"蛮族"人还接受了天主教。但与伊斯兰教相遇以来，它却一直处于下风，伊比利亚半岛被穆斯林轻松夺取，直到1492年基督徒才把穆斯林势力完全逐出半岛。但圣城耶路撒冷仍然落入穆斯林之手。1095年，经过教皇乌尔班的煽动，基督教世界先后组织了8次十字军东征，虽然也取得了一些成果，在中东建立了3个基督教小王国，但在穆斯林的大反击中又先后失去。在长达两个多世纪的十字军东征中，见识过东方繁荣富庶的欧洲人对东方魂牵梦绕。14世纪，强悍的奥斯曼土耳其兴起，1453年攻占了君士坦丁堡，千年的拜占庭帝国灭亡，穆斯林又向欧洲发动了猛攻，占领巴尔干继而到达中欧，虽然1529年围攻维也纳失败，但这并没有阻止他们扩张的脚步。基督教世界面临着穆斯林的巨大威胁。

第一章　第一个殖民大国葡萄牙

在欧洲很早就流传着一个约翰王的传说。据说在遥远的东方有一个强大的基督教国家，由普雷斯特·约翰统治，那里有75个藩属王国，盛产香料，地下能冒出牛奶和蜂蜜，生活繁荣富足。因此欧洲的基督徒一直想找到这个国家，以联合起来夹击穆斯林。人们还传说，顺着尼罗河的一条支流就可以到达约翰王国。在元朝打破穆斯林的封锁，中西可以直接沟通后，元朝统治者也想联合基督徒以抗衡在欧洲的其他汗国的离心离德，表达了与基督教世界联合和结盟的愿望，这极大地激起了西方基督教君主和教皇的热情：不仅能共享征服穆斯林的光荣和利益，而且最终凭借异教徒的帮助实现基督徒多次东征的目的。基督徒把成吉思汗同传说中的约翰王联系在一起，想同元朝建立反穆斯林联盟。15世纪初期，蒙古贵族帖木儿大败奥斯曼军队并俘获奥斯曼苏丹，令正在遭受奥斯曼土耳其威胁的欧洲欢欣鼓舞。到了15世纪，欧洲又有了建立联盟的想法，这时明朝已建立，联盟已没有建立的可能性，但西方并不知道中国发生了变化，他们仍想从海路沟通双方。因此，探险东方始终得到教皇的支持。对于葡萄牙，情况又有所不同，它一直处于两大宗教交锋的第一线，穆斯林曾轻易地确立了在伊比利亚半岛的统治，其后经过了700多年基督徒才把穆斯林的势力完全清除，而且穆斯林就在对面的北非，双方仅隔一条最窄不过13海里的直布罗陀海峡，威胁就在卧榻之旁，因此对于开辟一条通往东方的新路，包抄穆斯林，相对于半岛之外的其他欧洲人而言葡萄牙有着更强烈的紧迫感。

黄金、香料、基督教三大动力都指向了东方，东方像磁石一样吸引着欧洲人。然而怎样从海路到达东方在欧洲人眼中属于未知领域，欧洲人虽然很早就开始了航海，但都是一些短途航行，开辟遥远神秘的到东方去的新航路，长途漫漫，路途艰险，是一种不折不扣的探险。这些探险者的动机说不上高尚，甚至还有血腥与罪恶，但这一行为毕竟把相互隔绝的人类几大文明区域相互连通了起来，从此人类文明进程明显加快，以至有人说全球化时代应从大航海时代算起。

航海家亨利王子

　　1394年，一个开创了欧洲航海探险伟大时代的人诞生了，他就是葡萄牙国王若奥一世的三王子亨利，据说他诞生时的星象预示他"必将进行伟大而高贵的征伐，更为重要的是，他必将发现他人无法看到的神秘的东西"。亨利从小学习战略和战术、外交艺术、国家管理、古代和现代的知识，而且博览群书。作为王子，亨利向往历险、战斗的生活。同时，他又是一个虔诚的基督徒，在他看来，对摩尔人进攻，到未知的地域探索并把基督教带到那里是一个基督徒的职责。亨利王子终身未娶，他性格严谨而坚定，生活朴实。

　　1410年，若奥一世准备进攻位于北非的摩尔人的贸易重镇休达。原因在于：一是经过两个多世纪的寻找，这时的欧洲人认为传说中的约翰王就是埃塞俄比亚的皇帝，他们相信可以从非洲西海岸不远的地方找到这位君主。二是非洲产有黄金和胡椒，虽然黄金不多，但也是一个来源；非洲胡椒虽然质量不如东方胡椒，但也可作为替代品，利润也可观。三是休达是当时摩尔人的西北大门，是穆斯林向基督教世界进攻的前哨阵地，是一个重要港口，也是一个贸易重镇，占领了它既可以获得在非洲的立足点，也能得到相当可观的经济利益，而且还可以打击肆虐的海盗。1415年，亨利亲任统帅突袭休达，事先摩尔人一点也不知情，结果仅用了一天时间，休达就被攻陷，葡萄牙人仅阵亡了8人。后人把这看作是葡萄牙人，也是欧洲人向外扩张的开端。

　　1417年，摩尔人的军队包围了休达，亨利又率领援兵来到休达，并在那里度过了3个月，这是改变世界历史的3个月。在这3个月里，亨利从战俘和商人口中了解到，有一条古老而繁忙的商路可以穿过撒哈拉大沙漠，经过20天就可以到达树林繁茂、土地肥沃的"绿色国家"，即今天的几内亚、冈比亚、塞内加尔、马里南部和尼日尔南部，从那里可以获得非洲胡椒、黄金、象牙。葡萄牙人对陆路穿过沙漠是没有经验的，亨利王子有了一个大胆的想法，要从海路到达"绿色国家"。这一主张得到了国王若奥一世的赞同。

亨利对政治毫无兴趣,他到远离政治中心里斯本的葡萄牙最南部的阿加维省任总督,并在靠近圣维森特角的一个叫萨格里什的小村子定居下来,这个地方成了他以后几十年中到陌生地方进行探险的出发地。亨利王子对航海的贡献不是亲自去探险,而是大力推动探险的进行。他在那里创办了一所航海学院,培养本国水手,提高他们的航海技艺;设立观象台,网罗各国的地理学家、地图绘制家、数学家和天文学家共同研究,制订计划、方案;广泛收集地理、气象、海流、造船、航海等种种文献资料,加以分析整理,为己所用;建立了旅行图书馆,其中就有《马可·波罗游记》,还收集了很多地图,并且绘制新的地图。他资助数学家和手工艺人改进、制作新的航海仪器,如改进从中国传入的指南针,象限仪(一种测量高度,尤其是海拔高度的仪器),横标仪(一种简易星盘,用来测量纬度)。在航海中,船只是最为重要的,由于地中海和大西洋的航行条件不同,在地中海中航行的船是不适合在大西洋中航行的,因此,亨利的最大精力放在了造船上,为此他采取了许多优惠措施鼓励造船:建造100吨以上船只的人可以从皇家森林免费得到木材,任何其他必要的材料都可以免税进口。在当时货币不足的情况下,免税进口是要付出相当大的代价的。经过努力,到1440年,终于造出了适宜在大西洋上航行的船舶。它是一种多桅三角帆船,用三角帆的目的是使船舶在逆风的情况下也能行驶,只需要调整帆的角度就可以了,不像以前那么依赖风向。这种船船体小吃水浅,轻便灵活速度快,这使它可以在紧靠海岸的地方航行,不必为了躲避暗礁和沙洲而远离海岸,这一点在以探索陌生海岸为目的的航行中尤为重要。

开始探险

1419年或1420年,亨利派出了他的第一支仅有一艘横帆船的探险队,向南寻找几内亚。船被风吹向了西方,马德拉群岛就这样被发现了,亨利王子随后宣布该群岛属葡萄牙所有,并于1420年派出了殖民船队。

后来这里成了葡萄牙探险队的落脚点和物资供应站。他的下一个目标是加那利群岛,但是葡萄牙士兵却被当地人打败,亨利王子以后又做过几次努力,均告失败。后来,葡萄牙放弃了对加那利群岛的所有权,把它让给了西班牙人。随后几年,亨利王子又数次派出探险队从两个方向进行探索。一个方向是沿非洲海岸南下,一个方向是离开海岸向西南深处航行以发现更多的岛屿。1427年,向西南探险的舰队发现了亚速尔群岛,1432年,亨利王子派出16艘船、数百人、一名牧师,带着几十头牲畜殖民亚速尔群岛。亚速尔群岛的发现和殖民对以后葡萄牙探险和殖民事业有重要影响,因为它离葡萄牙的距离几乎相当于葡萄牙跨越大西洋到美洲距离的1/3。

1433年,国王若奥一世逝世,亨利的弟弟杜亚尔特继位,亨利这时把主要精力放在沿非洲海岸南下的探险上。在这条航线上首要的障碍就是位于加那利群岛正南方非洲大陆上的博哈尔角。博哈尔角以南对于当时的欧洲人来说是一个全然未知的世界,那里暗礁密布,巨浪滔天,有神秘莫测的急流,阿拉伯人把这片海域恐惧地称为"黑暗的绿色海洋",中世纪阿拉伯地图上,在博哈尔角稍南的海岸边,画着一只从水里伸出来的魔鬼撒旦的手。1434年,在经过十几次的尝试后,亨利王子的远征队终于在船长吉尔·埃亚内斯率领下越过了该角。后来船长吹嘘说,在黑暗的绿色海洋上航行就像在国内的水域上航行那么容易。同时代的葡萄牙历史学家苏拉拉称这是一次壮举。第二年,埃亚内斯又再次出海到达了博哈尔角以南100海里的地方,他们在那里的海滩上发现了人和骆驼的足迹,证明了这一地区是有生命存在的。1436年他们到达一个叫尼奥-得-奥罗的地方,在那里他们发现了沙金,以为那就是欧洲人一直在寻找的金河,其实这甚至不算是一条河,只是一个小海湾,并无多大价值。

开始赚钱了

航海探险是个花费巨大的事业,为此亨利王子得到了很多支持。在

第一章　第一个殖民大国葡萄牙

杜亚尔特统治期间，国王把马德拉群岛 1/5 的税收作为航海基金。1438 年阿方索五世继位，摄政王佩德罗把博哈尔角以南的航海与贸易垄断权交给亨利，并免除航海所得收益的一切税金。为支持亨利在西非传教，教皇任命亨利为骑士团团长，亨利可随意支配该骑士团的经费。以上支持保证了亨利航海的雄厚资金，是航海探险迅速推进的动力。但探险不是为了探险而探险，旷日持久的探险没有带来多少收益，所以亨利遭受了越来越多的批评，认为这是在毫无意义、毫无收益地追求不可知的东西。1441 年，在处理完进攻丹吉尔惨败以及由此引发的政治斗争后，亨利回到萨格里什，重新开始了非洲沿岸探险。这一年探险队创造了向南航行的新纪录：布朗角（今毛里塔尼亚的努瓦迪布角）。同年，派出的另一支探险队带回来 10 个穆斯林俘虏，这标志着欧洲人开始卷入奴隶贸易。亨利看到了这是平息批评的机会，于是在 1444 年组织了以掠夺奴隶为目的的航行，一次带回来 235 名奴隶，并在拉古什郊外出售，这是罪恶的欧洲 400 年奴隶贸易的开始。此后，亨利组织的航行就是探险、殖民与奴隶贸易并重了。这时，葡萄牙王室又颁发特许状给私人探险者，允许他们获得他们所发现的一切，这对私人来说意味着只要付出很小的资金，只要敢冒险就可发大财；对王室而言，不用付代价就可得到收益。这在国内掀起一股私人探险的热潮。不久以后，每年都有 25 艘船开往非洲海岸。当然私人探险由于其逐利性和无组织性，并不是在真正的探险，不过是在已发现的地区获得财富而已。1448 年，亨利王子派人在布朗角的阿尔金岛建立永久性的堡垒，作为葡萄牙探险的贸易中转站。随着非洲贸易不断扩大，阿尔金岛成了提供金子的重要中心。探险终于有了收益，那些批评也沉寂下来，甚至不由自主地把过去的埋怨变成了公开的赞扬。

1444 年，特里斯唐到达了布朗角的塞内加尔河口附近，这里的海岸变得青翠，植被繁茂，这样经过十几年的航行，葡萄牙终于到达了绿色国家。1449 年以后，亨利王子组织的航海人员就不以地理发现为任务，而是要尽力勘探一些已经发现的大河，特别是冈比亚河，从而寻找基督国王约翰和黄金，但是航海人员并没有找到约翰和黄金，却发现了一些繁荣的黑人王国，并且听说远处还有更大的王国。

  1460年，亨利王子病逝，标志着葡萄牙海上探险一个伟大时代的结束。亨利王子虽然一生中只有4次海上航行经历而且都是在熟悉海域的短距离航行，但他仍无愧于"航海家"的称号，是他组织和资助了最初持久而系统的探险，也是他将探险与殖民结合起来，使探险变成了一个有利可图的事业。在40年的有组织的航海活动中，葡萄牙成了欧洲的航海中心，他们建立起了世界上第一流的船队，拥有第一流的造船技术，培养了一大批世界上第一流的探险家或航海家，如果没有亨利这一切是不可能出现的。他推动葡萄牙迈出欧洲的大门，到未知世界进行冒险。

三、瓜分世界：教皇子午线

继续向南

亨利王子去世时，葡萄牙已把从直布罗陀到几内亚约 3500 公里长的西非海岸线纳入版图[①]。随着探险的不断深入，探险者的目光越来越远大，不仅限于探索非洲的奥秘，绕过非洲大陆南端，发现通往印度的新航线渐渐成为主要目标。尽管此时的探险已变得有利可图，但国王阿方索五世对此不感兴趣，他的注意力集中在直布罗陀海峡对面的摩洛哥，所以他把探险委托给私人进行。1469 年，阿方索和富商戈麦斯达成 5 年协议：戈麦斯垄断几内亚的贸易权，但他必须每年向国王缴纳 20 万雷阿耳，并且从塞拉里昂开始以每年 100 里格（1 里格 = 6269 米）的速度进行探险。不久以后，戈麦斯的船长们便把一船船的奴隶、象牙、黄金带回葡萄牙，黄金海岸、象牙海岸、谷物海岸等地名也相继出现了。在现在的贝宁他们还发现了非洲胡椒，从此葡萄牙开始了香料贸易。戈麦斯在垄断中大发横财。虽然他的目的是纯商业的，但戈麦斯仍不失为一个真正的探险家。在协议期满时，他的舰队已到达几内亚湾东端，为葡萄牙征服了近 3000 公里长的海岸线，是亨利王子一生探险的总和。

在古代欧洲人的观念中，认为非洲大陆向南延伸，整整绕地球一圈与亚洲大陆相连，并把印度洋隔离开来，因此从大西洋无法经海道到达印度，有很多人对这个观念提出了质疑。一个名叫尼科洛·德·孔蒂的威尼斯人，他于 1419 年到 1444 年在亚洲生活，到过亚洲的许多地方，

[①] 当时的国际法规定对领土的取得是"先占原则"，即谁发现谁占有。这本身就是欧洲人的一种强盗逻辑，因为当地已有居民居住，欧洲人无权排除他们的权利。

推断说向南航行绕过非洲,而后向东可能到过香料群岛,这极大鼓舞了许多欧洲人。1454年,教皇尼古拉斯五世特准葡萄牙控制非洲西部沿岸的所有海上交通线,这就是说到印度的海路如果存在的话,葡萄牙必将垄断这条航线。控制香料路线成为葡萄牙人政策的首要目的。这一点,阿尔布奎克在围攻马六甲时说得很明白,他说:我确信,如果我们从他们(摩尔人)那里夺去马六甲的贸易,开罗和麦加将会彻底毁灭,威尼斯将得不到香料,除非它的商人到葡萄牙去购买。

1481年,国王若奥二世继位,他是一个非常有才能的人,在他的领导、推动下,葡萄牙历史上有名的又一个探险时代来临了。这次探险的目的是大力发展几内亚贸易;环非洲大陆航行;开展与印度的贸易;宣布建立一个海外葡萄牙帝国;寻找普雷斯特·约翰。若奥首先成立了一个顾问委员会,成员包括皇家医生、皇家数学家、一名主教和一名犹太学者,后来这个学者的同事也加入进来。他们一起制定了计算纬度的表格和公式;研究和改进了航海装备,如罗盘和沙漏比以前更精确且更易于使用。这些工作都由出身航海世家的著名探险家卡奥负责。

约翰王的线索

1481年12月,若奥二世派阿赞布雅出发探险,第二年1月,他们到达今天的加纳沿海,发现这里的黄金矿藏极为丰富,于是把这里命名为"米纳",意思是矿藏,这也是加纳被称为黄金海岸的由来。葡萄牙在这里建立了一个要塞:圣乔治堡,它起到了三重作用:它是葡萄牙在遥远的非洲海岸权力和领地的象征;可以与当地人进行大量的贸易,每年把贵重物品运回国;最重要的是,它有助于对未知地区做进一步探险。有人估计,1450~1500年这50年内,葡萄牙从西非掳得的黑奴共达15万人。至于黄金,则一向缺乏黄金的葡萄牙,从1457年起便大量铸造克罗塞多金币。这种金币直径3.78厘米,含纯金98.9%。可见掳掠的黄金也不在少数。另一估计说,在1496~1521年间,葡萄牙每年从这一地区进口的黄金就值17万金币。由于有米纳作为前进基地,葡萄牙以后

第一章　第一个殖民大国葡萄牙

的地理发现就容易多了。1482年卡奥率3艘轻快小帆船出航，很快就越过了此前葡萄牙到达的最南端。此行，卡奥带了很多叫作"帕德劳"的标柱，以作为葡萄牙对该地拥有权利的标志。亨利王子时代，航海人员曾用过木头十字架或在树上刻字来标志他的地理发现，但这些东西容易毁坏不易持久。"帕德劳"则用大理石做成，高7英尺，上面刻着盾形纹章、国王和地理发现者的姓名、发现的日期，顶端还装着十字架。一天卡奥来到一个很大的港湾，水呈黄褐色，带有很多的泥沙，据此他们推断附近一定有一条大河。卡奥命令船员将船驶近岸边，这时可以感到有一股强大的水流在把他们推向海洋，后来他们发现他们是在一条大河的出海口中航行，这就是刚果河（有时也叫扎伊尔河），非洲第二大河，世界第五大河。如果这条河可以通航的话，那么它将是通往非洲大陆心脏的大通道。卡奥小心翼翼地驾船驶进河口，在离河口几英里的一个小港湾，南纬21°21″的地方，卡奥立下了他的第一根标柱，几个世纪后它在原地被发现，上面清晰地刻着"宇宙6681年，即耶稣基督诞生1482年，葡萄牙极其崇高、极其杰出而强大的君主国王若奥二世派王室侍臣迪奥戈·卡奥发现这块土地并竖立这些标柱"。卡奥从当地人口中得知他们是一个强大的国王玛尼刚果的臣民。卡奥留下了一部分船员去寻找玛尼刚果，自己继续沿非洲海岸线向南，在离刚果以南约500英里的安哥拉海岸的圣玛丽角，立下了第二根标柱。在返回刚果后，卡奥的船员还未回来，所以他诱骗了几个刚果人上船并把他们带回了葡萄牙。1484年春，卡奥返回葡萄牙。

卡奥此行不仅为葡萄牙增加了1000多英里海岸线，而且找到了约翰王的线索，所以在葡萄牙引起了轰动，甚至有谣传说他已绕过非洲发现了通往印度的航路，国王命令严守卡奥航行的秘密，让谣传抹上了几分真实的色彩。若奥二世对卡奥的工作很满意，赐给他终身年金，封他为贵族。1484年，卡奥又一次出航，带着那几个已改信基督教的黑人和准备送给玛尼刚果的贵重礼物，目的是要绕过非洲。卡奥让黑人在刚果上岸后，自己又南行。他到达了圣玛丽角以南700英里的克罗斯角，在这里立了最后一根"帕德劳"石柱。此后,卡奥的记载就从历史上消失了,他应该就是死在这里。

错过哥伦布

在卡奥的两次航行之间,改变历史的人物——哥伦布出现了。哥伦布生于1435年(也有1466年或1451年的说法)的热那亚,从小家境贫寒,14岁时就出外航海,后来成了优秀的水手。哥伦布相信地球是圆的,因此从欧洲向西航行而不是向东航行也可以到达印度,而且航程短,花费少。他的计算结果其实是错误的,他认为从加那利群岛到目标的距离是2500多海里,实际上有一万多海里。若奥二世的顾问委员会认为,虽然从理论上讲向西航行可到达印度,但实际距离比哥伦布的计算结果要远得多,况且葡萄牙为探险向东的航线已花费了65年时间和大量的金钱,很快就要发现到印度的航线了,因此没有必要再向西探索一条新航线了。根据这个意见,若奥二世拒绝了哥伦布。后来,他又向西班牙国王游说,最后结果我们都知道了,哥伦布于1492年到达美洲发现了新大陆,虽然他一直认为他到达的就是印度,由此哥伦布也成了与马可·波罗齐名的人物,西班牙在美洲殖民获得巨额财富,建成了西班牙帝国。

双管齐下

为了加快探索向印度的新航路,若奥国王1487年派出了两个探险队,一个陆路,一个水路。陆路探险队由两个人组成,一个叫科维良,一个叫派瓦。他们的任务是横渡地中海,进入红海,然后到达印度和约翰王的国家。科维良这时只有20多岁,精明能干,多才多艺,能讲多种语言包括阿拉伯语。对于派瓦,人们除了知道他能讲几句阿拉伯语,其余一无所知。1487年5月7日,陆上探险队出发。他们两人扮作穆斯林商人,携带蜂蜜等礼物到达亚丁,在这里他们分成两路。派瓦的使命是向南进入阿比西尼亚山区,与约翰王进行联系,但这时若奥二世的目的不是要结成联盟,而是要干脆向这个王国扩张了;科维良的使命是向东进

第一章　第一个殖民大国葡萄牙

入印度,尽可能多地了解有关香料贸易的有关情况,这使他实际上成了一个经济间谍。科维良历经艰辛到达印度的西南海岸,在此他获得了重要的情报。科维良在印度一直待到了1489年,然后他乘船来到了索法拉,这是阿拉伯人在非洲东南部最南端的贸易点。1490年,他来到开罗,在这里他得知了派瓦得热病去世的消息和国王的新命令,让他到阿比西尼亚去完成派瓦未完成的工作。他给若奥二世写了一封长信,报告了他所知道的有关港口和贸易的情况。这封信对达·伽马的航行起到了重要作用。约在1493年,他见到了阿比西尼亚皇帝、朱达哈部落首领、众王之王亚历山大。在这里他失去了自由,亚历山大皇帝虽然对他很好,但却禁止他离开,科维良在这里度过了他的余生。

水路方面的探险由迪亚士进行。他为这次探险做了精心准备,在3艘船中有1艘专门的补给船,这个措施可以让他们航行更长的时间。后来的许多航海家都仿效这一做法。1487年秋,在科维良出发几个月后,迪亚士也出发了。他很快越过了卡奥到达的非洲最南端——克罗斯角,继续向南行驶。这时,来自南方的狂风和水流使航行变得十分艰难,迪亚士命令将补给船留下,他率其余的两艘船继续南行。在离开卢得次湾后,船队遇到了风暴,这个小探险队被一直向南吹。13天后,风暴停息,他们向东航行希望再次靠近海岸,可是始终找不到陆地。几个月后,他们想明白了,原来他们已驶过了非洲大陆的最南端。迪亚士下令向北行驶,几天后他们看到了陆地。迪亚士注意到海岸不是南北向的而是东西向的,他看到了非洲南部海岸,这是许多航海家的目标,他已到达非洲大陆的最南端。这时,他们又转向东方,一直航行到清楚地看到非洲向北弯曲的部分,这就告诉他们已驶进印度洋了。在大鱼河河口,迪亚士命人立了一根"帕德劳"石柱,10年以后,达·伽马看到了这一标记。本来迪亚士还想前进,但食物、淡水不足,船本身的状况很差,船员们都反对,希望回家。此次迪亚士将新航路延伸了1260英里。在归途中,他们在非洲南部海岸看到了一个壮观的大海岬,迪亚士把它命名为风暴角。1488年,他们返回了里斯本,国王不但没怪罪他没有到达印度,反而热烈地欢迎了他,并饶有兴趣地听取他的汇报。现在已证实非洲南端有一条通道,现在需要证实的就是这条通道能否直通印度,若奥二世对此寄予热望,所以他给风暴角起了一个新名字——好望角。

世界第一次被瓜分

但哥伦布的远航使事情变得复杂了。1481年,当时的葡萄牙国王阿方索五世与卡斯提王国订立了《阿尔卡索瓦斯条约》,因为卡斯提王国正在对当时摩尔人最后一个在伊比利亚岛上的据点格拉纳达进行战争准备,对外界发生的事物漠不关心,在条约中规定待发现世界以加那利群岛的平等线为界分为南北两个部分,北部由卡斯提开发,南部由葡萄牙开发。因此,当哥伦布于1493年从新大陆返航途中在里斯本见到若奥国王并得意扬扬地宣称自己发现了日本时,国王告诉他说,根据条约,大西洋西边发现的新大陆不属于西班牙,而属于葡萄牙。哥伦布赶紧写信报告西班牙统治者斐迪南和伊莎贝尔,说若奥有与西班牙竞争领土的意思。这两位统治者看到信后非常吃惊,他们去恳求教皇亚历山大六世让西班牙对哥伦布发现的新大陆明确拥有主权。亚历山大是阿拉贡的博尔哈家庭的人,是他们的好朋友,所以他答应了他们的请求,发出了有名的教皇训谕《划子午线为界》。在训谕里,他在亚速尔群岛和佛得角群岛中"任何一岛"的"西部和南部"100里格的地方,从北极到南极画出一条界线,把位于线西的一切土地的所有权和发现权给予西班牙,完全不提葡萄牙。后来,亚历山大又于1493年发出一道训谕《划界以后》,把过去许多教皇承认的葡萄牙占有非洲发现的土地的权利一笔勾销,这使得葡萄牙只能保有在非洲实际占有的部分,就是说,除了摩洛哥的城市外,就只有阿尔金和米纳一些据点了。此外,这道训谕还企图不准葡萄牙再向东方航行。若奥当然不能容忍这种不公平的安排。但他并没有到教廷抗议,因为教皇是上帝在人间的代表,在当时的欧洲拥有至高无上的权威,若奥那样做的效果不大。他转而威胁西班牙,如果这个问题得不到公平解决就要兵戎相见。在战争面前,西班牙退缩了。1494年6

月7日，葡萄牙与西班牙两国签订了《托尔德西拉斯条约》，条约中规定，在佛得角以西370里格的地方从北极到南极画一条线，将世界分为两半，这就是历史上有名的教皇子午线。葡萄牙被赋予了线东的垄断权，它可以探险、贸易、宣布占领新领地；西班牙得到了线西的垄断权。换句话说，这个条约再一次确定了葡萄牙对几内亚贸易和环非洲海路的控制；宣布了西班牙对大西洋的统治。根据此条约，西班牙对新大陆有绝对的权利，但对巴西是个例外，这个南美洲的隆起部分归葡萄牙所有。当然，在已发现的领土上和未发现的领土上的人民的意愿是根本不在考虑之列的。葡萄牙人对这个条约很满意，因为葡萄牙的要求得到了满足，若奥得意地认为这是他的一个外交胜利。

就这样，小小的葡萄牙，国土并不广袤，人口并不众多，资源并不丰富，生产力并不发达，竟然仅凭占有先机就瓜分了世界，真可以说是一种奇迹。

四、建立殖民帝国

终于到达印度

哥伦布发现新大陆深深地刺激了若奥国王,现在葡萄牙的专属权利又得到了条约保障,因此到印度的探险准备进一步加快。若奥二世任命瓦斯科·达·伽马为舰队的指挥官。达·伽马,约1460年生于葡萄牙阿加特省,与达·伽马很相熟的威尼斯驻葡萄牙使节马塞尔说他生性暴烈。根据迪亚士的建议,达·伽马采用了船身较圆、更轻便更牢固的大船以利于远洋航行。1495年若奥二世英年早逝,他的侄子曼努埃尔继位。这时朝中有人提出终止探险,因为这会激化与欧洲香料贸易的垄断者威尼斯的矛盾。曼努埃尔不为所动,下令继续做探险准备。

1497年7月8日,经过长达10年的准备,达·伽马率领探险队伍出发了,世界历史上伟大的一页开始了。这支队伍由4艘船组成,共有船员170人,大部分是奴隶,其中还有死囚,另外还包括翻译、牧师和军人。队伍中有军人说明它不仅仅是一支探险队,还是一支战斗队。曼努埃尔授权达·伽马,到了东方拥有作为大使、商人和士兵的自由,随机应变,需要什么身份就用什么身份。曼努埃尔指示达·伽马,他此行的目的是"宣传基督教义"和"取得东方财富",事实上达·伽马本身就是圣地亚哥骑士团的首领,国王还专门赠送了一面锦旗,上面有基督骑士的标志,说明这次航行受到罗马天主教皇的批准并得到上帝的庇护。

11月22日,达·伽马绕过了好望角。12月10日,船队越过了迪亚士立的最后一根石柱。1498年1月25日,他们到达了今天莫桑比克的克利马内河口,在这里他们俘获了一个叫达亚内的孟买人,从中得到

第一章　第一个殖民大国葡萄牙

了许多关于莫桑比克的情报,在这期间,由于食物腐败、饮水缺乏,不少人得了坏血病,船只也需要维修,所以达·伽马下令在此休整了一个多月。3月2日,他们到达了莫桑比克岛,东非当时文明程度已比较高,这里的物质文化虽说不比葡萄牙优越,也至少可以和它比美,但这里并没有统一的国家,有的只是许多的城邦国家,它们很早就与印度人、波斯人、阿拉伯人有贸易联系,政治权力都掌握在穆斯林手里。但为了更多地从贸易中获利,这些城邦国家之间互相敌视,葡萄牙人充分利用了这一点,不仅在东非站稳脚跟,甚至在后来蹂躏了它。在蒙巴萨,葡萄牙人受到了袭击,差一点全军覆没,但在马林迪,葡萄牙人的到来受到了热烈欢迎,马林迪苏丹还送给他们羊、丁香、小茴香、豆蔻、胡椒、生姜等大量礼品。穆斯林欢迎基督徒的原因在于两地苏丹有世仇,马林迪苏丹想借助外力打击对手,事实上,葡萄牙之所以能在这一带站住脚正是靠与马林迪的结盟。马林迪苏丹甚至还提供了一个真正能把他们带到印度的向导,当时的葡萄牙虽然知道通过阿拉伯海可以到达印度,但印度洋上的风向变化频繁,暗礁、浅滩众多,航路他们并不熟悉,没有向导带路,谁知道葡萄牙还要摸索多久才能到达印度?1498年5月20日,依靠向导的帮助,达·伽马顺利到达印度西海岸的卡利卡特,也就是科维良在报告中所讲的主要港口之一。他们在这里居然遇上了一个会讲葡萄牙语的北非穆斯林,这位穆斯林一上船大声说:你们真幸运,真幸运!这里的红宝石、绿宝石多得很,你们真应该感谢造物主带你们来到如此富庶的国家!经过80多年的探索,经历4位国王的不懈努力,葡萄牙舰队终于到达了东方,开辟了东方航线,从此之后,葡萄牙走上了一条建立商业帝国的道路。

返回葡萄牙

当时的印度还只是一个地理名词,北部由莫卧儿帝国统治,南部分布着许多小国家,这些小国家之间也为了争夺利益最大化、打击竞争对手而争相拉拢达·伽马,从而让葡萄牙人渔翁得利。卡利卡特是西海岸的一个古老的小王国，统治者叫沙末林，意思是山和海的主人。达·伽马在上岸后作为葡萄牙使节进见了沙末林，表示葡萄牙国王派他来是为了做沙末林的兄弟和朋友。葡萄牙人受到了隆重欢迎。达·伽马的到来使垄断香料贸易的穆斯林商人感到了威胁。这些商人经营香料贸易的路线有两条：把香料经波斯湾、伊拉克运到阿勒颇，或经红海、苏伊士到埃及的亚历山大港，然后都和威尼斯人进行贸易，再由后者运往欧洲各地。凭此，他们赚取了高额利润。葡萄牙人的到来意味着，另有一条不受他们控制的新航路出现了，他们再也不能赚得和以前一样多的钱了。这时，达·伽马在东非滥杀当地人的恶行传到了卡利卡特。这些商人就警告沙末林说，达·伽马的到来不是为了交朋友，而是为了侦察，进而进行侵略。但沙末林听而不闻，实际上他是幻想达·伽马会扩大卡利卡特的贸易，增加他的收入，又幻想借助于达·伽马的重型武器和舰船以增强自己的武装力量，所以还是自出搬运费，把远征队的货物运到城里去，允许达·伽马在市内开设商店，进行自由买卖。但这些大商人有着巨大的影响力，达·伽马还是被迫于8月29号离开卡利卡特，到附近的坎那诺装满了香料和宝石，并带走了6名人质，还在这里竖立了"帕德劳"标柱，并发誓要报复。

他们用了3个多月才越过阿拉伯海，由于热病和坏血病，许多船员死亡，最后不得不把圣拉斐尔号抛弃烧毁。达·伽马带着剩下的不足1/3的人和两条船返回。为了救治病重的哥哥保罗，达·伽马在亚速尔群岛停了下来，这是葡萄牙人的一个基地，贝里尔号先期于7月10日返回里斯本。保罗最后还是不治身亡了，达·伽马于9月回到里斯本。虽然损失重大，但达·伽马从印度带回来的胡椒和肉桂价值相当于他远征总花费的60倍。整个葡萄牙都轰动了，因为达·伽马到达的是真正的东方，是欧洲人想象中黄金遍地的地方，而不是哥伦布发现的荒凉的"印度"，虽然带回来的东西不多，但前途十分光明，大量的财富就在前方闪闪发光，向葡萄牙招着手。从此，葡萄牙的探险时代结束，开发时代来临。

第一章 第一个殖民大国葡萄牙

倒霉的迪亚士

很快地,大喜过望的曼努埃尔派出了另一支远征队,这一次的任务不是探险,而是征服印度,控制香料贸易。1500年3月9日,庞大的舰队出发了,它包含有13艘船和1200人,占当时葡萄牙总人口的1‰,虽然与郑和船队的规模不能比,但对照以前的探险少则一艘船,多则4艘船的规模,可以说是空前的,也反映出国王志在必得的雄心壮志。舰队的指挥官是毫无航海经验的贵族佩德罗·阿尔瓦雷斯·卡布拉尔,发现好望角的迪亚士担任其中一艘船的船长。卡布拉尔受命告知卡利卡特的王公关于基督徒与穆斯林之间的世仇。这种世仇使得每个天主教国王都负有对神圣信仰的敌人进行战争的责任。舰队根据达·伽马的建议,远离非洲西南海岸,绕一个弧形向西南方向前进。但这个弧形绕得有点太大了,以至他们到达了南美大陆东部隆起的地方,巴西就这样被发现了。卡布拉尔派一艘船回去报信,余下的船继续航程。在好望角附近,他们遇到了大风暴,有4艘船被毁,船上人员全部遇难,其中包括迪亚士,迪亚士曾闯过了印度航线的最艰险的道路,但最终他还是没能到达真正的印度。

在印度建立永久据点

1500年9月,卡布拉尔到达卡利卡特,途中他们还发现了马达加斯加。卡利卡特,是当时著名的贸易中心,中国古籍中称为"古里",郑和船队曾多次到达这里,约比达·伽马早80年。现在的情况对葡萄牙人来说非常糟糕,他们在卡利卡特设立商站收购香料的行为损害了当地穆斯林大商人的利益,他们威胁沙末林说如果不采取措施,他们就到别的港口进行贸易,沙末林就得不到税收。卡布拉尔则给沙末林施加压力,要求给予优先进货的权利,并且在他们没满载以前,穆斯林商人不得进货,不得开船。后来,他动用武力洗劫了一艘穆斯林商船。这引起了众怒,导致了1500年12月16日的商站事件,穆斯林大商人袭击了商站,有

53名葡萄牙人被打死。卡布拉尔非常愤怒，不分青红皂白地炮轰卡利卡特城，从凌晨一直打到深夜，并且洗劫在港口内的商船，杀害了无辜船民600人。这加深了葡萄牙与当地居民和穆斯林的长期仇恨。但是卡布拉尔的行为受到与沙末林有世仇的附近的柯钦、坎纳诺尔等小邦的欢迎，他们邀请卡布拉尔到他们的港口，卖给他们大批的香料。葡萄牙人充分利用了柯钦和卡利卡特的矛盾，在印度沿海建立了永久性的贸易据点和武装据点。这样，在东非海岸发生过的事又一次上演了，葡萄牙人又一次利用当地人的分裂达到了自己的目的。

在卡布拉尔还未返回葡萄牙的时候，国王又派出了一支船队奔向印度，从此开始了一年一度的远征印度。1501年7月底，卡布拉尔回到了葡萄牙，在这次航程中，尽管他们损失了6艘船和许多人员，但他们的赢利超过了总花费的2倍。这是一次成功的航行，意味着阿拉伯人和威尼斯人对香料贸易的垄断已经被打破，更重要的是葡萄牙还留下了据点，为下一步控制香料贸易做好了准备。

用武力开辟商业之路

1502年，已被任命为印度洋海军司令的达·伽马又一次率队出征了，这一次是真正的出征，他的舰队由20艘船组成，其中的15艘装备有重炮，其目的也是在东非和印度的西南海岸建立起葡萄牙的统治。在今天坦桑尼亚南部港口基卢瓦，达·伽马要求当地的苏丹上船来商谈和平友好通商条件，但却背信弃义地扣留了他，然后以摧毁基卢瓦相威胁，强迫他每年向葡萄牙进贡。舰队继续北上，在坎纳诺尔附近他们遇到了一艘装满从麦加返回的穆斯林朝觐者的船，船上共有380多人，包括许多妇女和儿童。这艘船毫无抵抗地投降了，为了替在商站事件中死亡的葡萄牙人报仇，达·伽马在洗劫了船上所有人的财物和船上装载的货物后，下令把所有的人关进船舱然后放火烧船，有的人受不了炙烤，满身是火地跳入大海中。但达·伽马不为所动，几天之后船才被完全烧毁，仅有20名男童生还，他们被达·伽马送回葡萄牙，要他们皈依基督教。在与坎

第一章　第一个殖民大国葡萄牙

纳诺尔的土王结盟后，10月30日，达·伽马来到了卡利卡特。当时的印度分裂小国相互敌视，为了自保他们都很重视武装力量，但那只是陆军，海军力量则薄弱得可怜。沙末林被葡萄牙人的武力吓坏了，主动求和，表示将把杀害葡萄牙人的凶手交出并赔偿损失。这一次葡萄牙人的欲望增长了，他们直接要求沙末林驱逐城里所有的穆斯林，由他们独占当地的香料贸易。葡萄牙人规定了时限，为了打击卡利卡特的自信心，葡萄牙人把向他们兜售海鱼的38名渔民吊死在桅杆上，然后炮轰了卡利卡特。令人发指的是，在夜里，达·伽马命令砍下吊死的渔民的头、手和脚，把躯干扔进大海，然后把砍下的肢体堆在一条小船上，漂向城里，在小船上还放上一封信，说如果城里有人反抗，那么全城的人都要落到这样的下场。做完这些后，达·伽马再次炮轰全城，他用了7艘船封锁卡利卡特，然后率其余的船到达柯钦。在这里，他们与当地的统治者签订了对葡萄牙极为有利的贸易协议，其中规定，葡萄牙人有权在此设立据点，并独占柯钦的对外贸易。沙末林不甘心忍受葡萄牙人的欺凌奋起反抗，但由于武器和作战样式的落后，他的两次努力都失败了。1503年2月，达·伽马满载着香料回国，8个月后，他回到了里斯本。曼努埃尔国王鉴于达·伽马的巨大贡献，封他为"伯爵"，此后多年他平静地生活着，直到1524年4月他被任命为印度总督，但时间不长，这一年的12月，他死于印度柯钦。

达·伽马走后，他留下的5艘船就担负起掠夺阿拉伯船只、破坏埃及与印度之间贸易的任务。这是葡萄牙人也是欧洲人在亚洲设立的第一支永久性舰队。为了报复，沙末林组织了反对葡萄牙和柯钦联盟的5万大军讨伐与葡萄牙人结盟的柯钦，留下来的葡萄牙人与柯钦军队逃到一个小岛上苦苦支撑，直到1504年另一支葡萄牙舰队到来后才解围。此举加深了柯钦与卡利卡特的仇恨，也促使柯钦与葡萄牙走得更近。同年，葡萄牙与柯钦正式结成联盟，并且把在此修建的一个永久性据点称为曼努埃尔，是当时葡萄牙国王的名字，以示此据点的重要。1502~1505年，曼努埃尔多次派舰队在海洋上拦截阿拉伯人的商船以保证自己对香料贸易的垄断。在达·伽马以前，亚洲每年从传统商路上流到欧洲去的各种香料，共达350万磅，而在这几年里，平均每年不足100万磅。有一个估计说，在这几年里，曼努埃尔平均每年从香料贸易上所取得的净收入为百万克罗塞多。尽管卡布拉尔和达·伽马全力"摧毁"和"扭转"，毕竟还是未能垄断全部的香料贸易。经验表明，仅靠一两个据点，哪怕年年派出远征队去装运香料，也办不到这一点。因此有必要在印度常设一支军队，为此，曼努埃尔专门设立了印度总督一职。

新官上任的阿尔梅达

1505年3月，第一任印度总督弗兰西斯科·德·阿尔梅达率20艘船组成的舰队离开里斯本出发了，船员中包括有三四百名接受过军事训练的水手，1500名士兵，200多个炮手，以及各种工匠，后来受命为西班牙进行环球航行的麦哲伦也在其中，不过当时他的身份是下级军官，而且还在一次战斗中受了伤。这支舰队的任务简而言之是征服印度，垄断香料贸易。同时，他们还担负着传教的职责。阿尔梅达控制了整个东非海岸与阿拉伯和印度的贸易，还把柯钦变成了葡萄牙在印度的贸易中心。他们一方面控制港口贸易，另一方面又派出船只打击海上的阿拉伯和伊朗的船只。要控制印度洋，有两个关键点是必须掌握的，一个是红海的出海口，一个是波斯湾的出海口，而要控制后一个则必须控制扼守出海口的霍尔木兹城。1507年葡萄牙人攻占了这个城市，然后强行征税，照例他们采取了异常残忍的手段：割掉了所有俘虏的鼻子，砍断所有男子的右手，割掉女人的耳朵。不过他们由于立足未稳，所以占领这个城市的时间并不长。为了进行印度航线上的香料贸易，葡萄牙人在里斯本成立了印度公司专门负责此事，东方贸易的中心由威尼斯转到了里斯本和安特卫普，这一贸易分配体系的重大变化使以往掌握东方贸易的威尼斯人的利益受到了重大损害，到1504年他们的船只在地中海港口已没有任何香料可以装了，这引起了威尼斯人的强烈不满。这时便发生了一个天主教国家联合一个伊斯兰教国家反对另一个天主教国家的事情，威尼斯人帮助埃及人建立一支舰队以打击葡萄牙人。很快地，这支舰队建立了起来并粉碎了葡萄牙在阿拉伯海北部巡航的一支小舰队。阿尔梅达的反应则是集中所有力量要与阿拉伯人决一死战。在1508年的第乌海战中，葡萄牙人以少胜多，以19艘船、1800多人的兵力打败了阿拉伯人和印度人2000多艘船、20000多人的联合舰队。联合舰队的失败除训练不足外，一个很重要的原因是内部不和，由于印度人中有人私通葡萄牙，断绝了埃及军队的供应，以至埃及军队愤而离去，导致了联合舰队的分裂。

第乌海战使葡萄牙人掌握了印度洋的制海权，开始称霸印度洋。而由于印度洋控制权的丧失，使伊斯兰世界的经济受到严重影响而转衰，也成了当时最大的阿拉伯国家埃及马木留克王朝灭亡的直接原因。更为重要的是，在陆地上很难对付的土耳其人，在海洋上却无法与欧洲人有效地对抗。随着被赶出印度洋，土耳其人的侧翼受到了欧洲人的直接威胁，从而形成在陆地上欧洲人的防守和在海洋上欧洲人的大迂回、大包围的态势。更为严重的影响是在经济上香料贸易控制权的易手，沉重打击了穆斯林而欧洲获益极大。后来阿尔梅达在回国途中死于与南非土人霍顿督人的冲突中。

由控制变统治

阿尔梅达虽然在印度洋开创了局面，但他的政策将葡萄牙人的活动仅仅局限于印度洋沿岸，显得有些保守，而且葡萄牙人在印度的据点的安全很大程度上依赖于与当地人的合作，否则只留下小部队看守据点，大部队回国，很容易被敌人乘虚而入。第二任印度总督阿尔布克尔克改变了阿尔梅达的保守政策，他设计了把穆斯林从香料运输中完全排挤出去，控制3500英里印度洋洋面的宏伟计划。果阿是印度西南海岸仅次于卡利卡特的一大商业中心，阿尔布克尔克到任的第一个行动就是攻占果阿。由于果阿的穆斯林统治者对印度教徒的残暴统治，阿尔布克尔克的行动得到了果阿非穆斯林的积极配合，加上果阿当时军力薄弱，因此葡萄牙人很快于1510年3月夺取了果阿。两个月后，由于穆斯林大批军队的到来，阿尔布克尔克弃城而去。但在10月初他集结大军再次攻占了果阿，并下令屠城，杀死所有的摩尔人，总共有6000（一说8000）多男子、妇女和儿童惨死。年底，阿尔布克尔克将总督府迁到这里，从此，果阿就成了葡萄牙在东方进行殖民活动的中心，直到1961年才由印度政府收回。阿尔布克尔克的行动震慑了周围的小邦，他们纷纷表示对葡萄牙的臣服。1512年，阿尔布克尔克与新沙末林签订协议，在卡利卡特修建了一个要塞。他后来又设立了一系列的要塞，确立了对这一带主要港口的控制。从此，通往印度各地海岸的主要航道都处在葡萄牙人的控制之下。

占领马六甲

控制印度洋并不等于控制一切，阿尔布克尔克要实现控制印度洋出入口、彻底垄断香料贸易的宏伟计划，就需要做到三点：攻占马六甲，控制东部入口；占领亚丁，控制红海入口；夺取霍尔木兹，控制波斯湾入口。马六甲（Malaka）的得名源自阿拉伯人，意思是集合各商贾的市场，中国人则叫它满剌加。马六甲具有重要的战略地位，就航海线路而言，马六甲是东西交通的必经之路，拥有马六甲既可以把印度人和阿拉伯人排除出亚欧贸易航线，又可以控制通往南中国海和香料群岛的航线；马六甲还是当时亚洲进行香料贸易的主要贸易中心，方圆数千平方公里以内的商业和贸易活动必须经过它，控制马六甲可以牢牢把握东西方贸易的主动权。这时的马六甲还主要掌握在穆斯林人手中。1509年，葡萄牙人曾经到达过马六甲，由于受到了当地人的猛烈袭击，所以他们撤退了，但有一些人被俘。1511年7月1日，阿尔布克尔克率领一支由18艘舰船、1200名葡萄牙士兵及200多名马尔巴拉援兵组成的舰队到达马六甲，提出了释放战俘、进行赔偿以及割让一块土地来修建要塞的要求。当时的马六甲是一个10万人的城市，由3万马来人和爪哇人守卫着，另外还有许多战船，几千门火炮，双方兵力悬殊，因此当地苏丹拒绝了葡萄牙

第一章　第一个殖民大国葡萄牙

人的要求。7月24日,葡萄牙人的第一次攻击没有成功,8月10日又进行了第二次攻击,经过一个星期的激战,葡萄牙攻占了马六甲,然后照例进行了屠城,把马来人杀了个干净,但对与马来人有矛盾的印度人、缅甸人和爪哇人则不动分毫,这也是阿尔布克尔克扩大统一面、缩小打击面的聪明之处。

马六甲是中国重要藩属国,但直到1520年(明正德十五年),马六甲苏丹派人向中国求救,明武宗才知道这件事。葡萄牙人用武力占领马六甲是对当时朝贡体系、一种以中国为主导的"自古昔帝王,居中国而治四夷"的东亚国际秩序的直接威胁。《明会典》上所载63个朝贡国有2/3位于马六甲以西,一旦失去马六甲则意味着朝贡体系有动摇、瓦解的危险。明武宗本应帮助马六甲苏丹击败葡萄牙人,但当时的明朝已没有了初时的积极进取,马六甲虽然重要,但毕竟只是中国的外围藩属国,它的丢失并不影响中国自身的安危,所以当时喜欢葡萄牙的武宗也没有采取什么措施。1521年(明正德十六年)3月武宗驾崩,4月世宗也就是嘉靖皇帝继位,马六甲苏丹又遣使来求救。明朝与葡萄牙交涉,要求葡萄牙归还马六甲,否则扣押使团直到归还马六甲为止。尽管当时明朝的国力比葡萄牙要强大许多,但在东南亚一带并没有军事存在,这种毫无力度的交涉又有什么用呢?葡萄牙曾经为了一个没有什么经济利益的休达连亲王也舍得[①],面对一个富饶的马六甲,他们又怎么会把区区一个使团放在眼里呢?明朝又命令同是藩属国的暹罗派兵救援,但暹罗始终对明朝支持本是它属地的马六甲独立耿耿于怀,而且由于葡萄牙有效的外交活动,所以按兵不动,甚至认为葡萄牙攻占马六甲是给它帮了忙。此后葡萄牙人统治了马六甲130年,直到1641年被荷兰人赶走。阿尔布克尔克在此修建了坚固的要塞,把它变成了葡萄牙在这一带的统

[①] 由于穆斯林的刻意避让,休达在葡萄牙人手中没有发挥贸易中心的作用。1437年,为了增加休达的价值,亨利王子与他的兄弟费尔南多进攻摩洛哥丹吉尔,失败后,费尔南多被摩尔人扣为人质以作为归还休达的条件,但出于利益考虑葡萄牙并没有交还休达,费尔南多最后死于摩尔人的土牢中,直到1471年他的遗骸才被几个摩尔人贵族俘虏交换回国。

治中心和重要支撑点，在此长驻有军队，包括舰队和陆军。占领马六甲对葡萄牙在亚洲的殖民活动具有无可估量的重大影响。葡萄牙人攻占马六甲吸引了附近一些小国如苏门答腊、爪哇的侯国等的归顺，也取得了与马来人有矛盾的商人，主要是泰米尔人和克林人的支持，而正是通过克林人，葡萄牙才能与孟加拉湾的其他地区和东南亚以及远东的其他小国签订贸易协议。此后葡萄牙人逐步设立了一系列的据点要塞，构成了在东南亚的殖民网络。占领马六甲为葡萄牙带来了巨大的经济利益，马六甲成为"葡萄牙王冠上的珍珠"，"葡萄牙的财富与远比其大和其人口多的王国的财富相比，也毫不逊色"。这一时期成了"葡萄牙历史上最富裕的时期"。

　　1513年2月进行的占领亚丁的行动不那么顺利，因为地形不熟，加之准备不足，缺乏淡水，而且航行所必需的天气情况也不利，要么没风要么是暴风雨，所以葡萄牙人摧毁了停泊在亚丁的船只，炮轰了亚丁城后就撤离了。经过一年的准备，1515年2月，阿尔布克尔克率领27艘大船，1500名葡萄牙士兵和几百名土著人又重新开始了军事行动。他有三个目的：占领霍尔木兹，重新占领亚丁，如果有可能从陆路去摧毁麦加。在霍尔木兹，被波斯人控制的国王慑于阿尔布克尔克的武力和残酷的名声投降了，国王缴纳了1.25万金谢拉芬，归还了葡萄牙的要塞，另外还亲自在宫殿中升起了葡萄牙旗帜。阿尔布克尔克帮助国王摆脱了波斯人的控制，并留下了一支强大的军队驻扎。

终于占有了香料群岛

　　阿尔布克尔克一面建立在印度洋上的霸权，一面又派人向东去探索真正的香料群岛——摩鹿加群岛。摩鹿加群岛，旧称马鲁古群岛，位于今天印度尼西亚群岛东北部，面积7.4万平方公里，由大约1000个小岛组成，气候炎热潮湿，适于香料作物的生长，这里生产的香料，香味浓郁，质地优良。1511年，安东尼奥·德·阿布雷乌率领3艘船侦察摩鹿加群岛，在完成任务返航时，一艘船触礁沉没，船长弗朗西斯科·塞尔旺获救，被带到了摩鹿加群岛的特尔纳特岛,后来他担任了苏丹顾问。塞尔旺设法使苏丹与葡萄牙结盟,1521年,葡萄牙在此修建了炮台等军事设施,后来又步步推进,1522年占领雅加达,1545年又在万丹建立了贸易中心。1562年和1564年,安汶和特尔纳特先后成了葡萄牙的属地。这样葡萄牙终于完全控制了香料群岛,在东方建立起了以果阿、霍尔木兹和马六甲为核心的东方贸易网络。此时的西班牙借助麦哲伦的环球航行,通过南美洲南部也到达了亚洲。面对香料群岛,西班牙人垂涎三尺。由于没有计算摩鹿加群岛地理坐标的可靠方法(这一问题直到18世纪才解决),葡萄牙和西班牙都声称根据《托尔德西拉斯条约》摩鹿加群岛在自己的势力范围内。两国开始了激烈争夺,为此还爆发了小规模冲突,即使教皇出面调解也没有什么作用。直到1529年,由于同英国和法国作战,西班牙陷入了财政危机,不得不向葡萄牙贷款,并同意了葡萄牙提出的放弃争议群岛一切权利的条件。1529年4月,两国签订了《萨拉戈萨条约》,西班牙放弃了对摩鹿加群岛的主张,并接受了两国在东方的分界线,即在摩鹿加群岛以东17度的子午线。

功亏一篑的阿尔布克尔克

尽管阿尔布克尔克不断地为葡萄牙在亚洲的事业建立功勋,但国内的政治形势却日益对他不利,有谣言说他怀有巨大的野心,想当果阿总督,把亚洲变成他的私人领地。这些谣言被他的对手利用,国王听信了谗言,任命与他有私仇的洛波·苏亚雷斯·德·阿尔贝加里亚为印度总督。听到这个消息后,本已染病的他一病不起,1515年12月就在返回果阿的船上死去了,年仅53岁。阿尔布克尔克的计划是一个宏伟的计划,在他死时仅有亚丁没有攻占,但问题在于葡萄牙的国力太弱了,实行这样的计划有些力不从心。本来后面的总督是有机会补救的,但他们的才能都远远不及阿尔布克尔克。1516年,在国王的一再要求下,苏亚雷斯率领由37艘战船和1800人组成的庞大舰队向亚丁出发,但由于指挥官的无能和恶劣天气的影响,行动失败了,这支舰队的大部分船只沉没,一半的人因各种原因死去。苏亚雷斯在亚洲做的唯一一件有影响的事是在锡兰的科伦坡修建了一个要塞，并强迫锡兰国王纳贡。

皮雷士在中国

攫取中国无穷的财富始终是葡萄牙人心中的一个梦想。现在葡萄牙已到达了离中国不远的香料群岛，那么自然而然的，中国就成了下一个重要目标，这也是葡萄牙实现帝国梦的一部分。1517年，皮雷士接受派遣随费尔南·安特拉德率领满载香料的船队到达珠江口，并向广州当局表明自己的使节身份。因葡萄牙并不是明朝的朝贡国，以当时的制度，接待外国使节必须经过朝廷的批准，但京穗间路途遥远，传递消息用时漫长。等得不耐烦的葡萄牙人，强闯珠江口，居然让他们没有任何阻拦地溯江而上直达广州，显然这是广州备倭都指挥使失职所致。葡萄牙人到达广州后，两广总督陈金亲自接见并上奏朝廷，说明"海南诸番国无所谓佛郎机①者，又使者无本国文书，未可信"。于是明武宗不予接见，下令他们回国。但葡萄牙人通过贿赂驻守广州的三堂镇守太监宁诚，得到入京许可，又贿赂内廷宠臣江彬见到了在南京巡视的武宗。武宗接见了使团的中国翻译，龙颜大悦，向他学习葡萄牙语，并批准葡萄牙使团进京等候。这个翻译每天陪伴在武宗身边，日益骄横，引起了很多人的不满。

根据明朝的海禁政策，中国的"寸板片帆不得下海"，全面禁止对外海上贸易，只有朝贡国才可在指定的地点和限定的时间内进行贸易。由于获利巨大，沿海封疆大吏多主张对外贸易，甚至不经请示朝廷就自行其是，广东尤为积极。当时的葡萄牙人所以能进入广州，想来也是沾了这个光。但在陈金与朝廷公文往来的三四个月间，葡萄牙人却借助经商在广州城中四处打探消息，获得了大量情况，甚至在元宵节期间一个叫安东尼奥·费尔南德斯的人趁守卫松懈，爬上了广州城墙，数清楚城

---

① 明朝对葡萄牙的称谓。

第一章　第一个殖民大国葡萄牙

墙上共有 90 个防卫箭楼。

在皮雷士努力争取武宗召见的时候，费尔南于 1520 年回到葡萄牙，他被当作"发现中国的英雄"受到热烈欢迎。费尔南走后，他的弟弟西蒙接替了他的职务。西蒙是个无法无天的家伙，他像对待东非土著人那样对待中国人，在南头岛上建立殖民据点，私设法庭，排除中国管辖；支持海盗，贩卖人口，奸淫妇女；拒纳关税，侮辱中国官吏，抢劫、勒索其他国家的商人等，甚至当地还有流传甚广的掠食小孩的传说。连 1521 年接替他职位的卡尔沃也说他犯下了"无穷的罪行"。

武宗一回京就病倒驾崩了，嘉靖皇帝即位。嘉靖皇帝在葡萄牙给国王的信中没有发现愿意成为中国藩属国的话，而以前费尔南的信中有类似的话，因此对葡萄牙人没有了好感。葡萄牙人在中国的劣行又被大臣趁机报告给皇帝，马六甲国王也再次派人来要求中国帮他复国。自然地，嘉靖皇帝不可能与这些作恶多端的葡萄牙人打什么交道了，他马上下令把使团中的中国翻译和内廷宠臣处死，把皮雷士逐出北京，令其从广东出境。当皮雷士到达广东时，正好遇到了中葡之间暴发了屯门冲突，皮雷士被囚禁在广州，后来病死狱中。

执着的走私犯

武宗死后，根据国丧定制，广东当局要求葡萄牙人退出国境。在中国做香料贸易，获利巨大的葡萄牙人是不甘心退出的，他们用武力回应中国的决定，向广东的海巡队发动攻击。葡萄牙人的行径使得中国决定采取武力行动剿灭。1521 年 8 月，广东海道副使汪鋐率队将葡萄牙人包围在屯门港内，经过 40 天的激战，终于迫使葡萄牙人趁雨夜分乘 3 艘小船逃跑。1522 年，双方又在广东香山县的西草湾发生海战，此战结果是，中国俘获对方"船舰二艘，斩敌三十五人，活捉四十二人"。中方百户王应恩战死。西草湾战斗后，明朝为了根绝外患，禁止一切船舶入境。葡萄牙人在不可能进行合法贸易的情况下，与中国、日本私商相勾结在浙江沿海进行走私贸易，大获其利。当时的走私贸易不仅得到了当地人的欢迎和官员的默许与纵容，而且许多官吏、军士也乐此不疲，以牟巨利。显然这是对海禁政策不满的一种无声的抗争，这样的政策不仅没有达到目的反而使当地风气变坏，违禁成为一种心照不宣的行为。尤其在一些远离城市的地区，因为进行贸易可以使本地获利，葡萄牙人还受到了较好的款待。随着贸易的逐步扩大，双屿，一个因地形适宜走私商人和海盗盘踞的海岛被葡萄牙人占据。1542年后，因葡萄牙开辟了对日直接贸易，把日本纳入它的贸易范围，这里发展成为葡萄牙人从事日本、中国闽浙和马六甲三角贸易的基地。因中日对双方的货物都有旺盛需求，从事中日间三角贸易[①]的葡萄牙人获利甚厚，"凡是运到那里（指日本）的货物都可获得三四倍的钱"。这又是因海禁而将利益拱手让人的例子。随着时间的推移，双屿的葡萄牙居留地逐渐扩大，"可以与印度的主要城市相比"，葡萄牙人达到了1200人，这里有法官、公证官、议员、收税官，还有市场物价监察官、书记官、巡夜官等等人员，有教堂、医院等设施，"除绞架和市标外一无所缺"，此外"营房、战舰无所不具"，实际上把双屿当作了一个殖民地。

葡萄牙人与当地官员的相安无事并没有持续很长时间，一是都察院右都御史朱纨到任浙江巡抚后，厉行海禁，葡萄牙人在贸易不得的情况下转而从事掠夺骚扰活动，引起矛盾激化；二是葡萄牙人与倭寇合流，从事海盗行为；三是当时闽浙沿海私商一方面利用葡萄牙人从事走私贸易，大发横财，另一方面又对葡萄牙人玩弄两面手法，要挟骗勒，欺诈外人，甚至诬陷他们，引得双方矛盾愈演愈烈，当地政府又处置失当。以上情况使得局势失控，最终双方刀兵相见。1548年，明军荡平双屿，使这个国际贸易走私港成为废墟，此后又经过大小数十战，将葡萄牙人赶出浙江海域。后来葡萄牙人到福建，被赶出，到广东，又被驱逐，最后才伺机在澳门定居下来。

[①] 由于明朝的海禁政策，使中日之间十年一贡的朝贡贸易远远不能满足需要，在此情况下，葡萄牙人乘虚而入，做起了中日之间本来不需要的中间商，赚取了大量的利益。

第一章　第一个殖民大国葡萄牙

葡萄牙"借"澳门

葡萄牙人是如何在澳门定居下来，有不同的说法。一种说法是葡萄牙人借口船舶进水，需要暂借地晾晒货物，向广东海道副使汪柏行贿，获准上岸，后来便有借无还；另有一种说法是，因澳门海盗很多，广东官员知道葡萄牙人骁勇善战，所以请他们来剿灭海盗，条件便是准许他们在澳门居住，这其实是葡萄牙人自己的看法；还有一种说法是，明朝自身也需要对外贸易，澳门在当时只是一个偏僻的小岛，远离广州这个中心城市，允许葡萄牙人在这里进行贸易，无关大局，所以葡萄牙人才能在明政府的默许下在澳门存在。不管怎么样，葡萄牙人在东亚找到了一个立足点。很快地，形成了以澳门为转运中心的几条重要航线，其中以澳门—果阿—欧洲的航线最为重要。这条航线上通行着载重量1000~1500吨的大船，将中国的货物经果阿运到欧洲，再把欧洲的货物运到澳门，然后再换乘小船运往广州。欧洲的货物获利有限，中国货物大受欢迎。澳门自1553年以来，一直被当作租借地供葡萄牙人居住，明政府采取"建城设官而县治之"的方针，规定澳门由香山县管辖，因澳门又是港口城市，具体负责人是广州海道副使。明政府设立了行政、司法、海关、军事等机构对澳门实施全方位的管理。1582年，葡萄牙人获得两广总督保证，只要葡萄牙人服从大明朝的法令，就可以继续在澳门住下去。只是到了1849年，葡萄牙趁清政府鸦片战争战败之际，想乘势割占澳门，于是封闭海关，驱逐清政府派驻在澳门的官员，向当地居民征税，停止向中国交纳地租，还不断用武力向清政府施加压力。此后葡萄牙多次向清政府提出订约要求，想把这种状况用法律的形式固定下来，以防其他列强染指，但均被拒绝。在19世纪80年代中国的边疆危机中，英国人深恐葡萄牙人将澳门转让给法国人，致使出现与香港相抗衡的法国殖民地，因此开始对中葡订约一事进行干预。1887年12月1日，在英国的干预下，清政府与葡萄牙签订了《中葡友好通商条约》，葡萄牙人获得了在澳门的种种特权，澳门处于葡萄牙的殖民统治下。

殖民美洲

1500年巴西被发现后,葡萄牙人并不认为这是个有价值的地方,他们的精力和资源主要放在亚洲,但这并不意味着放弃巴西。1501年,葡萄牙组织了一个考察队,探索了3600公里的巴西海岸。此后,葡萄牙主要从两个方面利用巴西:一是把它当作远征亚洲的中间依靠站;二是采伐巴西木。巴西木的材质坚硬,可以制作家具和造船,而且树心殷红,可以用作染料,巴西的地名即源于此。1503年,一个叫费尔南·德·罗洛尼亚的商人承包了巴西木的开采和贸易专属权,条件是每年必须考察1300里格的巴西海岸,并在他认为合适的地方设立商行。葡萄牙和巴西之间的贸易就从此开始了。1530年一些法国人到巴西经商,为了保证独占地位,葡萄牙扩大了在巴西的殖民规模。在当时的欧洲,糖还是昂贵的奢侈品,只有富人才买得起,而巴西的气候条件特别适宜甘蔗的生长,种植甘蔗榨取蔗糖成了在巴西最有利可图的生意。从1530年安装第一台榨糖机开始到1600年,巴西就支配了欧洲的蔗糖生产,每年产糖8000吨到9000吨,巴西大地出现了很多甘蔗种植园,为了满足种植园大量的人手需求,葡萄牙人开始大规模地使用奴隶。奴隶的来源是当地的印第安人,葡萄牙人用引诱的方法,主要是组织搜索队捕捉的方法大量地把印第安人变为奴隶。后来由于瘟疫流行,印第安奴隶大量死亡,黑人奴隶才逐渐多了起来,到1600年,黑人奴隶已占到奴隶总数的一半。种植园主拥有对奴隶的绝对权利,奴隶们的处境极为悲惨。葡萄牙入侵巴西后,逐步建立起封建主义的殖民统治,最初葡萄牙于1534~1536年在巴西设立13个都督府。每一都督府由王室任命的大贵族统治。1549年又合成为一个总督府。在总督之下,分设若干州进行统治。总督由国王任命,统辖整个巴西。殖民地的主要法令由他负责制定,葡萄牙贵族和大地主把持了行政、军事、经济和司法大权。葡萄牙王室通过这套殖民官僚机构,实行严密的殖民统治。

五、启示

葡萄牙的强大

1505 年或 1506 年,曼努埃尔宣布葡萄牙王室垄断香料贸易。也就是说,任何葡萄牙人想要购买、运输或销售香料,都必须从国王那儿购取特许证,国王也因此分享利润。到 16 世纪中叶,葡萄牙海外帝国发展到鼎盛时期。葡萄牙在非洲东海岸和印度东、西部海岸拥有大批贸易据点,控制了印度洋岛屿锡兰(今斯里兰卡)、霍尔木兹、马六甲、香料群岛和澳门,并在日本拥有一个据点,在巴西也建立了一个立足点。在帝国之外,葡萄牙探险者的传教士曾涉足于遥远而神秘的越南和中国西藏。

葡萄牙人 16 世纪控制了跨越半个地球的商业航线,竭力排斥欧、亚各国商人,截断阿拉伯人同印度和印度尼西亚的商业往来,打破阿拉伯人和意大利商人对印度洋的传统垄断。例如 1502 年到 1505 年 4 年中威尼斯商人在亚历山大港获得的香料,平均每年仅值 100 万英镑,而在 15 世纪末的几年中他们平均每年获得的香料价值达 350 万英镑。与此相反葡萄牙人的香料进口从 1501 年价值 23.4 万英镑到 1503~1506 年平均每年为 230 万英镑。葡萄牙人垄断了东方的贸易,从 15 世纪末到 16 世纪早期,运走亚洲香料总产量的 1/10。在美洲的巴西,最先在美洲建立奴隶种植园,种植甘蔗,垄断大西洋上的食糖贸易。将香料、食糖在欧洲高价出售。此外还垄断非洲的黑奴贸易。

人口不到 200 万的小小葡萄牙,垄断了世界上的香料、食糖、黑奴贸易,成为世界性的商业帝国,变得富庶强大,欧洲的权力中心也从意大利的城邦国家转移到了伊比利亚国家(它的邻国西班牙也因美洲的黄金、白银而强大起来)。

葡萄牙的衰落

盛世之下有隐忧。欧洲其他国家眼红葡萄牙取得的成功,他们或跟随或绕开葡萄牙纷纷染指香料贸易,在激烈的竞争中,葡萄牙自身的问题充分暴露,很快处于劣势。

第一,人口过少。在16世纪初葡萄牙的人口只有150万,对一个跨越欧洲、美洲、非洲、亚洲的帝国来说是远远不够的。葡萄牙将它在东方的领地分为12个军区,驻在各区的士兵人数差异很大,但通常人数都相当少,如在乔耳区只有50名一线葡萄牙军人,当然有大量的雇佣军作为补充。本已为数不多的人口,还在与当地人的冲突中大量消耗,兵力总是捉襟见肘。1515年,在与摩尔人的一次海战中,一次就有4000名葡萄牙士兵丧生,随船准备在北非殖民的葡萄牙人被俘,许多人被当作奴隶卖掉。国王曼努埃尔视为奇耻大辱,发誓一定要报仇,但人力和金钱十分匮乏,远征队最终没能组织起来。这也意味着葡萄牙对北非100多年的殖民活动以失败告终。由于兵力不足,葡萄牙人的殖民网络除几个关键地点外,都是以据点形式存在,根本无力控制内陆,建立直接殖民统治,同时也无力去控制主要港口以外的其他港口,这给其他竞争者以可乘之机。除军队外,很多年轻人去当海员,他们占总人口的百分比可能不算太高,但他们是来自全国最优秀而年轻的人力。很多人从此不再回来。由于人力缺乏,1610年,葡萄牙在全球范围内只有6000名海员——人员太少以至于根本无法驾驭其全部船只。扩张也是农民摆脱贫困的一条出路,由于农民大量进入城市和参加远洋,以及大地主为了保持与在海外发了财的人相当水平的奢侈生活,加紧了对农民的剥削,促使了农业人口流入城市,以至农村逐渐凋敝。为了弥补劳动力不足,大地主越来越多地使用奴隶耕田,这进一步降低了农业劳动力的社会地位和生活水平,结果葡萄牙农业衰落。1526年的一部讽刺剧讲到,葡萄牙的生肉从不列颠进口,白菜从比斯开进口。

第二,财富大量流失。葡萄牙大帝国在极盛时期什么都创造了,唯独没有增加财富。葡萄牙对香料贸易的控制远远达不到独占的程度。每年出发到印度的 12 艘船很多没有回来。葡萄牙曾在 16 世纪初期实现了对香料贸易的垄断，但很快威尼斯人就表现了商人的顽强和灵活。他们经常作为私营商人跟随葡萄牙舰队出航。他们与穆斯林合作，在葡萄牙人控制范围之外又开辟了香料贸易的航线，除此之外，由于红海始终没有被封锁，威尼斯人先后与埃及人和奥斯曼土耳其人合作，继续使用这条航路。葡萄牙人自己也在霍尔木兹出售香料。即使是葡萄牙控制的航路，往往用贿赂的方法也可以使用，这一切使得传统的地中海商路仍然繁荣。香料贸易的丰厚回报也吸引了法国、英国、德国的商人参与竞争，激烈的竞争导致香料的数量大增，价格也随之下跌。在好望角航线上，由于船只失事、海盗、护航及船只损耗等原因，成本在不断地增加，优势渐渐地转到地中海航线上。作为一项有丰厚回报的生意，外国银行家借款给国王支付远航费用，为了保证利益，他们要求把运回的货物直接作为抵押。几方原因相加的结果就是葡萄牙人的收益减少，财富大量流失到外国人手中。比利时的安特卫普成为香料集散地，里斯本仍然重要，但已不再是终点。

第三，国内享乐之风盛行。当大量的财富突然来到时，葡萄牙人没有投资于生产，而是把大量的财富投入到消费之中。葡萄牙的自然经济条件并不好，支撑他们不畏艰难探险的精神动力就是香料，现在香料已到手，接下来似乎就该享受了。不论是国王还是贵族都大兴奢侈之风，浪费大量财富。一名布拉甘沙公爵每次举杯饮水时，他的宫殿里都要奏乐致敬。到 16 世纪中叶，国民缺乏追求、思想颓废的情况已相当严重。葡萄牙的繁荣太多地依赖香料贸易，很少有其他财富来源，一旦香料贸易出现问题，又无所追求的话，衰落就是时间问题了。

第四，平庸的国王。欧洲最富有的君王曼努埃尔去世后，1521 年"愚蠢又顽固"的若奥三世即位，他唯恐身后留下来的帝国比他即位时缩小，又不能正视存在的问题，只是简单地不愿做任何的撤退。然而，事实上葡萄牙又不得不放弃北非萨菲、阿泽穆尔、阿耳卡塞尔－塞格尔和阿尔济拉四个据点，在摩洛哥的据点仅剩下休达和丹吉尔了，这也表明大北非帝国迷梦的破灭。作为一个衰落中的帝国，若奥三世采取了完全孤立或接近孤立的政策，他宁愿忍受侮辱也不愿投入战争，也不和其他欧洲强国结成联盟。1557年6月，若奥三世因心脏病去世。他的11个孩子在他之前都死了，因此由他的孙子塞巴斯蒂昂继位。这时葡萄牙的局势已非常混乱，各阶级之间的经济不平等加剧，国内生产力衰退。年轻的新国王富于幻想，他立志要领导国家复兴，首先的目标是征服摩洛哥，这是一个大胆然而不可能完成的任务，葡萄牙军队被诱进内陆，1578年8月5日，军队陷入包围，全军覆灭，国王也丧了命。

各方势力为争夺继承权闹得不可开交，加剧了葡萄牙政治局势的混乱。然而从血缘上讲，西班牙国王菲利浦二世最有优先权，因为她是曼努埃尔的女儿。菲利浦二世通过武力打败了葡萄牙国内的竞争者，于1580年被选为葡萄牙国王。葡萄牙不复存在。由于西班牙政府忙于当时欧洲的战事，一直未曾采取任何措施来维护葡属殖民地，葡萄牙多年经营的殖民体系趋于瓦解。从16世纪90年代后期起，葡萄牙在东方的殖民地日益受到荷兰的排挤。到17世纪初，英国殖民势力又接踵而至。1605年荷兰人把葡萄牙人赶出安汶，1619年赶出雅加达，1641年赶出马六甲。英国人在1622年夺取霍尔木兹，1630年迫使葡萄牙停止商业竞争，1654年强令它开放东方一切据点。在美洲，1624年荷兰人便已侵占巴西。葡萄牙在东非的势力，也从17世纪30年代开始衰落。经过几十年的沉沦，葡萄牙虽然在1640年最终摆脱了西班牙的统治，但此时的世界局势已经大变，荷兰的殖民势力已经巩固。尽管葡萄牙在1654年将荷兰人挤出巴西，但它的东方殖民帝国早已被全面瓦解。到18世纪初，它在东方的殖民据点，只剩下果阿、第乌、帝汶和澳门等有限的几处。它再也不是一个强国了。

第二章
美洲大陆的主宰西班牙帝国

西班牙位于西南欧伊比利亚半岛上。西南部临大西洋，西北邻靠比斯开湾，西邻葡萄牙，东北部与法国和安道尔接壤，东部和东南部临地中海，南隔直布罗陀海峡与北非洲的摩洛哥相望。它占有伊比利亚半岛的绝大部分，面积50.6万平方公里，2019年人口4710万。天主教为国教。当葡萄牙成为独立王国，开始进行探险时，伊比利亚半岛上的其他地方在为光复西班牙而努力。当葡萄牙人开始从探险中得到收益时，西班牙人心情复杂地看着葡萄牙人不断地向南开拓，却只能在几个群岛上与之展开争夺。但在伟大的地理大发现后，西班牙凭借殖民美洲所获得的财富，很快成为欧洲首屈一指的强国。

大国崛起 | DAGUO JUEQI

一、光复伊比利亚

光复运动迅猛发展

在反抗阿拉伯人统治的斗争中，基督徒逐渐形成了几个小王国，随着形势的发展，它们逐渐联合起来，形成几个较大的天主教国家。11世纪至13世纪是收复运动大发展的时期。11世纪前半期，形成的国家有雷翁、卡斯提、纳瓦尔、阿拉贡和加泰罗尼亚王国。1076~1134年，纳瓦尔并入阿拉贡①；1134年阿拉贡与加泰罗尼亚合并为统一的阿拉贡王国；1230年雷翁王国合并于卡斯提王国。这种联合过程的发展，使卡斯提王国和阿拉贡王国从12世纪前期起就成为西班牙光复运动斗争中心。天主教国家的大发展很大程度上是由于统治西班牙的倭马亚王朝的分裂和大贵族之间的争权夺利。在基督徒的进攻下，节节败退的穆斯林向北非摩尔人求援。约2万北非的摩尔人在伊本·优素福的率领下于1086年来到伊比利亚半岛。在这一场决定性的战役中，阿方索六世大败，只带了300人死里逃生。伊本·优素福则把4万多个首级作为战利品带回北非，垒成一个金字塔以夸耀战功。到了1090年，伊本·优素福一度占领西班牙大部，只有几个城市还在基督徒手中。在重大失败面前，基督徒不屈不挠，13世纪初，基督教诸王国（雷翁、卡斯提、阿拉贡、纳瓦尔）联军在西欧各国十字军的支援下，在托洛萨的那瓦斯战役中（1212年7月16日）穆瓦希德王朝的军队遭到决定性的失败，至少有16万摩尔人被杀。此后，斗争形势发展迅速。到13世纪，半岛上形成三个较大的基督教国家：卡斯提、阿拉贡和葡萄牙。阿拉伯人仅剩下格拉纳达一个小王国偏居一隅。

---

① 纳瓦尔并入阿拉贡后，后来又分裂出来，13世纪时成为法国的一个省，到了14世纪中叶又独立，1512年归并于西班牙。

第二章　美洲大陆的主宰西班牙帝国

光复运动的混乱时期

在光复运动的大好形势面前，各个基督教王国内却为争权夺利混乱不堪。纳瓦尔王国在查理三世死后就陷入了分裂。雄心勃勃的卡斯提国王阿方索十世在晚年陷入儿子桑什为保证继承王位而发动的叛乱中。1350年逝世的阿方索十一世留下了一个儿子佩德罗和五个私生子。在佩德罗统治卡斯提时期，阿拉贡向卡斯提宣战，佩德罗决定在讨伐阿拉贡之前把那五个私生子都除掉。军事行动为残忍的报复提供了借口。私生子之一亨利要把佩德罗的老婆和女儿拿来取乐，佩德罗则处死了所有与亨利接触过的人，不论是远是近。阿拉贡和卡斯提媾和后，亨利始终没有放弃向佩德罗复仇的念头。他撺掇阿拉贡国王再起战端，并从法国搬来雇佣兵，佩德罗则与格拉纳达的穆斯林结成联盟。支持阿拉贡和亨利的法国与支持卡斯提和佩德罗的英国的干预使战争越发激烈起来。法国派遣的雇佣军轻易地攻占了卡斯提，亨利加冕为卡斯提国王，佩德罗逃到了托莱多。但后来，亨利和迪·吉斯盖克兰①的军队与英军遭遇，亨利战败，迪·吉斯盖克兰被俘，但不久在付出了巨额赎金后被释放。迪·吉斯盖克兰发誓要报仇，他与亨利会合后，围攻托莱多，佩德罗被捉。亨利和他进行了一场肉搏，真正的肉搏，佩德罗最后被亨利杀死。私生子亨利成为亨利二世，他与法国合作，对葡萄牙人作战。很快他就死了，据传是被纳瓦尔人毒死的。其子胡安一世被葡萄牙人打败，1390年坠马身亡。其后王位相继由亨利三世和胡安二世继承。

胡安二世有过两次婚姻，第一任妻子是阿拉贡王国的玛丽亚，她于1425年生了一个儿子，就是后来的亨利四世。第二任妻子是葡萄牙的伊莎贝拉，她于1451年生下了女儿伊莎贝拉，1452年生下儿子阿方索。亨利四世是个平庸无能的人。面对全国尖锐的阶级矛盾和宗教矛盾，他对此一筹莫展。在与格拉纳达的战争中也屡战屡败，平时对其下属又赏罚失衡，用人不当，国内各贵族都抱反抗之心。亨利四世也有两任妻子，

---

① 进入西班牙的法国雇佣军的指挥官。

第一任妻子是纳瓦尔的布兰卡，因为没有生育被休。第二任妻子是葡萄牙的胡安娜，生下了一个女儿贝尔特拉尼娅。由于亨利四世太过无能，一部分贵族宣布废黜亨利四世，拥立未成年的阿方索为王。但阿方索很快死亡，年仅15岁，据说是被亨利四世派人杀死的，于是这部分贵族转而支持伊莎贝拉。两方势力展开内战，1468年7月，亨利四世虽镇压了贵族们的反叛，但考虑到反对者们仍然拥有强大的力量，仍与他们签订了《托洛斯·德·基桑多和约》。根据和约，亨利四世承认伊莎贝拉公主为其合法王位继承人；国王不得强迫伊莎贝拉公主与某人结婚，但伊莎贝拉公主的婚事须经由国王恩准；所有阿方索派贵族必须向亨利四世宣誓效忠；双方应停止内战，共同为卡斯提王国强盛而努力。

　　1276年，阿拉贡国王雅各一世死后，留下遗嘱将王国平分给两个儿子，这带来了灾难。兄弟、堂兄弟之间时常相互打仗。1410年，由于没有继承人，阿拉贡国王的王冠落到了卡斯提王子斐迪南头上，史称斐迪南一世。斐迪南死后，其子阿方索五世继位，他于1442年征服那不勒斯王国，把版图扩大到意大利半岛。阿方索五世把王位留给了弟弟胡安二世（与卡斯提的胡安二世不是同一人），他由于其父而为卡斯提人，由于其兄而成为阿拉贡国王，由于其妻而成为纳瓦尔国王①胡安二世怀有统一西班牙的野心。由于他与第一个妻子生的儿子卡洛斯不承认继母的纳瓦尔王后的称号，胡安二世把他投入监狱，剥夺了其王位继承权，把第二任妻子所生的儿子斐迪南立为王位继承人，实际上就是王子。胡安二世还把一个女儿嫁给了法国伯爵加斯顿·福阿，并向他表示了支持法王的意思。此举引发了各国大贵族的反对，因为他们怕法国势力加强而危及自身利益，从而选择支持卡洛斯。因为加泰罗西亚支持卡洛斯，胡安二世与之作战，纳瓦尔因为内战四分五裂。形势在对卡洛斯极为有利的情况下，他却突然死去，据推测很可能是被毒杀。

---

　　① 他的妻子是纳瓦尔女王布兰卡一世，也就是亨利四世第一任妻子的母亲。妻子死后，胡安二世成为纳瓦尔国王。

第二章 美洲大陆的主宰西班牙帝国

伊莎贝拉女王

17岁的卡斯提王位继承人,漂亮的受过良好教育的伊莎贝拉,未来的卡斯提女王成了欧洲众多王孙贵族眼中的香饽饽。围绕她的婚事,各方势力展开激烈角逐。亨利四世为了巩固自己的地位,决定将妹妹嫁给与卡斯提王室有血缘关系的葡萄牙国王阿方索五世。此举得到了大贵族的支持,因为他们怕卡斯提与阿拉贡合并后王权会得到加强,他们的独立地位得不到保障,封地也有可能会被没收。支持西班牙统一的贵族则支持伊莎贝拉与斐迪南的结合,希望用阿拉贡的势力保住伊莎贝拉的继承权,进而实现两国的合并。阿拉贡的胡安二世全力支持两人成婚。伊莎贝拉具有十分清醒的头脑,中意于精明强干的阿拉贡王子斐迪南,她要权力更多于爱情。1468年秋,她派人秘密地与斐迪南谈判,随后于1469年1月7日签订了婚约。亨利四世得知妹妹不经他允许私订终身,十分气愤,决定在结婚以前把她囚禁起来。但伊莎贝拉机警地逃脱了,并且写信向斐迪南求援,要他立即前来完婚。1469年10月19日,两人在巴利亚多利德完婚。根据当时的法律,堂姐弟结婚必须得到教皇的许可,显然这是来不及的,于是阿拉贡的大主教只好伪造了一纸许可,这日后又成为内乱的一个缘由。

伊莎贝拉与斐迪南的结合,适应了西班牙社会发展的需要,对统一进程起了加速作用。但这一违反和约的行为使亨利四世极为恼怒,他剥夺了伊莎贝拉的王位继承权,把贝尔特拉尼娅确立为自己的继承人,还派出军队逮捕伊莎贝拉。逮捕行动遭到了渴望统一安定的卡斯提和阿拉贡人民的反对,他们走上街头,挥舞两国的旗帜,高喊"卡斯提—阿拉贡"的口号阻挡国王的军队,伊莎贝拉趁机逃脱。为了借助法国抗衡阿拉贡,亨利四世又把女儿贝尔特拉尼娅许配给法国国王路易十一的弟弟吉恩斯基公爵。1470年两个人订婚,就在要举行婚礼的前夕,公爵突然死去。公爵之死是因为路易十一深恐公爵娶了卡斯提的王位继承人之后势力强大,因此派人将他毒死。1474年12月11日,亨利四世逝世,第三天,伊莎贝拉宣布继承王位。

事情并没有到此结束，真正的王位继承人究竟是谁的问题还没有解决。从法律上讲，王位应该属于贝尔特拉尼娅，但她的血统却遭到了怀疑，认为不是国王所生。而且一些大贵族为保住自己的特权，让年仅15岁的贝尔特拉尼娅与年过半百的葡萄牙国王阿方索五世订婚，借重葡萄牙的势力对抗伊莎贝拉。让一个葡萄牙人来统治卡斯提是让人不能接受的。在此情况下，伊莎贝拉纯粹的血统、良好的道德和显而易见的能力让她得到了广泛的拥护。为了得到卡斯提王位，阿方索五世率兵2万跨过边境，并且宣布自己为卡斯提国王。伊莎贝拉面临严峻挑战，这时的她既缺少军队也缺少金钱。但在保卫家国的号召下，4万人的队伍很快组织起来，双方开始了激烈争夺。战争持续了4年，直到1479年，斐迪南继承阿拉贡王位后，卡斯提和阿拉贡的联军才把葡萄牙军队打败。贝尔特拉尼娅后来在一个修道院中度过了她的50年余生，直到68岁时死去。

1479年斐迪南继承王位，使两国实现合并，但这并不是统一，两国仍在相当程度上保持着独立，没有通用的货币，没有通用的法律和税收制度。使西班牙联合起来的是共同利益而不是政府和法律，只不过是西班牙王国拥戴这一对夫妇共主而已。当时的卡斯提和阿拉贡之间还互征关税，阿拉贡所有的海外领土，伊莎贝拉无权过问，同样，卡斯提发现的新大陆，阿拉贡也不得染指。但是这桩婚姻仍然标志着"统一的西班牙王国的形成"。

伊莎贝拉是一个充满活力、很有才干的统治者，在两人的联合统治中，她是主角。伊莎贝拉严厉打击割据分裂的大贵族，西班牙逐渐发展成为一个中央集权的君主专制国家。伊莎贝拉和斐迪南被称为"天主教国王"，王权和神权得到充分结合，西班牙也从专制王权和教会的双重利益出发，强化了对"异端"[①]的镇压和破坏。从1477年开始，在全国遍设宗教法庭，任何人一旦成为被告，轻则查抄财产，重则处以火刑，由于原告同时也是

[①] 指的是犹太人、已皈依天主教的摩尔人（被叫作摩里斯科人）、反对国王和教会的人。

证人，所以没人敢为被告辩护，被告若是不认罪名就会遭到严刑拷打，直到承认为止。从 1483 年起的 15 年间，有 8000 多异教徒和异端分子被处以火刑。这个政策虽有利于政权的巩固，但消极面也非常大，1492 年以后的几个世纪里，西欧思想文化界群星灿烂，而西班牙却一片沉寂，因为在审判制度下，任何一种与官方不一致的学说都会被视为异端，并且会招致杀身之祸。在这样一个社会里，不可能有思想家出现。

攻占格拉纳达

经过 250 多年的内部混乱后，光复运动终于又走上了正轨。作为正统的天主教徒，在实现两国合并后，伊莎贝拉立即着手实现夙愿：打败阿拉伯人，彻底光复伊比利亚。在加强国内统治的同时，于 1482 年开始同格拉纳达的阿拉伯人进行战争。在战争中，伊莎贝拉表现出其杰出的政治军事才能和大无畏勇气。她联络西欧各基督教国家以取得支持，同时分化瓦解敌人阵营而屡屡得手，她动员全国的力量投入战争，典押自己的金银首饰以筹集军费，并经常亲临前线鼓舞士气。1485 年她建立了欧洲第一所军事医院——女王医院，以加强军事后勤工作。这些措施都激发了西班牙军队的斗志。

另一方面，格拉纳达这时陷入内乱之中。苏丹宠信外室索拉雅，一个皈依了穆斯林的基督徒，把王后爱恰赶走。爱恰逃到瓜迪斯，把自己的儿子保布迪尔加冕为格拉纳达国王，并组成一支军队同她的丈夫作战，把他逐出格拉纳达，让儿子登基为王。局势非常混乱。

伊莎贝拉和斐迪南看到了这个极好的机会，他们组织了 10 万人的军队，从议会中得到了 100 万银杜卡托的支持。教皇西克塔斯四世授予他们教皇谕旨，组织了十字军进军，还给他们送来一个银十字架。在重重围困下，最终经过谈判穆斯林投降了。1492 年 1 月 2 日，西班牙军队进入格拉纳达——阿拉伯人在西班牙的最后一个王国，从此结束了穆斯林在西欧的统治，长达七个世纪的收复失地运动宣告结束。为了共同庆祝这一具有重大历史意义的光辉胜利，当时整个欧洲几乎所有的天主教堂都钟乐齐鸣。

二、伟大的地理大发现

地理大发现的时代虽然是由葡萄牙人开始的,但主要部分是由西班牙人完成的,葡萄牙的成就主要体现在新航路的开辟上。

哥伦布的成功努力

哥伦布在葡萄牙国王若奥二世那里碰壁后,辗转来到了卡斯提,继续游说他的计划。参与香料贸易是一项获利丰厚的生意,这是很明显的。然而《托尔德西拉斯条约》限制了西班牙向东航行,当时还有境内的阿拉伯问题需要解决,所以用武力也不可能打通向印度①的陆上通道,那么,哥伦布的向西航行印度的计划实际上成为西班牙参与印度贸易的唯一可能性。正因为如此,哥伦布得到了很多人的支持。历史选择了哥伦布。1486年在一位伯爵的引见下,他见到了伊莎贝拉女王,女王组织了一个委员会来审查他的计划。经过4年漫长的等待,计划被否决,因为委员会认为哥伦布计算错误,计划不可行。1491年11月底,经女王向其忏悔的主教的介绍,哥伦布在圣塔菲城,一个在格拉纳达附近的军事要塞,又一次见到了女王,这一次他的计划又被提交到一个委员会进行审议。1492年1月2日,格拉纳达投降,哥伦布也有幸参加进城队伍分享胜利的喜悦。但他的计划又一次被否决,理由是哥伦布想要的价码太高了,委员会认为一个平民不能得到贵族的头衔。哥伦布非常失望,决定离开西班牙到法国去碰运气。就在哥伦布动身一个小时后,一名有影响的皇家司库说服了女王,因为这次远航的费用不是太高,而哥伦布一旦成功所带来的收益是不可估量的。于是在距圣塔菲城4英里远的松木桥村,

---

① 这里的印度是一个泛指,也就是包括印度、中国、日本等在内欧洲人心目中的东方。

哥伦布被追上。其实这个时候伊莎贝拉女王已发布了有名的令西班牙境内的犹太人在三个月之内离境的命令，但她对哥伦布犹太人的身份却没有任何表示。经过三个月的讨价还价，哥伦布与伊莎贝拉女王签订了历史上有名的《圣塔菲协议》，哥伦布得到了他想要的一切，协议规定：（1）女王陛下任命哥伦布为他行将发现或获得的一切海岛和陆地的统帅，并且可以世袭。（2）任命哥伦布为他行将在所述海洋上发现或获得的陆地和海岛的副王和总督。（3）在这些地区得来的一切黄金、白银、珍珠、宝石、香料及其他商品他都可以征收和保留1/10，并且一概免税。（4）任何涉及这些商品或产品的案件都由他或他的代理人以统帅身份进行裁定。（5）他被赋予选择权，即对驶往这些新属地的船只是负担其总费用的1/8，或收取其利润的1/8。此外哥伦布还得到了海军上将军衔和"唐"这个贵族标志，也就是说哥伦布的全称就变成"唐·克里斯托弗·哥伦布"了。

发现美洲

经过连年战争，卡斯提国库空虚，为了筹措远航费用，伊莎贝拉女王甚至卖掉了自己的首饰。1492年8月3日，一夜未眠的哥伦布率领"圣玛利亚"号、"平松"号、"尼娜"号和120名船员踏上远航的征途。西班牙也踏上了帝国之路。8月26日，他们先到达加那利群岛，然后从这里出发再向西。这也成为远航能成功的一个重要因素[①]。9月6日，经过补充和休整后，他们再次出发。这时，哥伦布耍了一个小聪明，他写了两个航海日志，一个真的自己看，一个假的给其他人看。在假的日志中，他缩小了航行距离，以避免船员因为距离大陆太远而害怕。由于哥伦布的计算错误，假的航程日志比"真实"的航程日志更接近于实际。哥伦布的运气很好，没有遇上大风暴，也不是静止无风。在航行的头10天（9月9日至9月18日），他们很轻松地航行了1163海里。9月16

---

① 从这里向西正好处于东北信风带之内，可以帮助他横渡大西洋，往南则是回归线无风带，往北是送他们返航的西风带。

日,他们到达了马尾藻海,海藻"似乎是陆地上扯来扔到水中的",据此水手们判断他们已离大陆①不远,但哥伦布却认为离大陆还很远。9月20日,信风停息,船队转向西北航向行驶。他们从加那利出发已经有三个星期没有见到陆地了,这是这些船员从来没有过的体验。他们开始抱怨,恐怕没有合适的风回到西班牙。另外,船上生活简单枯燥,食物难以下咽,淡水也开始变质。有人甚至说,哥伦布这个热那亚人可能要牺牲船员们的生命以使自己成为贵族,他毕竟是一个外国人,把他丢下船去然后说他在观察北极星时失足落水难道不行吗?这种事情在那个时代是有可能发生的。可怕的情绪在船员中蔓延,这种情绪还感染了其余两艘船的船长。10月9日,他们与哥伦布展开了激烈争吵,要求放弃寻找陆地,趁南风不大时回家。但哥伦布说服了他们再往前航行三天时间,因为之前已经发现有鸟在飞,说明离陆地已经不远了。第二天在日出时分,刮起了信风,船队的航速加快,这个情况重新唤起了"圣玛丽亚"号上船员们的恐惧感,他们认为自己绝不可能回家了,船员们当天发生了叛乱,哥伦布用说服船长们的话将船员说服。10月11日(星期四),"尼娜"号捞起一根带有一朵小花的嫩树枝,"平松"号收集到的更多:一根藤茎、一根枯树枝、一块木板、一株在陆地上才可见到的植物,而且还有一根明显是经过加工的小木棍。很显然,陆地确实已经不远了,这些情况的出现也终止了船员们的担心。10月11日晚上10点,在月亮出来前一个小时,哥伦布说他看到了陆上的亮光,他还叫了几个人来辨认,有的人说看到了,有的人说没看到,但大部分人都说没看到,这很可能是一个幻觉。事实上,这时的"圣玛丽亚"号离陆地还有35海里,是不可能看到什么亮光的。10月12日凌晨2点,"平松"号前甲板上瞭望员罗德里戈·德特里亚纳看到西边的地平线上露出一条陆地的黑线。这次他们发现的是真正的陆地②了。自北欧人航海以来,欧洲人在西半球发现的第一个陆地是现在巴哈马群岛的圣萨尔瓦多岛,也叫华特林岛。

---

① 指的是哥伦布希望到达的大陆,也就是印度。
② 在航行中,他们不止一次地把天边的云彩错认成陆地。

第二章 美洲大陆的主宰西班牙帝国

哥伦布宣布以国王和王后的名义占领该岛,他也被兴奋的人们拥立为统帅和总督。很多当地土著围拢过来看这些人举行仪式。他认为到达的是印度,所以把这些人叫作印第安人,这个名称一直沿用到现在。这些印第安人温顺而慷慨,他们是那样的单纯并对自己拥有的东西是那样慷慨,不是亲眼看见,简直不敢相信。他们有什么东西,你如果问他要,他们决不说二话,他们甚至请人家去分享他们的东西,好像要把心掏给你一般。不幸的是,这些头脑简单的原始人的坦诚和慷慨品质都引发了普通欧洲人的贪婪和残暴的劣根性,甚至连哥伦布的博爱、仁慈似乎也只是在政治上作为最终奴役和掠夺他们的一种手段。10月14日哥伦布在航海日志中写道:"这些人根本不会摆弄武器……用上50人就能征服他们,并使他们做一个人想要他们做的事。"在随后欧洲人进行的殖民活动中,大批的印第安人被屠杀、奴役。

接下来的日子,哥伦布用来寻找日本和中国——两个在《马可·波罗游记》记载中黄金遍地的国家。他认为他所到达的地方是印度的边缘地区所以才如此荒凉。在寻找过程中哥伦布发现了古巴和海地以及一些岛屿,还发现了烟草。1492年12月25日,哥伦布乘坐的"圣玛丽亚"号因值班船员打瞌睡而触礁沉没。为了安排多余的人,哥伦布占领了海地的北海岸,建立了第一个殖民点"纳维达德",意思是圣诞节,以纪念船难发生的日子。1493年1月4日,哥伦布起航回国。因为风暴使他们不得不在葡萄牙上岸,若奥二世酸溜溜地接见了哥伦布。3月15日,哥伦布回到了西班牙的帕洛斯,他受到了极为热烈的欢迎,国王们也相信印度群岛已在自己的掌握之中,给了他极大的荣誉。

为了继续寻找心中的印度,哥伦布后来又进行了三次航行。他考察了南美大陆的很多地方,但都没有找到心目中的印度。因为他并没有给西班牙带来什么可见的利益,哥伦布的影响越来越弱。他一直以为自己发现的是中国,并不知道实际上发现的是美洲,1506年哥伦布孑然一身逝世于巴利阿多里德,地方志中甚至没有提到他。

墙内开花墙外香

15世纪有知识的欧洲人都知道地球是圆的，证明这一命题的工作是由麦哲伦完成的。麦哲伦1480年出生于葡萄牙一个破落贵族家庭。1505年他加入葡萄牙印度远征队并成了一位下级军官。在远征印度、马六甲、香料群岛的战斗中，他三次负伤，跛了一只脚。后来他遭人诬陷丢了军职，虽然不久以后证明他是清白的，但职务却没有得到恢复。麦哲伦回到里斯本面见国王曼努埃尔，请求增加年金和得到一个不高的职位，国王生硬地拒绝了他，他又请求率领一支船队向西探险也被拒绝了。心灰意冷的麦哲伦遇见了路易·法莱鲁，一个从未登过船也未离开过葡萄牙的人，同麦哲伦一样，法莱鲁怀有强烈的了解地球和天象的兴趣，不过他的了解是抽象的，不像麦哲伦那样具体。他们两人一个具有丰富的实践经验，一个具有深厚的理论知识，兴趣的相投和优势的互补使他们两个很快成为非常要好的朋友。

西班牙资助哥伦布的目的是发现通往印度的航线而不是什么新大陆，哥伦布四次无功而返后人人都知道他发现的不是印度。当时的新大陆对西班牙来说并没有多大的价值，孱弱的印第安人不适于当奴隶，印加人的宝库被发现之前，玻托西的银矿开采之前，渴求黄金的西班牙人对使美洲殖民地化和征服美洲的兴趣远比绕过美洲尽快到达富饶的印度的兴趣要小。西班牙曾数次组织远征队去发现向西通往印度的道路，他们沿着美洲大陆或是向南或是向北航行，但绵亘的美洲大陆实在是太大了，不论他们走多远看到的都是陆地。无数的船只遇难，当时的地图已把美洲大陆南部画得和南极连在了一起，西班牙也接受了向西行不可能到达印度的想法。

但麦哲伦却提出了一项新计划，他确信在美洲大陆南端存在着一个海峡可以把两边的海洋连接起来，还有重要的一点是根据他的朋友法莱鲁的实际上错误的计算，香料群岛位于教皇分界线的西班牙范围之内。他是从何得知有这样一条海峡存在现在不得而知，因为海峡的发现看起来更像是一种运气。不管怎么样，麦哲伦的新计划是西班牙人所需要的。

第二章 美洲大陆的主宰西班牙帝国

1517 年，麦哲伦到达了西班牙的塞维利亚，在这里他受到了当地的城防司令、一位曾经的葡萄牙人的款待，后者极为赞赏他，还把女儿嫁给了他。1518 年麦哲伦说服了年轻的国王查理一世。3 月 22 日，查理一世代表自己已神经错乱的母亲胡安娜同麦哲伦和法莱鲁签署了协议，他们两人被赋予了在未经探测的海洋上发现土地的特权和优先权，作为收益，他们可获得他们所发现土地上的全部收入的 1/20。与哥伦布一样，他们也被任命为所发现领土的可世袭的总督，成为海军上将，不一样的是，如果他们发现了 6 个以上的岛屿，那么有 2 个就属于他们的私人财产。国王对麦哲伦并不是完全信任，在船队中除旗舰外，其余 4 艘船的船长都是宫廷指派的，其中还有一名督办。

证明地球是圆的

筹备一支探险队绝不是一件容易的事，涉及人员配备，物资准备，与各处的扯皮、交涉，还有葡萄牙国王曼努埃尔的阴险破坏。不管有多么不容易，最终麦哲伦①还是完成了这一工作。1519 年 9 月 20 日，船队在踌躇满志的麦哲伦率领下，驶出了西班牙塞维利亚港，驶上了探险史上的伟大之路。整支船队由 265 人 5 艘船组成，旗舰"特立尼达"号、"圣安东尼奥"号、"康塞普松"号、"维多利亚"号和"圣地亚哥"号，为了预防不测，船队携带了两年给养，装备有 68 门炮。虽然得到了船员和军官的宣誓效忠，但由于普遍地对一个葡萄牙人不信任和嫉妒，船上危机四伏，麦哲伦实际上在所有人员中只能信任 5 到 10 个人。出航 6 天后，麦哲伦得到了岳父的密信，说西班牙船长们将发动叛乱，但这并没有吓住意志坚定的麦哲伦，他回信说无论发生什么事情，都将矢志不渝。

麦哲伦沉默寡言、刚愎自用的性格加深了西班牙船长们本已存在的不满。他不向他们说明航行的计划，不向他们解释任何事情，只是要求他们听从命令，就像狗一样的听话。当麦哲伦改变计划不向巴西而是向

---

① 法莱鲁自称通过占星术，算出自己不可能从这次航行中回来，所以退出了。

更南的地方驶去时，督办质问他为什么要改变计划，他回答说他们只是服从命令就够了。船长们的不满麦哲伦是知道的。一天，麦哲伦邀请船长们到旗舰来商量对一个违纪船员的处理时，他突然发难，将督办逮捕起来，说"舵只能由我来掌，用铁的手腕"，这一招震慑住了其他人。

麦哲伦在每一个看起来像海峡的地方都要停下来探索，致使进度缓慢。在走走停停之中，南半球寒冷的冬天到了①。风暴一天紧似一天地袭击着船只，前行越来越艰难。严寒加上找不到海峡的失望，水手们对麦哲伦的不满也越来越严重。1520年3月31日，他们到达了南纬49°的圣胡里安湾，麦哲伦没与人商量就下令在此过冬，这又引起了西班牙船长们的不满。为了保证以后路程的需要，麦哲伦下令缩减口粮，严寒和饥饿加重了水手们的怨气。为了缓和与船长们之间的紧张关系，麦哲伦邀请他们到旗舰上来举行复活节午餐，但除了他的堂兄弟②外，其他的船长都没有来，冲突公开化了。就在当天夜晚，"圣安东尼奥"号、"康塞普松"号、"维多利亚"号发生了叛乱。在得知消息后，麦哲伦表现出了大将风度，他首先机智地派他的保安官埃斯皮诺萨带几名水兵送一封信给"维多利亚"号船长美多斯，在美多斯看信时，保安官出其不意地杀死了他，把"维多利亚"号夺了过来。在5分钟之内，胜负逆转了，更重要的是麦哲伦控制的"特立尼达"号、"维多利亚"号和"圣地亚哥"号堵住了其余两艘船出湾的道路，形势十分明朗了。"圣安东尼奥"号和"康塞普松"号上的抵抗很快自行瓦解。麦哲伦以他那个时代的典型方式处置被判处死刑的人。"康塞普松"号的船长克萨达被斩首，把美多斯的尸体砍成四块，把国王的督办和一个经常煽动不满情绪的神父放逐在海岸上。其他人得到了麦哲伦的宽恕③。

待了5个多月后，麦哲伦终于决定离开圣胡里安湾。在南行探路时，"圣地亚哥"号失事沉没了。航行至1520年8月31日，麦哲伦又下令

---

① 南半球的冬天在每年的上半年，与北半球相反。
② 麦哲伦不顾国王的指派，想方设法让他的堂兄弟担任了其中一艘船的船长。
③ 根据西班牙军法，至少要有五分之一的人被判有罪，但这样一来就没有足够的水手了。

第二章 美洲大陆的主宰西班牙帝国

停泊近两个月，其实这时他们离麦哲伦海峡不过两个纬度，两天的距离。10月21日，他们看到了麦哲伦海峡入口处的处女角，它看起来更像是一个普通的峡湾，而不是他们苦苦追寻的目标。水手们都反对停下来探索，他们说再向南如果不能找到海峡，要么返回西班牙，要么向东绕过好望角到达印度。但麦哲伦仍然下命令探寻一遍。5天后，事实证明麦哲伦是正确的，幸福就这样在快要放弃时来临了。因为发现海峡的这一天是万圣节，所以他们取名叫万圣海峡，后世为了纪念麦哲伦，改名为麦哲伦海峡。海峡只是一个统称，实际上这是一个海湾、深沟、峡湾、沙滩、浅滩、河岔纵横交错的曲折迂回的迷宫。它在数百年中一直使海员们望而生畏，后来的探险队曾有数十艘船沉没于这条阴森的海峡。麦哲伦是第一个通过这条危险航路的人，也是以后许多年中最后一个不失一船安然通过这一海峡的人。麦哲伦谨慎地在这个550公里长的海峡中探索了一个月。在这期间，"圣安东尼奥"号的船长，趁分头探路的机会发动叛乱，返回西班牙。为了逃避罪责，这些人说麦哲伦叛变了。"圣安东尼奥"号的叛离，给剩下的人们带来了灾难，因为它最大最好，装载的食物储备也最多。

麦哲伦惊慌失措了，他不停地问军官们，是继续向前还是返航。军官们早已被他的铁腕慑服，不敢明确回答，最后麦哲伦决定还是继续向前。就这样，欧洲人驶入了他们从未涉足过的浩瀚的"南海"①。因为洋面风平浪静，麦哲伦给它起了一个好听的名字——太平洋。平静的洋面、单调的生活、没有变化的一切，使每个人都死气沉沉，仿佛行尸走肉。比单调更有威胁的是饥饿。酒早就没有了；淡水也已变质，臭气熏天；粮食只有面包干和途中捕的鱼，所谓面包干其实是长满了蛆虫，混杂了老鼠屎尿的青灰色粉末，就这样也不够吃，饥饿的船员们在其中夹杂锯末来填充肚子，船上的老鼠反而成为美味佳肴；防止缆索磨断的包在大横桁上的牛皮也进了船员们的肚子。除此之外，还有长期缺乏维生素带来的坏血病的折磨。在3个月20天的横渡太平洋的饥饿航程

---

① 1513年西班牙探险家巴尔波亚通过巴拿马地峡来到太平洋，他把它叫作南海。

中，至少有19个人也就是剩下船员的1/10死去了。他们航行了至少1.7万公里，直到1521年3月6日，他们才看到了一个小岛。一些岛民偷走了"特立尼达"号系在船尾的一条小舢板，第二天麦哲伦派了40名武装人员上岸，夺回了舢板，烧了几座草屋，杀死了7个人，抢走了很多食物和水。这使不少船员增加了体力。再向前航行约2000公里后，麦哲伦看到了几个岛，开始兴奋地以为是来到了香料群岛，后来才发现是偏北约10°的菲律宾群岛。根据协议，麦哲伦由此成了西班牙的总督。在苏禄安岛，他们经过9天的休养，所有人都恢复了健康。在探索临近的马萨瓦岛时，令人惊奇的一幕发生了，麦哲伦带在身边的马来奴隶恩里克说的马来话岸上的人竟然听懂了，这说明他回到了故乡，恩里克成了第一个完成环球航行的人。由此，麦哲伦证明了地球是圆形的，因为已经有人环绕一周了。

麦哲伦之死

在马萨瓦岛过了天堂般的几天后，麦哲伦被当地人带到了附近最大的岛屿宿务。现在麦哲伦船队的武装力量已经不多，既然依靠武力不能把菲律宾群岛变为西班牙国王的领地，那么只有与当地的统治者结盟了。他向当地的拉吒，也就是国王胡马本提出要进行以物易物的贸易。拉吒不拒绝贸易，但要求他们交税，这当然是不可能的。麦哲伦是要把这里当作西班牙的领地，统治者怎么可能给被统治者交税呢？为了说明没有例外，胡马本带来了一位来自暹罗的穆斯林商人。这位商人一看到挂着圣地亚哥十字风帆的船就被吓坏了，他警告胡马本说要小心这些人，他们就是洗劫和占领整个卡利卡特、马六甲和整个印度的白人恶魔。这位商人把葡萄牙人和西班牙人弄混了。胡马本听了警告后，改变了态度，请麦哲伦来赴宴。双方的纠纷解决后，拉吒胡马本同意进行贸易，也表示愿意与西班牙国王查理一世结盟。双方开始以物易物的贸易后，最令当地人感到惊奇的是铁，这个东西很坚硬，用它来制造剑、矛等武器和生产工具再合适不过了，比柔软的黄金有用多了，为了不让欧洲人吃亏，他们用15磅黄金换取了14磅铁。船员们疯狂地索取黄金，以至麦哲伦

第二章 美洲大陆的主宰西班牙帝国

下令不允许泄露黄金的价值。出于对麦哲伦的好感,拉吒胡马本率岛上的居民以及附近岛上的人皈依了基督教。

事情进展得太顺利了,麦哲伦有些得意忘形。他要把拉吒胡马本立为整个菲律宾群岛的首领,如果有人敢反对,他将提供武力支持。为此,他去讨伐宿务附近的马克坦岛,这里的拉吒西拉普拉普一向不服从胡马本的统治。胡马本提供了1000人的队伍,麦哲伦拒绝了,他认为派优势兵力去打一群乌合之众有失身份,于是只带了60人就出发了。麦哲伦为这次轻敌付出了生命的代价。马克坦岛的周围密布暗礁,这使船只无法近岸,这样西班牙人最有利的火力优势无法发挥作用,远距离上的枪弹无法打穿岛上土著人的木质盾牌。在离岸很远的地方,失去火力支援的60名西班牙人在齐大腿深的海水中艰难地向岸上推进,而岸上则有分为左中右三队的1500名土著人。当时的西班牙士兵还没有普遍装备枪支,60人是无法对付1500人的。很快,西班牙人就后退了。麦哲伦在后退过程中,被土著人投掷的矛扎中腿部落在后面,后来又被赶上来的土著人杀死。西班牙人仓皇撤退,连土著人如何处置麦哲伦的尸体都不知道。

麦哲伦就这样在一场不起眼的战斗中,毫无意义地死了。西拉普拉普因此成了民族英雄。麦哲伦也是英雄,他在航海中身处险恶环境,凭借个人的坚强意志克服无数困难,完成了环球航行的伟大壮举,为人类的知识体系做出了巨大贡献。麦哲伦也是殖民强盗,他是为殖民主义而探险,菲律宾群岛很快就成了西班牙的殖民地,直到1898年,此后又成为美国的殖民地。在现在的马克坦岛立有一个双面碑,两面用不同的口吻写了同一件事,一面写着:公元1521年4月27日,西拉普拉普在此击溃西班牙侵略者,击毙其统帅麦哲伦。另一面写着:公元1521年4月27日,斐迪南·麦哲伦与马克坦岛酋长西拉普拉普所部激战,重伤身亡于此。

麦哲伦死后,胡马本改变了态度。西班牙人之中则发生了内讧,3艘船合并成了2艘船。最后,只有"维多利亚"号绕过了好望角,在经过佛得角群岛时,又被葡萄牙人捉去了13个人。1522年9月6日,在他们出航近3年后,麦哲伦船队终于回到了西班牙,但出发时的5艘船只回来了1艘,256人只回来了18人。

三、疯狂冒险的西班牙人

哥伦布新大陆的发现和麦哲伦的环球航行的完成,都发现了大量的无主地①。接踵而来的就是殖民征服。

征服西印度群岛

哥伦布第一次远航发现的群岛被称为西印度群岛,以区别于真正的印度。哥伦布回到西班牙半年后组织的第二次远航是一次名副其实的殖民地的远征。这次的船队有17艘船,共有1500人,其中有各种职业的人:各种技术工匠、士兵、律师、商人、传教士和一些贵族冒险家;装载的物资也多种多样,有牛、马、羊、猪、鸡,一大批建筑工具、谷物和果树的种子。现在西印度群岛上的猪就是这次带去的8头猪的后代。他们到达海地后,发现据点被毁,留在这里的十几个人都被当地人杀死了。原因是他们过分攫取黄金和掳掠、奸淫妇女,而且为了黄金和女人,发生了内讧,最终丧了命。哥伦布又在离此东边30英里的地方修筑了一座据点,取名伊莎贝拉城,任命了两名市政官员和两个议员,以他的兄弟迪哥为省长,组成了西班牙在西印度群岛的第一个殖民统治机构。接着又在离第一个据点不远处修筑了圣托马斯据点。哥伦布的主要精力还是放在了寻找黄金和证实这是真正的印度上。他在古巴西边发现那里有数不清的大小岛屿,武断地认为那就是马来群岛。因为供应不足,70多天后他回到了海地,却发现两个据点的处境并不好,起因是这些西班牙人四处掳掠、残害当地的居民,激起了民愤。当时海地有5个酋长,

---

① 这是欧洲人的观念,无主是对欧洲人而言的,意思是还没有欧洲人占领,其实很多地方都有当地人在生活着。

第二章　美洲大陆的主宰西班牙帝国

如果他们联合起来是有可能赶走西班牙人的,但他们并不团结。在历史中,我们看到以少胜多的一个关键往往就是人数多的一方内部不团结。哥伦布采取拉一个打一个的方法,袭击了态度最坚决的瓜蒂瓜那部落,捕捉了1500人。在这次战斗中,哥伦布首次使用了骑兵,这令没有见过马的印第安人惊恐万状,以为骑兵是可以一分为二的两个头的怪物。这场战斗是西班牙美洲殖民史上头一场关键性的斗争,也是美洲印第安人种族绝灭史上具有普遍意义的典型事例。1496年,哥伦布的弟弟巴托罗梅·哥伦布在海地建立了圣多明各城,这是西班牙殖民者在美洲的第一个永久性殖民地。1502年,大贵族奥万多在海地正式建立了殖民统治机构。到1513年时,这个岛上已有了13个殖民城市或殖民据点。以海地为基地,西班牙人的殖民活动向四处扩散。1508年占领波多黎各,以圣胡安为主要殖民点。1509年进入牙买加。1511年开始了对古巴的血腥征服,其程度甚至连一同去的西班牙人巴托洛梅·德拉斯卡萨斯都被激怒了,他开始了拯救印第安人的圣战,他就是有名的"印第安人使徒"。1514年圣地亚哥城的建立,标志着对古巴的征服完成。

征服墨西哥

西班牙殖民者在西印度群岛落住脚后,即开始向美洲大陆的扩张,其中南美比北美重要,南美中最重要的就是征服墨西哥和秘鲁。在今天的墨西哥的领土上,当时是阿兹特克王国在统治。

1518年,古巴总督贝拉斯克斯决定派出克尔特斯出征墨西哥。克尔特斯从小喜欢冒险,他得到这个任命后欣喜若狂,积极组建远征队。很快就拥有了11艘船,508名步兵,109名水手,200名印第安奴隶以及若干黑人和妇女,还有在后来的征服活动中起了重要作用的16匹马、10门炮。他的活动受到了政敌们的妒忌,也引起了贝拉斯克斯的疑虑,总督又取消了任命。但克尔特斯不接受撤销的命令,于1518年11月18日抗命起程。在墨西哥湾的塔巴斯科,他带走了一个阿兹特克族的女奴隶叫马林青,皈依基督教后改为玛丽娜,后来成了克尔特斯的情妇。她懂得玛雅语、阿兹特克语，还学会了西班牙语，成了他们的翻译。1519年4月，克尔特斯在今天墨西哥的维拉克鲁斯地区登陆，建立了维拉克鲁斯城。1519年8月，克尔特斯起程向阿兹特克进军。

　　阿兹特克是当时美洲文化发展最快的民族之一。它以墨西哥的特斯科科湖为中心，建立了强大的早期奴隶制"帝国"。阿兹特克地域辽阔，北起得克萨斯和新墨西哥，南至哥斯达黎加，面积达69000平方英里。人口在200万到400万之间。西班牙人的行为让阿兹特克的统治者蒙特马苏二世十分惊慌，他给克尔特斯送了丰厚的礼物，希望他们退兵。其中一次礼物包括两个圆盘，直径在6英尺以上，其中一个代表太阳，用纯金制成，重800盎司，另一个代表月亮，用银制成，重460盎司。这反而激起了西班牙人的贪欲。克尔特斯所带人马要征服这么大的国家，依常理来看是不可能的。为了坚定士兵们的决心，克尔特斯烧毁了所有的船，破釜沉舟。当时蒙特马苏二世的统治并不稳固，他用暴力征服的很多印第安部落与他离心离德，有的还处于对抗状态。有一个托通那克部落不满蒙特马苏的残酷统治，主动找到克尔特斯，向他提供了不少阿兹特克王国内部的情况。克尔特斯据此确定了与反对蒙特马苏的部落联合的策略。如果没有印第安部落的帮助，克尔特斯想征服墨西哥是不可能的。这时有一种预言流传开来，认为克尔特斯是传说中的英雄之神克扎尔科亚特尔。蒙特马苏一方面受不稳固的国内形势所累，一方面又受日益严重的宿命论的影响，于是不断地送给克尔特斯礼物希望他离去。但这些礼物和他谦卑的态度反而使西班牙人更加坚定了消灭这个国家的决心。

　　1519年11月8日，克尔特斯到达阿兹特克的首都阿诺奇蒂特兰，蒙特马苏亲自到城门迎接。这个城市远超这些西班牙人想象的繁华，让他们目瞪口呆。虽然受到了礼遇，但克尔特斯仍然把蒙特马苏囚禁起来。因为他知道，一旦失去了最高的军事和宗教领袖，印第安人就会陷入混乱。结果不出他所料。蒙特马苏为了保全自己的性命，下令将主张抵抗的人抓起来；召开酋长会议，要求他们效忠西班牙国王和克尔特斯；打

第二章　美洲大陆的主宰西班牙帝国

开自己父亲的宝藏，大量地向西班牙人赠送贵重礼物，这就是著名的"蒙特马苏宝藏"。为了抗击古巴总督讨伐他的远征队，克尔特斯亲自到海边迎战。当他轻松获胜回到阿诺奇蒂特兰时，发现形势变得对西班牙人非常不利。留守的西班牙人在一次阿兹特克重要的祭祀活动中滥杀无辜，当场杀死600名高级酋长和3000名平民，激起了民愤，印第安人在一名祭司的领导下起来反抗，把西班牙人围困在王宫中。蒙特马苏奉克尔特斯之命出面演说，要求人民停止斗争时被石块打中头部，不治而死。1520年6月30日，克尔特斯趁雨夜沿特斯科科湖堤逃跑。在早有防备的印第安人的攻击下，他们损失惨重，有1/3的人和大半的辎重损失了。这就是西班牙历史上有名的"悲伤之夜"。

克尔特斯不甘心失败，他招兵买马准备复仇。年轻的阿兹特克皇帝考特木克誓死保卫首都。1520年底，克尔特斯率800名西班牙士兵和2500名印第安士兵，以及后来听从克尔特斯的命令陆续抵达的"印第安联军"6万多人把阿诺奇蒂特兰围困了起来。印第安人积极提供80倍于远征队的兵力支持和充足的后勤支援。一位墨西哥史学家也承认，要说墨西哥是被克尔特斯征服的是不公平的，阿兹特克是在它的臣民手中倒下的。1521年5月，西班牙人开始了攻城，阿诺奇蒂特兰进行了顽强抵抗。由于水源、粮源断绝，城市死人太多①，75天后，1521年8月13日城破了。由于西班牙人放火焚毁了5/6的城市，克尔特斯强令阿兹特克人重建阿诺奇蒂特兰，并把它改名为"墨西哥城"，也就是今天墨西哥的首都，原来的阿诺奇蒂特兰一点痕迹也看不到了。年轻的国王拒绝说出"蒙特马苏宝藏"的下落，后来被殖民者处死。克尔特斯成了阿兹特克王国真正的统治者，到1524年，他的统治范围已包括原阿兹特克王国所有土地。他把这块地叫作新西班牙。为了表彰他的功绩，西班牙国王任命他为"大洋新西班牙总督兼海军大将"。克尔特斯如此炫目的成就引起了西班牙宫廷的嫉恨，于是任命了另一个人为总督来取代他。1547年，克尔特斯

---

① 整个被围期间，阿诺奇蒂特兰战死、饿死、病死的人有24万人之多，尸体遍布城市角落，竟无处下脚。

死于穷困潦倒之中。

征服秘鲁

皮萨罗征服秘鲁的行动比克尔特斯征服墨西哥更为冒险。征服秘鲁准确地说是征服印加帝国。印加帝国是美洲古代三大文明中心之一,在西班牙人到来时,这个帝国以现在的秘鲁为中心,版图从北至南绵延3000多公里,其统治已持续了100多年,首都是库斯科。皇帝作为太阳神的代表具有无上的权威。皮萨罗是一个私生子,没有上过学,当过放猪人。当他开始独立闯荡天下时,已经是50多岁的人了。皮萨罗一心想要征服印加帝国,但巴拿马总督不支持,于是他决定直接向国王查理一世请求支持。查理一世毫不犹豫地批准了皮萨罗的请求。1529年7月26日,查理一世与皮萨罗签订"议定书"。授权他"征服秘鲁",钦命他为"远征军司令""秘鲁最高行政长官""秘鲁最高军事长官""秘鲁大法官",总揽行政、军事、司法大权,划归他管辖的地区包括现今整个秘鲁和厄瓜多尔,还授权他在那儿建立市镇,成立市政会,分封土地,"教化"土著居民,全面组织殖民活动。1521年1月,皮萨罗和他的4个兄弟带了180人和27匹马起程。

在普那岛砍杀了20天后,他们来到了印加北部重镇通贝斯。面临强敌入侵的印加帝国这时处于内乱之中。印加二世卡巴斯去世后,他的两个儿子阿斯卡尔与阿塔瓦尔帕相互争夺王位。他们一个得到宗教领袖支持,一个得到军方支持,双方旗鼓相当,多次发生激战。内战以及随后发生的大清洗大屠杀造成了印加内部的严重分裂和惨重损失。后来,阿塔瓦尔帕获胜成为新的印加皇帝,北部地区支持的是阿斯卡尔,因此这里受到的蹂躏最严重,对皇帝的仇恨也最深。当皮萨罗向南进军时,沿途受到了反对阿塔瓦尔帕的章章人的良好照顾。当西班牙人入侵时,其北部边防已基本瓦解,印加帝国的大门是敞开的。阿塔瓦尔帕把都城设在了今天秘鲁北部的卡阿马卡而不是库斯科,这使皮萨罗订立了一个大胆的计划——捕捉阿塔瓦尔帕。1532年9月,当获悉阿塔瓦尔帕在卡阿马卡后，皮萨罗开始侵入印加帝国。阿塔瓦尔帕对此的反应则是下令所有的沿线部队撤出。皮萨罗率领他的 177 人的远征队，于 11 月到达卡阿马卡。阿塔瓦尔帕率 4 万部队驻在不远的温泉附近。印加人惊愕地看着西班牙骑兵，以为那是一种四足怪物，因为他们从未见过马。皮萨罗趁机要求面见印加王。11 月 16 日，轻信的阿塔瓦尔帕前来见皮萨罗。皮萨罗却命埋伏的军队出击，皇帝卫队猝不及防，战斗进行了半个小时，据说有 2000 名印加人被打死，阿塔瓦尔帕被活捉，西班牙人没有伤亡。皮萨罗向印加帝国勒索赎金，要求装满相当于关押阿塔瓦尔帕的那间屋子，也就是长 22 英尺、宽 17 英尺、高 7 英尺那么大体积的金银。两个月后，金银装满了屋子，共计有金 13265 磅，银 26000 磅，但皮萨罗背信弃义地杀害了皇帝。印加帝国马上陷入了群龙无首的混乱之中。1533 年 11 月 15 日，皮萨罗没遇任何抵抗地进入了库斯科。他们把这座 20 万人口的城市洗劫了一遍，并在此设立了殖民政府。到 1535 年，秘鲁全境基本上被征服。皮萨罗因为分赃不均，后来在与老朋友阿尔马格罗的战斗中死去。

征服菲律宾

麦哲伦到达菲律宾群岛后，因为风向和洋流的关系，西班牙人经过二十几年的探索始终找不到经菲律宾到墨西哥的航路。1556 年，好大喜功的菲利浦二世继位，想把殖民地从美洲扩展到亚洲，把"南海"变成"西班牙的内湖"。1559 年，他写信给墨西哥总督，反复强调拓殖菲律宾群岛的重要性。他指令总督负责组织对菲律宾进行新的远征，并明确这次远征的任务是：第一，派到菲律宾的两艘船只要带回在那里种植的香料样品；第二，远征队要找到返回新西班牙的航线；第三，远征队不要触及摩鹿加群岛及其周围地区，以免违反 1529 年与葡萄牙国王签订的协议。

这一次的准备时间长达 5 年，细致的准备为成功奠定了基础。船队由黎牙实比担任总指挥，他富于冒险精神；另一个重要人物是神父乌达内塔，他具有丰富的航海和殖民经验，对太平洋航道十分熟悉。此外，还有一批有一定作战经验的军官,他们在殖民征服中起到了重要作用。1564年11月21日,由4艘船和380士兵及船员组成的黎牙实比远征队离开墨西哥出发了。在途中有一艘船离开大队返回了墨西哥。1565年2月13日,他们到达了萨马岛,并派出小分队上岛抢粮食,由于受到当地人的袭击而狼狈逃回。黎牙实比决定与当地人建立良好关系,以获得他们急需的粮食。后来这一方法屡次使用都有很好的效果。4月27日,远征队到达宿务,这时距麦哲伦到达宿务已有45年了。宿务岛位于比萨扬群岛的中心地区,北上可抵吕宋、南下可达棉兰老岛,岛上有良好的港湾、充足的粮食、物产,是一个进可攻退可守的地方。黎牙实比把这里选择为他的第一个殖民点。黎牙实比在派出使节与岛民建立关系的企图受挫后,决定使用武力。远征队集中了所有的大炮向村子猛烈轰击,同时派出一队士兵在炮火的掩护下强行登陆。岛上有100多间房屋被毁坏。岛民们在首领图帕斯领导下进行了抵抗,但在西班牙人的优势火力面前,还是被迫撤退了。在撤退时,他们带走了所有的粮食。黎牙实比在构筑了据点和工事后,用软硬两手处理撤退的村民。一方面扬言不追究岛民的抵抗行为,另一方面又表示要惩罚继续不归的岛民,并要毁掉他们的房子和庄稼。1565年4月,返回家园的图帕斯被迫与黎牙实比签订条约,承认西班牙统治权。这个条约是西班牙征服菲律宾的一个信号。

　　建立殖民点之后,下一步就是要找到返回墨西哥的航线。太平洋的航道与洋流有很大的关系,这一任务由航海经验丰富的乌达内塔完成。1565年10月,乌达内塔指挥着"圣彼得罗"号回到了墨西哥的阿卡普尔科,从菲律宾回墨西哥的航线被发现。在获得来自墨西哥源源不断的支援后,黎牙实比打破了葡萄牙人对宿务岛的封锁,不断地向四周扩大影响。他又在离宿务不远的班乃岛上采用怀柔政策,骗取当地首领的信任建立了第二个殖民点。当遇到怀柔政策不管用时,黎牙实比会毫不犹豫地采取血腥手段。1570年1月,一支远征分队就血洗了两个岛上的穆斯林城堡。随着黎牙实比管辖区域的逐渐扩大,1569年他被任命为菲律宾总督,归墨西哥总督管辖。在占领宿务后的下一步就是战略方向问题,

第二章　美洲大陆的主宰西班牙帝国

是北上,也就是占领中国,还是南下,争夺香料群岛。如果南下,那么宿务就成为西班牙的中心据点,如果北上,就需要到北部吕宋岛的马尼拉去。由于此时的香料大量涌入欧洲,香料的价值没有那么大了,况且据报告菲律宾北部也产有香料,如果打开中国的大门会有更好的前景,因此西班牙人不愿意向南与葡萄牙人发生冲突,最终决定向北发展。在美洲和亚洲的征服让西班牙人的自信极度膨胀,认为中国人也和印第安人差不多,征服他们不会费什么力气。实际上西班牙后来制订了详细的征服中国计划书,认为只要有 1 万或 1.2 万名士兵就足够了。西班牙国王菲利浦二世本已批准了该计划,后来因为无敌船队覆灭,才使该计划被搁置而最终取消。

1571 年 4 月,黎牙实比亲率 230 名远征队员,乘坐 23 艘快艇杀向马尼拉。这时,我们又一次看到了一再出现过的,面对强敌内部不团结而导致敌人乘虚而入成为胜利者的场景。马尼拉的统治者内部分为两派,主战派的拉贾苏莱曼退往北方,积聚力量准备再战。主和派的拉贾马坦达则撤除防御工事,让西班牙人毫发无损地进入马尼拉。5 月 19 日,黎牙实比宣布占领马尼拉,开始西班牙的殖民统治。6 月 3 日,苏莱曼联合其他部落向西班牙人发起了反攻,可惜失败了。此战中苏莱曼身先士卒,不幸中炮牺牲。从此,马尼拉就成为西班牙的一个重要殖民点。占领马尼拉后,西班牙人陆续占有了吕宋岛的其他地方。马尼拉以后成为西班牙在菲律宾的统治中心。攻占马尼拉使黎牙实比达到了他人生的顶峰,但他并没有看到吕宋岛的全面殖民化。1572 年,成功的冒险家黎牙实比在马尼拉病死。

四、野蛮贪婪的财富掠夺者

美洲大陆虽不是财富遍地的"印度",但也不是贫瘠荒凉的不毛之地。西班牙人对美洲的掠夺可分为三种形式,第一种是对印第安人金银财富的直接掠夺,这一般发生在征服时期。第二种是利用经济作物和畜牧业获取财富。第三种是开采矿产资源直接为殖民者服务。

建立直接殖民统治

为了有效地控制殖民地,保证为王室服务,王室逐渐直接委派官吏,取代早期征服者,削减他们的权力。征服墨西哥的克尔特斯就是被取代后仅获得了一个河谷伯爵的虚衔,后来郁郁而死。

1524年8月,查理一世设立了"西印度事务委员会"主管美洲殖民事务,职责范围包括殖民地的立法、司法、行政、军事、财政和宗教方面。当时有人比喻说"国王是殖民地的绝对宗主,而西印度事务委员会是国王的喉舌"。1503年设在塞维利亚的"商务专署",也叫"印度专署"。在克尔特斯征服墨西哥后,查理一世将中央集权制推行到美洲,在此先后建立了4个总督辖区,总督们的首要任务是保护殖民地,防止印第安人反抗和外国入侵,因而他们还享有军事指挥权。在民政方面,他们可以任命一般官员。总督的职权还扩展到了精神领域,他可以任命教会人员,并且控制教皇对殖民地的一切交往。为了限制总督的权力,防止腐败和背叛,总督的任期为3年,并且在任上不能携带家眷,离任时还要接受法庭调查,如果判定有罪,总督将受到处分,甚至是监禁。在总督辖区之下是检审法院辖区,它一方面是总督的政治顾问,在辖区内执行总督的命令,另一方面又是殖民地的最高法院。再之下的辖区是省,省之下是作为地方政府的市政会议。国王为了增强王权和了解殖民地情况,还设置了总检察官制度,作用类似于钦差,拥有广泛的权力,可以取代总督的地位。依靠这一套严密的制度,西班牙牢牢控制着新大陆的一切,土地、人民、物产、宗教等等。

种植业和畜牧业

直接掠夺印第安人的财富虽然简捷,但不持久。西班牙人很快发现了美洲大陆在种植经济作物上的优越性。它的气候温暖湿润,土地肥沃,还独有为其他地方人所需要的作物,比如说烟草、咖啡、可可等。

种植甘蔗是西班牙人最先开始的种植活动。糖在当时的欧洲是只有富人才能享用的消费品。种植甘蔗榨糖到欧洲出售是个利润极高的产业。在哥伦布第二次航行时,就在气候适宜的西印度群岛开始了甘蔗的种植。1516年,海地出现了第一家糖厂,这里用畜力(有时也用奴隶)作为机器的动力,不久之后又出现了水力榨糖机。榨糖厂需要很高的先期投入,每个水力榨糖厂随规模的不同,为1万金杜卡特到1.2万金杜卡特,也有1.5万金杜卡特的。但它的利润很可观,一般一年或一年半就可收回投资。在政府鼓励下,甘蔗种植园和榨糖业快速发展,到17世纪后期,西印度群岛殖民地就取代巴西成为美洲的蔗糖中心,古巴的产量到18世纪中叶增长了18倍。在墨西哥,到了18世纪末,它的最好的种植园每英亩生产蔗糖2250磅,总产量达到了3500万磅。

从16世纪初期起,烟叶生产在古巴迅速发展起来,其他殖民地也进行种植,委内瑞拉、秘鲁、新格拉纳达和新西班牙[①]都成为重要中心。由于来自烟叶的收入很快占了很大的份额,所以后来查理三世将烟叶生产设立为王室专利事业。

此外,可可、咖啡、棉花、用作染料的靛青、蜜蜡等为欧洲人欢迎的作物在美洲都有大量的种植。

1493年西班牙移民第一次到美洲就带去了牲畜,从此美洲畜牧业

---

① 克尔特斯征服墨西哥后,西班牙把这块地方叫作新西班牙。

开始了。到了 16 世纪，王室专门发布规章奖励发展畜牧业。在海地，每建立一个城市或居住地，事前必须留下一块林场或牧场。后来，西印度事务委员会还专门规定，在分土地时，住在牧区的西班牙居民每人可以得到一块可以养 2000 头牲畜的土地。1533 年，法律又把牧场向西班牙人和印第安人同样开放。在合适的气候和政策鼓励下，畜牧业得到了飞速发展。1571 年，有的大型畜群达 25 万头之多，有三四万头牛的大牧场很常见。由于养牛业的发展，墨西哥市场上的牛肉价格一降再降，1538 年，4 磅牛肉可卖 17 个铜币，到了 1542 年就只能卖 4 个铜币了。为了保护养牛人的利益，一个市政府专门限定了最低价格。美洲出产的畜牧产品满足了欧洲人的大量需求。1587 年，一支驶离墨西哥的西班牙船队载了 6.4 万多张皮革和大量牛脂。

金山和银山

根据当时的西班牙法律，所有地下资源属于国王所有。但出于迫切的财政需要，国王修改了这项法律。1504 年，任何西班牙人都可获得勘探的特权。1524 年，矿业地产同其他私人占有摆在了同等地位。1584 年，菲利浦二世为了鼓励勘探矿区，规定即使在属于别人所有的土地上，任何人都可以进行勘探和开发。国王的权利仅仅是矿主应当将所产矿物价值的 1/5 献给国王，即五一税，但只有从事充分经营才能保持对矿区的产权。后来，为了进一步刺激矿业，国王所得的比例不止一次地降为 1/10，甚至有时降为 1/20。在这些政策鼓励下，大量的金银矿相继被发现。16 世纪中叶，在墨西哥的萨卡特卡斯、瓜那华托、圣路易斯波托西和雷亚尔 – 德尔蒙特，发现了四大银矿。最大的银矿是秘鲁（今玻利维亚）的波托西银矿。这里的产量一度占据整个世界产量的一半。从 1545 年到 1800 年，它所产白银的价值在 8 亿比索以上，国王从中可得约 1.65 亿比索。1547 年，查理一世就建立了波托西城，约一个世纪后，这里的人口达到了 16 万，是当时美洲最大的城市。

在秘鲁的另一重大发现是 1563 年在万卡佛利卡发现的水银。这里的最高产的时期是16世纪后期到18世纪初期,在245年时间里,它的估计产量约为1亿磅,这还不包括走私出去的数量。国王从水银中获取了约为6500万比索的收入。在新格拉纳达则发现了黄金,在1493年到1800年之间,共生产了约50万英两的黄金,约占西班牙殖民地全部黄金产量的一半。

据估计,1521年到1544年间,西班牙从拉丁美洲运回的黄金,每年平均为2900公斤,白银3.07万公斤。1545年到1560年间数量激增,黄金每年平均为5500公斤,白银达24.6万公斤。在入侵拉丁美洲的300年中,共运走黄金250万公斤,白银1亿公斤。

奴役印第安人

不论是种植业、畜牧业还是矿业,都是劳动密集型产业。为了保证既能得到充足的人力,又能尽力降低成本,西班牙殖民者先后实行了两种不同的制度:委托监护制和劳役分派制。奴隶制是最早在美洲实行的制度,但伊莎贝拉女王并不同意这样做。其原因更多的不是出于人道主义的考虑,而是怕殖民地成为独立王国。因为如果允许拥有奴隶的话,那么每个总督都可拥有一支不受王室控制的力量,在遥远的美洲大陆,西班牙鞭长莫及,那么与王室分庭抗礼,甚至独立也不是没有可能。所以,王室在美洲实行一种类似奴隶制的委托监护制,也就是说,每个印第安人都是属于王室的,只是由于这些印第安人还不"开化",所以需要有人"照管",这个照管人就是土地的主人,也就是把印第安人"委托"给主人"监护"。主人就叫作监护人,印第安人就成了被监护人。监护人和被监护人之间有权利和义务的关系。监护人要"保护"被监护人,向他宣传基督教福音,使他们"在世上受到教化,在天堂里得到超度";被监护人要用一年中大部分时间无偿地为监护人耕种土地,开发矿藏,或缴纳代役地租。这实际上就具有了人身依附的性质,印第安人的处境与奴隶也没有什么区别。在开始时,监护权规定不能世袭,但由于在美洲的西班牙移民越来越多,监护人也越来越多,他们拥有的力量也越来越大。终于到了1536年,他们迫使王室通过了《继承法》,监护权可以传给第二代,这引起了王室的忧虑。1542年,查理一世颁布了《西印度新法》,这一法律遭到了殖民者广泛的抗议,在秘鲁还引发了叛乱。叛乱者皮萨罗①杀死国王派来的总督,许多人准备推举他当国王,脱离西班牙而独立。在这种情况下,查理一世被迫做出让步。后来,叛乱虽然被镇压下去了,但国王看到了其中暗含的危险,为防止此事再一次发生,对委托监护制做了修改,取消了人身依附关系,加强了贡税的估价工作。再加上其他原因,委托监护制渐渐衰落了。在西印度群岛,由于大量印第安人的死亡,1550年这个制度就取消了,而在其他殖民地,直到1720年才取消。

作为委托监护制的补充和替代,劳役分派制于1550年在墨西哥首先出现,1562年以后在秘鲁推行。劳役分派制是一种强制性的工资劳动制。该制度规定,所有劳动都必须给付工资,不能强制印第安人为私人利益劳动。同时它也规定了,国家有权强制其臣民为公众利益进行必要的劳动,而且要求任何一个时期的劳动力占大约这个省幸存下来的印第安人的1/7。与委托监护制相比,劳役分派制不再是无偿的,不再为私人劳作,看起来似乎印第安人可以拿工资了。但事实是,它却加重了印第安人的苦难程度。因为,首先它扩大了有权使用印第安人为劳作人的范围,以前只有少数的监护人可以使用,现在则扩大到了所有的西班牙人。其次,公众利益的解释极其宽泛,国家的必要劳动包括生产粮食、开采矿产、修建公共建筑。私人只要说明他所从事的活动是为了公众利益就可以,例如进行小麦、玉米生产,或者开矿、建房子等等,内容无所不包。而且,印第安人所得的工资也非常低。雇主往往找各种理由克扣,工作量也是由雇主说了算。而且,劳动既艰苦劳动条件又得不到保障,在种植园服役的印第安人的死亡率在30%,而在矿山中,死亡的印第安人极多,死亡率一般在80%,以至于印第安人一旦应召,亲友往往

---

① 征服秘鲁的皮萨罗的兄弟,后来被处决。

在事前为他举行葬礼。有的印第安妇女一旦生下男孩就弄死,以免他长大后进矿山。1576年以后,分派制劳工主要用于采矿和粮食生产方面,每年大约有1.4万名劳工和他们的妻儿前往波托西,在整个殖民地时期,在矿山中死亡的印第安人高达808万。印第安人用自己的生命支撑起了欧洲的繁荣。

新世界的对外贸易

西班牙政府规定,殖民地只许同宗主国贸易,不能同任何其他国家进行贸易,殖民地之间的贸易也是禁止的。殖民地与宗主国之间的贸易,由王室授予少数商人来垄断,而且主要集中于塞维利亚港。在殖民地指定韦腊克鲁斯港口作为"垄断港口",每年派出两支船队与殖民地进行垄断贸易。为了保卫航路畅通和防范海盗袭击,于1543年开始实行军舰护航制。一支船队名叫"弗洛塔",每年春季从塞维利亚港开出,经波多黎各、古巴等地,驶往韦腊克鲁斯港。另一支船队名叫"加亚阿内斯",每年夏季从塞维利亚港开航,驶往哥伦比亚沿海的卡塔赫纳,再到巴拿马地峡东侧的贝略。两支船队都带去各种物品,参加每年一次的大规模集市贸易。整个集市要持续40天左右,然后两支船队到哈瓦那会合,于第二年3月一道返航。每次船队数目不等,一般都在40艘~70艘之间。这种形式的贸易被称为"双船队制"。西班牙人从这种贸易中获利高达300%。"双船队制"持续了两个世纪,至1749年取消。

除此之外,在西属美洲和菲律宾之间的太平洋上还有一条贸易航道。这条航道东起墨西哥西岸的阿卡普尔科,西至菲律宾的马尼拉,称为马尼拉大帆船贸易。大帆船是西班牙人雇佣中国的工匠在马尼拉建造的,载重都在300吨左右,是当时世界上最先进的船只。大帆船贸易自1565年开始,1815年结束,每两年往返一次。这种贸易实际上就是用美洲的金银换取亚洲尤其是中国的产品。大帆船载着亚洲的商品到墨西哥去,再从阿卡普尔科把这些亚洲特产用大轮车运往其他地方,部分货物甚至转运到危地马拉、厄瓜多尔、秘鲁、智利和阿根廷。在回程中,这些大帆船运回墨西哥产的银元、银锭、可可子、羊毛等土特产。由于亚洲产品价廉物美，在美洲曾一度排挤了西班牙产品。国王菲利浦二世为了保护西班牙商务，于1593年下令限制马尼拉大帆船贸易，规定到墨西哥的大帆船每年不得超过2艘，每艘载重不得超过300吨。由此，马尼拉大帆船贸易进入了持续两个世纪的商业限制时期，直到1815年，这一贸易形式被取消。马尼拉大帆船贸易，在客观上起了加强亚洲和美洲之间商业贸易和文化交流的作用。

王室的收入来源

王室收入的制度保证是重商主义制度，也就是保证是王室而不是西班牙从殖民地中获得最大利润的各种王室规章，其权力来源为王室对殖民地的专属权，集中表现就是王室专利事业和王室税收。在重商主义制度支配下，殖民地要为宗主国的生产提供原料，为产品提供市场。专利事业为王室收入的主要来源。水银、畜牧业、矿业和盐都属于专利范围，另外还有烟叶的专产专销、娱乐场所门票、斗牛和斗鸡、纸牌销售、非军用火药、墨水和纸张等等无所不包。

税收是王室收入的另一个重要来源。当时殖民地的各种贸易活动都要交税。在16世纪初期，船队离开西班牙前往美洲送货，都要被征收一种类似保险费的损失费，这种费用有时也针对在殖民地之间运送的货物征收，以用来修建道路。后来，国王建立了一整套进出口税收制度，进口收5%的税，出口收2.5%的税。作为例外的是，来自中国的进口货要收10%的税，出口货收3%。到了1778年，查理三世实行了自由贸易，在西班牙和美洲大陆殖民地之间废除关税，但对原产地是外国的货物继续征收7%的税。除了商业外，王室还对农业、畜牧业、矿业和制造业征收各种费用。例如，在矿业中就征收了五一税，对印第安人征收人头税。

第二章 美洲大陆的主宰西班牙帝国

五、争霸欧洲

庞大的帝国

查理一世时的西班牙是一个庞大的帝国。查理一世的母亲是伊莎贝拉女王与斐迪南国王的女儿胡安娜,父亲是奥地利哈布斯堡王朝、神圣罗马帝国皇帝马克西米利安一世的儿子、号称美男子的菲利浦。1516年,斐迪南去世,查理继承了西班牙王位,被称为查理一世。1519年,马克西米利安一世去世,菲利浦在此之前就已去世,这也就意味着,查理也有可能成为神圣罗马帝国皇帝。神圣罗马帝国皇帝其实也就是德意志皇帝,当时的德意志处于分裂状态,和意大利一样只是一个地理名词而已,在德意志境内分布着大大小小400多个邦、省、王国、诸侯领地、主权领地和所谓的帝国特权城市,它们各自为政。神圣罗马帝国皇帝并不是世袭,而是由其中的7个最大的领主,称为"选侯"选举产生。在当时,最有资格当神圣罗马帝国皇帝的是查理一世和法国国王佛朗西斯一世。为竞争成功,查理向富格尔家族借款,花费160566古尔登贿选登上皇位,成为神圣罗马帝国皇帝查理五世。查理也因此把原西班牙和原哈布斯堡王朝的领地联合成为一个规模空前的国家,其领土计有:原西班牙及其殖民地,西班牙的地中海属地西西里、那不勒斯、撒丁岛和巴利阿里克群岛,以奥地利哈布斯堡王朝为核心的德意志各邦、尼德兰和勃艮第(今天的比利时、卢森堡和荷兰等地),1526年其势力扩展到匈牙利和波希米亚,面积约1024万平方英里,成了一个"日不落帝国"。一时在欧洲无人能望其项背。统治着这样一个大帝国,查理五世雄心勃勃,要实现基督教世界的宗教和政治团结。他的总理大臣加蒂纳拉1519年对他说:上帝把你送上一个建立世界君主国的道路。查理的欧洲霸权计划分为三个部分：一是复兴德意志神圣罗马帝国，统一德意志诸邦；二是纯洁基督教会，维护天主教的绝对正统地位，进而建立一个政教合一的欧洲帝国；三是维护哈布斯堡帝国的完整，不允许丢失一块领土或属地。但是这个计划的问题在于，查理五世的帝国并不是一个统一的帝国，只是靠称号和联姻而结合成的一个松散的国家，并且查理的为清除异教徒而使整个欧洲联合起来的理想，是一个"几乎被人遗忘的过时的废品"，并没有多少人真心赞同。而且就欧洲的政治传统来说，这样一个庞大的帝国，会让他们本能地感到恐惧，促使他们联合起来反对它以维持均势。理想与实际、能力与现实之间的巨大差距使得查理五世每一次的努力都离目标越来越远，他及以后的菲利浦二世为完成这个不可能实现的任务一次次耗费帝国的元气。

与法国争霸

1494年开始的意大利战争本来是米兰国内部斗争引发的，当时一方借助于那不勒斯王国，另一方借助于法国。但意大利北部历来是法国、奥地利和西班牙的必争之地，所以法国一介入，奥地利和西班牙也随即介入。他们联合了一些小国家先后组织了两次反法神圣同盟把法国赶出了意大利。

查理五世后，其帝国庞大的身躯，其统一欧洲的计划让英国、法国、丹麦等新兴国家甚至整个欧洲感到了威胁，其中尤以法国最为敏感，因为法国的东、北、南三面都被它包围。因此，法国国王佛朗西斯一世反对查理五世，他从外交上积极打击哈布斯堡王朝势力，这也是法国此后两百年间的对外政策基轴。16世纪的意大利战争就这样逐渐演变成欧洲的第一次争霸战，战争的主角就是法国和查理五世领导的哈布斯堡王朝。1515年，法国派兵攻占了米兰，但在第二年就被打退。1523年，佛朗西斯又派兵进入意大利，结果仍是败退。1524年10月，佛朗西斯在打败趁势进入法国的神圣罗马帝国军队后，攻入意大利，直取米兰，但在1525年的巴威亚战役中兵败被俘。作为俘虏，佛朗西斯被迫签订了《马德里条约》，交出勃艮第公国，放弃对意大利那不勒斯和米兰的要求。

在他回国后，马上推翻了条约，准备再战。

查理五世取得的巨大成功使教皇也感到害怕了，两次反法同盟的盟友教皇克力门七世也起来反对他了。教皇组织了科涅克同盟，在法国领导下反对查理五世。查理派遣了一支军队在波旁公爵的率领下进攻罗马。波旁公爵在罗马城下战死，于是他率领的约两万德意志和西班牙雇佣军便失去了控制。1527年5月，他们冲进罗马城烧杀抢掠，把圣体盒拿去当夜壶，把十字架当靶子，把修道院改成妓院，教皇也被捉了。此事被认为是文艺复兴终结的标志。两年后，查理在博罗尼亚会见了教皇，这是天主教皇帝与教皇的第一次会面，他双膝跪下，为罗马事件表示歉意，教皇原谅了他。3个月后，查理接受了神圣罗马帝国的金皇冠后，坚持为教皇执镫，表示他精神上服从教皇。

此时的法国选择了和土耳其联合。在海上，法国、土耳其和热那亚的舰队于1528年对西班牙舰队及那不勒斯和西西里采取了联合行动，迫使查理五世不得不全力关注地中海。1536年，法土条约签订后，法国和土耳其海军常常一起行动，法国的马赛港就停泊着土耳其军舰。1538年法土舰队进攻威尼斯，同年的普雷维沙海战后，奥斯曼帝国开始享有地中海的海上优势，查理五世受到遏制。1542年，法土两国又一次采取海上联合行动，进攻那不勒斯、西西里和尼斯。在行动过程中，土耳其舰队停靠土伦港，并设立了海军前线指挥所，以至当时该港被称为"君士坦丁堡第二"。亨利二世继承王位后，继续执行其父佛朗西斯一世的政策，仍保持与土耳其的同盟关系，同时在欧洲大陆和地中海打击哈布斯堡王朝。因此，法土同盟的重要意义在于：法国把奥斯曼帝国的力量引入到欧洲国际关系，将整个欧洲大陆的敌人引入欧洲大陆的权力政治之中，迫使哈布斯堡王朝陷于两线作战的窘境，从而最终在欧洲恢复并维持了一种均势，维护了法国和其他正在兴起的、反抗查理五世霸权企图的国家的独立和自由。

1544年，查理五世攻入法国，法国求和。3年后，佛朗西斯死后，他的儿子亨利二世又恢复了战争。查理五世在1556年退位后，战争在亨利二世和菲利浦二世之间进行，1557年和1558年法军连遭失败后，两国于1559年签订了《卡托-康布雷西和约》，实现了和平，法国的安全也得到了保障。《卡托-康布雷西和约》也标志着查理五世欧洲霸权图谋的失败和以均势为基础的欧洲体系的初步形成。

反对宗教改革

除意大利战争外，查理五世还有一件烦心事，那就是在德意志发生的宗教改革。查理计划的首要目标是统一德意志，以壮大帝国的力量。因此，自诩为天主教正统的查理不会容忍反对罗马天主教廷的宗教改革。然而不可遏止的洪流还是把他的计划冲得七零八落。

从15世纪下半叶开始，欧洲的资本主义经济开始发展，这需要有一个统一的国内市场和强大的政府作为自己发展经济的后盾，但德意志境内分布的大大小小各行其是的独立力量严重阻碍了经济的发展。当时的教会也日益腐化，当欧洲各国纷纷建立中央集权政府抵制腐化的教会时，教会仍利用德意志的分裂进行掠夺。据统计，在16世纪初，每年从德意志流入教会的财富为30万金币，而当时的德意志税收只有1.4万金币，德意志成了"教皇的奶牛"，这招致了广泛的反对。当时全德意志约有1/3的土地属于教会财产，这是各路诸侯不能容忍的。

1517年，教会大力推行赎罪券，宣称只要买赎罪券的钱币落入钱箱时叮当一响，其已死亲属的灵魂马上就从炼狱飞升天堂。这种说法与维腾堡大学神学教授马丁·路德从《圣经》中所得出的理论完全相反。1517年11月1日晨，马丁·路德将著名的《九十五条论纲》贴在了维腾堡教堂的大门上。由于印刷术的帮助，《九十五条论纲》迅速传播，被译成多种文字，一个月之中就传遍了整个欧洲。形势的发展使原本对《九十五条论纲》不屑一顾的教皇利奥十世不得不重视起来。1519年3月，经过谈判，马丁·路德写信向教皇请罪，并呼吁德意志各阶层忠于罗马教会。尽管路德做了让步，但教会中的强硬派不肯罢休，他们派出了著名神学家约翰·艾克与路德辩论，结果路德输了。1520年，教皇驻德使节宣布将路德开除教籍,当众焚毁其著作。教皇于 6 月 15 日勒令路德放弃自己的观点,于是路德被迫与教会决裂。

面对宗教改革,此时的德意志政治舞台上出现了三派势力:一是反对宗教改革的保守派;一是主张建立摆脱罗马教会控制的国家教会的温和改革派;一是主张变革整个社会制度的激进改革派。查理五世出于正统的天主教观念,支持保守派。但由于意大利战争的拖累以及不愿意得罪温和派势力,所以他采取了一种比较温和的方式对待马丁·路德。1521 年 4 月 18 日,在沃尔姆斯帝国会议上威吓马丁·路德失败后的第二天,虽然查理五世发表声明说"朕决心用朕之王国和领土,朕之朋友,朕之身躯,朕之鲜血,朕之生命及朕之心灵来捍卫它(天主教信仰)",表明了自己坚定的保守派思想。但他其实是在马丁·路德离开沃尔姆斯后才下逮捕令的,后来马丁·路德被支持宗教改革的选侯腓特烈派人以绑架的形式保护下来。5 月 6 日,帝国会议发布了《沃尔姆斯敕令》,宣布马丁·路德为异端,并在帝国境内逮捕马丁·路德及其支持者。这只不过是一纸空文罢了。

1531 年,新教徒们组织了一个斯玛卡德同盟,来反对查理五世和天主教诸侯,天主教诸侯则针锋相对地组织了一个纽伦堡同盟。1535 年,为了镇压农民起义,力量不足的旧教诸侯①不得不寻求新教诸侯的帮助,新教徒趁机扩大势力。1536 年,纽伦堡联盟瓦解,一些旧教诸侯也倒向新教徒。与此同时,英国和北欧诸国纷纷建立国家教会,脱离罗马教廷。原本信奉旧教的法国国王佛朗西斯一世为了对抗查理五世也转而支持新教徒。1540 年,为了扭转局势,查理五世提出新旧教诸侯进行谈判,探讨建立德国教会的可能性。在谈判破裂后,1546 年,查理五世决定动用武力来打败新教徒。在作战中,不顾自己痛风的毛病,他骑在一匹大黑马上达 21 个小时,而且始终冲在前面。1550 年,他颁布《血腥诏令》,宣布镇压新教,恢复旧教的统治。这个明显抬高世俗皇权的诏令引起了

---

① 旧教诸侯指支持罗马教会的诸侯,新教诸侯指支持路德派的诸侯。

教皇和所有诸侯的不安，他们结成同盟共同反对查理五世。1552年查理五世被打败。1555年，双方缔结《奥格斯堡和约》，承认路德派的合法地位，并确立了"教随国定"的原则，承认各诸侯拥有决定其臣民宗教信仰的权利。德国的宗教改革在其他国家引起了连锁反应，欧洲各国相继爆发了反对罗马教廷的宗教改革运动，派生出许多脱离罗马教廷的新教派，如路德宗、加尔文宗、安立甘宗等。宗教改革取得了成功，这其实是以宗教改革的形式揭开了资产阶级革命的序幕。查理梦寐以求的帝国境内的宗教统一变成了泡影，德意志不仅没有统一反而更分裂了。1556年查理五世退位，皇位传给他的弟弟斐迪南，统治着德意志帝国，包括奥地利及其领地捷克和部分匈牙利；他的儿子菲利浦则统治西班牙、尼德兰和海外领地。查理帝国分解，形成哈布斯堡王室的两个统治支系。

打击穆斯林

当查理在为帝国奔忙的时候，基督教的"老朋友"伊斯兰教又在欧洲东部方向威胁着欧洲诸国。神圣罗马帝国皇帝是基督教反对伊斯兰教的天然保护人，查理的先辈伊莎贝拉女王光复整个西班牙的辉煌也促使他具有这种使命感。然而这时的奥斯曼土耳其在其历史上最伟大的苏丹苏莱曼的统治下国力强盛，横跨亚、非、欧，是当时世界上最强大的国家之一。他们的行政管理是当时世界上最好的行政管理之一，他们还拥有让欧洲许多国家羡慕的财政平衡。他们的军队训练有素，装备精良。这样的一个强国，欧洲各大国都在避其锋芒。只有查理五世怀有击败异端的宗教热情，想要打败苏莱曼。轻率的企图产生了荒谬的行动。1526年，土耳其军队在莫哈奇大败查理五世的军队。1529年，维也纳受到围攻。

查理五世也不是没有胜利过。1534年，突尼斯哈夫斯王朝发生内乱，苏丹穆莱·哈桑被著名的"红胡子"[①]海盗巴巴洛萨·赫尔丁废黜。哈

---

① 巴巴洛萨就是红胡子的意思，赫尔丁是当时地中海上富有传奇色彩的海盗。他投靠土耳其政府后，经常骚扰西班牙海岸，是查理五世的心腹之患。

第二章　美洲大陆的主宰西班牙帝国

桑向查理五世表示要做永久的附庸。查理五世决定抓住这个机会打击土耳其的势力。1535 年，他在巴塞罗那集结了 300 艘战船，亲自登上一艘有 80 面金色船帆的大船，御驾亲征。3 万人在迦太基废墟附近登陆，攻下了古莱特要塞，恢复了哈桑在突尼斯的统治。红胡子海盗逃往阿尔及尔。哈桑向查理称臣纳贡，并释放了 2 万名基督徒奴隶。查理凯旋而回，在意大利南部城市巴勒莫、墨西拿和那不勒斯停留时，居民热烈欢迎这位"在非洲和亚洲的欧洲捍卫者"，入城时在一些旗上写着"从旭日东升直到夕阳西下"，这应该就是指他的国土广袤，可能也是后世日不落帝国说法的起源。查理这次胜利的一个后果就是法国与土耳其结盟，他不得不陷入两线作战的境地。

1541 年，受这次胜利的影响，为了赢得地中海的优势，查理率 260 艘船讨伐阿尔及尔。无奈天公不作美，有 100 艘船在路上因为暴风雨而损失，还有 14 艘船触礁。在好不容易登陆后，倾盆大雨又让他们陷入泥泞，面对蜂拥而来的阿拉伯人，他们只好撤退。查理五世垂头丧气，他打击伊斯兰教的战斗以失败告终。

但战斗并没有停止，双方仍在不断地发生冲突。1569 年 9 月，全欧最大的威尼斯火药厂突然大爆炸，烧毁了火药厂，也使停泊在威尼斯港的舰队损失了 4 艘舰船。苏莱曼误以为威尼斯舰队已在爆炸中化为灰烬，于是决定进攻威尼斯的塞浦路斯岛。1570 年 7 月，土耳其舰队开始进攻塞浦路斯。面对威胁，威尼斯向所有基督教国家求援，但应者寥寥。唯一的支持者是罗马教皇，他清醒地认识到基督教世界所面临的危险，认为夺得并保持地中海的制海权就可以扼制土耳其向西的扩张。在他的倡导下，地中海沿岸一些国家形成了一个反穆斯林同盟，并组建了一支基督教联合舰队。联合舰队总算拼凑了 230 余艘军舰，总司令由唐·约翰（唐·胡安）担任，他是查理五世的私生子。此时的约翰年仅 26 岁，年轻气盛，是一位有丰富作战经验的将领。1571 年 10 月 7 日，联合舰队将土耳其舰队堵在了位于希腊勒班陀的佩雷特湾。清晨，土耳其舰队突围，联合舰队只有 190 艘船赶了上来。双方展开激战。由于联合舰队的火力猛，装甲厚，士兵普遍装备了火绳枪，强于土耳其士兵装备的弓箭，再加上唐·胡安的正确指挥，最终土耳其舰队大败。此战，联合舰队共击沉土军战舰113艘，俘获117艘，缴获火炮274门，击毙土军3万余人，俘虏8000余人，土军主帅战死。联合舰队只损失了12艘战舰，被俘1艘，死伤1.5万余人。根据胡安战前的宣言，联合舰队1.5万名奴隶划桨手全部获得自由。此战中，一个小兵在战斗中胸部和左臂受伤，他就是后来鼎鼎大名的塞万提斯。

第二章　美洲大陆的主宰西班牙帝国

六、"黄金漏斗"西班牙

1588年无敌舰队的覆灭，标志着西班牙的衰落，1598年国王菲利浦二世的去世，说明西班牙黄金时代的终结。无敌舰队的失败是军事上的失败，但黄金时代的终结却是由多种原因引起的。

成也萧何、败也萧何的金银

有了金银就意味着富强，西班牙之所以能成为强国，与之不无关系。但金银的大量输入引发了许多意料不到的问题。首先就是通货膨胀。大量的金银使得金银的价格下降，物价上涨，首先是农产品，继而是工业品。到了16世纪末，西班牙的物价平均上涨了4倍多，谷价上涨了5倍。法、英、德等地区的平均物价上涨了2倍半以上。价格的上涨使西班牙制成品价格昂贵，因而在国际市场上没有竞争力，而在国内由于物价上涨速度超过了普通人的收入增长速度，造成群众购买力下降，国内市场日益狭小。其次就是对国内工商业的打击。由于本国产品不论在国内还是国际上都不占优势，为了挣钱，国内外纷纷把其他国家的产品走私到西班牙来，从而进一步打击了西班牙本已弱小的工商业。由于菲利浦二世利用宗教裁判所残酷迫害、打击异端，迫使1568~1570年摩里斯哥人①被迫举行大规模起义。1609年在大主教瓦伦西指使下，西班牙颁布驱逐从事工商业的摩里斯哥人敕令。1609~1610年，大约50万有熟练技艺的从事工商业的摩里斯哥人被逐出西班牙，这严重阻碍了西班牙经济的发展。第三，是引发国内奢侈和好逸恶劳之风。在拥有大量金银后，国内的贵族和富人将其用在了奢侈品消费上。为了满足他们的需求，政府鼓励外国商品

---

① 指留在西班牙的皈依了基督教的摩尔人。

大量输入，一方面为别国输送了资金，对他们的工商业起了促进作用，也使自己高度依赖于外国，主要是尼德兰、英国、法国、德意志；另一方面阻碍了本国工业的进步。一些人则离家到美洲去追求金银。人口的减少影响了国内市场、农业生产和工业进步。由于西班牙国内的经济危机，使它不能吸纳殖民地生产出来的物品，而国内不能以优惠的价格提供足够数量的产品又加剧了殖民地经济的困难。从西班牙涌入美洲的大量人口需要美洲增加食物供应，而劳动力的大量死亡使这种增加远远赶不上需要。同时，西班牙王室由于财政困难（战争消耗、税收减少和海盗）又迫使它不断地攫取更多的金银，进而加剧了危机。国内和殖民地的人口变动和经济危机正好是同时发生的，它们相互作用增加了损失，激化了矛盾。

军费开支耗空了财富

在整个16世纪和17世纪上半叶，西班牙一直打仗，意大利战争、与德意志新教徒的战争、镇压尼德兰革命、与土耳其人的战争、与英国人的战争，还有席卷欧洲的三十年战争等等。一个不稳固的大国，怀着过时的梦想，拥有如此多的对手，卷入如此多的战争，结果是很难想象的。其中一个重要的原因就是经济支撑的问题。在多场战争的背后，是天文数字般的军费开支。在15世纪，欧洲开始了一场军事革命，战争规模扩大、新兵器崭露头角，攻打坚固的城防设施需要大量的人员，这一切都使得军费开支直线上升。1552年，查理五世在意大利、德意志、尼德兰、西班牙、大西洋和地中海各条战线上同时受到攻击，于是他在德意志和尼德兰出动了10.9万人，在伦巴第出动了2.4万人，在西西里、那不勒斯和西班牙出动了更多的人。海军的花费更加惊人。由于广泛的敌人的存在，西班牙的船越造越大，数量越来越多，装备越来越先进。在1574年，菲利浦二世拥有146艘大帆船，几乎是十几年前的3倍。1580年吞并葡萄牙后，敌人的增多迫使菲利浦扩大舰队规模。

支出的增长远远大于收入的增长。1552年，查理五世在梅斯一战中就花费了约征自美洲的正常收入10倍的金钱。在不断的战争中,帝国来不及喘息。查理五世发现他的各种收入根本不能支付开销,连税收也早已抵押。查理不断向银行家借债以支持战争,但借款条件越来越苛刻,王室的信用在下降,利息越来越高,正常收入的大部分只能用来偿还以往债务的利息。金钱大量流入银行家手中。1557年,王室再也支撑不住,使得他的大债主德意志的银行家富格尔也破产了。但是战争仍在继续,支出也就避免不了。菲利浦二世在他统治期间将税收增加了2倍仍不能满足需要。这时,美洲金银产量的增加以及破产后不再给付利息,缓解了王室的困难,但随后的战争支出给王室带来了灾难。镇压尼德兰革命的军队每年的花费是政府总收入的1/4。1588年花费1000万金币的无敌舰队覆灭。1596年,在以空前的数额借债之后,西班牙政府又一次宣布破产。1598年,菲利浦二世死后,他遗留的债务高达1亿金币。政府的高额支出使它的收入来源地承担着巨大的压力。美洲的金银是王室重要的经济来源,但它屡遭私掠船的袭击,损失惨重。1628年一次就被荷兰人劫走价值1000万金币的白银。王室更重要的经济来源是卡斯提的税收。沉重的税负是经济日益萎靡的普通卡斯提人所无法承受的。他们只有两条路:破产或逃亡。尼德兰也是一个重要税源地,但尼德兰革命的爆发使西班牙不仅收不上税,反而要为镇压革命额外增加开支。经济的窘迫影响了西班牙的军事能力,军事能力的削弱也影响了财富的获得。

来自欧洲其他国家的竞争

西班牙趁欧洲其他国家忙于自身事务时,占得先机,取得了成功。17世纪,西欧各国力量不断增强,他们不满足教皇对西班牙霸权的承认,趁其沉陷于欧洲不能自拔的机会,开始了挑战西班牙帝国的过程。竞争主要在三个地区展开:一个是欧洲本土和地中海,一个是美洲和大西洋地区,一个是东亚和东南亚。在欧洲本土和地中海,西班牙在一场接一场的车轮战中消耗着自己的力量;在美洲和大西洋,西班牙建立的贸易垄断制度面临着其他国家走私和海盗行为或偷偷摸摸或明目张胆的破坏。与腐败的官员勾结的走私分子吞蚀着西班牙的市场，在菲利浦二世统治时期，美洲殖民地进口商品中的90%来自其他国家。到18世纪，这个数字变成了19/20。大西洋上的海盗给西班牙的船只造成了很大的破坏，西班牙往欧洲运送白银的船只是他们掠夺的目标。他们有时还攻入防护薄弱的城市，烧杀抢掠。在美洲大陆上，也出现了其他欧洲国家的身影，他们在美洲试图建立永久居住地，从西班牙口中抢食吃，这也是对美洲争夺进入新阶段的标志。1587年荷兰商人在巴西出现，1621年，他们建立西印度公司，以后又相继占领巴西繁华的圣萨尔瓦多、伯南布哥等城市。1623年，法国人和英国人分割了圣基茨岛，英国的议会决定设立西印度公司。荷兰人、英国人、法国人不仅在南美洲进行殖民活动，他们还到西班牙尚未正式占领的北美洲拓殖，并以此为跳板不断地向西属美洲渗透。

在亚洲的竞争更加激烈。西班牙在亚洲采取的是守势。1600年，英国人成立了东印度公司，1602年，荷兰人也成立了东印度公司。他们打破葡萄牙人的垄断，来到东方贸易。1595年，葡萄牙人保持了近一个世纪的印度洋航线的秘密被荷兰人公布出来。1606年，葡萄牙和荷兰的舰队在马六甲进行了一场海战，战败的葡萄牙失去了东方海上霸主的地位。荷兰取代了它的位置，1641年，马六甲被荷兰人占领，葡萄牙的东方贸易航线被截断。荷兰在印度尼西亚建立了强大的殖民地，西班牙在菲律宾从此处于守势。

西班牙在17世纪迅速衰落，1700年国王查理二世的死亡引发了旷日持久、影响深远的西班牙王位继承战争。战争后，西班牙伊比利亚半岛以外的领土丧失殆尽，直布罗陀成为英国殖民地直到今天。受法国大革命的鼓舞，西属美洲开始了独立战争，到1826年，除古巴外，各殖民地先后独立，西班牙的统治宣告终结。西班牙再也没有恢复它的荣耀。

七、启示

葡萄牙和西班牙这两个国家成功的经验很相似,都是比其他国家先行一步,通过百折不挠的精神,发现通往富裕东方的航道,开展东西方之间的贸易,从此开始了积累巨额财富的过程。不同的是,西班牙在殖民地所获的财富更多的直接表现为金银。葡萄牙和西班牙这两个国家行为的意义是非凡的。抛开殖民掠夺的性质不谈,他们拉开了地理大发现的序幕,改善了人类的知识结构,加速了人类文明的进程,使本来相互隔绝的世界各地联系起来,在东西方对抗中长期处于劣势的西方从此开始对东方占据优势,并最终奴役东方。

相对于这些绝难重复的先行者的成功经验,导致他们快速衰落的失败教训更应引起我们的注意。两个国家所拥有的巨额财富,只用于消耗不用于生产,结果非但不能发展自己,反而阻碍了自己的进步。追求自己实力所达不到的目标,最终耗费了国力,尽管拼尽全力,也只能"无可奈何花落去"。

第三章 金融资本家荷兰

　　荷兰共和国，位于欧洲大陆西北部，西边与北边是北海，人口 1740 万（2020 年），土地面积 41528 平方公里，仅是北京市面积的 2 倍半，海拔最高 321 米，最低 -6.7 米。全国有 24% 的国土低于海平面。这样一个小国家，却在 17 世纪时靠 200 万人口成为海上霸主。

第三章 金融资本家荷兰

一、由尼德兰到荷兰

荷兰在历史上原属于尼德兰，包括今天的荷兰、比利时、卢森堡和法国东北部地区，人口约 300 万，有 17 个省。尼德兰本意为低地国家的意思。

公元 6 世纪初，日耳曼人的一支——法兰克人在其领袖克洛维的领导下，在欧洲建立了法兰克王国，尼德兰是当时法兰克王国统治的中心。基督教也进入了尼德兰。法兰克王国不断地扩张，到了查理曼大帝统治时期，国家空前地强盛，形成一个东至易北河和多瑙河，南至比利牛斯山和意大利，西起大西洋，北至北海的庞大帝国。

在查理曼死后，帝国解体，尼德兰大部隶属于日耳曼路易的东法兰克王国。11 世纪后，尼德兰地区分裂成为许多狭小的领地。13 世纪，这个地区共有 4 个公爵领地，6 个伯爵领地，其他几个主教领地。到 15 世纪，尼德兰归属勃艮第公国。

勃艮第公爵"大胆查理"的女儿玛丽同哈布斯堡王朝的马克西米利安结婚。1477 年，"大胆查理"去世，因无子，勃艮第公国由女婿德国皇帝马克西米利安一世继承统治，因此尼德兰就变成哈布斯堡家族的领地。1516 年，16 岁的查理一世继承西班牙王位。查理一世从父亲那里继承了哈布斯堡的遗产，尼德兰又成了西班牙的属地。尼德兰的最高统治者是总督，总督下设有由大贵族组成的国务会议，省有省长和省议会，全国还有三级会议。会议享有一定的自治权，如征收新税需经省议会和三级会议批准。

尼德兰是当时欧洲经济最发达地区之一。它位于大西洋边上，濒临北海，地势低平，海上交通十分便利。这里又是莱茵河和斯海尔德河的下游地区，有密如蛛网的河道，交通非常方便。尼德兰的纺织业非常发达，早在10世纪已出现大批城市，12世纪，布鲁日和根特就成为当时欧洲数一数二的商业城市，羊毛业和呢绒是尼德兰的优势产业。13~14世纪弗兰德尔的呢绒业闻名全欧洲。北部地区相比南部地区要落后一些，因为这里的农村禁止发展工业。除纺织业外，另一个使尼德兰致富的产业就是渔业，尼德兰人打的鲱鱼很受南欧的欢迎，返程时在法国和葡萄牙装载的盐在波罗的海沿岸地区供不应求。阿姆斯特丹和鹿特丹就这样逐渐发展起来。由于安特卫普的竞争，尼德兰开始了号称"海上马车夫"的转运商业。新航路开辟以后，欧洲商业中心从地中海移到大西洋，尼德兰经济有了进一步发展。16世纪中期，英、德、法、西、葡等进口尼德兰货物，年平均达2230万古尔登金币。16世纪的尼德兰是欧洲资本主义经济最先进、最发达的地区之一，商业尤其突出，城市林立，有303个城市。其中在荷兰省和西兰省有一半的人居住在城市里，因此有"城市国家"之称。

伴随资本主义经济的发展，原来占统治地位的封建主发生分化，分化出一部分商人、包买商、手工工场主、农场主。他们从事资本主义经营，构成了城乡资产阶级，其中商业资产阶级比工业资产阶级强大。为了自由地发展资本主义经济，他们要求推翻西班牙的专制统治，建立独立的民族国家。宗教改革很快就波及尼德兰，贵族们也想仿效德国路德教诸侯，夺取天主教会的土地和财富，加强自己的经济地位。在尼德兰贵族中分化出来的以奥伦治亲王威廉为首的反对派，成立了自己的政治组织——"贵族同盟"。

农民和市民阶级也处于急剧分化过程中。市民中大多数破产后沦为帮工和工人，生活困苦，工资微薄，日工作时间长达14小时。农民既受贵族和天主教会的压榨，又受资产阶级收买商的剥削，许多人丧失土地，沦为流浪者。据估计，16世纪，弗兰德尔省约有1/3的农民丧失土地。从1501年起，西班牙统治者颁布一些类似英国血腥立法的法律，惩治流浪者，破产农民横遭鞭笞、烙印，被迫服苦役等。他们和城市劳动群众都对现存秩序极为不满。

第三章 金融资本家荷兰

1535年,西班牙已经确立了对美洲大部分地区的殖民统治,成为一个地跨欧、美、非三洲的殖民大帝国。国王查理一世把尼德兰视为"王冠上的一颗珍珠",加强搜刮,每年从尼德兰搜刮200多万佛洛林,比从美洲搜刮的佛洛林多3倍,占其总收入的一半;他还设立宗教裁判所,压制一切自由思想,残酷迫害新教徒。1550年颁布的敕令规定,凡是新教徒或指控为新教徒者,"男的杀头,女的活埋",给过新教徒以帮助或谈过话的人也要治罪。查理时代有5000到10000尼德兰人死于宗教迫害,因此人们把这个敕令称为"血腥敕令"。在西班牙的残酷统治下,尼德兰人和西班牙统治者之间的民族矛盾日益尖锐。在1534~1535年与德国闵斯特公社起义的同时,荷兰、弗里斯兰等省也发生暴动。1556年,查理一世退位,由儿子菲利浦二世继位。为了实现争霸计划,弥补开支不足,菲利浦二世把尼德兰彻底变为西班牙的殖民地,疯狂榨取尼德兰。

为了加强对尼德兰的统治,菲利浦二世任命其姐姐、查理五世的私生女玛格丽特公爵为尼德兰总督,由亲信格兰维尔辅政。玛格丽特剥夺尼德兰17省残存的自治权,拒绝召开三级会议,禁止中小贵族担任下级官吏;利用天主教会加强镇压尼德兰人民。自1559年起将尼德兰划为18个主教区,天主教的主教由6个增为20个。菲利浦二世重申严格执行1550年"血腥敕令",并赋予主教以惩办异教的宗教裁判全权。因此,宗教迫害案件激增;菲利浦二世为了保护西班牙商人的利益,限制尼德兰商人进入西班牙港口,禁止他们同西属美洲殖民地进行直接贸易。1557年,菲利浦二世宣布破产,使许多尼德兰银行家蒙受巨大损失。1560年,菲利浦又提高在西班牙收购羊毛的税款,使尼德兰羊毛输入减少了40%,由每年4万包减至2.5万包。这些措施使尼德兰资产阶级的利益遭到极大的损害,许多手工场倒闭,成千上万的工人失业,民族经济面临破产的威胁;在军事上,增派西班牙驻军,实行野蛮的军事占领,军队横行无忌;民族政策上,实行民族奴役政策。菲利浦二世的残暴统治,促使民族矛盾的爆发。

1566年4月5日,"贵族同盟"中的300多人联合行动向玛格丽特呈递请愿书,提出废除"血腥敕令",召开三级会议,撤走西班牙驻军,免除格兰维尔的职务等项要求。骄横的西班牙统治者拒绝了他们的要求,西班牙大臣还骂他们是一群"乞丐"。后来争取尼德兰民族独立斗争的人就幽默地自称为"乞丐",并以乞食袋作为"贵族同盟"的标记,以表示西班牙的异族残酷压榨把尼德兰变成了乞丐。

在尼德兰民族独立的过程中,卡尔文教起到了指导者和组织者的作用。它以传教集会形式宣传反西班牙异族统治。从1561年起,卡尔文教徒在弗兰德尔、不拉奔、荷兰、安特卫普等地攻破监狱,拆掉火刑柱,甚至公开进行暴动。

荷兰的独立战争开始于1566年8月11日南方的弗兰德尔地区自发的群众起义,起义者捣毁圣像、十字架和祭器,没收教会财产,焚烧教会债券和地契,锋芒直指西班牙统治的精神支柱——天主教会。历史上称这次起义为"破坏圣像运动"。运动从南部开始迅速扩展,很快席卷了不拉奔、西兰、荷兰、弗里斯兰等12个省区,参加者达数万人。起义者不仅限于捣毁教堂和寺院,还打开监狱释放被囚禁的新教徒,并强迫市政当局停止迫害新教徒,承认新教徒信仰自由,限制天主教教职人员的活动。汹涌澎湃的群众运动,开始了尼德兰人民争取独立的"80年战争"。

在巨大的压力面前,总督玛格丽特一度做出让步,于8月23日颁布"协议会",被迫答应暂停宗教裁判所的活动,允许卡尔文教徒在指定地点做礼拜,并赦免"贵族同盟"的成员。但后来,这些让步都被撤回。新教运动的领袖们在安特卫普召开会议,决定用武力保卫自己的宗教。这时贵族发生了分裂,一部分主张维护秩序的人倒向政府,另一部分坚持改革的贵族如威廉·奥兰治被迫流亡。

面对尼德兰的混乱形势,菲利浦二世咬牙切齿地说,要"砍下每一个应该处死的人的脑袋",派遣新总督阿尔法公爵率领1.8万人的军队杀气腾腾地来到尼德兰。8月22日占领布鲁塞尔,并在许多大城市和战略要地布防。阿尔法设立有名的"除暴委员会",史称"血腥委员会",大肆迫害起义者,短短时间内便处死了1000多人。阿尔法宣称:"必须使每一个人经常生活在恐怖之中,时刻担心屋顶会塌到他的头上","宁把一个贫穷的尼德兰留给上帝,也不把一个富庶的尼德兰留给魔鬼",为了杀一儆百,连一些已倒向政府的贵族如埃格蒙伯爵、荷恩大将以及安特卫普市的市长斯特拉连等20多位贵族都被送上断头台。在镇压中,成千上万人被逮捕,共有1万多人被杀害,大路旁风车上都挂着被害者的尸体。9000多人的财产被全部没收,白色恐怖笼罩着整个尼德兰。

阿尔法为了从经济上打击尼德兰,于1569年3月颁布新税制:(1)各种动产和不动产的财产都征收1%的财产税;(2)土地买卖征收5%的转卖税;(3)商品交换征收10%的交易税。仅第一项一年就搜刮到330万佛洛林。高额税收使贸易停顿,工商业破产,尼德兰经济受到致命打击。在阿尔法总督的残酷镇压下,有十几万不屈服的贵族和资产阶级相继逃亡国外。贵族联盟首领威廉·奥兰治逃到他的德国领地拿骚,在那里联系德国新教徒诸侯和法国胡格诺贵族,期望得到他们的援助。1568年,阿尔法下令要他前往"除暴委员会"受审。作为回应,威廉率领3万名雇佣军杀回尼德兰,结果却失败了。以后他又多次带兵回尼德兰进攻西班牙军队,都没有成功。

因镇压有功,阿尔法受到罗马教皇和菲利浦二世的特殊嘉奖。他在安特卫普市竖起了自己的纪念像,在他的脚下匍匐着象征异端和暴动者的两个戴假面具的多尔人,这是对尼德兰民族尊严的极大蔑视,激起了全民族的更大义愤。独立战争向纵深发展,在南方弗兰德尔一带的密林之中,有"森林乞丐";在北方的荷兰、西兰、弗里斯兰等地的水手、渔民、码头工人组成"海上乞丐"。随着各地斗争不断取得胜利,参加的人越来越多,一些逃亡国外的贵族和资产阶级人物,也回来参加游击战争,并且逐渐取得了领导地位。如1570年威廉向"海上乞丐"颁发特许状,委任指挥官和舰长,还规定战利品的1/3上缴。"海上乞丐"接受了奥兰治家族的三色旗和命令。

1572年4月1日，由24艘船组成的一支海上游击队，攻占西兰岛上的布里尔城。这一胜利，不仅使海上游击队在尼德兰本土有了坚强的据点，而且更重要的是这一胜利鼓舞了人们的意志，掀起了争取民族独立运动的高潮。1572年7月中旬在荷兰省的多德雷赫特城召开荷兰省的议会，共有12个城市的代表参加，在威廉·奥兰治缺席的情况下，他被推举为荷兰、泽兰二省的"最高统治者"，会议决定信教自由（包括天主教在内），并着手整顿立法行政机构。北方各省事实上已成为一个独立的国家。10月21日威廉到北方就任。

1573年12月，菲利浦二世召回阿尔法，新任命列克森为尼德兰总督。列克森竭尽所能也无法阻止北方的胜利。北方的胜利推动了南方人民的反抗运动。1576年7月，布鲁塞尔人民推翻了西班牙政权，11月8日在根特召开团结会议，尼德兰各省派代表出席，缔结了"根特协定"，宣布南北联合共同反对西班牙。这次会议标志着尼德兰各省开始团结到起义的大旗下面，但南北方在一些问题上的严重分歧，如怎样对待国王和宗教问题，没有得到解决。1578年秋发生南方贵族叛乱，并于1579年1月6日成立了"阿拉斯联盟"，向西班牙妥协了。

北方各省为了捍卫独立斗争的胜利成果，反对"阿拉斯联盟"，坚持与西班牙殖民统治者进行武装斗争。为了结成更紧密的联盟，1579年1月23日北方各省成立了"乌特勒支同盟"，宣布北方七省为一个整体。"同盟"以各省代表所组成的三级会议为最高权力机关，制定共同的军事和外交政策，并制定统一的币制和度量衡。1581年7月26日，乌特勒支同盟正式宣布废黜菲利浦二世，成立联省共和国，脱离西班牙独立。因荷兰省最大，经济最发达，所以也称为荷兰共和国，并选举威廉·奥兰治为领袖。

率军镇压的西班牙新任尼德兰总督法恩斯在军事上取得了重大胜利，1582年和1585年，弗兰德尔和勃拉邦几乎完全被他占领，布鲁日和根特1584年失陷，也在这一年，威廉·奥兰治被法恩斯派人暗杀，1585年安特卫普陷落。北方联军在威廉·奥兰治儿子摩里斯·奥兰治的指挥下顽强抵抗。英国也决定伸出援手。1588年，西班牙无敌舰队被英国人击败，从此一蹶不振，再无干涉北方七省的力量。也就是在这一年，联合省在摩里斯·奥兰治的领导下宣布成立荷兰共和国。但是顽固的菲利浦二世不承认他的失败，直到他死后的1609年西班牙才与荷兰签订为期12年的休战协定，40年后，在《威斯特伐里亚和约》中，西班牙才正式承认荷兰的独立。

尼德兰革命的胜利具有重大的意义，西班牙从此更加衰落，沦为二流甚至三流国家。商业战争从此逐步扩大，它与王朝战争交织在一起，成了欧洲由封建专制主义向资本主义统治过渡时代的特征之一。在尼德兰革命后，历史上第一次出现了一个资产阶级掌权的国家——荷兰共和国，此后荷兰的经济迅速发展，踏上了成为海洋霸主之路。尼德兰革命使荷兰民族逐渐形成，也使荷兰人的民族意识迅速取代了原来作为尼德兰人的意识，在语言上也以荷兰省的弗来芒语言为基础逐渐走向统一，17世纪荷兰书面语也统一起来。

二、17世纪发展经济的模范国家

第一个资产阶级掌权的国家

尼德兰革命是一次以争取民族独立为形式的资产阶级革命，也是世界历史上第一次成功的资产阶级革命。独立后的荷兰的政体是共和制。荷兰最高权力机关是联省议会，设在海牙，其成员由各省议会选出的40名代表组成，有立法、决定赋税、宣战、媾和与处理重要国务的权力。各省无论代表人数的多少都只有一票表决权，对重要问题的决议必须一致通过才有效，有意见分歧由执政协调。地方权力机关有省议会和市议会。各省在处理本省内部事务时，享有广泛的自治权。各省经济发展状况不一致，这就使各省议会的社会成分和作用不完全相同，如荷兰省的省议会中大资产阶级的代表占了绝对优势，而东部的格利德恩省和奥维依谢尔省中贵族则占多数。联省议会的常设行政机关是国务会议。国务会议由12名委员组成，职能包括军事和财政，根据各省纳税数量的多少决定委员的人数。因荷兰省和西兰省纳税最多，故出5名委员，他们实际左右了国务会议。国务会议的首脑称执政，掌有最高行政权和军权。根据规定，如果联省议会代表对重要国务问题有意见分歧由执政进行协调，或行使最高职权进行最后仲裁。荷兰执政由奥兰治家族世袭。在与西班牙作战期间，执政摩里斯（1584~1625年）和其弟腓特烈·亨利（1625~1647年）拥有较大的权力，奥兰治家族与贵族联系较同资产阶级联系密切。奥兰治家族做执政通常代表贵族利益与要求，因此执政在一定程度上带有贵族专政的性质。资产阶级掌握政权是荷兰资本主义发展和争夺海上霸主宝座最重要的政治前提。荷兰是一个商业资产阶级比工业资产阶级更强的国家。在荷兰独立之初正好遇上了欧洲商业革命，荷兰抓住了这次机会，采取各种措施大力发展贸易。

欧洲发生商业革命

葡萄牙和西班牙两国拉开了大航海的序幕。此后欧洲又有不少国家进行海上和陆上探险，到18世纪，除非洲内陆、南极地区之外，欧洲人已发现了全球的各个地区和全部海洋，知晓通往全球的各条航路和道路，新航路发展成为经常性的商路。新航路的发现对欧洲经济生活产生了巨大影响，引起"商业革命"。

新航路的开辟加强了欧洲与世界各地区、各民族之间的联系，贸易范围空前扩大，欧洲市场上流通的商品种类大大增加，亚洲的丝绸织品、香料、棉花、茶叶，美洲的金银、糖、烟草、染料、毛皮，非洲的黄金、象牙，等等。海外各地对欧洲商品的需要量急剧增加，如欧洲的奢侈品、武器以及各种手工业品，贸易量都大大增加了。随着贸易范围的空前扩大，世界市场开始形成，商业空前繁荣。海上贸易大大发展，这个时期的世界贸易可以说基本上是海上贸易。海上贸易位居首位的是大西洋贸易，它在地域上包括西欧和西北欧、南北美洲、非洲的西部以及大西洋上的岛屿，它云集了世界上大部分商船，贸易规模最大，影响最大；其后依次是东西方之间的海上贸易、波罗的海贸易、地中海贸易，其余地区贸易，规模就小得多了。

新航路发现后，欧洲商路和贸易中心从地中海转移到大西洋沿岸。意大利城市威尼斯、米兰等商业中心的地位逐渐被葡萄牙的里斯本、西班牙的塞维利亚、尼德兰的安特卫普、英国的伦敦所取代。"商业革命"引起欧洲社会大变动，荷兰面对"商业革命"引起航运业和商业的空前兴旺形势，抓住契机，把发展世界商贸作为基本国策。

抓住机会，大力发展

荷兰位于大西洋沿岸，处于北海、波罗的海至地中海的商业要道上。

斯海尔德河、马斯河和莱茵河这些欧洲大河的入海口皆在荷兰境内，为荷兰提供了西朝英国和大西洋的优良港口，使荷兰成为大西洋航线上的重要地区。荷兰人很早就利用有利的交通条件进行转口贸易，荷兰共和国政府更是利用地利优势，积极创造进行世界商贸的条件。

专注于发展贸易。荷兰缺少资源的现实使它不能发展工业，位于许多国家之间的地理位置为它发展贸易提供了便利。自1602年停战协定，摆脱了西班牙的奴役后，荷兰很少遭遇外敌入侵，也减少了很多内部麻烦，从而得以在和平的环境下开展贸易。国内的政治斗争和宗教斗争也没有妨碍它。其他国家正处于持续的动荡不安之中。三十年战争使德意志再无繁荣可言，西班牙沦为二流国家，英国正经受内战而严重损害了其经济发展。荷兰虽也参加了三十年战争，但它只是出钱请雇佣兵打仗，国内没有受到任何影响。三十年战争后，荷兰独立得到正式承认，开始了英、法、荷争霸的时代。

实行宽容、和解、"自由"的政策。尼德兰革命胜利以后，荷兰的共和政府在新教和天主教斗争激烈的情况下，在宗教方面实行宗教宽容和解政策。各阶层、各教派的群众团结在统一的旗帜下，避免教派间的流血冲突，保证了荷兰国内有一个和平、团结、安定的环境。这表明自由竞争在宗教信仰领域里占统治地位。用鲜血代价换来的自由使荷兰成为欧洲资产阶级最自由的国家。荷兰政府还允许和鼓励受宗教迫害的外国商人和政治上受迫害的流亡者到荷兰来居住。独立之初，西属尼德兰各省的富商、工业家及资金雄厚的犹太商人因不满西班牙的政策，大批移居到荷兰来，为荷兰的商业及海外冒险事业提供了雄厚的资金。安特卫普的数千名手工业者、商人、银行家因不满西班牙的迫害而逃亡北方，尤其是阿姆斯特丹，1585~1622年人口由3万人增为10.5万人。1686年法王路易十四撤销了"南特敕令"，大肆迫害胡格诺教徒，法国大批信奉新教的工业家带着技术、资金来到荷兰。荷兰政府为了给他们方便，鼓励工业发展，废除了城市的行会条例，使荷兰的丝织手工工场得到迅速的发展。荷兰推行的和平稳定的国内方针和接纳信仰不同的外国人来荷兰定居的政策，成为荷兰繁荣与发展的重要原因之一。

积极推进技术发展。荷兰政府十分重视交通运输工具的更新、新技术的开发和运用，以保持本国航运业的优势。荷兰造船业久负盛名，许多国家向荷兰订购各种类型的船只，俄国的彼得大帝曾两次到荷兰学习造船技术，并聘请一批造船师为俄国建立一支舰队。荷兰的船只卖给欧洲很多国家，直到17世纪末英国船只中还有1/4是荷兰建造的。随着大规模世界贸易的展开、保险业的兴起，荷兰造船厂设计了一种船身宽、船底平、货舱空间大的三桅船只，它装载量大、易于操纵，可以减少船员人数以降低运输费用。这种商船，体长快捷，代表着海上运输的一项重大技术进步。与此同时，荷兰还制造了一种坚固、适合远航的船，这种船的船尾设炮座平台，可架大炮，这种武装商船可以有效地对付海盗。荷兰造船厂高度机械化，几乎一天就能生产一艘船，这在那时是很了不起的，由于荷兰拥有世界一流的造船技术，并且不断地进行技术革新，造船业十分发达，先进的造船业造就了一个庞大的海上商业民族，它为荷兰发展世界贸易提供了重要的物质保证。

积极发展对外贸易

首先是大力发展海运业。在波罗的海上，但泽的麦子、库尔兰和芬兰的木材、瑞典的金属制品尤其是大炮一直都是非常重要的交易物资。荷兰人还把贸易的触角伸入到莫斯科。在德意志西部和北部的许多市场上也有他们的身影。荷兰还和西班牙建立了良好的贸易关系，与土耳其也达成了协议。三十年战争后，开始了英、法、荷争霸的时代，英国的克伦威尔把荷兰商船从英国港口赶走。法国与荷兰开始了经济竞争与关税战，最终引起了真正的战争，两国经济来往断绝。

与东方贸易是更为有利可图的事。为了直接到东印度群岛进行香料贸易，荷兰人开始了艰苦卓绝的探险航行。1594~1597年，荷兰人威席·巴伦支为探寻一条由北方通向中国和印度的航路，曾在北冰洋地区进行了3次航行（后来人们把那个地区命名为巴伦支海），到达新地岛；在南半球，勒美尔和斯考顿于1616年到达美洲极南部的合恩角。1642~1643年间，阿贝尔·塔斯曼探查了澳大利亚。荷兰人要沿着葡萄牙人航线到东方去，必须要有可靠的资料，可是葡萄牙人将这些资料严加管理。1504年，葡萄牙国王曼努埃尔颁布法令，严禁地图中包含有关刚果航线的任何说明，凡是泄露这类情报的早期地图均被销毁或篡改。但是秘密还是泄露出去了，荷兰人简·哈伊吉思·冯·林索登，曾作为葡属果阿大主教的仆人在印度生活7年，他于1595年发表了描绘世界地理情况的《旅行日记》，使葡萄牙保守了近一个世纪的秘密变成了常识。

林索登的日记发表后，当年就由霍特曼率领的第一支荷兰船队经好望角到印度，第二年到达印尼爪哇岛的万丹，1597年返回荷兰，284名航行人员只回来94人。然而荷兰人仍获得巨大的利润。这次远征虽然从商业角度讲失败了，但它展示了美好的前景。1598年，荷兰又派8艘船前往印度尼西亚，由范尼克率领的第二支远征队中的4艘船采购4船胡椒回国，去掉远征的所有花费后，每个股东尽得100%的利润，另外4艘船到摩鹿加群岛，并于班达岛、安汶岛设商站，然后运回大批豆蔻、丁香，也获得高额利润。于是荷兰人纷纷组织许多小公司，涌入东方海域，仅1598年中远航东方的船队不少于5队，有22艘商船。

荷兰商船也出现在中国东南沿海。1601年，荷兰商船首次来到中国。两年后，荷兰侵占澎湖，遭到中国政府的强烈反对，不久退去。此后20年间，荷兰人屡次欲与中国扩大通商，始终未获允准。1622年，再次侵占澎湖，屠杀岛上居民。1624年，荷兰进犯台湾，1642年，其势力扩展到台北的基隆和淡水一带。1661~1662年间，台湾人民在民族英雄郑成功的领导下把荷兰入侵者完全逐出台湾。

金融改革

荷兰独立前各省拥有的自身权力相当大，表现之一就是各省都有各省不同的币制。这为相互间的经济往来带来很大的不便。17世纪初，经过长期实践，荷兰盾成了一种通用标准硬币。后来由于形势的变化，币

第三章　金融资本家荷兰

制又重新陷入混乱。1681年到1694年，人们对币制进行了改革，采纳了经济最发达的荷兰省的建议，确定了标准货币和标准金币。各省的贸易又变得方便起来。

由于繁荣的经济，荷兰人开始了最早的银行制度。1609年世界上的第一个城市银行出现在阿姆斯特丹，也是意大利以外世界上的第一个近代银行。这个银行经营一般银行业务，最重要的是，它只支付真币。以政府信用作为银行存款的担保，只要存款还留在银行里，就不能附属于任何用途。银行储备非常大，以至于不会有任何支付不了的风险。这使该银行在18世纪频发的财政危机中成为最有价值的机构。该银行良好的信誉极大地推动了外国的商业。在多德雷赫特和米德尔堡于1616年、鹿特丹于1635年建立了类似的机构之后，荷兰成为欧洲兑汇业的中心，这种地位一直保持到18世纪后期汉堡和英格兰的银行建立的时候。上述两个银行与荷兰的银行在同一业务范围内展开了激烈的竞争。

三、殖民扩张大发横财

成立东印度公司

荷兰船队到东印度群岛以后,荷兰人纷纷组织贸易公司,想发大财。可是这时的亚洲已不是世纪初的亚洲了,东南亚已分别被葡萄牙和西班牙所控制。当荷兰人进入印度尼西亚时,印度尼西亚的统治者和商人就利用荷兰人和葡萄牙人之间的竞争来抬高物价和港务费等。在商业贸易上,荷兰的各贸易公司与葡萄牙等国的商人在商业贸易上的竞争十分激烈。荷兰人意识到,要与西、葡争夺东南亚的资源,必须有本国政府的支持和雄厚的资本。于是1602年经议长奥登巴思米尔特为首的议会批准,荷兰工商业者以阿姆斯特丹为主,联合其他城市,建立了"尼德兰联合东印度公司",资本650万荷兰盾,约50万英镑。国会授予该公司特许状,赋予诸多特权:有对从好望角越印度洋、太平洋至南美南端麦哲伦海峡(或合恩角)一线的贸易垄断权;有开战、议和、建立殖民地、夺取海上外国船只、建立城堡及铸造货币等权力。这样一来荷属东印度公司实质上已成为荷兰对外侵略和殖民统治的权力机构。荷兰东印度公司带着巨大的资本,持着国家赋予的种种权力,加上其强大的海上航运力量,向称霸亚洲的葡萄牙东方殖民帝国挑战。有人统计,1602~1610年,东印度公司驶往亚洲的船只共计60艘。又有人统计,17世纪头一二十年内,从欧洲开到东印度的船只共250艘,其中荷兰占了半数。其后还不断增加,1626~1670年则增为平均每年22艘,1671~1750年又增为平均每年29艘;而在此以前的1670年,来往于荷兰与东印度间船只曾达到100艘,其中多数载重量600吨。这样强大的海上势力,对葡萄牙有压倒性的优势。

第三章　金融资本家荷兰

荷属东印度公司建立的过程，就是荷兰商人、冒险家同政府联合进行扩张的过程。荷兰政府是荷属东印度公司的后台，是它的强有力的后盾，荷兰东印度公司的首领有时就是国王，如荷兰执政奥兰治·威廉五世就是公司的掌控者。由于东印度公司的掌控者在共和国政府和议会中占有重要的地位，东印度公司对国内政治影响很大。

英属东印度公司比荷属东印度公司早建两年，即1600年英国人已建立了，但是它竞争不过荷属东印度公司。因为英国公司的资本比荷属东印度公司的资本小得多，而且英属东印度公司从封建斯图亚特王朝那里得不到任何支持。因此荷属东印度公司成立以后，在国际上就产生了很大影响，很多国家纷纷仿效它，建立自己的公司。丹麦、瑞典甚至还请荷兰人去帮助他们建立商业垄断公司。

1602年荷兰东印度公司成立以后，荷兰又任命总督和五人组成东印度委员会，以便统一和加强对东方的侵略。荷兰早期殖民征服是在国家支持下，通过荷属东、西印度公司进行的。

征服印度尼西亚

荷兰东印度公司首先把目标定在印度尼西亚。印度尼西亚位于亚洲东南部，地跨赤道，由太平洋与印度洋之间的3000多个大小岛屿组成，是世界上最大的群岛国家，有"千岛之国"之称。17世纪人口300万左右，土地面积有190余万平方公里，是个多民族的国家。印度尼西亚当时处于分裂状态，分布着许多小国家。荷兰人到来时，印度尼西亚已被葡萄牙控制，但16世纪葡萄牙日渐衰落，荷兰趁机排挤葡萄牙人的势力。在征服印度尼西亚的过程中，荷兰人多次发动战争，进行武力征服，建立殖民统治。1603年，荷兰在爪哇建商站。1605年，征服盛产香料的马鲁古（即摩鹿加）群岛中的安汶岛、帝利岛。1606年又独占班达岛的香料贸易，此时公司规模已很大，有武装舰船41艘、商船3000艘，雇员达10万多人。1619年，荷兰攻占爪哇岛上的雅加达，自此以后，荷兰就把它作为侵略印度尼西亚的中心据点。

起先荷兰东印度公司有意识地试图避免获得领土属地，因阿姆斯特丹的理论家和政治家把葡萄牙的势力在东方的衰落归结于它将力量和资本消耗在领土征服上，警告荷兰东印度公司不要重犯类似错误。公司开始是以巩固自己的贸易垄断、创造条件以便在尽可能低廉的价格下取得当地的货物为自己的主要任务，当地人的生命、福利就顾不上考虑了。

公司在开始进入印度尼西亚时，是采用谈判和订立协定的方式，以便公司代理人按照市价收购货物，包括奴隶。例如17世纪东印度公司与峇厘以及其他岛的统治者缔结关于供应奴隶的协定，让土著王公们成为主要的奴隶贩卖人。最后在其绝对垄断权确立后，便按照任意规定的低廉价格来收购货物。公司走完这一过程所用时间的长短，取决于当地统治者力量的强弱。在摩鹿加群岛上，公司在极短的时间内走完了这一过程。至于其他强大的王国，东印度公司则不得不极小心地利用其封建国家内部矛盾和部落间的战争，以便公司确立对这些地区的统治，尤其在爪哇更加特别小心谨慎，因为爪哇岛上的一些王国不愿与公司妥协，而且还力图把荷兰赶出岛屿去。

1652年荷属东印度公司与马打兰苏丹订立协定，根据这一协定，马打兰承认了公司在爪哇的领地权，公司的领地与马打兰的领地以多罗磨河（或译为兰大隆河）为界。但在南边，荷兰领地的边界则没有划定。在这一时期内，公司还没有能力征服马打兰。这样，东印度公司便采取供应它在爪哇领地所需要的粮食，以此来拉拢马打兰。

1674年马打兰国内爆发起义，苏丹苏苏胡南在起义者占领了首都之后逃到东印度公司的领地中，表示愿意用任何代价来换取公司的帮助。苏苏胡南死后，其子阿孟古辣二世于1677年与公司订立协定，阿孟古辣二世承认给予东印度公司在马打兰全部领土上进行无限制贸易的权利，割让加拉横和勃艮安地区给公司；承认以沿南安由河直至其流入印度洋之处为公司领地的边界；割让爪哇北岸的三宝拢城给公司；给予公司在南旺建立造船厂的权利；偿付公司因给予军事援助而耗费的全部费用；在偿付相应款额之前，将马打兰全部海港交由公司支配。1677年的协定给荷兰东印度公司在印度尼西亚的进一步扩张创造了绝对有利的条件。协定签订以后，1678年公司将荷兰军队开入马打兰，镇压起义军。1680年起义完全被镇压下去。

1751年，马打兰发生了反荷兰的起义。起义者很快就控制了马打兰的大部分地区，威胁到公司的领地，连荷军统帅也在战斗中被击毙。但很快在起义者中，曼古·布米和曼古·涅哥罗为了王位发生内讧。公司抓住这一机遇，分别与曼古·布米和曼古·涅哥罗进行谈判。经过谈判后，公司于1755年把马打兰分裂为日惹和梭罗两个附属于荷兰的封建小国，对其实行分而治之。

排挤英国势力

荷属东印度公司在1680年镇压了马打兰起义之后，一方面巩固自己在马打兰的地位，一方面着手对万丹的控制。万丹是爪哇岛上英国人能保持商馆的最后一个地区，为此英国殖民者积极扶持老苏丹阿蒲法达，加强他的统治，以维持英国在该地区的地位。

荷属东印度公司转而支持老苏丹之子阿蒲加哈反对其父亲，并答应给以军事援助。作为交换，荷属东印度公司向阿蒲加哈要求公司享有对万丹贸易的垄断权。这样，万丹苏丹家庭内部的两代（苏丹）斗争，就变成了荷属东印度公司与英属东印度公司之间的搏斗。

1683年，在万丹苏丹父子之间的战争中，老苏丹被俘，后被送到巴达维亚囚禁至死。1684年，阿蒲加哈和荷属东印度公司订立条约，允许公司垄断万丹和苏门答腊岛上臣属于万丹的兰蓬的贸易。荷属东印度公司与万丹订立条约，是荷属东印度公司确立对爪哇控制的重要步骤。荷属东印度公司取得对兰蓬的贸易垄断权后，就利用这一权力巩固自己在苏门答腊及其毗邻巨港的地位。苏门答腊是金矿产地，这使公司更加注意加强在该地区的统治。英国人被迫离开万丹，定居在苏门答腊西岸的萌菇莲。1752年，荷兰把万丹变为自己的保护国。荷兰人在征服印度尼西亚的过程中，不断地排挤英国等欧洲殖民势力。印度尼西亚群岛的东部有第多尔和简那底两个苏丹国,他们控制了领地附近许多岛屿盛产的香料,此外还经常从摩鹿加群岛各部落搜集丁香、豆蔻和其他香料贡品。这些香料给这些国家的苏丹和封建上层分子带来巨大的收入,荷属东印度公司对第多尔、简那底的征服引起英国等欧洲其他国家的商人不满。17世纪欧洲商人就利用荷瓦国来反对荷兰,把它变成香料走私贸易的中心,出产香料的各岛居民和酋长也力求逃避荷属东印度公司在贸易上的控制。因此,荷兰人对荷瓦实行军事远征。但是在很长的一段时间里,荷兰并未能隔断荷瓦和出产香料各岛的联系。

随着走私贸易的发展,荷瓦苏丹的财富和权力不断增长,他强制把周围各部落及其酋长变成他的藩属,这引起各部落的不满。于是荷属东印度公司就抓住这一有利机遇,在荷瓦和各岛屿及其酋长们的矛盾中挑拨离间,在他们的相互斗争中,公司时而对斗争的这一方,时而对斗争的另一方进行这样或那样的援助,坐收渔翁之利,以巩固自己的统治,把竞争对手赶走。

通过培植内部反对派,再加上强大的海军支持,经过长期的围困,荷兰夺取了荷瓦的首都。1667年11月,苏丹哈桑·乌德·丁被迫签订了"邦海条约"。这个条约使苏丹承认公司居于自己主权之上;荷瓦领土上其他一切工事都必须拆毁;苏丹哈桑·乌德·丁交付赔款25万荷兰盾和数以千计的奴隶。公司取得了垄断荷瓦的贸易权,并赶走了其他欧洲人。

瓦解葡萄牙的东方殖民体系

除在印度尼西亚外,荷兰在亚洲其他地方排挤葡萄牙人。荷兰进入亚洲后,受到穆斯林(阿拉伯人)的欢迎,与之建立联盟,共同反对葡萄牙的统治。在穆斯林的帮助下,荷兰在印度西东沿海建立了若干贸易站,从这些商站输出印度所产的生丝、纺织品、硝石、大米甚至鸦片。1636~1645年,荷兰封锁果阿时达9年,大大限制了葡萄牙在印度的活动。1658年,荷兰夺取了葡萄牙在锡兰的殖民地,1663年夺取了印度南端西海岸的柯钦。这样,荷兰就占有了印度洋区域内大部分的贸易。

在印度洋以东,荷兰绕过尚为葡萄牙控制的马六甲,直航到爪哇岛,使马六甲失去旧日的重要性。1619年,荷兰在巴达维亚(今雅加达)建立总部,作为经营亚欧贸易的中枢,并借以对付葡萄牙的果阿和马六甲,任命简·皮特佐恩·柯恩为总督。与葡萄牙的总督阿尔布克尔克一样,柯恩也是个颇具开拓能力的人物,他知道东南亚(西方称东印度群岛)是香料的主要产区,便大力开发和经营这个区域的香料贸易,把葡萄牙人从这个地区赶走。1621年,荷兰占领了班达群岛,1641年把葡萄牙人赶出了马六甲,1647年吞并了安汶岛(摩鹿加群岛的一个岛),控制了丁香的生产,还企图夺取菲律宾,遭西班牙人抵御未果。总之,在17世纪上半叶,荷兰东印度公司几乎完全控制了菲律宾以西整个印度洋区域的贸易,迫使葡萄牙人退居于中国澳门一隅。在经营东南亚的同时,荷兰东印度公司还把势力推进到东北亚区域,1624~1662年占据中国的台湾,取代了葡萄牙对台湾的贸易,同时阻断葡萄牙对日本的商业。尽管在区域内,中国人、马来人、阿拉伯人和英国人与之竞争,但荷兰还是占据优势。

利润丰厚的生意

荷兰东印度公司实行贸易垄断,不准岛屿之间自由买卖,宣称"世界上任何其他种族均不得到这里来",独占香料等土特产品的收购权和专卖权。如荷兰人对香料产地实行封锁,不准该地与其他欧洲人及亚洲人进行贸易,违者严惩。当时班达群岛居民把豆蔻卖给爪哇和荷兰以外的欧洲商人,结果岛上1万居民全被杀死,800人被掳往巴达维亚充当奴隶。公司严格管理香料的出口数量,以便保持高价,因而香料只许在特定的岛屿上种植,丁香在安汶岛,豆蔻在班达岛,其余岛上的一切树木必须砍光,公司还定期派特别远征队去监督检查。又如荷兰人为了保证食盐的高额利润,以死刑相威胁,禁止人们在苏门答腊西海岸采盐,关闭原来的盐场,结果来自爪哇的食盐由每担6荷兰盾卖到50~70荷兰盾。

荷属东印度公司在直接统治区实行"实物定额纳税制",强迫农民将收获物的1/5上缴公司;在间接统治区实行"强迫供应制度",与当地土王签订生产专利条约,规定供应的土产种类和数量,公司以极低的价格强制购买。此外,还要征收市税、酒税、人头税等苛捐杂税;实行"强迫种植制",公司强迫在划分的地区内必须栽种可牟取暴利的咖啡等作物。因为18世纪出口到欧洲的香料减少了,这时荷兰人把咖啡树引进印尼,1711年他们收获100磅咖啡,到1723年他们销售1200万磅咖啡。东印度公司在整个18世纪中光咖啡就平均得股息80%。当欧洲咖啡价跌时,荷兰人强迫农民砍掉咖啡树,涨价时则又强迫种上咖啡树。

1638~1654年东印度公司在日本长崎设立商务机构,将中国的生丝从中国台湾运销日本,换得白银,1640年贩运中国生丝至日本的船只有85艘之多。还将中国的丝绸、瓷器运销东南亚,换取各种香料。至此,荷兰东印度公司不仅有效地控制了从亚洲经好望角(1652年在此建立了一块殖民地)到欧洲的远程贸易,而且还控制了亚洲范围的转口贸易。通过这些贸易,荷兰获得巨额利润,仅1605~1612年内,东印度公司的红利就达到37.5%。从1715年开始的6年内,平均利率为40%。其间,在班达岛与安沃岛的香料贸易中,利率高达50%~75%。1602~1782年,东印度公司分给股东的红利,总共23200万荷兰盾,为最初股金的36倍。这些巨额利润,是在其本国和欧洲市场内不可能得到的,成为荷兰资本积累的重要来源。在与亚洲贸易中,荷兰也拿不出许多适合东方需要的商品,与葡萄牙一样主要用白银支付。

东印度公司还从事罪恶的奴隶贸易,在东南亚海域及一些岛屿上(包括中国沿海)捕捉身强力壮的青年,然后高价出售,从中获取暴利。

在美洲的殖民活动

1621年,荷兰政府批准成立荷属西印度公司,公司的目标是西班牙、葡萄牙在美洲未牢固占领的殖民地,展开同英、法等国争夺殖民地的斗争。经过10年断断续续的战争,西印度公司控制了巴西海岸很大一部分土地，但到了17世纪中叶被葡萄牙人赶出。1622年荷兰在哈德逊河口获得曼哈顿岛，建立新阿姆斯特丹城[①]。此后以哈德逊河流域为基地向东扩展到康涅狄格河的哈特福特，向南扩展到特拉华河畔，建立起新尼德兰。1623年占领南美的圭亚那。1630年到1640年间从西班牙人手中夺得加勒比海上的小安的列斯群岛中的阿鲁巴岛、库腊索岛、博内尔岛、萨巴岛、圣尤斯特歇斯岛，和法国人共占圣马丁岛。西印度公司占领这些岛后大肆屠杀土著居民，使劳动力减少，以后又成为这些地区的主要贩奴者。

17世纪中叶，荷属西印度公司又在黄金海岸和奴隶海岸拥有了多处堡垒和商站，并一度占领毛里求斯，作为在马达加斯加掠夺奴隶的根据地，英属弗吉尼亚的第一批奴隶和法属殖民地的奴隶全靠它供应。到18世纪初，荷兰奴隶贸易量占世界奴隶贸易额的一半以上。

荷兰所有殖民地中最持久的殖民地是海角殖民地，这是1652年从葡萄牙人手中抢来的一小块殖民地，位于南非好望角。它是一个补给基地，向去东方的船只提供燃料、水和新鲜食物。这块殖民地很快便证明了它的价值。它向荷兰船和其他一些船只提供的鲜肉和新鲜蔬菜帮助制服了坏血病，拯救了数千名海员的生命。

荷属东、西印度公司成立以后，荷兰对殖民地的掠夺是极其残酷的。为了掠夺殖民地的财富，他们野蛮地屠杀当地居民，或者把他们变为奴隶，利润往往高达百分之几百。马克思说"荷兰——它是17世纪标准的资本主义国家——经营殖民地的历史展示出一幅背信弃义、贿赂、残杀和卑鄙行为的绝妙图画"。

在17世纪末，荷兰人的直辖地仅一小块，但到了18、19世纪荷兰就建立起一个庞大地域的殖民帝国。

[①] 1660年，英国人夺占后改名为纽约。1674年，根据第二个威斯敏斯特和平条约，荷兰正式将纽约交给英国。

四、确立海上霸主地位

17世纪初期,人口不足200万的荷兰拥有全欧商船吨位的4/5,是英国的4~5倍,法国的7倍。东印度公司采用股份制向全社会募集资金,在全部的650万荷兰盾的股金中,有的股东只有几十个荷兰盾,显然是一般平民的股金。1609年建立阿姆斯特丹银行,它广泛地收集社会闲散资金。股份制和金融业的发展把广大居民的利益和海外贸易直接结合起来,荷兰全国从上到下各阶层都卷入海上贸易的大潮中。荷兰那样小小的国家成了"海上马车夫",这是荷兰称霸海上的一个十分重要的因素。

荷兰独立以后,资本主义得到极迅速的发展,当时荷兰工场手工业的发展远胜于其他国家。呢绒业、麻织业、丝织业、瓷器都在国际上享有盛名。荷兰是欧洲毛织业的重要中心,到17世纪初,英国的呢绒还要靠荷兰进行最后的加工和染色,荷兰从事该项职业的工人达数千人。工业中最突出的还是居当时世界首位的造船业,荷兰人造出的商船大,运费低,大多数商人乐于雇佣荷兰的商船转运商品。荷兰为各个国家建造各种船只,仅阿姆斯特丹一地就有几十家造船厂。

荷兰的经济繁荣是建立在商业贸易而不是工业基础上的。荷兰庞大的商船队拥有商船16000多艘,而法国只有1000多艘,商船总吨位数相当于英、法、葡、西四国商船吨位数之和。首都阿姆斯特丹是当时欧洲商业的中心,它是东方香料、欧洲粮食、油料、木材、皮毛的集散地,港内停泊的船只经常达2000多艘,胜过安特卫普城,居民达10万人。17世纪荷兰资本积累比欧洲各国的资本总和还要多,对外投资比英国多15倍。阿姆斯特丹的交易市场成为国际股票市场的中心。投资于欧洲、东印度和美洲的外国债券的资金超过3.4亿荷兰盾。英国国债的很大一部分掌握在荷兰人手里。仅以股息的形式,每年就有超过2500万荷兰

第三章　金融资本家荷兰

盾从英国进入荷兰，荷兰还每年从法国获得 2500 万荷兰盾，从西班牙、俄罗斯、瑞典和德意志几个小国获得 3000 万荷兰盾。阿姆斯特丹也成为一般银行业务和交易的中心，营业额达 5000 万荷兰盾。超过 1.4 亿的资金投入东印度和南美殖民地的企业。几百万投资在城市贷款和给省、郡的贷款上。

荷兰的船运业特别发达，在波罗的海和北海，全部船运业由荷兰独占。法国财政总监柯尔柏说："波罗的海和北海的贸易，毫无疑问地和完全地掌握在荷兰人手里。"当时绕过日德兰半岛进入波罗的海的船舶，有 70% 属于荷兰人。荷兰的联省议会也承认"在阿尔汉格尔斯克，他们拥有的船舶和运输的各种商品比所有其他各国的加起来还要多"。从俄国运出的农产品、毛皮、碳酸钾和鱼子，从波罗的海运出的铁、造船用的木料和蜡，都是由荷兰转运到法国和意大利的利沃尔、威尼斯以及其他更遥远的销售地去。荷兰控制了波罗的海的贸易，使它拥有丰富的沥青、焦油、制绳用的大麻、制风帆用的亚麻等物品，成为西欧海军最主要的供应者。在西欧，17 世纪前半期，法国对外贸易的大部分、德意志西部的贸易、欧洲南北之间的贸易，都掌握在荷兰人的手里。

荷属东印度公司控制了欧洲与东方之间、欧洲与美洲之间的海上贸易，甚至英国与其殖民地间的商品也由荷兰商船运输。17 世纪前半期世界各殖民地的产品，特别是东方的香料，多半都是通过荷兰转运到西方各国去的。

尼克服尔德说："荷兰人从各国采蜜……挪威是他们的森林，莱茵河两岸是他们的葡萄园，爱尔兰是他们的牧场，普鲁士、波兰是他们的谷仓，印度和阿拉伯是他们的果园。"荷兰到 18 世纪中叶以前，由于其庞大商船队航行于大西洋、太平洋、印度洋及地中海和波罗的海，所以被人们称为"海上马车夫"。

荷兰商人利用成千上万商船走遍世界的机会，利用世界各地区的价格差异，进行世界性的转口贸易，获得了巨额利润。荷兰每年转口贸易额达 7500 万至 1 亿古尔登。荷兰是一个因经营海上中转贸易而发家的商业强国。

为了保护庞大的商船队,控制世界海洋的航运,进行垄断性的世界贸易取得商业霸权,荷兰采取了排挤日益衰落的葡萄牙、西班牙的势力的策略。在亚洲,葡萄牙的势力几乎被连根拔掉。在南部非洲,荷兰也与之展开争夺。在海上,1628年荷兰在古巴的马坦萨斯港将一支西班牙船队俘获,1631年在斯拉克又将西班牙的另一支船队击溃,1636年围困西班牙占领的敦刻尔克港。1639年荷兰海军上将特龙普在英格兰的当斯港取得对西班牙舰队的压倒性胜利,这次战役标志着西班牙重整海上声威的希望彻底破灭,也表明荷兰作为第一海上强国的地位得到确认。

在与英国的商业贸易竞争中,荷兰人有多于英国5倍的商船。荷兰有6000艘船只在波罗的海航行,封锁了英国同波罗的海沿岸各地的贸易;荷兰还利用英国资产阶级革命时期英国国内的动乱局面,夺取了北海和英吉利海峡的制海权,进一步加强了海上贸易;在地中海和西非沿岸,荷兰商人到处排挤英国人。

到17世纪中期,世界商业强国荷兰在航海业和世界贸易方面达到极盛时期,取代了西班牙海上霸主的地位,成为世界商业霸主,称霸海上。

五、在竞争中衰落

　　荷兰经济繁荣的基础是商业，尤其是船运业，也就是对外转口贸易。本身无资源的荷兰过多地依赖于对外贸易，说明了其经济基础相当脆弱。银行的放贷对象多为各国君主，在战乱频生、各国经常入不敷出的情况下，贷款常常收不回来，这不能不深深地影响荷兰的经济，进而影响到其他方面。

　　脆弱的经济基础。荷兰缺乏发展工业所需的资源以及广袤的国土和众多的人口，虽然它成为世界霸主，但发展后劲是不如英法的。它过于依赖外贸的脆弱的经济基础也十分容易受到打击。当18世纪时，西欧各国逐渐从内部混乱中抽出身来，他们采取高关税和对本国企业进行高额补贴的办法与已占据垄断地位的荷兰展开竞争。荷兰的优势被迅速削弱了。根据通过波罗的海门户松德海峡①的记录，1497年通过的荷兰船只是567艘，1597年是3908艘，1697年超过了4000艘。从此以后就开始下降，1781年就只有11艘了，以后虽有好转，但也不到先前数目的一半。这反映了商业全线的衰退。与南美洲的贸易也于1713年被英国垄断。曾经非常赚钱的渔业，也不可避免地出现衰退。在1736年有219艘渔船，10年后就只剩下144艘了，以后再也没有恢复过。东印度公司的高股息政策也坚持不下去了，董事们采取金融欺诈的方式来使收支平衡。为了维持高股息，使股票保持高价位，公司往往宁可以3倍于国内的利息借债也不让国内的人知道公司缺钱。1780年以后，东印度公司实际上已经破产了。

---

①　松德海峡是波罗的海的门户，荷兰早期最有利可图的生意是通过此地将货物运往欧洲各地。

大量贷款成为坏账。由于经济的极度繁荣，18世纪的荷兰成了全世界的大借贷国。有个形象的比喻说，荷兰就是一个由舰队守卫的账房。但问题在于，荷兰向每个国家贷款时，还意味着它必须和每个国家保持友好的关系。若与英国或法国开战，则意味着这些国家将立即停止支付大部分的利息，因而对总体的繁荣造成了极大的危害。更糟糕的是，不管荷兰卷入与谁的战争，将都意味着它在与自己的资本作战。出于这个原因，与任何一个国家的战争都必须不惜一切代价加以避免。但现实是，荷兰不断地卷入战争中，不仅支出大量军费，也损失大笔的利息。法国大革命也让荷兰损失了一大笔收入。

在国外大量的投资，对国内的产业而言就意味着直接的损失。生活费用在繁荣的尼德兰要大大高于周边国家。当各产业被迫与海运商船竞争时，产业主必须付更高的工资才能得到人手。所有这一切都意味着增加生产成本，也就意味着投入的资本只具有较低的利润率。但是出于投资者的本能，当在国外十拿九稳可以得到6%或7%的利润时，便不会以4.5%或5%的预期利润在国内投资。这表明在整整一个世纪中，当来自国外的竞争开始严重影响荷兰的市场时，荷兰的制造商无力扩大生产以迎接这个新的竞争的挑战。

对军事力量尤其是海军力量的投入不足。在荷兰，海军的作战费用属于特别开支，不能由常规的税收负担，需要由联省议会特别拨款。但当时有5个海军部，各自都有独立性，当执政在时，可能还会协调一致行动，当没有执政时，就陷入了混乱。17世纪晚期的持久战争产生了巨额费用，但在战争就要最后结束时，执政威廉去世，各省突然停止提供经费，结果各海军部面临破产。由于战争还在继续，海军部便得到允许借钱。一些爱国者愿意以9%的报酬借钱给海军部。但在借了大笔款项之后，仅荷兰省的3个海军部在西班牙王位继承战争结束的时候仍欠债达1000万荷兰盾。军官和水手被解雇了，他们或者过起了市民的生活，或者移居别的国家，为能付得起报酬的外国海军服役。从1713年到1770年，除荷兰省以外的6个省没有为舰队投入一分钱。对以航运起家的荷兰来说,这是致命的。在这样的情况下,各国纷纷拦截荷兰船只,海盗也对荷兰船只情有独钟。

安于现状的国民精神。靠利息就能过上不错的生活的荷兰人,丧失了前辈们的进取精神,贪图享乐,安于现状,对于不断增加的衰退信号无动于衷,只要今天还能舒舒服服,就不管明天怎么样。这样的精神状态,哪里是生机勃勃的英国人、法国人的对手?

被战争拖垮。1650年和1651年英国为削弱荷兰商人在国际贸易方面的中心地位,曾两次颁布《航海条例》。1650年的《航海条例》规定非经英国允许外国商人不得与英国殖民地通商。1651年的《航海条例》又规定进口到英国的产品只准使用英国船只或生产国的船只进行运输,从英国出口的产品只准使用英国船只运输。荷兰宣布拒绝承认英国的《航海条例》,和英国在1652年到1673年间先后发生三次英荷战争。

1675年荷兰海军又与西班牙海军联合镇压西西里岛起义。此后,一直到1713年的西班牙王位继承战争结束,荷兰一直处于四处作战中。频繁的作战耗光了荷兰的财富,英法的竞争又使财富来源减少。

1785年,荷兰的处境已经很糟糕了,公共债务增加到几乎付不出利息的地步。国家一片混乱。1795年1月初,法国革命军攻入荷兰,1月18日,荷兰最后一位执政威廉五世逃往英国。几个星期后,荷兰共和国就不存在了,代之而起的是作为法国附庸的巴达维亚共和国。

六、启示

　　荷兰的成功是充分发挥了自己优势的成功，再加上自由宽松的政策，远离欧洲的矛盾中心，一个一半国土在海平面以下的国家，最终成了世界的霸主。失败永远比成功要容易。"生于忧患，死于安乐"，"天下虽安，忘战必危"在荷兰身上应验了，过度依赖外界的经济和各行其是的地方政权使荷兰受制于人，这是荷兰走向衰败的原因。

第四章
从"快乐的英格兰"到"日不落帝国"

位于欧洲西北端的英国是一个颇为独特的国家。北海和英吉利海峡将不列颠群岛与欧洲其他地区隔离开来,四周由海洋环绕的情形使英国人的家园显得比较易于防守——只要具备适当的防御手段和坚定的防御意志的话。海洋作为英国的天然疆界曾帮助英国人成功地抵御了来自大陆的入侵者,如16世纪的菲利浦二世、17~18世纪的路易十四、19世纪的拿破仑。因此海在英国人的生活中是一个最重要的因素,古代社会因海的便利带给不列颠人开放的文化价值观,近代不列颠人为寻求财富而通过大海走遍全世界。海的便利和屏障作用同在,21英里(34公里)宽的英吉利海峡使英国既容易保持独立,又避开了岛国常出现的孤立、封闭和停滞。

大国崛起 | DAGUO JUEQI

长久以来英国一直居于"文明世界"的边缘，文明的进程也多次被外来入侵者所打断。但正是这样一个在北海骇浪中颠簸漂浮的小小岛国，人口不过数千万，国土资源也很有限，却率先敲开了通向现代世界的大门，并且最终成为殖民地遍布全球的"日不落帝国"。此时的世界地图似乎为它悄悄重新画过，英国从地理的边缘变成了世界的中心，而地缘的中心实则就是文明的中心。凭借这种新文明，一个小小岛国成了世界现代化进程的领头羊，这其中的因缘，让我们一起去探寻。

第四章 从"快乐的英格兰"到"日不落帝国"

一、在风雨中磨炼

远古时代的英国是何等景象？温斯顿·丘吉尔用浪漫的笔触描绘道，这个岛离欧洲大陆只有一水之隔，它的西部和北部群山起伏，东部和南部则地势平缓，都是树林密布的河谷、一望无际的丘陵和水势缓慢的河流。在和平时期或战争年代，不管是海盗还是商人，不管是征服者还是传教士，都可以轻而易举地踏上这块土地。……当我们透过历史长河上的雾霭回首凝视时，旧石器人和新石器人依稀可辨，也可看见远古巨石纪念碑的建造者，还可以看见带着酒杯和青铜工具离开莱茵兰的移民。

入侵者的熔炉：英国民族的形成

如同美国的崛起是一部移民者的历史一样，早期英国的历史就是一部入侵者的历史。在11世纪以前，由于自身防御的虚弱，英格兰经历了无数次大规模的外来入侵。入侵者把不列颠群岛当作了自己的家园，并起而抵抗新来的入侵者，直至被新来者征服或将入侵者同化。这个长达一千多年的循环往复的进程使不列颠容纳了各种各样的民族，并且最终糅合成一个统一的大民族。因此，将不列颠称作"入侵者的熔炉"是恰如其分的。也正因为如此，英国人很难自称是完全脱离于大陆的独特民族。

英国民族形成的重要标志之一便是英语作为官方用语的确立。1066年威廉征服后，诺曼人所操的法语在很长一段时期内是英国的官方语言，但盎格鲁－撒克逊人使用的所谓"英语"却并没有因此消亡，它作为普通民众使用的语言有着广泛的基础。即使是作为统治阶层的诺曼人也大多能听懂甚至会说英语，传教士也往往能用英语布教。13世纪中叶，英语开始成为辅助性官方语言，到13世纪末英语在官方场合的使用已十分普遍，并在某种程度上成为英格兰民族的象征。故1295年英王爱德华一世在第一次英国议会上便用语言作议题来煽动臣民反对法国的热情，指责法王"正试图要将英语从地球上清除掉"。此后英语实际上成为英国的官方语言。1362年英国颁布一项法令，明确规定英国所有法庭的辩护和判决都须用英语。这标志着英格兰统一民族性的成熟。大约在1300年前后，英语文学作品中开始出现了"英格兰民族"的词语，稍后在1336年，英国官方文书中也首次使用了"英格兰民族"一词。大体来说，到13~14世纪之交，英格兰作为一个统一民族已经形成。

征服与扩张：中世纪的英国

在历史上，"英国"是一个很不确定的概念，汉语将"不列颠"（Britain）通称作"英国"的习惯性错误，更加深了"英国"概念的模糊性。严格来说，"英国"只是"英格兰王国"的简称，但实际上它往往用来泛指英伦诸岛，即包括英格兰、威尔士、苏格兰，甚至有时也包括与英格兰隔海相望的爱尔兰。当然在中世纪时，英格兰王国在英伦诸岛（不列颠群岛）中一直发挥着绝对主导的作用——威尔士在13~14世纪之交并入英格兰王国；苏格兰在1286年曾一度臣服于英格兰，至1603年，苏格兰与英格兰王国联合并在1707年正式合并；爱尔兰则在1170年遭英格兰王国入侵，其后基本上作为英格兰王国的属地存在，直到1937年正式脱离英格兰独立。因此，"英国"或"英格兰王国"往往被当作可与"不列颠"互换的概念。15世纪后期，人文主义学者首次使用"中世纪"一词，那时它是指西罗马帝国灭亡到15世纪结束的一千年。然而当视线集中到不列颠时，"中世纪"则通常是指1066年诺曼底征服到1485年都铎王朝建立。

作为入侵者的后裔，英格兰王国的君臣身上流淌着好斗天性的血液，尽可能地开疆拓土和扩充势力是英国历史发展的重要特征。中世纪的英国尽管处于欧洲文明圈的外端，但它却在欧洲历史上扮演着重要的角色。当英格兰王国在不列颠内部的扩张告一段落时，它又将目光投向了一海

第四章 从"快乐的英格兰"到"日不落帝国"

之隔的欧洲大陆,毫不夸张地说,从中世纪开始,英国对外政策中就充满了浓重的"大陆情结"。英国的"大陆情结"首先来源于此前一千多年里来自大陆的历次入侵,威廉作为诺曼底公爵征服英格兰更加深了这种情结。对威廉和他的子孙来说,诺曼底才是他们真正的家园,英格兰只是一个海外国度,是一个用来巩固公爵在诺曼底之地位的丰厚奖赏;他们的主要注意力始终放在大陆,放在与其领主法国国王及其他大陆君主的争斗之上。金雀花王朝的建立者亨利二世是征服者威廉的孙女莫德之子,他依靠祖父而非外祖父家系的遗产成为法兰西王国境内的大诸侯,1154年亨利二世入主英格兰,其领地已遍布欧洲大陆西部,统治着一个"从北冰洋一直延伸到比利牛斯山"的大帝国,英格兰只是其庞大帝国中并不引人注目的行省而已。亨利二世的儿子"狮心王理查"在其当政的10年中一直与大陆诸君主彼此征伐不休,并响应教皇号召参加十字军东征。理查虽深受英国臣民的爱戴,但其一生功业全在欧洲大陆,只到英国来过两次,总共只住过几个月。这段时期英格兰与大陆休戚相关的情形深刻地影响着英国人的思维,此时的英国人远未形成所谓岛国意识,他们十分自然地自视为一个跨英吉利海峡的大帝国的一部分。这种情形在约翰王时期发生了变化,他失去了其父兄在大陆苦心经营的大部领地,只保留了在阿奎丹的几小块属地;英格兰成为金雀花帝国的中坚,恢复亨利二世时期英国王室辽阔版图和强盛地位反过来成了曾是被统治的英国人的一种追求。这种追求导致其后几十年英法之间争夺在大陆领地的争斗无止无休,直到1259年12月两国签订了《巴黎和约》。和约中英法两王各有退让,但并未彻底解决英法之间的争端。英国在大陆继续拥有领地使英国人重建跨海峡大帝国的梦想得以延续,而和约中法王为英王提供财政津贴的条款一直未能兑现,这成为英法日后爆发"百年战争"的一个历史根源。

"离别"大陆:百年战争的终结

1337~1453年的"百年战争"对英法两国均有十分重要而深远的影响。

这场由法国王位继承而引起的中世纪形态战争，实际上掺杂着商业和经济的因素。英国与法国境内的弗兰德尔和加斯科尼这两个羊毛加工中心具有密切的商业关系。按马克思主义学者莫尔顿的见解，百年战争的真正目的就是为了使这种经济往来受统一的政治支配。这场时断时续绵延百年的战争大致可分两个阶段，百年战争的前期以1360年5月8日两王缔结《布勒丁尼和约》以及法国国土的分裂为终结。但正在兴起的民族意识使法国公众不愿接受国家长期分裂的状况，法王约翰二世也未彻底履行和约中割地赔款的内容。在这种情况下，后期百年战争（1415~1453年）开始了，交战之初法军仍然丢城失地，1419年英军进犯巴黎，翌年迫使精神失常的法王查理六世签订《特鲁瓦和约》，接受了屈辱的条款：将女儿嫁给英王亨利，并公开宣布太子不是亲子，却承认亨利为其王位继承人和法国摄政。这项协议实际上将法国分成由亨利五世、勃艮第公爵、王太子分管的三部分。但不幸亨利五世于1422年病故，否则凭其声望与才干，英法两国实行较长时期的合并并非不可能之事，如同中世纪许多欧洲国家的合并一样。但即便如此，英国和勃艮第的军队仍控制着大部分法国领土。不过此时的欧洲人文地理格局已基本形成，英国对法国的战争，已不再是民族大迁徙时期那种部落之间的随意征服，而是两个成熟民族之间的战争。对英国战争的屡屡失利并不能消除法国人民的这种民族信念；而在英国一方，世系出于法国的英国王室已完全同化于英国文明，亨利五世完全是从英格兰全民族的利益出发进行对外扩张的领袖。据称他是第一个在前线用英语给国内写信的英王，英军士兵则是出于对故土英格兰的热爱而在遥远的大陆拼死诛杀，阿金库尔战役中，英国的大弓手呐喊的口号是"杀呀！杀呀！圣乔治（狮心王理查时期英国的保护神）和可爱的英格兰！"

英国依靠穷兵黩武和一小撮法国卖国贼的合作所维持对法国的征服注定不能持久。在英王亨利六世兼任法国国王的第7年，奇迹发生了。一个17岁的法国农家少女贞德（Joan de Arc）自称受上帝指引解救法国，查理王子相信了贞德的宣言，派她前去解救奥尔良之围。贞德单身骑一匹白马闯过英军防线进入奥尔良城，法国军民士气大振，迫使英军撤除了对奥尔良的围困。在随后的一年间（1429 年 5 月~1430 年 5 月），贞德率军收复无数英军驻守的城堡，1429 年 7 月 14 日，贞德的军队进入兰斯，两日后查理七世加冕，从而使《特鲁瓦和约》失去意义。1435 年勃艮第公爵彻底与法王结盟，1436 年法军将英国人逐出巴黎；1450 年，英国人又被赶出了诺曼底；1453 年，英军撤离加斯科尼。至此，除了加来以外，英王在法兰西已无立足之地，百年战争以英军撤离大陆而宣告结束。

长期的战争哺育了强烈的民族意识，自此任何使两国联合共拥一王或在他国版图上占有领地的企图都注定要失败。从这个角度上说，英格兰在百年战争结束后"退出了欧洲"，法兰西则在百年战争中走向了统一。战争的最后阶段使英王失去了在大陆的领地，英国人和法国人更深刻地意识到他们之间的民族差异。

二、强国萌芽：资本主义经济的兴起

在百年战争后的一个多世纪里，英国在欧洲舞台上无所作为，几乎被他国所忽略。但英国与欧洲大陆间的经济和文化往来却从未中断，反而日益加强。与此同时，英国开始了从中世纪向近代形态转变的缓慢进程，其社会、经济和政治机制及意识形态等各个方面经历了艰难的内部调整和更新。正是在这样一种外交沉寂的时期，英国积聚着再度在欧洲崛起的力量。

面向海洋：英格兰岛国民族性格的确立

1558年是英国历史上的多事之秋。先是加来港的丧失，接着是玛丽女王的去世，随后她同父异母的妹妹即位为伊丽莎白一世。这一连串事件，标志着从中世纪英国到近代英国转型的完成。新时代英国最突出的特性是其岛国地位的确立及以此角色在欧洲和世界历史中发挥的巨大作用：一方面，英国人警惕地注视欧洲的局势并力图充当欧洲力量均衡的制衡者；另一方面，英国人的目光则超越了欧洲大陆，逐渐将扩张的重点放到了海洋和海外殖民地的开拓上。

从根本上说，地理位置使英国的历史和文化多少具备不同于欧洲大陆的某种独特性，也影响了群岛上居民的思维意识。18世纪初英国著名政治家亨利·博林布鲁克（Henry Bolingbroke）的一段话反映了英国人的传统心理："我们的民族住在一个岛屿上……我们必须记住，我们不是大陆的一部分；当然，我们也永远不能忘记，我们是它的邻居。"然而，英国人作为一个岛国民族的固有特性在很长时期被各种因素所掩盖住了。在百年战争结束之前，英国人怀着强烈的"大陆情结"。只是在百年战争结束后，英国人才被迫放弃了对大陆的激情，但仍未能彻底离别大陆,在此后的105年里他们依然不惜耗费巨资固守在大陆的最后一小块领土加来港,守备加来耗费了英国国会的大量拨款。玛丽女王的轻率使英国人最终丧失了在大陆的桥头堡,也迫使他们不得不告别大陆。加来的失去不仅使英国在地理上成为一个完完全全的岛国,还加深了英国人对大陆政治的厌恶感,菲利浦二世对英国的赤裸裸背叛,促使英国人在此后努力保持与大陆的距离,时刻警惕不让大陆列强侵犯英国的利益。这样英国人在心理上也不断朝岛国民族的方向发展。这种"岛国心理",在女王伊丽莎白一世身上得到了最好的体现。

强国萌芽:伊丽莎白一世与"英格兰主义"

与玛丽女王不同,伊丽莎白的母亲安妮·博琳(Anne Boleyn)是个地道的英国女子,因此伊丽莎白一世的血管里流着纯正的英格兰人的血液,也许正因如此,伊丽莎白视英格兰为她的一切,她比其他任何统治者都更好地代表了英格兰;同莎士比亚一样,伊丽莎白女王逐渐成为这个英格兰民族自我意识觉醒时代的等同物。伊丽莎白对自己婚姻的处理是她"英格兰主义"的最好体现。在她即位后,包括她的姐夫西班牙国王菲利浦二世以及瑞典国王、奥地利大公、法国国王、萨伏依公爵、安茹公爵等王公贵戚纷纷向她求婚。但她明白,与任何这些外国求婚者的结合都可能使英国卷入欧洲大陆无穷无尽的矛盾纠葛,从而危及英国的利益。因此她便用各种滑稽可笑的借口和搪塞拖延的手段来冷却众多外国求婚者的热情,结果她终身未嫁。但伊丽莎白女王并不感到遗憾,她或许很满足做英国人民"公共情人"的状况,就像温斯顿·丘吉尔所说:"她和臣民的关系是长期调情的关系。"与其说是女王有多少英明的政策,还不如说是她对待英国臣民的这种脉脉温情的姿态,使女王赢得几乎全体英国人投桃报李般的爱戴。这种爱戴之情四百多年后在戴安娜王妃身上又得到了再现,特别是当她与查尔斯王子感情破裂之时。自然,女王的独身,也被英国人看作是英国摆脱任何外来干涉或控制的一种特立独行。

如同女王的婚姻一样，英国的宗教事务也与其岛国民族特性的显现联系在一起。伊丽莎白即位时的英国远非平静的国度，天主教与新教之间以及教派内部的争斗十分激烈。英国宗教事态的处理意味着英国究竟在多大程度上卷入一场遍及整个欧洲的意识形态冲突。伊丽莎白一世及其大臣们明智地选择了走中间道路，回复到介于天主教和新教之间的英国国教体系。女王的做法可以说大获成功，这与欧洲大陆国家相比更是如此，同时期的德国宗教战争中，大约1/4的人丧生。到伊丽莎白统治后期，新一代成长起来的英国人已习惯于英国国教制度，英国国教信仰成为英国人区别于欧洲其他任何国家人民的特有标志。

保持自己的个性且相对独立于大陆是岛国民族的一大特性，其另一个特性则是面向海洋发展。虽然在都铎王朝时期，英国的海外贸易不断增长，但其在海外拓展势力的事业总不顺利，原因在于两个领先的海上强国西班牙和葡萄牙已占据了势力范围。英国可以对1494年教皇亚历山大六世为西葡两国瓜分世界的通谕不加理睬，却没有足够的海上力量来挑战强大的西班牙舰队，特别是在1571年勒班陀战役中西班牙舰队摧毁盛极一时的土耳其舰队后，西班牙海军的庞大实力令任何欧洲国家都望而生畏。但英国海上力量并不是体现在其海军的规模上，而是体现在它所拥有的海上斗士的数量和素质上。居住在岛国的英格兰民族应该具有某种当"海盗"的天分。英吉利海峡作为当时最重要的国际贸易通道，也为英格兰人做海盗这种有前途的职业提供了天时地利。在英格兰西南沿海和爱尔兰诸海港一带，干着这类杀人越货营生的不但有亡命天涯的船员水手，一些拥有庄园地产的乡绅和有头有脸的商人也时时参与到海上的劫掠活动中来。对于这些亦商亦盗的海上斗士，伊丽莎白女王及其政府从未做过认真的禁止，相反还时时予以鼓励，如1573年8月德雷克船长将辛辛苦苦从西班牙人手中抢来的财宝大部敬献给伊丽莎白女王，而女王也居然像一个贪财的小家妇人那样欣然接受，1580年还授予德雷克爵士封号。而这些类同匪徒的英国冒险家们对网开一面的女王也心存感恩，在与外国商船尤其是西班牙金银运输船队不断的对抗中，海盗们的英格兰民族意识和对伊丽莎白女王的忠诚感持续增强,直至愿为女王陛下英勇献身。正是这段长期的海上劫掠活动培养出了一批日后英国皇家海军的精英。

伊丽莎白一世时期是英国确立岛国民族特性的时期,也是英国走向辉煌、成为欧洲举足轻重的强国的时期,崛起的关键是英国对西班牙的战争。步入16世纪80年代之后,欧洲的均势格局逐渐向西班牙倾斜。1580年菲利浦二世吞并了葡萄牙,将葡萄牙本土及其庞大的海外殖民地据为己有,西班牙帝国的力量大增。解决英格兰问题也摆上了菲利浦国王的日程,在其他手段用尽后,只剩下战争一条路了。1588年春,由梅迪纳·西多尼亚公爵指挥的西班牙无敌舰队启航,杀向英格兰。就军事力量对比而言,形势明显有利于西班牙。在英国一方,无论是陆军还是海军,女王所能调集的力量都很有限。但在如此危急关头,英格兰民族最宝贵的品质显露了出来,那就是镇静与自信。当德雷克爵士率队迫近无敌舰队时,西班牙舰队的规模和阵势也着实令这位纵横四海的勇士感到惊诧,但他只说了一句话:"还从没有过如此强大的舰队,但全能的上帝更强大。"英国人的勇气使无敌舰队遭受了沉重打击,"全能的上帝"则让西班牙舰队遇上了大风暴,17艘船只和5000人葬身大海,沮丧不堪的西班牙人退回了本土港口。一次轰轰烈烈的远征就这样结束了。在这场导致西班牙无敌舰队丧失一半船只的系列海战中,英国海军的损失出奇的小,它没有一艘船受损,战死的士兵也不到100人。胜利之后的英国人也难能可贵地保持镇静,为纪念这次胜利而铸造的奖章上有这样一句话:"上帝一挥神手,他们四处逃走。"这句话比其他的战斗神话更接近真实。不管怎样,英国抵御了自罗马时代以来最强大的帝国的进攻,激发了英国人的民族精神,为以后发展大不列颠帝国奠定了基础。

"新教革命"与"光荣革命"

伊丽莎白女王之后詹姆士一世和查理一世两位国王的我行我素最终引起了英国革命。英国革命是专制王权与"生而自由的"英格兰人之间的激烈冲突。专制王权是时代的产物，它崛起于给英国贵族带来灭顶之灾的玫瑰战争之中，兴盛于民族呼唤独立主权国家之时，它肩负着两个重大的历史使命——实现国家的统一和自立。历史赋予它代表英格兰民族的资格，使它可以超越于整个社会之上，国王在实现国家统一和自立的过程中扮演了引领民族的角色。

都铎王朝创建了民族国家，也是王权最盛之时。但由于英国在中世纪业已形成的"自由"传统，使国王的权力仍然受到三大原则的限制。据英国史学家马考莱说，这三大原则是：其一，不经议会同意国王不得立法。其二，不经议会同意国王不得征税。其三，他必须按国家法律掌管行政，如果他违背法律，其谋臣及代办官员应负责任。这些原则即使在都铎统治时期也没有消失，所以，都铎国王仍需与议会合作，否则权力就会发生动摇。这就使都铎英国的专制统治不同于欧洲大陆其他国家（如法国）的专制制度，形成了独特的"国王在议会"的宪政，即国王的政策必须经过议会认可，一般不能撇开议会实行国王的绝对统治。

与法王路易十四不同，英国的专制君主虽然渴望绝对的权威，却能尊重臣民的"自由"，尊重议会的传统。他们明白自己只有借助民族的力量，才能伸张自己的合法性，只有置身于"民族"（国王在议会），才能扮演民族利益的代理人。从这个角度看，如果英国国王能够自觉限制王权和尊重议会传统，革命或许不必发生。但伊丽莎白女王的去世，使都铎王朝的谱系中断，来自苏格兰斯图亚特家族的詹姆士一世继承了英国王位，他对英格兰的传统一无所知，且不了解都铎王朝合法性来自议会认可。相反，他对都铎王朝的专制统治羡慕不已，崇尚"君权神授"。詹姆士一世及其子查理一世还将这一理论付诸实践，并不达目的誓不罢休。这样，国王与民族的结合就破裂了，国王与民族一步步走向对抗。

在这个过程中，1637年是一个关键年头，在此之后的事变把英国带进一个剧烈冲突的时期，即革命时期。革命爆发的导火索是宗教问题。英国的民族国家是在对天主教的斗争过程中建立和巩固起来的，反天主教是英国民族意识的表现形式。斯图亚特王朝对此却毫不在意，对天主

第四章 从"快乐的英格兰"到"日不落帝国"

教徒十分纵容,从而使英国大众的民族感情严重受挫。1637年劳德大主教命令苏格兰教会接受英国国教的祈祷书,这引发了苏格兰的反抗,同时也导致英国革命。这场冲突使英国分裂成两大阵营,而划分双方阵营的最明显界线是宗教信仰,几乎可以说,凡是支持国教的都支持国王,凡是反对国教的都支持议会,因此,英国革命又被称为"清教革命"。尽管清教本身又分成许多派别,但与国教徒相比,清教徒表现出更大的宗教热情,他们相信自己是"上帝的选民",上帝赋予他们拯救世界的重任。这种热情也是国王最终失败的原因之一。除了宗教因素,"自由"是革命的真正口号,议会就是用"自由"来号召人民的。自《大宪章》以来,"生而自由的英国人"是历史赋予的光荣遗产,捍卫自由的权利是革命合法性之所在,没有"自由"的价值观,革命就丧失依据了。但革命的真正目标是树立议会的主权。在战争爆发时,议会仅是为生存而战的;但随着战争胜利,议会提出了主权问题,这从一个侧面表明专制王权的历史使命已经结束了,议会以人民的名义要求主权。从这个角度看,革命的实质是推翻专制。

在这场王权与自由的斗争中,当王权因冲破传统而否定自由之后,自由也冲破传统而否定王权,王权与自由在战争的激烈冲突中各自走向最极端,这就是革命。正是相信自己代表人民,议会才于1649年1月30日以人民的名义处死查理一世,而使革命发展到顶峰。在此之后,英国历史进入一个特别时期,此后11年中王位空缺,共和国当道。以克伦威尔为首的军队发动了近代史上第一次军事政变,于1653年4月驱逐了残缺议会,不久克伦威尔就任护国主,而他的作为比过去的国王还要专横。历史是如此荒谬,革命以反抗一个人的专制而开始,却以另一个人的专制而结束。于是,主权之争又起,军队与议会的冲突不断。1658年克伦威尔一死,斯图亚特王朝很快复辟,革命又退回了起点。20年的壮怀激烈,英国人的问题仍未解决,但他们毕竟已踏上了克服专制制度的道路,永不可能回头。一旦复辟的斯图亚特王朝企图使专制制度死灰复燃,革命必将再次发生。

1688年7月30日，议会两党的7位政治要人邀请荷兰执政，奥伦治的威廉率军队前来英国，帮助捍卫英国人的自由。威廉乘"新教之风"登陆英伦后，詹姆士二世逃走。英国仅以换了一个国王的代价完成了革命（并且换的还是王位合法继承人），这就是"光荣革命"。1688年的革命之所以光荣，在于它没有流血，更在于它完成了1640年以来未完成的历史任务；不在于它的过程不像一场革命，而在于它的结果是地地道道的革命。根据议会的条件，威廉宣布接受《权利法案》。问题的关键不在于法案的条款如何，关键是由议会缔造了一个国王，这个国王根据议会的条件登上王位，并服从议会的法律，从而确立了议会的主权。换句话说，在"光荣革命"中，不仅专制的王权消失了，连独立的王权也消失了。从今以后，国王附属于议会，而不是议会附属于国王。一个人统治国家的时代结束了，取而代之的是代表人民的议会。这就是英国革命最重要的意义。

三、建立现代民主政治

"光荣革命"奠定了英国君主立宪制度的基础，这一制度与欧洲大陆的君主专制制度相比，环境更加宽松、自由和开放，从而为英国迅速发展资本主义提供了有利条件。正如一位英国人所总结的那样：大不列颠的确是各国中最适合于商业的国家，这是由于它的岛国的位置，同样也是由于它的政体的自由和优越性所致。

议会主权：创建新型的国家制度

"光荣革命"确立了"议会主权"原则，这一原则由洛克（1632~1704年）在他的《政府论两篇》中作了最为充分的理论阐述：立法权不仅是国家的最高权力，而且当共同体一旦把它交给某些人时，它便是神圣和不可变更的；如果没有得到公众所选举和委派的立法机关的批准，任何人的任何命令，无论采取什么形式或以任何权力做后盾，都不能具有法律效力和强制性。应当指出，洛克的这两篇文章几乎是与"光荣革命"同时完成的。这说明建立一种民主的政治制度早已成为许多英国人沉思良久的设想，而这种时间上的巧合恰恰反映了英格兰全民族统一价值取向的形成。

尽管君主立宪制度从确立到完善仍经历了很长一段时间，在此期间，君主的权力不断衰落，议会的权力不断上升，产生于议会的责任制政府也逐步确立起来。"光荣革命"为不断的变革打开了通道，这是英国最终能够引领世界潮流的最重要的因素。首先是限制君权。1689年《权利法案》确立了君主立宪制的基本框架；1689年的《兵变法》则在很大程度上剥夺了国王对军队的控制权；1694年的《三年法案》使得议会能够成为一个限制王权的常设性立法机构。1701年《王位继承法》使议会在王位继承问题上也发挥决定性影响，表明国王不再是血统世袭的当然产物，而是由议会来做最后的决定了。另外国王失去否决权是君权丢失的一个重要步骤。1689~1696年威廉三世曾五次行使否决权，此后的安妮女王仅在1708年行使过一次否决权，再以后，"国王的否决权变成一项有名无实的虚权"。当时整个欧洲都在加强君主的权力，而英国人却在限制国王的权力，迈向君主立宪制了。

国王权力受到限制，议会成为权力的中心，这集中体现在责任政府制度即内阁制的形成及发展上。英国是最早确立内阁制的国家，现代意义上政府就起源于英国。"光荣革命"，特别是汉诺威王朝入主英国后，内阁首相与两党政治的出现，表明英国现代意义上的政府制度基本确立。纵观当时的世界各国，大多数国家依然推行君主专制，尽管有些国家也存在名义上的"政府"，但只不过是国王推行一己政策的工具。而具有首创精神的英国人，在世界上第一个打破了专制王权，并在架空国王的情况下建立了世界上第一个责任制政府，英国由此而成为现代政府制度的创立者。英国人在政治制度方面的重大创新，使后来西方各国在步入民主政治的行列之时，都自觉或不自觉地以英国为榜样，英国的这种首创性，对于世界各国政治发展的意义，确实是十分深远的。

第一帝国：与欧洲大陆争夺世界霸权的斗争

"光荣革命"后，英国国内长期的政治纷争终于结束，对外殖民扩张成为国家关注的重点，在此后近一个世纪中，英国积极参与了同欧洲各国争夺世界霸权的斗争，到1763年英法战争结束时，英国已经建立了以北美殖民地为中心的庞大的第一帝国。第一帝国的建立表明英国已成为世界最主要的殖民帝国，为以后英国成为"世界工厂"提供了广阔的外部市场。

英国参与的第一场殖民争霸战争是1689~1697年的奥格斯堡同盟战争，又称"威廉王战争"。这场实际上由英国所领导的反法战争持续了8年，英国参战宗教分歧是一个因素——法国是天主教国家，对新教英国始终

第四章 从"快乐的英格兰"到"日不落帝国"

抱有敌意；但时至 18 世纪，宗教分歧在欧洲国际关系中已不是主要问题，商业与殖民地争夺才是更重要的因素。法国在北美和印度与英国形成对峙，双方的商业战争是在所难免的。最后打得筋疲力尽的双方被迫走到谈判桌前，签订了《里斯威克条约》。和约的签订实际上没有解决任何问题，英法之间的对立仍然继续。1702~1711 年两国又为西班牙王位继承问题展开争夺。包括西属尼德兰、德意志、西班牙、地中海以及北美殖民地在内的地区都是烽烟四起，但最关键的一役非 1704 年 8 月的布伦海姆战役莫属。英军统帅马尔博罗公爵的军事天才在战争中发挥得淋漓尽致，英军取得辉煌的胜利。温斯顿·丘吉尔如此评论其祖先的战绩：在这些惊人的事件面前，整个欧洲目瞪口呆。路易十四不能理解，他的优良军队为什么不但战败，而且灭亡了。从此，他考虑的已经不是怎样才能称霸世界，而是如何体面地结束这场由他挑起的战争。1713 年交战双方签订了《乌特勒支条约》。英国成为这场战争最大的赢家，它扩大了帝国版图，增强了海上力量，发展了对外贸易，得到最大的实惠。在战争中，荷兰与法国都受到重创，而这两国本是英国在海外的最大对手。战后英国维持了一支欧洲最强大的海军，它的商业触角已伸向全世界，这意味着在通往"日不落帝国"的道路上，英国又迈出坚实的一步。

七年战争是英国走出欧洲、与法国争夺世界霸权的一场决定性战争。战争的目标非常明确，即全力争夺海外殖民地，并对殖民地的贸易实行垄断。英军主要在北美、印度以及海上作战。战争开始后，英国的军事优势尤其是海军力量的优势逐渐显露出来。在北美、加勒比以及印度的陆战中，英军取得胜利；海战方面，从 1759 年起，英军先后击败法国地中海舰队与大西洋舰队，法国的海上军事力量基本被消灭。到 1763 年战争结束时，英国以胜利者的姿态与法国签订了《巴黎和约》。和约奠定了英帝国的基础，英国牢固树立了全球殖民霸权和商业霸权，保罗·肯尼迪为此评价道：在这一个世纪里，在欧洲的侧翼，乃至更边远的地区，大国的格局的确出现了重大的调整。某些西欧国家不断将其位于热带地区（尤其是印度、西印度群岛、南非和遥远的澳大利亚）的一些不稳定的小块飞地变为大得多的领地，其中占领殖民地最成功的国家是英国。

重商主义：工业民族精神的演进

第一帝国的指导思想是晚期重商主义，第一帝国是一个商业帝国。重商主义者的基本观点是：只有能实现并且真正实现为货币的东西才是财富，因此，财富就是货币，货币就是财富；于是他们把国家的经济政策和一切经济活动统统归结为攫取金银。这种观点，反映了当时新兴的资产阶级对追求金银的狂热和对积累货币资本的渴望。就英国而论，重商主义的政策建议，虽然在14世纪末叶就有人提出来了，但重商主义作为一股思潮的形成，通常都是从玫瑰战争结束、英王亨利七世即位的1485年算起的；英国重商主义的高潮是在伊丽莎白女王统治时代和斯图亚特王朝时期；到18世纪的下半期，英国重商主义已处于衰落时期。重商主义分为早期重商主义和晚期重商主义两个阶段。其中，早期重商主义者主张严禁金银出口，在对外贸易上奉行绝对的"少买多卖"原则。因此，早期重商主义被称为"重金主义"，或"货币差额论"。晚期重商主义者主张在保证有更多的金银运回本国的前提下，强调发展手工业，强调以生产为基础的商业扩张。因此，晚期重商主义被称为"重工主义"，或"贸易差额论"。由于贸易差额论与商业资本的要求最相适应，因此晚期重商主义又被称为"真正的重商主义"。第一帝国就是在这种理论基础上建立的。在第一帝国，英国是生产国，殖民地提供原料、接受产品，通过这样双向的对外贸易，英国大发横财。为此，国家必须实行保护贸易政策，不让其他任何国家染指英国的殖民地。

在将近一个世纪时间里，英国人开疆拓土，用战争构筑起庞大的殖民帝国，它以商业与贸易为目标，政府在其中起着重要作用。兰德斯曾一针见血地指出：没有一个国家更能响应商人阶级的要求，没有一个国家更能警觉战争的商业含义。到18世纪，以英国为中心，辐射到整个殖民地的商业贸易圈基本形成。在这个贸易圈中，作为宗主国的英国提

第四章 从"快乐的英格兰"到"日不落帝国"

供工业品或制成品生产,美洲殖民地提供烟草、鱼类及海防仓库,西印度群岛殖民地提供蔗糖及其他热带农副产品,印度则提供香料。值得注意的是,在北美殖民地独立以前,工业革命在英国还没有真正开始,外部市场的重要性还没有充分显示出来。但即便是在这样的情况下,英国人已经认识到商业贸易的重要性,认识到外部市场对国家的重要性。工业化之前,英国就已经拓展了外部市场,由此而造成广阔的市场需求,市场需求刺激了生产,驱动了突破传统生产方式的工业革命的出现。

四、工业革命：英国世界霸权形成的前提

工业化之前，英国与其他国家一样，仍然处于传统的农业社会。阎照祥先生在其所著《英国史》中这样描绘"工业革命前的英国"：它告别了内战、流血和专制，可仍未被工业社会浸淫。传统社会风貌处处可见：静谧的乡村，弯曲泥泞的小路，憨厚朴实的乡民，绿茵茵的公有地，哞哞欢叫的牛羊。这同莎士比亚的社会有多大区别？以后的英国人留恋和赞美农业社会的舒适生活，称之为"快乐的英格兰"。就在这一派田园牧歌的背后，一场使英国社会面貌发生巨大变化的经济变革逐渐来临。

工业革命：为什么偏偏是英国？

18世纪下半叶，工业革命在英国首先发生。一说起它，人们所想到的往往是生产的增长以及物质财富的增加，但如果我们考察18世纪英国产业革命演进的历史，会发现所谓"工业革命"至少具有三方面的含义：技术的变革及其在生产中的应用；工厂制的出现以及经济结构的变化；经济的发展所引发的社会整体的变革。而以上这三个方面，具有层层递进的关系。那么，工业革命为什么会首先在英国发生呢？

一是英国形成了有利于资本主义生长的制度框架。"光荣革命"建立了一个稳定的君主立宪制度，在这种制度下，有产者牢牢地掌握政权，财产被作为"自由"的基本条件；但同时国家又不受一个人的摆布，经济的成长不会因可能威胁到国王的个人权力而受到压制。英国始于1215年《大宪章》的政治发展进程中，诸种因素的汇集形成了一个对资本主义生长极为有利的政治环境。诺思在《西方世界的兴起》中盛赞"光荣革命"后的制度框架对于英国产业革命的意义：到1700年英国的制度框架为经济增长提供了一个适宜的环境……也许最重要的是，国会至

上和习惯法中所包含的所有权将政治权力置于急于利用新经济机会的那些人手里,并且为司法制度保护和鼓励生产性的经济活动提供了重要框架。英国在不利的开端之后到1700年经历了持久的经济增长……现在舞台已为产业革命布置就绪。这从与不可一世的西班牙帝国的对比中可以看得更清楚:在西班牙这个当时最强大、从美洲掠夺黄金最多的国家中,却没有形成有利于工商业发展的政治环境。中世纪末,西班牙城市起义反对王权,起义被镇压后,城市的自治权被取消,等级议会日趋衰落,王权完全依靠旧的封建主统治,因而更为反动。其结果是贵族没落了而没有丧失其最恶劣的特权,城市丧失了它中世纪的权力而没有获得近代的重要地位。于是大量掠夺来的金银控制在贵族手中,反而使封建贵族更加轻视本国的经济生产,而宁愿将这些轻易得来的钱财用来购买外国的廉价商品。政府为了满足贵族和豪富的要求,也极力输入奢侈品和手工艺品。对国内产品则实行重税盘剥政策,税率高达30%,使城市工商业遭受了沉重打击。掠夺来的金银引起物价上涨,西班牙本国的工业品也由此增加了成本费用,从而导致自己的工商业产品失去了国际市场的竞争能力。在这样的政治环境下,掠夺来的财富不仅未能转化为再生产的资本,反而加速了西班牙帝国的衰落。历史证明,仅靠掠夺是不可能长期昌盛的。

二是英国与欧洲大陆各国相比有着较为独特的社会结构。自16世纪始,随着旧式贵族的衰落与中等阶级的兴起,英国逐渐形成了一种三层式的社会结构,以三个社会阶级——土地贵族、中等阶级与工资劳动者为主体。在这个过程中,传统农业社会中的"地主—农民"式的双层社会结构被打破,新的社会群体开始涌现,并促使早先那种封闭的、刚性的社会结构,逐渐被具有一定程度的开放性、流动性的弹性社会结构所取代。英国这种独特的社会结构,为其向现代工业社会的转型提供了必要的基础。在当时的欧洲大陆国家中,中等阶级并非没有产生,然而其力量却相对弱小,在社会功能方面意义不大。货币地租正在形成,但仍属封建地租性质。因而,原有的社会结构虽已过时,但尚未解体;新的社会力量虽已产生，却尚未强大到可以与旧势力抗衡的地步。于是，在一个新的历史转折关头，它们落后了。

在上述两个有利条件下，最终形成了英国人独有的工业民族精神，也即是马克思·韦伯所提出的"合理谋利"精神。所谓"合理谋利"，是与在前工业社会中以非经济的强制手段吞占社会财富为特征的谋利手段相对而言的，这与英国的清教传统有关系。孟德斯鸠曾认为，英国人"在三件大事上走在了世界其他民族的前面：虔诚、商业和自由"。自亨利八世宗教改革以来，英国就形成了浓厚的清教氛围。清教所强调的，一方面是勤奋，另一方面是节欲。清教伦理既鼓励人们追求财富，又反对人们不讲信义。这种提倡"合理谋利"的教诲，促使人们，主要是新兴的城市中等阶级，靠自身的努力去扩大生产、创造财富，并且创造出一种可以引发农民市场兴趣、把他们富余产品拿到市场出售获利的新机制。随着这种自治城市与乡村之间经济联系的日趋紧密，从而形成了国内市场，并产生了两方面的后果：其一是促进了加工产业的专业化分工，最终产生出英国的民族工业；其二是孕育出一种与纯农业社会完全不同的精神追求和价值体系，正是由于这种追求和价值体系，才产生出工业民族精神。

但仅有精神是不够的，英国在工业化道路面前还有许多障碍，在这方面思想家们起了巨大的推进作用。从霍布斯开始，到威廉·配第，再到约翰·洛克，他们的著作都阐述了一个共同的思想，即：个人通过劳动所得到的私有财产神圣不可侵犯，这是"天赋人权"的一个必要组成部分，政府或国家应该保护个人的私有财产。到18世纪工业革命以前，这一思想渐渐已被人们广泛接受了。工业化是一个财富急剧增长的过程，很多国家一直到工业化带来的财富增长之后才认识到确立私有财产权原则的重要性，而英国却在工业化到来之前就解决了私有财产的地位问题，这也是英国率先走向工业化的一个重要因素。另一个重大障碍便是重商主义。作为指导英国发展的国家政策，重商主义曾帮助英国保持过去的财富，但在工业化方兴未艾的时候，它变得越来越不合时宜。于是，突破重商主义的束缚，为经济"松绑"，就成为时代的需要，自由主义的经济理论就是在这种背景下出现的。

总之，工业革命为什么首先在英国发生，根本的一个因素是："光荣革命"后英国建立了一个合适的政治制度，这个制度保证社会有宽松、平和的环境，让人们追求个人的目标，最大程度地发挥创造能力。如诺思就认为："随后而来的17世纪的政治动荡产生了这样一个政治结构，它进一步巩固了自愿团体的所有权，使经济活动的增益为一个社会所有，在这个社会要素和产品市场已发展到足以促进这种扩张。"又如意大利著名经济史学家卡洛·M.奇波拉所总结的那样：工业革命之所以首先发生在英国，主要是由于该国……社会和政治结构、人民精神面貌以及价值标准已经发展到适合于工业化的程度。……工业革命在漫不经心的观察者看来仅仅是经济和技术问题，实际上它是可怕的非常复杂的政治、社会和文化的大变动问题。

第一个工业化国家："自由放任"和工业霸权

恰如19世纪英国的政治民主来之不易，资产阶级的经济自由也是经过了一番努力才获得的。工业革命前，英国政府根据重商主义原则，长期实施限制进口、支持出口的保护关税政策。最典型的行为是1815年制定的《谷物法》，规定当国内小麦价格低于每夸脱80先令时，禁止外国谷物进口。这项自私的法令保证地主阶级继续获取高额利润，却严重损伤了工业资产阶级的利益。二三十年里，他们一再举起"自由贸易"的旗帜，要求废除《谷物法》，改变政府现行经济政策。

英国的经济自由理论，可追溯到大卫·休谟、亚当·斯密和大卫·李嘉图等人的学说。与重商主义认为一国的财富取决于它的贵金属拥有量不同，经济自由主义认为一国的财富最终取决于一国可以用来和他国进行交换的劳动产品，因此，国家的生产能力是一国取之不尽的财富源泉。要增加一国的财富总量，就必须发展本国的生产，增强本国的经济实力，在此基础上大力发展对外贸易。休谟指出：对外贸易的好处是，既使臣民富裕，又使国力强盛。……总之，一个从事大量进出口的王国，比起一个满足于商品自给自足的王国来，其工业必然更加发达，在生活方面更讲究舒适。因此，这样的国家就更富裕，更幸福，也更加强大。经济自由还要求政府尽可能少地干预经济生活，这最早由亚当·斯密提出，他认为一个国家的经济只有在最"自由"的状态下才能最好地发展，一切国家干预都会对经济造成破坏，只有"一只看不见的手"即纯粹的经济规律不受节制地起作用，才能把这个国家引向富强。杰里米·边沁也告诫说：良好的社会应追求"最大多数人的最大利益"，只有当每一个人都追求到他自己的最大利益时，全社会的最大利益才能够实现。斯密—李嘉图的"自由经济理论"和边沁的"功利主义"是英国工业化的指导思想，在这种思想引导下英国走上了自由资本主义道路，它一方面使英国顺利完成了工业化，成为第一个工业化国家，但另一方面也造成许多社会问题，给后来实行工业化的国家留下许多深刻的教训。

1846年皮尔政府正式废除《谷物法》，1849年罗素政府废除《航海条例》，英国经济上的自由放任主义得到了充分体现。与此同时，英国在40年代也完成了工业革命，"乡村建起了灰暗的厂房，城镇竖起高耸的烟囱，工厂里回荡着机器的轰响，高炉前喷发出铁水的光亮。工业已成为国家的命脉，人们靠工业而不靠农业生存"。工业革命也使英国顺利登上了世界工业霸主的地位：1850年，英国生产了全世界金属制品、棉织品和铁产量的一半，煤产量的2/3，其他如造船业、铁路修筑都居世界首位。1860年，英国生产了世界工业产品的40%~50%，欧洲工业品的55%~60%。1850年英国对外贸易占世界贸易总量的20%，10年后增至40%。英镑成为国际货币。1851年在伦敦召开的第一届世界博览会向全世界展示了英国工业化的成果，并宣告英国成为世界上最强大的工业化国家。但英国只占地球陆地面积的0.2%，人口在当时只有1000多万，远比欧洲其他国家少得多。正如保罗·肯尼迪所说："联合王国的人口占全世界人口的2%，占欧洲人口的10%，却似乎具有相当于全世界潜力40%~50%的现代工业能力。"用英国史学家L.C.B.席

第四章 从"快乐的英格兰"到"日不落帝国"

曼的话说,工业革命使世界获得了一种新的动力。一个时代的风气如新世界的大河汹涌奔腾,不可阻挡,而率领这个新世界的,正是工业革命的摇篮——英国。

保守政治:"有保留地变革"

英国进行工业革命的时候,政治上进入一个保守时期。这个现象后来在许多国家都出现过,即经济激变与政治保守同时并存。在英国,"保守"这个词并不意味着开历史倒车,甚至也不意味着抗拒变革;它意味着尽可能长地保持某个事物,并且在不得不进行变革时把变革的幅度限制在尽可能小的范围内。这样一种保守主义,可以追溯到革命时期。如前所述,英国内战是由议会与国王的冲突引起的。但非常有意思的是,力图变革的议会却长期以来指责斯图亚特王朝的詹姆士一世和查理一世等国王"标新立异",背弃传统。因此在英国革命中,要求改变现状的人自称是在维护传统,而竭力维持现状的人则被指责为"标新立异"。如1640年长期议会召开时,几乎众口一词地谴责国王,说他侵犯了国民的自由,违背了国家的传统等等。1688年的"光荣革命"后,发动革命的"革命者"们(这是他们决不会承认的,他们认为自己不过是恢复了英国古老的传统)都认为英国已建立起最完美的政治制度,因此任何变革都只会摧毁这种完美性,导致恶劣后果。因此英国从此进入一个全面保守的时期,不仅托利党保守,辉格党也保守。事实上在"光荣革命"以后很长时间中辉格党一直掌权,但他们决不想对现存制度做任何变动。正如当时著名法学家布莱克斯通(1723~1780年)所说:这种政治或公民自由的观念与实践在我们这些王国(指英格兰和苏格兰)繁荣昌盛、最充满活力,它几乎就是完美无缺,只有其拥有者的愚蠢与过失才可能丢失或摧毁它。但当18世纪中期以后辉格党改变态度,指责这个制度弊病丛生,并提出改革纲领时,托利党的保守功能就开始发挥作用了。从18世纪80年代起即出现托利党的持续执政,一直持续到19世纪30年代。托利党在如此长的统治时期内抗拒一切改革。而英国政治的保守性，在对待法国大革命时可以说表现得最为充分。曾多次在托利党内阁中任要职的温德姆在1790年法国革命初起这样警告英国：我确实遗憾地看到这种陌生而又不切实际的想法近来从大陆大群地飘荡过来，就如蝗虫般吞食我们土地上美丽的花朵……在飓风席卷的时节，怎能建议你去修补屋舍？这典型体现了托利党人保守主义的担忧：即便有缺点，也不可以修补；因为在修补开始后，谁能担保结果不会更坏？

如果说到1790年止，保守主义还只是一种政治本能的反映，是出于对陌生事物的疑惑与恐惧，以及对熟悉事物的本能的依附，那么到法国大革命爆发时，它就上升为完整的理论体系了，其集大成者是爱德蒙·柏克（1729~1797年）于1790年写成的《法国革命感想录》。在这本书中，他把英国保守主义的原则发挥到淋漓尽致的地步，为保守派提供了经典性的理论武库。他针对"光荣革命"是人民做出选择、造就了一位国王的观点，指出"光荣革命"尽管打破了继承的常规，拥立了一位新君主，但它并不是一次变革，而只是对传统的恢复；它是"习俗"的需要，是为"保持我们古老而无可争辩的法律和自由，保持那作为法律和自由的唯一保障的古老政府体制而发动的"。总之，英国人永不仿效他们所未曾尝试过的新花样，也不回归经试验已发现有问题的旧式样。英国人只站在他们现在所在的地方，既不盲目向前，也不回头倒退；既不轻举妄动，也不做历史垃圾箱中的老古董，这就是柏克的保守主义，是一种把变革捆起来硬塞进传统之中的保守主义。柏克的这个理论体系以习俗为支柱，全面表达了英国保守主义的守成特色：柏克反对破坏传统，其实是反对任何未经证明的权利。这既针对统治者，也针对平民，谁都无权为所欲为。从这一点出发，保守就可以在一个临界点上与变革相衔接，同意用某种革新的手段将某种弊病革除——当然保守主义称之为"恢复传统"。柏克有一句堪称保守主义座右铭的名言：我决不排除另一种可以采用的办法，但是，即使我改变主张，我也应该有所保留。这就是"有保留地变革"的原则。将这一原则率先在政治中加以运用的，是英国历史上著名的托利党首相小威廉·皮特（1759~1806年），他的父亲也叫威廉·皮特，是著名的辉格党首相，曾领导英国打赢七年战争。他的家庭有悠久的辉格党传统，但他本人却转向更加保守的托利党。1783年年仅24岁的小皮特应乔治三世之召担任首相。国王本想让这个娃娃政治家成为他个人统治的工具，不想小皮特却坚决维护议会政治的传统。在这一点上，小皮特代表保守党守住了"光荣革命"的成果。小皮特执政的另一个特色便是全力推行均势外交，因此有人称他"为下一个世纪的英国对外政策奠定了基础"。从1783年起，直到1806年他去世止，中间只隔约两年时间，小皮特一直占据首相宝座，形成一个漫长的"皮特时代"。他死后，其门徒又独占政权约20年，其中比较有影响的有卡斯利雷、坎宁和帕麦斯顿等。这40多年是英国历史上著名的保守时期，小皮特堪称是英国保守政治之父。而他对法国革命的仇视绝不在柏克之下，正是他领导了反对拿破仑的战争，在他的墓碑上至今还刻着这样的墓志铭：在思想毒化使文明社会受到解体威胁的时代，他带领忠诚、理智而正直的人们捍卫了可贵的英国君主制。20世纪另一位著名的保守党政治家丘吉尔评价道："这段碑文写得至为贴切。"

五、日不落帝国

反法战争：拿破仑霸权的顽强抵制者

简单考察了英国保守主义传统后，我们再来看一下保守的英国与革命的法国之间的恩怨。早已完成资产阶级革命的英国为何会积极组织和参加欧洲大陆封建国家的反法战争呢？最重要的原因有两点：一是法国革命所采取的极端措施，使保守主义的英国一开始就对法国革命抱有极度的反感；二是革命法国的对外扩张严重地威胁了欧洲的均势体系。因此，英国反对法国大革命和拿破仑帝国，实际上体现了保守主义和维护均势的双重主题。

英国资产阶级对法国革命的敌视态度集中反映在柏克的言论之中。如柏克认为法国国民会议既不自由又不体面地上演了一出深思熟虑的滑稽剧。他们表演得就像是市场上一群骚乱的观众面前的喜剧演员；他们在一群不顾羞耻的穷凶极恶的男女的混乱喊叫声中进行表演……这个推翻了国王和王国的议会，甚至于并不具有一个严肃的立法团体的面貌和形象。这简直是口诛笔伐了。法国革命采用的极端措施也使英国普通大众逐渐疏远法国革命。大多数英国人并不希望像雅各宾派恐怖统治这样破坏社会秩序和私有财产的运动扩展到英国，因此，他们对法国革命的态度便由同情转向憎恶，对英国本国政治也由支持改革转向拥护现行制度，保守主义和保王主义的情绪在越来越多人中获得市场。

随着保守主义思潮在英国的蔓延，革命的法国与保守的英国之间越来越格格不入，但是，仅仅意识形态方面的差异并不足以使英国放弃对欧洲大陆多年奉行的均势原则和中立政策。实际上，英国对法国革命的态度是非常矛盾的：法国革命的极端措施固然使得保守的英国极度反感；

第四章 从"快乐的英格兰"到"日不落帝国"

但这场革命同样也造成了法国国内的政治动荡,这对英国未尝不是一件好事,而且法国是欧洲大陆均势体系中的重要砝码,直接干涉法国可能会打破欧洲大陆的力量平衡。因此,在法国革命的开始阶段,英国对法国革命是抱着观望态度的。只有当法国革命不断深入,法军在对外战争中节节胜利,越过莱茵河控制奥属尼德兰地区,使英国在低地国家的利益受到直接威胁时,英国才感觉到不能再对欧陆局势等闲视之。然而,即使在这时,英国仍不愿与法国直接冲突,英国最初的想法是利用对法国革命极度仇视的奥地利、俄国、普鲁士等欧陆国家来阻挠法国革命向外蔓延。由于俄国此时正在全力瓜分波兰,不愿涉足法国革命的泥潭,英国只好求助于奥地利和普鲁士,1790年7月,英国、荷兰、奥地利、普鲁士在西里西亚签署《莱亨巴赫协定》,规定英国、荷兰、普鲁士有义务来帮助奥地利恢复对尼德兰的统治;而奥地利则停止正同土耳其进行的战争,与普鲁士联合起来共同对付法国。1792年4月,法国与普奥间正式爆发了战争,欧洲国家持续22年之久的拿破仑战争(又称法国革命战争)就此拉开了帷幕。

但普奥两国在对法战争中却屡遭败绩,听凭法国势力迅速向欧洲广大地区特别是低地国家扩散,英国政府不得不从幕后走到前台。当1792年11月法军占领安特卫普后,12月英国向法国发出正式照会,声称:英国绝不会同意法国擅自以假借的天赋权利为借口,把自己当成是唯一的裁判官去判决由神圣条约建立起来的并由所有大国一致加以保证的欧洲政治体系。英国坚持它一个多世纪以来所遵循的准则,对法国直接或间接地使自己成为低地国家的主人,或成为欧洲的普遍权利和自由的主宰者的行为,绝不会置之不理。这份照会预示了英国将直接参加欧陆国家反对法国的军事行动。促使英国直接参战主要有以下原因:首先,法国革命不断呈现出对外输出的势头,法国国民大会公开宣称,法国将援助世界上所有民族推翻统治者和压迫者的斗争。其次,法国在这个阶段的对外战争中兼并了大量领土,严重地危害到欧洲大陆的政治结构,特别令英国不能容忍的就是法国对低地国家的占领。英国一直将这一地区视为自己的门户，任何大国占领它都被视为威胁。第三，也是最重要的，是英法间长达百年的争霸拼斗，英国在这场斗争中已初具优势，它不希望革命的法国扭转这种局面。事实上，随着拿破仑战争的进展，英法争霸的实质越来越清楚，就法国方面来说，拿破仑政变后战争的正义性已经不存在了，双方的争夺就是在争夺欧洲，争夺世界海洋的控制权。

1793年1月，当法国国王路易十六被革命者推上断头台后，英国与法国正式断绝外交关系，英国决心正式参战。随后，英国纠集普鲁士、奥地利、西班牙等国组成了第一次反法联盟，从这时起，英国便开始成为历次反法联盟的组织者和领导者。在第一次反法同盟战争中，联盟军队最初取得了一系列胜利。但在雅各宾派专政以后，法国人民的爱国热情被充分调动，法国很快转败为胜，1793年法军收复土伦，1794年法军又战胜了英荷联军，将战争推进到尼德兰境内；在北方战场上，法军也先后战胜了普军和奥军，1795年普鲁士、西班牙先后退出战争；1797年奥地利也在战败后退出反法联盟。第一次反法联盟宣告瓦解。此时英国的处境十分艰难，法国兼并了荷兰和西班牙的舰队，1797年法军入侵英国本土似乎已迫在眉睫。不过两场海战拯救了英国的命运，也拯救了英国的海上优势：一场发生在圣文森特角，英军打败了西班牙舰队，霍雷肖·纳尔逊在海战中发挥了杰出作用；另一场海战发生在英吉利海峡，英军打败了荷兰舰队。此时拿破仑在法军中已声名显赫，英国的海上强权使他认识到无法直接进攻英国，于是转而去切断英国与印度的通道，企图摧毁英帝国的基础。因此1798年拿破仑远征埃及，先后攻占了亚历山大和开罗，引起了欧洲的巨大震荡。法国在地中海方向的扩张直接危害到俄国在巴尔干和东地中海的利益，沙皇保罗一世一改此前对法国革命的消极态度，决意要对法国开战。法国吞并爱奥尼亚群岛和对埃及的入侵破坏了法国与土耳其之间的良好关系。1798年土耳其对法宣战，次年，又分别与俄国、英国结盟。普奥两国此时也开始与英国商谈结盟事宜，第二次反法同盟逐渐形成，这是由几个双边同盟组成的松散联盟，

第四章 从"快乐的英格兰"到"日不落帝国"

因此很难经受反法战争的长期考验。1800年俄国与奥地利闹翻后愤而退出,第二次反法同盟便名存实亡了。1800年拿破仑发动"雾月政变",随后法军在马伦哥战役中打垮了奥军并重新夺回意大利北部,奥地利也被迫退出战争。第二次反法同盟土崩瓦解,这一失败使小皮特政府被迫下台,阿丁顿开始出任英国首相,并迫于内政外交的巨大压力,同意与法国议和。1801年英法签订《亚眠条约》,反法战争告一段落。

和平仅维持了一年多。由于《亚眠条约》使英国退出了大陆,法国可以顺利地在意大利和德意志等地进行领土扩张,并对英国的商品进行封锁,此时工业革命已在英国兴起,限制英国的贸易,无疑是扼住了英国的咽喉。因此,1803年春英国主动宣战,1805年10月特拉法加海战爆发,这是英国舰队与法西联合舰队在西班牙南部沿海的特拉法加的一次总较量。这场战役直接决定着英吉利民族和英帝国的命运,正如英军统帅霍雷肖·纳尔逊所言:"情况很明朗,只有打败拿破仑,英国才能真正强大起来。这场战争的胜利者必须是欧洲乃至全世界的主人。"两军交战之前,纳尔逊在旗舰"胜利"号上向舰队发出信号:"英国要求人人尽职。"战况十分惨烈,"舷炮的咆哮、桅杆折断的响声和步枪近距离射击的怪叫在空中搅成一片"。纳尔逊忠实履行了自己下达的指令。在"胜利"号的航海日志中有这样一段话:"零星战斗一直持续到四点半钟,胜利的消息报告给总司令纳尔逊子爵之后,他由于伤势过重而去世了。"丘吉尔如此评论:"这次胜利是彻底的胜利。"自此英国取得了拿破仑战争最后十年中的制海权,即使是拿破仑的大陆封锁政策也无法击败英国。为使欧洲的封锁不留漏洞,拿破仑于1808年进攻西班牙,引起了西班牙人民的强烈反抗,这成为拿破仑失败的第一根绞索。1812年俄法矛盾因大陆封锁等问题而激化,促使拿破仑发动侵俄战争,而这又是拿破仑垮台的直接导火索。对法兰西帝国的最后一击仍来自英国,1815年6月18日的滑铁卢之役,威灵顿公爵击败了拿破仑皇帝,"这一仗结束了整个战役"。1815年维也纳会议的召开标志着反法战争的结束。通过战争,英国的宿敌法国被彻底击败了,在建立全球性殖民帝国的道路上，英国再也没有任何对手了。也正因为英国在反法战争中的胜利以及战后对战败法国的宽容，才使得未来的"日不落帝国"能建立在"自由贸易"的基础上，而不需要再以战争为基础。

第二帝国：霸权地位上的英国

1783年北美殖民地的独立，宣告了第一帝国的终结。此后，英国人面对的是一个支离破碎的帝国。为此，谢尔本伯爵哀叹道："政府同意美洲独立之日，便是大不列颠之太阳陨落之时，我们将不再是个大国和受尊敬的民族了。"然而，仅仅几十年后，一个更庞大的历史上前所未有的"日不落帝国"又被英国建立起来，它在欧洲的国际政治对弈中再次击败对手法国，自"滑铁卢战役"胜利后一个世纪里达到了它力量的顶峰，建立了可与"罗马治下的和平"比肩的"不列颠治下的和平"。

之所以说此时英国的力量已达到了顶峰，主要因为：

第一，海上霸主地位通过反法战争树立起来。如前所述，能与英国海上争霸的，只有法国、西班牙。不过通过亚勃基尔湾海战与特拉法加海战，法国舰队与西班牙舰队的主力被彻底击溃，再也无法与英国较量了。从世界各国海军力量的对比来看，1790年时，英国的海军总吨位为48.59万吨，仅次于它的法国为31.43万吨，第三的西班牙为24.22万吨，尽管英国排名世界第一，但还没有确立绝对的优势，仅次于它的法西两国的海军总吨位数联合起来就超过了英国；到了1815年时，英国的总吨位数达到60.93万吨，法国尽管仍排名第二，但减少到22.83万吨，俄国列第三，为16.73万吨，西班牙沦落到第四，还不到6万吨。可见，英国的海军总吨位数超过了排在其后的三个国家的总和，而大致相当于世界其他各国海军总吨位数的总和。正如希尔所说："英国的政策在拿破仑战争中达到顶点，使得英国的国防力量，特别是海军力量在这场战争后的近一个世纪里无人能与之匹敌。"

第二，英国在反法战争中完成了帝国重建的任务，建立在第一帝国废墟之上的"日不落帝国"已基本成形。从根本上说，它仍然是17世纪末以来,英国和法国争夺商业和殖民霸权的继续。实质上,英国政府和统治阶级反对法国的主要动机并非意识形态上的原因,而是为了争夺世界的商业和殖民霸权。这样,我们不难看到,当反法联军在欧洲大陆与拿破仑进行争夺时,英法之间在殖民地上的争夺也异常激烈。在与法国人争夺殖民地时,英国不再一味地扩大殖民地,而主要是为了争夺那些拥有广阔市场的殖民地以及对于英国海外贸易通道的畅通至关重要的一些殖民据点等。这些殖民地或殖民据点包括:从法国人手中强占的毛里求斯、塞舌尔群岛、多巴哥和圣卢西亚,从荷兰、西班牙、丹麦等国手中强占的开普、锡兰、马耳他、特立尼达、赫尔戈兰等。这些地方尽管面积不大,但是对于维持帝国的贸易通道具有重要的意义。

第三,反法战争结束后,英国在与殖民地的经济关系上,完成了由重商主义到自由贸易的过渡。进入19世纪后,自由贸易作为一项政策逐渐广为流行,英国逐渐放弃了对殖民地的贸易垄断,走上了贸易自由化的道路。1808年,英属新斯科舍和新布伦瑞克总督宣布,允许英国或美国船只把某些商品转运至印度,这实际上是对实施了100多年的《航海条例》的违背,但得到了英国政府的许可。1811年,英国进一步表示,允许除法国之外的任何国家的船只装载某些重要产品进入英属哈利法克斯、圣安德鲁斯、圣约翰等港口。在远东的印度,从1793年起东印度公司的贸易垄断权一步步受到侵蚀,到1813年时,英国政府则彻底废除了东印度公司对印度的贸易垄断权,"自由贸易"原则在未来帝国的中心——印度次大陆初步确立起来。

总之,到1815年反法战争结束时,随着帝国版图的迅速扩大,第二帝国基本定型。如果说第一帝国的中心是北美13个殖民地,那么,日益兴盛的"日不落帝国"的中心则是远东的印度。印度对于帝国的重要性,正如曾担任印度总督的寇松所言:"只要我们统治印度,我们就是世界上最强大的国家;可一旦丢掉了印度,我们的地位将一落千丈,只能降格为一个三流国家。"更多的人则形象地将印度誉为"帝国王冠上最珍贵的宝石"。从1815年到19世纪中叶,英国的商船与战舰出现在全球各个角落，英国人获取领地、开设口岸、掠夺原料、倾销产品……19世纪40、50年代两场鸦片战争打开了中国的市场，1858年英国与法国、荷兰一起强迫日本签订了一系列不平等条约，1836年和1857年英国与伊朗签约，1838年和1861年英国与土耳其签约，这些条约内容虽不尽相同，但共有一个核心内容，即英国要求得到贸易、投资等方面的特权。为确保帝国安全以及贸易的通畅，英国这一时期还占领了一些军事要塞与贸易据点，如1819年占领新加坡，1839年占领亚丁港，1841年占领香港，这样从好望角到印度洋，再到太平洋，英国建立了一条极为通畅的海外贸易通道。如果说历史上庞大辉煌的罗马帝国只不过是一个以地中海为中心的区域帝国，那么，英国人建立的"日不落帝国"则是一个真正的世界帝国，英国殖民地遍及全球，其开拓的疆域之大，统治的人口之多，绝非人类历史上任何一个帝国所能比拟。庞大的"日不落帝国"是英国成为世界最强国的一个标志，帝国本身与英国的海上霸权与工业霸权一起，共同将英国推上了世界霸主的宝座。英国的霸权地位一直延续到20世纪，小小岛国能在世界称霸一个世纪之久，这是它一系列的制度领先所造成的结果。

盛世阴影：维多利亚时代

1837年，18岁的女王维多利亚登基，新女王在继位之前的日记中写道：既然上帝把我置于这个国家的王位上，我将尽力履行自己的职责。我尚年轻，可能在许多方面缺乏经验，但我肯定，几乎无人像我这样怀着为国为民的良好意愿和真切希望。女王充分实现了自己的诺言：她在其一生中模范地履行了立宪君主的职责，因此深受国民的爱戴；她还是那个时代道德风尚的典范，她是贤妻，又是良母，是典型的大家闺秀，也是优秀的一家主妇。她自己生活严谨，工作刻苦，对别人又充满责任感。在许多国人眼中，她就是那个时代的缩影，她漫长的64年在位时期则是国家繁荣昌盛的顶峰。维多利亚在位时期，被称作"维多利亚时代"，在英国所有国王中，她享有盛誉，这不是因为她做出了什么轰动的事业，而是因为她什么都不做,而仅仅恪守立宪君主的本分,做她那个时代的表率。

维多利亚时代中期,英国达到强盛的顶峰,当时,它的工业生产能力比全世界的总和还要大,它的对外贸易额超过世界上其他任何一个国家。英国的富庶已经使新老世界为之瞩目,1851年一个法国人参加了在水晶宫举办的博览会后说:像英国这样一个贵族国家却成功养活了它的人民;而法国,一个民主的国家,却只会为贵族进行生产。所以,维多利亚中期的英国人为他们的无可匹敌的地位扬扬得意,英国这时是世界的贸易中心:北美和俄国的平原是我们的玉米地;芝加哥和敖德萨是我们的粮仓;加拿大和波罗的海是我们的林场;澳大利亚、西亚有我们的牧羊地;阿根廷和北美的西部草原有我们的牛群;秘鲁运来它的白银;南非和澳大利亚的黄金则流到伦敦;印度人和中国人为我们种植茶叶;而我们的咖啡、甘蔗和香料种植园则遍及印度群岛;西班牙和法国是我们的葡萄园;地中海是我们的果园;长期以来早就生长在美国南部的我们的棉花地,现在正在向地球的所有的温暖区域扩展。

真是烈火烹油,鲜花着锦之盛。然而从70年代开始,英国工业独霸全球的地位却开始丧失了,其他国家迎头赶上,而以美国和德国最为突出。以国民生产总值为例,在1880~1890年的10年间,英国年增长率是2.2%,德国是2.9%,美国是4.1%。1890~1900年这10年英国是3.4%,德国也是3.4%,美国是3.8%。但1900~1913年,英国平均年增长率只有1.5%,德国却增长3.0%,美国增长了3.9%。1880年,全世界制造品出口总额中有40%以上是英国的,到了1913年英国、德国和美国三个国家在制造品出口总额中的比例变成了29.9%、26.4%和12.6%,英国的下滑趋势是十分明显的。当然这只是相对下滑,从绝对数字上看,英国仍是世界上最富有的国家,维多利亚时代最显著的特征之一就是它的富庶,直至它结束时都是这样。

然而这种富庶更像是一种罪恶,在维多利亚时代,财富的分配始终不均,贫富对比十分明显。一方面,有贵族宫殿式的庄园生活;另一方面，则是农人破败的茅屋草舍。一方面，是工厂主舒适的生活享受；另一方面，则是失业工人绝望的生存挣扎。人们的生活水平相差太大，一个国家存在着天堂与地狱的鸿沟。这一时期英国著名的保守党首相迪斯雷利曾把英国说成是一个"两个民族"的国家，"当茅屋不舒服时，宫殿是不会安全的"。与之相对应的，是英国人引以为傲的政治制度，包括政府制度、文官制度、司法制度、议会选举制度等，都与时代格格不入。应该说"光荣革命"后英国建立起的这些政治制度是当时世界上最先进的，不过时过境迁，到了工业革命时期，经济飞速发展，社会结构急剧变化，这套制度变得越来越不合时宜，成为强盛之中的一道不和谐的阴影。我们仅以议会选举为例，1715年选民人口占人口总数的4.7%，到1813年，则只占2.5%了。1793年一个由辉格党组成的团体"人民之友会"曾发表过一份报告，说英格兰总共400多个议席中，占一半以上的256个议席是由11075个选民选出来的。选民人数少对贵族最为有利，它能使贵族寡头利用贿选来操纵选举。这样在18世纪，贿选风气盛行，几乎每一个议员都是靠花钱买进来的。议员花钱进议会，又必然指望政府再花钱收买他们。于是腐败之风盛行于政界，这就是"腐败的旧制度"。

总之，在进入工业化之后，英国人被许多成就陶醉了，沉迷于世界霸主地位的无限自豪中，他们将这一切归结于英国的制度优越，而根本没有想到，英国的制度仍存在许多结构性弊病。英国人犹豫于对制度进行及时的变革，由此出现制度发展滞后于社会经济发展的状况，积累了种种的问题，这对英国的强国地位是十分不利的，这是造成日后英国衰落的一个潜在隐患。实际上，直到19世纪下半叶，当英国越过强盛的巅峰时，许多人才开始对国家制度进行反思，进而开始了对政治制度进行大调整的改革时代。虽然这些调整与改革缓和了社会矛盾，清除了延续已久的积弊，但此时要挽回昔日的雄风已经不可能了。由此看来，一个国家或民族应随时审视自身的缺点与不足，不断根据时代的需要做出相应的调整，否则，优势中存在的隐患会影响全局，英国的教训值得思考。

第四章 从"快乐的英格兰"到"日不落帝国"

六、越过强盛的巅峰

英帝国的负担

自从有了殖民地,英国便开始喜欢使用"英帝国"一词,从17世纪初英国在北美建立第一块殖民地到20世纪60年代英国绝大部分殖民地脱离英国统治独立,英国作为一个殖民帝国的历史达350年之久。可以说,英国的强盛是与英帝国的强大联系在一起的。到19世纪时英帝国逐渐攀上了它的发展巅峰:1800年,英帝国包括388万平方公里的土地和2000万人口;1900年英帝国拥有2848万平方公里的土地和3.9亿人口;到一战爆发时,英帝国拥有3289万平方公里的土地和4.31亿人口,占当时全球总人口的1/4及全球面积的1/4。而英国本土只有区区24万平方公里。

英帝国领土的几乎一半是1874年后获得的,其新获领土的规模和商业价值要远远超过法国和其他列强,这或许是因为英国相比于其他竞争者,拥有更多称职的帝国建设者、传教士、海外商人以及更充裕的借贷与投资的资金。当然,强大的海军是英国成功进行殖民扩张的最重要因素。幅员辽阔的帝国给予英国相当有利的战略优势:在全球的各个战略要地,如直布罗陀、塞浦路斯、马耳他、好望角、苏伊士、锡兰、新加坡、中国香港,英国皇家部队、供煤港口和舰队基地星罗棋布,皇家海军在各大洋游弋。另外,英国在全球还拥有许多政治上和军事上的缓冲地带,给其自身以很大的回旋余地。面对这幅太阳永远不落的壮丽景象,阿诺德·汤因比如此描述他的同胞们的感受:"据他们看,历史对他们来说已经结束了。"塞西尔·罗德斯甚至认为,这个世界几乎已分配完毕,而夜晚在空中闪烁的星星是那么诱人。

艾瑞克·霍布斯鲍姆在其名著《帝国的年代：1875～1914》中说："然而，最壮观的现象却不一定最重要。当世界局势观察家在19世纪90年代晚期开始分析这个似乎是国家和国际发展模式当中的明显新局面时，他们认为殖民帝国的创立只是其许多方面之一。"这是因为，帝国辽阔的土地对英国的影响也是双向的。一方面，广大的殖民地是英国原料供应地、商品销售地以及资金投资市场，英国享受着作为帝国之首的荣耀；另一方面，英国在控制和经营殖民地事务中也必须付出，并承担保护和发展殖民地的责任。英国的殖民版图越大，它所承担的任务也就越多。事实上，英国的一些理论家尖锐地指出，帝国为资本家创造了大量利润，却对殖民地和英国的普通百姓毫无益处。如英国理论家J.A.霍布森曾认为，19世纪后期的帝国主义是"国家生活中的一种让人堕落的选择"，从根本上迎合"自私的攫取欲和暴力统治欲"；他在1902年出版的《帝国主义》一书中断言，资本主义社会中分配的不平等造成穷人入不敷出，富人却能积累财富，并将这些财富作为资本投向海外以获得更大的收益，这就是帝国存在和扩张的动力。霍布森指出，英国的殖民政策就是为这些经济寄生虫服务的。

布尔战争使英国大众深刻体会到殖民扩张的苦涩后果。战争在南非的布尔人与英国军队之间展开。英国虽获得了胜利，但为了征服这样一个很小的民族，却花费了3年时间，派出的军队人数甚至超过了布尔人的总人口数，付出伤亡近2.2万人、耗资20多亿英镑的高昂代价，还失去了国际社会的道义支持。如此惨重的胜利，使英国人的心灵深深受到震撼。布尔战争反映了这样的事实：英国的帝国扩张能力不是无限的，殖民地并不是越大越好。布尔战争是英帝国发展史上的一道分水岭，在此之前的帝国不断上升，在此之后的帝国开始走向没落。其重要标志是英国开始把注意力从扩大帝国转到巩固帝国上来，即通过对现有殖民地的治理和有效统治，使之转化为实际利益，达到从殖民地得到多而付出少的目的。当然，英国对殖民地的巩固行动并不是从布尔战争后才开始的，1897年英国政府召开第二次殖民地会议，正式提出建立"帝国议会"

的主张，但各殖民地热情不高，多数殖民地主张安于现状。英国政府为保证帝国的永世长存，1903年提出要建立共同的关税制度，各殖民地态度依然消极。帝国联邦和帝国关税制两大设想都未能实现，这表明帝国已悄悄走上了下坡路。事实上，帝国内现在已出现一种离心的倾向，自从英国给予殖民地以自治的权利以来，与英国远隔重洋的各自治殖民地逐渐走向成熟，正在形成一种新的认同、新的社会和新的生活方式，以至于形成新的民族。一旦新的认同产生，脱离母国就是必然的。殖民地会议在1902、1907年再次召开，此后改名为"帝国会议"，帝国会议在一战中为英国提供了巨大的人力物力支持，做出了很大贡献。但同时也使各殖民政府与英国政府日渐处于同等地位上，给殖民地的离心倾向提供了更大动力。一战结束后，大英帝国开始全面瓦解。

经济力量的衰退

一战后，英国在总体实力上已经让位于美国。二战后，英国已经沦为二流国家。从表面看，似乎是战争让英国从顶峰跌落下来，其实英国在它最强盛的时期就已经隐含着严重的问题，1870年以后英国就在经济发展上显露出疲态。尽管绝对实力要到1913年才被美国和德国超过，但对于英国这样的国家，如果不能保持领先的发展速度，绝对的落后是迟早的事情。因此，分析这一时期英国相对衰落的原因，对我们理解为何英国从强国地位上滑落至为重要。

第一，英国丧失了工业科技的优势。英国虽然是第一次工业革命的先行者和绝对领导者，但据1851年的英国人口调查，农业依然是英国最大的行业，手工业者也依然具有很大的份额。所以第一次工业革命也被许多学者称为古典工业革命。有的西方学者甚至认为英国在1870年前或许一直在快速地工业化，但它仍然是一种农业经济。而第二次工业革命无论从广度还是深度上都不是第一次工业革命所能比拟的，对于一个国家更为关键。然而，第二次工业革命几乎在几个先进国家同时发生，但技术发明和创造的主要国家已不是英国，而是后起的德国和美国。即便是英国发明的先进技术,也因工业界的保守思想而没有发生积极作用。可以说,以德国为代表的欧洲国家的崛起,在很大程度上归功于经济制度的创新机制,它们并没有跟在英国后面亦步亦趋,而是接受了现代化的思想精髓,采取最新的科技成果,大力发展电力、化工、石油、电器、汽车等新兴产业。英国在第一次工业革命中的领导权,不仅依靠着煤和铁,也与英国科学家和工程师的研究发明息息相关。同样,德国和美国的发展也与国家对教育和科技的重视紧密相连。

第二,没有及时进行经济结构调整。英国经济以棉纺、煤炭、钢铁和造船为支柱产业,英国在这些产业中的领先地位是保持英国经济优势的关键因素。但到1870年以后这些产业的设备都已陈旧落后,英国没有及时对技术设备进行更新换代。虽然由于世界市场的扩展,英国仍能保持经济的低速发展,但其所占市场份额相对减少了。当然对于像英国这样已经形成工业化规模的国家,经济结构的调整更加困难。但当时的情况是,哪个国家在新兴工业部门占据优势,它就可以开拓新兴市场并获得高额利润。由于惯性力量,造成英国在新兴产业的研发方面落后于美国和德国,因此英国新兴产业占整个工业的比重低,其产值到1903年只占工业总产值的6.5%。

第三,英国经济对外依赖程度高。1865~1914年的英国投资中,英国本土投资只占30%,其他70%的资金投在国外,其中美洲占37%,已经超过在本土的投资。到一战前,英国几乎占全世界总投资额的一半,位居第二的美国只占19%。资本的输出使伦敦成为世界的金融中心,英国在国际贸易中也获利甚丰。但是,资金不断地从国内转向国外,长此以往,便制约了国内的生产投资和技术革新,造成英国经济的对外依附性,并且形成了国内一个庞大的食利阶层。依赖性的经济是十分脆弱的,英国经济必须围绕着国际经济运转,必须确保无形贸易的收入,必须确保金本位制、自由贸易政策和平衡财政等经济手段的有效运行。一旦这些条件改变,经济的依赖性必然成为一种制约经济发展的力量。这在后来发生的两次大战中得到了印证。正如保罗·肯尼迪指出的,英国依赖

第四章 从"快乐的英格兰"到"日不落帝国"

国际贸易和国际金融是一种战略弱点。

第四,教育落后给英国经济带来致命打击。同时期的德国在这一方面远远走在了英国的前面。例如在政府对教育的财政投入方面,从1809年开始,财政拮据的普鲁士政府就每年拨款15万塔勒作为兴办柏林大学的经费。1838年,普鲁士政府用于教育的支出达300万塔勒,相当于同年英国教育支出的20多倍,1900年德国教育经费占国民生产总值的1.9%,同年英、法只占0.9%、1.3%。1913年德国教育支出占国家财政支出的16.8%,占国民收入的2.4%,仅次于居首位的国防支出。1763年弗里德里希颁布《普鲁士乡村学校法》,明文规定5~12岁儿童必须入校学习;1765年颁布《西里西亚罗马正教学校法》对培训教师做了具体规定;1794年普王威廉二世颁布《公民法》,使学校教育世俗化;1872年通过了国家对学校监督法等等,这一系列法律促进了教育的发展。在19世纪初,德意志的许多邦就已实行了强迫义务教育制度,到19世纪末,统一的德国已经实现了初等教育的普及,教育的普及大大提高了国民整体科学素质。从1851年到1900年50年中,德国在基础科学与技术科学方面取得的重大成果共计202项,远远超出英、法两国之和,20世纪初的20年中,德国就有20人获诺贝尔奖,无疑,德国已取代英国成为当时世界科学技术的中心。大量新技术、新设备的迅速采用,促使德国在最新技术基础上建立起完整的工业体系,其工业发展速度大大超过了英、法。尤其是1890~1900年间,工业生产平均增长率为61%,达到一战前的最高水平。1895年德国的工人及家属已达3500万人,占全国总人口的67%。1895~1913年,重工业部门工人的比重由35.1%提高到54.5%。德国科学教育方面的巨大成就,促进了德国经济的发展,在其工业化过程中发挥了巨大作用。

第五,企业家精神丧失了。这是因为在英国社会,对贵族及其生活方式的崇拜几乎根深蒂固,第一代企业家创业后往往想把子孙培养成贵族,结果几代人之后,创业的激情就荡然无存了。实际上,无论是一个国家还是一个人,往往在处于优势地位后,多少都会产生一种惰性,只是这点在英国反映得更加明显。英国存在着轻视工商业，追求宁静、安逸，贪图享受，反对变革的贵族文化传统。这种追求田园生活的绅士文化和保守性的民族特性，使得英国人发达之后，就会以贵族形象来重新塑造自己。法国人把英国工业家工作时间之短以及周末休假之长当作笑柄；美国人指望英国人的守旧而从中渔利；德国人说："假如我们再有一百年的和平，我们将会置英国于死地。"

英国作为一个小国却能成为世界最强国，关键在于它在上升过程中不断抓住创新的机会，创造出新型的政治、经济制度和新的生产方式。所以，如果将英国在第二次工业革命中逐渐落后下去的原因总结一下：归根结底，是英国文化中固有的保守因素阻碍了英国工业的不断创新，在处于领先地位之后，英国所做的只是对旧体制和旧技术修修补补，从而使英国在面对世界性竞争时处于被动局面。换句话说，当一个国家丧失创新能力的时候，它就要衰落下去了。

自由放任的缺失

英国的时代是自由资本主义的时代，英国的兴盛是由自由资本主义支撑的。因此，打破大陆封锁，"不仅是不列颠的军队的胜利，也是市场经济的胜利"。而在拿破仑看来，这只不过是"小店主"的胜利。1852年英国议会曾发表一项原则声明，称自由贸易是英国的国策。英国靠"自由放任"达到兴盛的顶峰，因此也希望自由资本主义的时代永远保持下去。但时代终究变化了，到19世纪下半叶时，自由资本主义走向了终结。英国人不得不承认，自由放任过时了。霍布豪斯在《自由主义》一书中这样说："19世纪可被称为自由主义时代，但是到了这个世纪的末叶，这项伟大运动却大大地衰落了。无论是在国内还是国外，那些代表自由主义思想的人都遭到了毁灭性的失败。……它正在对自己失去信心。它的使命似乎已经完成。"自由主义正在被抛弃，表现在以下几方面：

第一，古典自由主义向新自由主义转变。所谓古典自由主义，即斯密和李嘉图等人提出的反对国家干预的自由放任学说，它是19世纪英

第四章 从"快乐的英格兰"到"日不落帝国"

国政府制定经济政策的指导思想。但是,面对 19 世纪后期的强烈的市场竞争和英国经济优势地位的丧失,以及贫富不均、环境污染等工业化负面问题的加重,古典自由主义指导思想开始受到质疑。从某种意义上说,在英国经济地位下降的同时,古典自由主义的主流地位也在发生动摇和变化。特别是当德国等新兴国家依靠国家支持,经济实力迅速发展甚至超过英国的时候,新自由主义社会思潮和政策主张也开始在英国出现。人们一般将牛津大学教授托马斯·格林看成新自由主义的奠基人,他最早提出了积极自由的概念,并主张用政府干预式的自由代替放任主义式的自由,认为国家权力的增加并不意味着对个人自由的损害,积极自由不是削弱而是促进人的道德自由。格林的思想意味着英国哲学在相当程度上认同了德国哲学的理念,而德国哲学特别是黑格尔哲学在本质上是国家主义的。新自由主义的代表人物霍布豪斯认为,以平等为基础的自由才是真正的自由,社会条件和公共福利的改进,将使个人获得更大的安全保障,自由也将随之增加。国家应该采取积极的干涉措施,通过有效的改革活动为自由提供基本的社会条件。霍布豪斯指出,自由主义之所以在 1910 年前后能够绝处重生,原因在于"与社会主义交换思想的过程中吸取了不止一个教训",从格拉斯顿传统出发的自由党人已在很大程度上认识到:"自由贸易虽然为繁荣奠定了基础,但是并没有使大厦落成。"1936 年约翰·凯恩斯写作了《就业、利息和货币通论》一书,提出了著名的凯恩斯理论。该理论从根本上否定了英国从斯密就开始的自由主义理论传统,提出利用国家的财政政策和货币政策对经济进行干预,即通过刺激消费达到充分就业,从而消除贫困。国家的作用在凯恩斯的理论中被提到了一个新的高度,标志着自由放任时代在英国的彻底结束。

第二,无形帝国向有形帝国转变。政治家思想的转变很好地迎合了新自由主义思想,突出体现在帝国问题上。19 世纪 70 年代以后,英国失去了工业垄断的地位,美国、德国、法国等国家的商品越来越多地挤进国际市场;而且,德国和法国甚至西班牙、比利时、荷兰等欧洲国家都在拼命争夺或者保住自己的殖民地。在这种情况下，自由贸易和开放英帝国的市场是否更有利于其他国家？更重要的是，英国要不要与其他国家争夺更多的殖民地，即使承受负担也在所不惜？这一问题在19世纪最后30年中一直是议会两大政党最大分歧所在。自由党政府所坚持的传统"自由帝国政策"越来越受到质疑，保守党的有形帝国政策似乎更受青睐。但不管是哪一种帝国，英国人有一点是明确的，就是不要用战争和生命来换取。而正是战争使英国从帝国的地位上滑落下来，一战加速了英国从无形帝国向有形帝国的转变。在战争中，英国被迫放弃自由放任的经济思想，转而实行对经济的直接控制，保证国家按照战争需要来组织生产。因为战争，金本位被中止，平衡财政被破坏，自由贸易政策被更改，而这三者正是战前维持无形帝国经济发展的三大支柱。对英国这样一个岛国来说，自由贸易是它的立国之本，帝国则是维系贸易顺利进行的保证。当英国强大之时，无论是无形帝国还是有形帝国政策都可以保证其在全世界的贸易优势地位，但如果国力下降到与其他国家差不多时，无形帝国论的基础就失去了，即使有悖于自由放任的思想，英国最终选择有形帝国也是无可奈何之举。

　　第三，自由贸易政策被终止。关税是自由贸易的核心问题，即使一战使英国在经济上已不再像过去那样风光无限，但它仍在力图坚持自由贸易的政策，到1931年9月止，仍有80%以上的进口商品免税。不过在30年代大萧条的打击下，英国的金本位制已形同虚设，自由贸易政策实在是难以为继了，英国被迫对经济政策进行调整。1932年议会通过《进口关税法》，规定除小麦、肉类和英国不生产或短缺的原材料外，所有的进口商品都要征收进口税。该法案的出台，标志着英国实行几个世纪的自由贸易原则被放弃了。内维尔·张伯伦私下说：只有《进口关税法》这样的政策才能够救帝国。甚至连保守党领袖斯坦利·鲍德温都说，自由放任已经走到尽头，就如同奴隶贸易一样。自由贸易是英国经济政策的基石，也是英国在19世纪称霸世界的经济哲学。自由贸易政策的终止，标志着英国衰落了，属于不列颠的时代已经过去了。

七、总在弱势一方的砝码

　　马克思和恩格斯曾指出，英国经验主义和科学结合在一起，推动了英国社会的前进。经验主义、务实精神，在长期历史中成为英国的思想文化，甚至引导着英国国民性的形成和发展。英国人讲求的是实际利益和实际效果，而不是某一条可以普遍适用的理论原则，这就是人们常说的"实用主义"。按照英国史学家法兰克尔的解释，实用主义如果运用得准确可以帮助政策的制定者保持最大可能性的灵活性，避免由于意识形态的承诺而超过限度，把外交努力集中在特定利益上，接受铁打的事实。英国在欧洲立国最早、国力最强，它的活动天地在历史上最为宽阔，经验也最丰富。研究英国实用主义的经验，对于我们理解其独树一帜的崛起会有所帮助。

　　英国实用主义思想有3个相互关联的、在历史中形成的基本点，即：力量均势、自由贸易和超然的地理优势。英国倚靠这3个基本点，得以在19世纪的世界政治舞台上取得其他欧洲国家所没有的主动权。但是在二战结束后的几十年里，英国在世界外交中的活动天地，不仅不能与19世纪相比，就是比起两次世界大战之间来，也大为缩小了。不过即使如此，英国外交仍有其特色。英国外交的总势均是在被动中争取尽可能的主动，从不放弃表现主动性的任何机会。这种主动性，温斯顿·丘吉尔喻之为，英国这匹马的行动使人感到，即使让它纵辔而行，它也不会顺着某个方向狂奔而去。对于英国实用主义的经验，我们通过"这匹马"的一些行动就可见一斑。

"孤立"的传统与传统的"孤立"

　　英国被认为是一个长期奉行力量均势政策的国家，这一政策的基本内容是在和平时期设法使自己避免卷入任何正式固定的结盟关系，以便在两个相互抗衡的国家集团之间保持最大限度的行动自由，从而使其能够执掌欧洲均势的牛耳，扮演一个"均势维持者"的角色。英国的这种政策是建立在它自己力量优势的基础之上的，即凭借其雄厚的经济实力、强大的海军、广大的殖民地，无需固定的盟友就可以实现自己的政治战略目标。因此被称为"孤立"政策。索尔兹伯里时期的外交政策，特别是他在第三届（1887~1892年）和第四届（1895~1900年）外交大臣任期内的外交政策，被称为"光辉孤立"政策。索尔兹伯里政策的要点就是试图使英国成为欧洲大陆均势的最重要制衡因素，在德、法、俄等大国中寻求精巧的平衡。他声称："英国的政策是从容地顺流漂去，偶尔伸出船篙，以免触礁。"这几乎是对"光辉孤立"政策精髓的最贴切比喻。丘吉尔评价道："从来没有一位外交大臣像他那样敏捷地使用外交船篙。"当然英国从来也没有强大到无需任何盟友就可以自行其是的程度，英国政府也从未有意地拒绝过同外界发生任何关系。所谓"孤立"的关键是不订立约束自己未来行动的同盟条约，更不能为此承担军事义务。从这个意义上讲，"孤立"政策应解释为一种"有限责任"的政策，一种保持行动自由的政策，这才是所谓"光辉孤立"的本意和实质所在。正如英国海军大臣戈申在1896年宣称的："我们的孤立不是软弱的孤立或给自己带来蔑视的孤立。它是一种故意选择的孤立，是在任何情况下可以按自己意志采取行动的自由。"

也正是从这个意义讲，英国具有"孤立"的传统。早在都铎王朝的亨利八世时期，这位国王曾让人给他画了一张肖像：他右手提着一架保持平衡的天平，天平的一边装着法国，另一边是奥地利；左手拿着一块砝码，随时准备添加在天平的某一边。亨利八世的国务大臣红衣主教沃尔西，此人具有折冲樽俎的外交才能，在对外活动中常常出其不意地变换结盟关系，为英国对欧外交奉行的力量均势原则奠定了基础。亨利八世曾联合西班牙和奥地利的哈布斯堡王朝，逼迫在百年战争中获胜的法国后退，阻止它向意大利和周边地区扩张，后来他又反过来同法国和土

第四章 从"快乐的英格兰"到"日不落帝国"

耳其结盟,竭力阻止神圣罗马帝国皇帝查理五世试图建立一个支配整个欧洲大陆的哈布斯堡大帝国的图谋。伊丽莎白一世的英国则试图在法国和西班牙之间保持均势。英国不仅从海上对菲利浦二世的西班牙帝国进行骚扰,而且还派兵到法国和荷兰援助那些同西班牙作战的部队。英国这样做并非出于热爱荷兰的起义者或法国的新教徒,而是正如伊丽莎白一世自己所解释的,"法国末日到来之时,亦正是英国行将灭亡之日",因而保持均势至关重要。17世纪50年代英国在克伦威尔统治下重振海军和陆军,选择时机加入法、西之间的冲突,使天平向不利于西班牙的一边倾斜,迫使西班牙在1659年结束了同法国的战争,这对改变欧洲的均势格局发挥了重要作用。但是,随着西班牙的相对衰落,法国势力迅速上升,英国、荷兰同德意志国家一起组成了对法作战的"大同盟";并通过战争彻底遏制了路易十四的扩张野心,从而恢复和确保了欧洲大陆的总体均势。此后又经过奥地利王位战争、七年战争和拿破仑战争,终于把法国从欧洲霸主的地位上拉了下来。英国还密切关注波罗的海地区局势的发展,它的传统做法也是在这一地区保持力量均势,不让任何一国取得压倒性优势和取代它的最高仲裁者地位。

总之,英国通过多年的外交与战争的实践,形成了以均势为特色的战略传统,主要表现为通过维持和左右两个实力大致相当的集团相互制约抗衡,避免使欧洲陷于任何一个大国或国家集团的支配和控制之下。在局势相对稳定或尚不明朗的情况下,英国对欧洲事务尽量采取"超脱"的态度,但在均势遭到破坏或受到严重威胁时,它通常给予同谋求霸权的国家相抗衡的那一方以重要的经济、外交和军事支持,并根据英国自身利益随时调整或变换结盟关系。正如英国史学家A.J.P.泰勒所言,英国绝不在多少还不确定的未来承诺任何事情,而只有待事情发生时再决定采取什么方针。而促使英国采取某一方针的依据只有英国自身的利益。帕麦斯顿勋爵有句名言:"我们没有永久的朋友,我们也没有永久的敌人。只有我们的利益是永恒不变的,这些利益才是我们应当遵循和追求的。"也正是由于英国人这种多变和实用主义的传统,因此他们也得到了与"小店主的英国"同样著名的另一个称谓——"背信弃义的英国人"。

无奈的结盟与被动中的主动

英国的孤立政策是建立在其实力的基础之上的,正是英国的炮舰和世界工厂的地位,使它能够对付和威吓几乎任何一个国家或国家集团。但是,19世纪60年代以后情况开始发生变化。普鲁士首相俾斯麦在欧洲开始执欧陆均势之牛耳,他支持俄国镇压1863年波兰起义,又利用英法矛盾使帕麦斯顿在普、奥对丹麦战争中陷于孤立。虽然帕麦斯顿威胁说他不能听任丹麦单独受到攻击,但事实上当普、奥联合入侵勒斯维希和霍尔斯坦时,他却默认丹麦任人宰割。这就表明欧洲均势开始向不利于英国的方向转化。帕麦斯顿1865年的去世,特别是1870~1871年的普法战争,标志着英国主导欧洲大陆均势时代的结束。从这时起到19世纪末20世纪初的三四十年间,英国一方面大力加强向海外扩张,另一方面在欧洲开始调整它在结盟问题上的政策,在尽力保持欧洲均势的同时,由传统的超脱、不干涉原则,逐渐向寻求较为固定正式的盟友方向转化。

尽管此时的英国政府并不像索尔兹伯里所说的那么从容不迫、挥洒自如,但是英国也并没有因此丧失其固有的主动性。随着一个统一的德国崛起于欧洲的中心地带,大国之间旧有的力量平衡被打破了。俾斯麦精心编织的联盟网络,力图使德国成为新的力量均势体系的中心和欧洲均势的维持者,而英国对于大陆力量均衡的这种改组与重建,在一段时间内持消极态度。这一方面与英国政府在格莱斯顿、迪斯累利和索尔兹伯里交替主政下,忙于解决国内事务以及爱尔兰、殖民地等问题,无暇他顾有关;但另一方面,在英国人看来,由一个统一稳定的民族国家取代原来四分五裂的众多德意志小邦,对于英国也不见得是坏事,因为那不仅会增强欧洲的均势,而且它将有可能充当一个抵制其两翼的俄国和法国在欧洲以外地区进行扩张的重要角色,从而减缓英国在全球范围内面临的压力和挑战。英国超越一般欧洲国家的地方就在于,它总是能够

第四章 从"快乐的英格兰"到"日不落帝国"

从全球的范围而非仅从欧洲大陆的角度看待处理问题，这种战略眼光也是它能够保持主动性的秘诀所在。

俾斯麦下台之后，所有的大国都将目光转向海外殖民地的扩张之上。作为世界上最大的殖民帝国，英国成为其他大国的众矢之的。在19世纪的最后25年，英国与法国在非洲和印度支那、同俄国在中亚和远东发生了尖锐的利益冲突，与德国的结盟愿望也最终落空。到19世纪末20世纪初，英国的孤立已远非作为一种政策选择意义上的、有意识"置身于联盟体系之外"的孤立状态，而是一种孤家寡人、四面楚歌的危险的孤立处境。这里不仅有来自英国传统对手法国和俄国在非洲、远东、中亚、印支和中国的激烈竞争，而且有美国在西半球、德国在非洲和中东，以及日本在中国对英国利益的严重挑战。英国在如此空前孤立的国际环境中将何去何从？英国还能否保持它的主动性？应该说，此时的英国政府，或者说英式贵族教育培养出来的政治精英，将实用主义的精髓发挥得淋漓尽致。英国在对其全球战略的每一个问题做出仔细评估后，妥善地处理了它同各大国之间的战略关系：在委内瑞拉争端、巴拿马运河和阿拉斯加边界等问题上，英国对美国做出让步，以摆脱它在西半球战略上的不稳固状态；1902年英、日两国就联合对付俄国在中国东北的扩张签订了同盟条约，减轻了它在中国的战略负担；英、法在经过法绍比危机剑拔弩张的较量之后，终于就殖民地问题的争端达成了妥协，并在共同努力避免因日俄战争而可能被卷入一场公开冲突的动机驱使下，于1904年4月缔结了两国协约；英、俄两国又于1907年签订了关于波斯、阿富汗和中国西藏问题的协议，决定共同携手抵御德国"向东方推进"。经过如此一番令人眼花缭乱的外交调整，素来注重实际效果的英国适时甩掉所谓"超脱"的外衣，准备再次投入继拿破仑战争以后的更大规模的第一次世界大战之中。

大国崛起 | DAGUO JUEQI

帝国的解体与英联邦经验

　　第一次和第二次世界大战的结果，是英国打赢了两场战争，但却失掉了一个帝国。一战后，力量不断增强的殖民地开始要求取得与"母国"平等的独立地位。于是，以英国为核心的英联邦组织应运而生。二战后，大批英国殖民地在民族独立运动浪潮中赢得独立，大英帝国殖民体系行将分崩离析。击败丘吉尔上台的工党政府（1945~1951年）曾计划修建一座富丽堂皇的殖民部大楼。最终这个计划并没有实现。原因很清楚，当这座宏伟的殖民部大楼建成之时，剩下来可供英国统治的殖民地已寥寥无几了。在短短20年里，拥有50多个殖民地的"日不落帝国"只剩下屈指可数的几个岛屿殖民地了。在这一阶段，非殖民化主要集中在两个时期：1946~1951年，1956~1965年。在第一个时期，首先是约旦、叙利亚的自治（1946年），其次是印巴分治（1947年），最后是缅甸、锡兰（1948年）和利比亚（1951年）的独立。这些可谓是"在1939年即已基本具备独立条件"的国家。第二个时期，首先是英国从苏丹撤军（1956年），其次是马来亚和加纳的独立（1957年）。根据解密的官方档案材料，帝国解体的速度之快显然出乎英国政府的预料，1954年由内阁大臣负责并有殖民部次官参与的"英联邦成员资格委员会"在一份秘密报告中将英属殖民地分为三类：第一类包括黄金海岸、尼日利亚及中非、马来亚和西印度群岛等3个联邦。报告认为这些地区将在未来10到20年内独立。第二类为政治发展不确定即前途不明朗的，包括肯尼亚、坦噶尼喀、乌干达和塞拉利昂4个殖民地。第三类为小领地，包括塞浦路斯、索马里等21个地区，报告宣称这些是"永远也不可能取得完全独立的"。然而，民族独立运动发展之快是伦敦的战略家所始料不及的。在10多年中，上述30个地区即有20个相继独立。到60年代中期，几乎所有的英属非洲殖民地都已先后独立。

　　战后最独特的政治风景莫过于英法等殖民大国争先恐后地从各殖民地撤退，甚至"有时欧洲国家比殖民地的民族主义领袖更急于尽早给予

第四章 从"快乐的英格兰"到"日不落帝国"

殖民地独立",联想到19世纪西方列强瓜分世界的狂热,这种举动确实令人深思。罗贝尔·科纳万在总结英国非殖民化政策的特征时曾谈道:英国从非洲撤退具有"连击"(coup par coup,即一个接一个解决)的特征。英国前殖民大臣李特尔顿甚至也认为其政策是"纯粹的机会主义"。他们的总结不无道理。在制定非殖民化政策时,英国的确遵循了两个原则:第一是循序渐进的原则,第二是不同殖民地采取不同方式解决的原则。当国际形势发生变化和亚非拉民族独立运动蓬勃发展后,英政府最后又不得不放弃这两个原则,加速了政治撤退。我们看到,在处理本国同殖民地的关系问题上,在非殖民化这一历史进程中,英国沿袭了实用主义的传统,以其特有的冷静与务实态度,将其沉重的包袱一个个地卸落,以期与相对衰落的国力和不断下降的国威相适应。

八、启示

　　回顾英国从崛起到衰落的历程，我们不难看出，英国从一个岛国变成欧洲强国，最终成为世界霸主，凭借的是它所创造出来的一种新的制度文明，而这种文明一直引领着人类进步的潮流，吸引着世界各国争相效仿。1870年以后英国开始衰落，也是因为它文化中的保守因素阻碍其继续创新，因而慢慢落伍，成为二流国家。研究英国的崛起，不能忽视其文化的保守性，但也不能不看到其文化的创新性。英国文化的创新性，主要表现在以下史实：英国是工业革命最早的国家，领先世界上所有国家，它的工业文化具有创新性；英国是第一个全球金融资本的中心，它的商业文化具有创新性；英国拥有有史以来最强大的海上力量，它的海洋和军事文化具有创新性；英国率先建立了现代意义的议会民主制度，它的政治文化具有创新性；另外，英国在欧洲列强间纵横捭阖、折冲樽俎，一向居于比较主动的地位，它的外交文化也具有创新性……英国文化保守中蕴含着创新，创新中体现着保守，它是一种兼容并蓄的综合性文化。正如马克思所指出的，18世纪综合了过去历史上一直是零散地、偶然地出现的成果，并且揭示了它们的必然性和它们的内部联系。英国文化正是18世纪这种综合性最生动的体现。英国对世界的贡献是多方面的，从英国所做出的世界性贡献而言，世界上几乎没有任何一个国家可以望其项背，而从国土面积和人口数量等条件看，英国充其量只是一个中等国家。我们研究英国的崛起，正是要研究导致其崛起的各种因素，并且揭示它们的必然性和它们的内部联系。这是一个艰难的任务，希望能对读者有所启发。

第五章
陆上强权法兰西

在民族成分的复杂性方面，法兰西民族在欧洲的所有民族中也许是首屈一指。来源复杂的民族构合，绵延千年的历史文化沉积，多种文明要素的汇合撞击，固然是造成法国在崛起道路上大开大阖、命运多舛的原因；但探其究竟，最为根本的还是在这片土地上生活着的丰富多彩的人——他们的思维方式和内心情感。从圣女贞德到路易十四，从拿破仑到戴高乐，法兰西这个民族的命运就与它优秀儿女的抗争紧密相连，有时甚至只有"奇迹"两个字才可以形容。

一、高卢人与法兰克人

法兰西空间

　　法国历史学家皮埃尔·米盖尔自豪地声称："有些国家没有历史，但法国不在此列。自从欧亚大陆上有人类出现，在今天称为'法国'的这块空间内，就有事情发生。"位于欧洲西北部，被大西洋、莱茵河、阿尔卑斯山、地中海和比利牛斯山所限定的"法兰西空间"是人类在欧洲最早驻足、生活过的地区之一。这里很早就有居民。今天在法国旅行的人到处可以碰到史前时代的遗址。这类遗址在布列塔尼数量极多，在西南部也异常丰富，在整个普罗旺斯、中央高原、阿尔卑斯山甚至在巴黎郊区，都可以找到"新石器时代"的遗物。在欧洲考古史中，许多旧石器、新石器的文化分期都取自于法国的地名。法国的历史底蕴之深厚，由此可见一斑。皮埃尔·米盖尔在其所著《法国史》中甚至有些夸张地说："（法国）全国就是一个博物馆。马赛人想要在交易所广场建造一座大楼，他们就发现了福赛人的旧港。巴黎要在圣母院教堂前面挖一个停车场，结果碰上了一座墨洛温王朝时期的庄园。诺尔省平原的一个农民翻掘他的甜菜地时，发现了墨洛温王朝时期一座重要的古墓。假如一个有钱的波斯人异想天开，想把法国整个领土买下来，叫人一米一米地去挖掘，保证没有多少地区没有古物发现。我们的土地下还沉睡着丰富多彩的过去。现在，我们对这个过去的了解还是支离破碎，微乎其微。"

　　尽管许多学者认为法国的史前史与法国后来的历史几乎没有任何关联，例如法国著名的社会学家、经济学家福沙尔就认为："如同上帝羔羊一样神秘莫测的高卢与我们的国家几乎没有关系，我国没有经历洪荒时代。"但法国史学大家布罗代尔的观点似乎更能让人接受，他认为：

第五章 陆上强权法兰西

"不能说史前史不是历史,不能说在高卢之前不存在高卢,在法国之前不存在法国,高卢和法国的许多特征要由罗马征服前几千年的历史做出解释。"应当说,这种看法得到了法国政府和大多数民众的认可,否则就不能解释为什么法国人对在法国境内发现的史前岩洞壁画如此倍感自豪,为什么法国政府以拯救法兰西文化遗产的名义对本国的史前遗迹妥善加以保护。

独立的高卢与罗马化的高卢

在法国人看来,法兰西空间是法国人自古以来生活栖息的地方,是法国的"自然疆界";高卢人则是法国人共同的祖先。其实,高卢人就是希腊人所称的凯尔特人,高卢人是罗马人对凯尔特人的称谓。而"高卢"亦由此成为法国的第一个名称。恺撒征服之前的高卢一般称之为"独立的高卢",这之后的高卢则称之为"罗马化的高卢"。关于"独立的高卢"时期的历史,长期以来处于半隐半现之中,不过结合古代希腊罗马人的记载以及近代以来的考古资料,我们大致可以了解高卢人的一些情况,如希腊史地学家斯特拉波写道,高卢人"性格轻浮,胜利时傲气凌人,而失败时又垂头丧气。他们习惯轻佻,但某些习俗又表明在他们的秉性中有凶悍野蛮的一面";他们"嗜好战争,容易动武,不过也很单纯,没有恶意。如果激怒了高卢人,他们就会不顾一切,直奔敌人"。高卢人尽管骁勇善战,但往往没有固定的主人,他们不仅在高卢境内频繁更换主人,而且还接受埃及人、迦太基人甚至罗马人的雇佣。因此近代法国史学家米什莱曾写道:"谁想找到盲目的勇敢和廉价的鲜血,只要收买高卢人就行了。"这也是尽管高卢人勇敢但却很快被罗马人征服的原因。从公元前1世纪起,高卢进入到所谓的"罗马化"时期,从名义上说,这一时期一直持续到公元476年西罗马帝国正式灭亡时为止。"罗马化"时期尽管是数千年前的旧账,但在法国人特别是法国的知识分子的心目中,这段历史却是颇受注目的特殊时期,其重要性并不亚于随后出现的任何一个王朝。这是因为,一方面,这一时期是法国历史上最为重要的转折点之一,法兰西文明的最基本要素——古希腊罗马文明、基督教文明以及日耳曼蛮族文明——都在这一阶段登场亮相,并逐渐融会贯通,最终形成了光辉灿烂的法兰西文明。另一方面,罗马对高卢的征服,对法国人的民族情感而言是一个复杂难言的历史心结。在反抗征服者的过程中,高卢既有英勇抵抗的斗士,也有与罗马人亲密合作的"模范",而这段史实与一两千年之后第二次世界大战时的法国颇有几分神似,所以"罗马化"时期的历史在后人看来就不可避免地带有一些微妙的色彩了。或许对沉痛历史的不快记忆是每一个古老民族都无法避免的陈旧伤疤,它时不时地总要隐隐作痛。即使已是数千年前的老伤,但历史总是无法忘记的。

法兰克王朝:法国历史的一段插曲

20世纪90年代,英国著名的法国史专家罗杰·普莱斯应剑桥大学出版社之邀撰写一部《简明法国史》,不知是出于"简明"的目的,还是由于其他原因,普莱斯的法国史对9世纪以前的内容根本不予涉及,即使出现过几行片鳞只爪的有关法国上古史的语句,那也只是出于行文方面的考虑。普莱斯这样处理并非没有道理。对直接继承了古罗马先进文化的土著高卢居民来说,由蛮族的法兰克人所建立的墨洛温王朝(481~751年)和加洛林王朝(751~987年)充满了无休止的征战和令人发指的自相残杀。且不论加洛林王朝在多大程度上奠定了未来德意志和意大利的基础,该王朝对高卢来说似乎只能算是一段插曲,即使是声名显赫的查理曼大帝,基佐也称之为"除了思想抱负而外,完完全全是一个德国人"。987年,加洛林王朝的最后一位国王路易五世死后无嗣,在西法兰克享有较高声望的法兰西公爵于格被教俗贵族推举为国王,他所建立的王朝被称为"卡佩王朝"(987~1328年),真正接近现代疆域概念的"法国历史"由此开始。

二、从封建割据到政治统一

法兰西岛：法国崛起的起点

充满悲欢离合、起伏跌宕的法兰克人500年统治落下帷幕，自987年开始，法国历史又进入另外一个500年的锻造历程。从10世纪末到15世纪中叶，可以视为法国中世纪的历史，同时也是法兰西国家由割据走向统一以及与此相伴而生的民族国家观念形成的历史。1302年以前的法国一直处于割据君主制度之下，在这种封建制度中，国王的权力得到诸侯的承认。国王是最高的君主，可以在庄严的场合召见领主，和他们"商议"国家大事，但他不能强迫他们每天承认他的权威。在法兰西的领土上，领主和国王之间的关系相当松散。地方上的权力属于统治这个地区的领主，国王只不过是高一级的领主。在非常时期，领主有责任忠君勤王，其他时候，他们是自己领地的绝对主人。

在卡佩王朝的最初两个世纪里，王室的实际控制区域基本上限于面积不足3万平方公里的法兰西岛，而这一时期的法国在名义上却拥有约45万平方公里的国土。在法兰西岛周围存在着一系列虽奉卡佩王朝为宗主但却享有独立地位的大封建主，像弗兰德尔、诺曼底、布列塔尼、安茹、勃艮第、图卢兹、香槟等，他们的影响、威望、财富和力量都远远超过法兰西岛那位小小的国君。即使在王室领地之内，最初几代国王也处于一种捉襟见肘的窘迫境地，除了一顶尚有几分吸引力和几分神秘色彩的王冠之外，很难找到什么能与周围大封建领主相抗衡的东西。事实上，国王对付这些领主只有一种武器，那就是，作为一国之君，他可以干涉遗产继承问题。例如，虔诚者罗贝尔就乘勃艮第公爵无嗣之际，强立自己的儿子为公国的嗣君。这表明，法国国王只能希望在封建制度内部，通过成功的干预扩大自己的领地,从而重建自己的权威。他既没有办法,也并不希望摧垮封建制度本身。因此,国王的命运受着婚姻、遗产继承、门当户对或屈尊俯就的结合等种种偶然因素所左右,与诸侯家族的命运紧紧地连在一起。

此时的卡佩君主一无固定的住所,今天住在巴黎,明天就可能搬到奥尔良;二无常设的行政机构,国王走到哪里,由少量近臣组成的"影子政府"也就跟到哪里;三无固定的财政收入,为了过上比较体面的王家生活,随从甚至国王本人有时也会参与打家劫舍、拦路抢劫之类的不法勾当。虽然极不体面,但也是无奈之举。更令这些"三无"国王沮丧的是,王室领地之内也是纷扰不宁,关卡林立,政出多门,大大小小的封建领主俨然把自己的一亩三分地视作与国王无关的自家产业。王权这种前景暗淡的状况显然制约了卡佩君主的雄心壮志。因此在这一时期,王室的活动主要是内向的,即先把法兰西岛这块领地打理好再说。其一是巩固王位的归属权并竭力将王权神化。经过残酷的宫廷争斗,长子继承制得以确立,这就确定了王位的有序传承。更为重要的是,通过"涂油礼"和加冕礼,从 11 世纪初起,国王便具备了超自然的神力,宣称可以使盲人复明、伤口自动愈合甚至包治百病。其二是结束了王领境内的动荡局面。到路易六世时期(1108~1137 年),便初步扫平了横行乡里的中小领主和不奉王命的大封建主,社会秩序稍显安定,各地经济联系有所起色。到路易七世(1137~1180 年)时,决定将巴黎作为永久性的首都,从而结束了王室迁徙不定的历史。

如果路易十四等后来的君主了解到国王原来也曾如此窘迫悲惨,他们肯定会觉得匪夷所思。但事实上,法国的崛起就是开始于这小小的法兰西岛。为什么是王室而不是其他力量更加雄厚的领主最终统一法兰西?或者像英国一样拥立外来征服者为国王?这是因为,虽然在这一阶段王权式微、王畿也大为缩小,但国王手里仍然有一张王牌可以充分利用,那就是,由于举行加冕仪式,国王到底是唯一拥有精神权威的人。他不仅是查理曼具体而微的继承者,而且由于加冕的缘故,他还是《圣经》中以色列诸王的嫡亲苗裔。乔治·杜比说得好："封建社会从来不可一日无君。它既需要一个无形的上帝，同时也需要一个人间的君主。因此，这一时期的法兰西诸王……事实上都拥有国内最强大的诸侯所不能比拟的威望和权力。"

聚散离合：一张不断变化的政治地图

路易七世扩张王室领地的最大对手是安茹伯爵"金雀花亨利"。这位安茹伯爵从母亲一边继承了诺曼底公国，从父亲一边继承了安茹、曼恩、布列塔尼。法王路易七世与妻子阿基坦公爵阿莉埃诺离婚后，安茹伯爵通过与阿莉埃诺结合，从而取得了阿基坦公国的领地。由此他拥有的领地竟比王室领地还大5倍。1154年，金雀花亨利又登上了英国王位，建立了包括不列颠和法国领地在内的庞大的金雀花王朝。婚姻失败的路易七世则人财两空，又平添了金雀花亨利这么一个统一法兰西的最大障碍。更有甚者，原本法王与诸侯间的争斗开始演化为英法两国的较量。所幸路易七世之后的几位国王都颇具才干，菲利浦二世（1180~1223年）当政之初，王室的直接领地仍局限于法兰西岛地区，而王权的进一步发展势必要打破这一狭隘的界限。在西面，法国的大片土地都处于英国金雀花王朝的控制之下，为瓦解英国人在这一地区的统治，菲利浦二世施展了各种虽不光明磊落但却极有成效的手段，最终促成了金雀花王朝内部的纷争，他先是挑动和利用金雀花王朝国王亨利二世与他的儿子"狮心王查理""失地约翰"父子兄弟之间的矛盾，迫使"失地约翰"即位后与法王订立《古莱和约》，承认自己是法王的封臣，并将大片土地让与法王；然后菲利浦二世故伎重演，帮助"失地约翰"的侄子阿瑟反对他。1202年又借口"失地约翰"拒绝出席法国王室法庭的受审，违犯附庸义务，宣布剥夺英王在大陆的领地，并在其后的几年中将诺曼底、曼恩、安茹、普瓦图和布列塔尼陆续纳入王室领地之内，这样英国在大陆的领地就只剩下吉埃内了。在北面，弗兰德尔伯国具有很强的离心倾向并与英国保持密切的往来，1214年英王"失地约翰"联合弗兰德尔伯爵以及神圣罗马帝国皇帝奥托一世、布洛涅伯爵共同向法王进攻，菲利浦二世率领法国军民在布汶战役中打败了声势浩大的敌军，弗兰德尔由此也成为王室的领地。此役堪称决定法国王权乃至法国民族存亡与否的生死之战。也正是这一战役，首次真正激起了法兰西民族感情的高涨。由于布汶大捷，法国王权大为巩固，菲利浦二世也被誉为"奥古斯都"。在南面，图卢兹伯国独立色彩十分浓厚，其政治军事势力也比较强大，而且这里的宗教问题也远比其他地区复杂。因此到路易八世（1223~1226年）时才将南部的朗格多克地区并入王室领地，但图卢兹伯国仍与法国王室保持分离状态。

路易九世（1226~1270年）在寻求领土归并问题上与其先王大相异趣。以"圣徒"形象闻名于世的路易九世在基督教内部大力宣扬和解精神，如他与阿拉冈国王达成协议，即法国王室放弃对巴塞罗那和鲁西永等地的宗主权，而阿拉冈方面则彻底放弃对图卢兹伯国的权利要求；1259年，路易九世又与英国方面签订领土和约，英王除了保有阿奎丹（吉埃内）之外还获得利穆赞、佩里戈尔、凯尔西以及圣日通等原属英王但后被菲利浦二世剥夺的领地，作为交换，英王承认自己是路易九世的附庸并且完全认可法王对诺曼底、安茹和普瓦图的占有权。

1285年菲利浦四世登上王位，在他统治时期，国土归并又取得一些进展，他迎娶香槟伯国及那瓦尔王国女继承人约安娜为王后，从而使王权在法国东部有了较为稳定的基础，同时又使法国与西南方的那瓦尔王国产生了数百年难以割断的联系。虽说菲利浦四世在拓展领土方面成果颇丰，但后代史学家对此似乎并不热心，人们倒是更关注他对金钱的钟爱以及为钱不择手段的作风：1306年菲利浦四世把腰缠万贯的犹太商人们剥夺全部财产后驱逐出境，随后来自意大利的伦巴德银行家们也遭到同样的命运，其财富均无条件地成为菲利浦四世的囊中之物；1307年，通过参加第一次十字军东征以及放高利贷而暴富的圣殿骑士团成员，被菲利浦四世冠以滥施巫术、生活淫荡以及信奉异端等罪名，有36人在这一年被拷打致死，1310年又有67名成员被判有罪烧死在火刑柱上，1312年教皇克勒芒五世正式下令取缔圣殿骑士团，其财产除少量划归教会外，大部被菲

第五章 陆上强权法兰西

利浦四世占有（这也是小说《达·芬奇密码》的历史背景之一）。

路易十一：国土聚合者

菲利浦四世以后的一个多世纪里，法国的领土及疆界继续处于不断变动之中，法国王室的领土归并历程仍然充满着各种棘手难题。与前几个世纪稍有不同的是，已经完成约70%领土归并进程的法国王室在这一时期的最主要竞争对手基本局限于英国王室这一具有特殊身份的政治势力，也就是说，从14世纪前期至15世纪中叶，英法领土纠纷成为这一时期法国统一过程的基本线索。英法之间的领土纷争由来已久，自11世纪中叶诺曼底公爵威廉征服英国之日起，这一纷争就一直没有断绝。虽然英王以法王附庸身份在法国大陆领有的土地不断萎缩，但一直没有彻底丧失，在14世纪初，英王仍然领有法国西南部的吉耶讷和加斯科尼以及英吉利海峡沿岸的蓬蒂约等小片领土。对于这些领土，法国王室力图将之完全收回；而英国王室则试图将之永久占领，而且还希望能够恢复以前被法王剥夺的领地。可以说，这种矛盾是英法王室长期冲突的最主要原因。当然这一矛盾中也夹杂着一些经济方面的因素，其焦点主要集中在弗兰德尔。弗兰德尔隶属于法国王室，但却是英国羊毛出口的最重要市场。英法领土的争端最终酿成了绵延百年的战争冲突。

作为百年战争最后的胜利者，法王查理七世虽收复了英王室在法国的所有领地（但加来港仍被英国人所占领），并由此排除了法国领土统一的最大障碍，不过国内仍有一些法国贵族尚保持着相对的独立，统一大业远未完成。这一任务由查理七世的儿子、人称"国土聚合者"的路易十一来完成。路易十一统治时期（1461~1483年），以勃艮第公爵"大胆查理"为首的封建贵族结成"公益同盟"，对抗王室。1477年，"大胆查理"在南锡战役中阵亡，路易十一趁机从其女继承人那里收回了勃艮第公爵国和皮卡尔迪。法国统一的另一大障碍由此清除。在此前后，路易十一先后收回了阿郎松公爵领地、阿曼雅克伯爵领地、普罗旺斯伯爵领地等贵族领地。就这样，路易十一很有耐心地，并且几乎是不声不响地勾画出了今日法国版图的轮廓，只有布列塔尼等几个地区未被包括在内（布列塔尼在1491年被路易十一的继承人查理八世通过联姻并入法国版图）。法国历史学家皮埃尔·米盖尔如此评价路易十一对法国统一的功绩："路易十一采取征战和继承的手段，在封建的基础上，然而以崭新的精神缔造了自己的王国。至于如何在已经奠定统一的基础上建立一个国家，这个功业就要靠他的后代去完成了。"

统一民族国家：法国崛起的基础

对中世纪法国来说，由封建割据到政治统一是一个漫长且不断反复的过程，如果从卡佩王朝最初几个君主的徒劳尝试算起，到15世纪晚期最后一个大型独立领地布列塔尼的归并，其间历时长达约5个世纪之久。考虑到法国国土的广大、宗教信仰的多样、民族有名的不团结以及德意志、意大利等国家还要在分裂中等待数百年的事实，法国的统一实在是一个不大不小的奇迹。当然法国的统一并不是单纯依靠军事征服或军事占领来完成的，甚至可以说，军事行动并不是法国得以实现国家统一的最主要手段。在领土归并过程中，法国王室除了采取必要的军事征服措施之外，它更多的是借助于继承、婚姻等非军事手段。也正因为如此，领土的转移和归并呈现出较大的不确定性，一份婚约可以将数万平方公里的领地以嫁妆的名义纳入王室的控制之中，而一纸离婚协议又可在顷刻之间将此前的成果化为乌有。当然，随着王室威信的日益提高和王室实力的不断增强，不论是通过军事手段豪夺来的领土还是通过继承、婚姻手段巧取到的产业，其对王权的向心趋势从总体上来说还是不断强化的。

以王权为中心的领土归并运动使法国乃至欧洲的政治地理在中世纪临近结束时逐渐显现出近代格局，这种近代格局主要表现在欧洲一统性的瓦解以及近代民族国家的诞生。从整个"基督教国度"的层面上来说，中世纪秩序的崩溃是一个从政治"一统性"向"多元性"演化的历程，也即教会帝国的主权分裂成诸多民族或国家的主权的进程；而从民族或国家层面上来说，中世纪秩序的崩溃又是一个从"多元性"向"一统性"

第五章 陆上强权法兰西

转变的过程,即封建领主的政治独立性逐渐衰落,权力向主要是以王权为代表的国家权威集中。对导致中世纪秩序最终崩溃的主权国家来说,既要向上反对教会帝国的权威,也要对下削弱封建领主的自主权利。法国王室与教会之间的争斗也是十分激烈的。在长达数百年的中世纪,教会与世俗政权之间的关系虽不像教会史学家所说的那样"晴空万里",但其总体关系毕竟是以合作与相互吹捧为主。然而,随着民族国家观念的初步萌生,罗马天主教会的霸权观念开始受到质疑并遭到挑战,法国在这一方面表现得尤为激进。13世纪末,为了筹措战争经费并为了满足王室各种日益增大的财政需求,菲利浦四世下令向一直享有各种免税特权的法国教士开征俗世什一税,此举遭到以天主教世界首脑自居并以教权至上论为最高宗旨的教皇卜尼法斯八世(1294~1303年)的强烈抨击和抵制,教俗之间的矛盾由此彻底公开化并日趋走向激烈。这一矛盾的进一步发展最终导致两个重要后果:其一,教会的威势急转直下。为了激起法国人的反教会情绪,菲利浦四世首先在舆论上对教皇展开道德方面的讨伐;随后派宫廷大臣诺加莱南下意大利,将教皇捕获并大加凌辱。尽管教皇随即被其支持者救出,但不久忧愤而死。1305年,在法王压力下,波尔多主教被任命为新教皇,称克勒芒五世,1309年,唯法王之命是从的克勒芒五世将教廷由罗马迁往法国南部的阿维农,在此后的70年间,被称为"阿维农之囚"(1309~1378年)的教廷一直具有浓厚的法国色彩,此间教皇委派的134名阁员中,法国人占113名。教廷被打上"法国制造"的烙印后,其对天主教世界的号召力已趋向虚无。从世俗国家的发展趋势来说,以维持神权一统性为己任的教廷走向衰败实属必然。其二,法国的政治结构出现新变化。在与教皇斗争的过程中,为了制造一种全民授权、全民支持的氛围,菲利浦四世于1302年在巴黎圣母院召开了由神职人员、世俗贵族和富裕市民代表参加的国务会议。这次会议被认为是三级会议的始祖,是法国由割据君主制转向等级君主制的标志。诚如恩格斯所言:日益明显日益自觉地建立民族国家的趋向,是中世纪进步的最重要杠杆之一。正是因为在欧洲较早地实现了领土统一并在此基础上形成了近代民族国家,这就为法国成长为欧洲强国奠定了十分坚实的基础。

三、王权的绝对与相对

　　法国从中世纪向近代国家演变过程中，最引人注目的地方就是王权越来越趋于集中。西方学者（包括马克思、恩格斯在内）称之为绝对主义的倾向。绝对主义原本特指欧洲近代历史上继等级君主制之后发展起来的中央集权的"新君主国"（马基雅维利的用语），它是近代欧洲民族国家的初级阶段。《不列颠百科全书》认为，16世纪君主绝对主义在西欧一些国家开始占据主导地位，鼎盛于17、18世纪。路易十四统治的法国是绝对主义的标本，另外，绝对主义一词也适用于西班牙、普鲁士和奥地利。英国著名马克思主义历史学家佩里·安德森在其所著的《绝对主义国家的系谱》中这样说："自卡佩王朝在中世纪的法国巩固了自己的地位以后，没有出现线性的体制发展。相反，法国绝对主义的形成史就是向着中央集权君主制国家'痉挛性'渐进的历史，反复打断这一进程的是一再出现的外省割据以及无政府状态，随之而来的是对王权集权化更强烈的反弹，直到极其坚硬、稳固的机构最后形成。政治秩序的三次大断裂当然是15世纪的百年战争、16世纪的宗教战争以及17世纪的福隆德运动。每一次的危机总是先使王朝从中世纪形态向绝对主义的转变停顿下来，然后又刺激了其向前发展。危机的最终结果是在路易十四时代确立了在西欧无与伦比的对王权的崇拜。"

百年战争：王权集中的第一次断裂与反弹

　　从1337年至1453年，英法两国时断时续地进行了116年的战争。在战争中法国被分裂成为几个互不隶属的部分，用皮埃尔·米盖尔的话说："从此就有了三个法国。一个是英国人的法国，疆界从吉埃内到加来，包括诺曼底、韦克森、曼恩、皮尔卡迪、香槟、法兰西岛；一个是

第五章　陆上强权法兰西

勃艮第的法国，除勃艮第公爵国之外，包括内韦尔伯爵国、弗兰德尔和北方的阿图瓦，不久又包括巴伐利亚的雅克琳让予的弗里兹和布拉邦特；第三个是太子查理的法国，偏安一隅，国土只限于布尔日附近地区。"

百年战争晚期，在圣女贞德爱国主义的感召下，法国人民的民族意识持续高涨，爱国勤王成为时代的主旋律，因此王权的伸张也就具备了较为坚实的社会基础。正是在这种形势下，法王查理七世（1422~1461年）在王权发展上取得了其先辈们梦寐以求而不可得的战果，其中最为重要的是征税权和常备军。路易十一（1461~1483年）统治时期，在加强王权方面也是不遗余力：其一，整顿行政机构，从忠实于自己的朋友中挑选有才干的人担任顾问，而不问是否贵族出身；并在同大封建主的斗争中，得到城市的支持，城市资产阶级拥护王权，开始参与国家管理，以金钱资助国王，从国王手中买得财政和司法官职，广置土地，成为"穿袍贵族"。其二，加强对地方行省的控制，设立11个军政府管理各行省；重新任命大法官和总督；建立常备军和王家炮队。从此，国王不必求助于领主和骑士便可独立作战。其三，建立了正规的税收制度，设立间接税法庭，把全国分为四大财政区，国王不通过领主，自己派官吏直接征收间接税、人头税、盐税等。其四，采取许多措施，发展城市工商业，国库日益充实，因此不必为征税而召开三级会议。从路易十一至亨利二世的90年间（1468~1558年），三级会议只开过6次。

15世纪晚期，法国经济已从战争的破坏中复苏，进入16世纪后资本主义手工业有了十分迅速的发展，特别是呢绒、纺织、印刷、玻璃、制陶等行业更是令人瞩目。在"地理大发现"和新航路开辟的刺激下，法国商业也迅速繁荣。在工商业兴旺发达的同时，法国农村封建领主制解体与封建地主制建立的进程也明显加速。而15世纪末开始的"价格革命"则直接导致了"穿袍贵族"的崛起和"佩剑贵族"的没落。新航路开辟后，大量贵重金属涌入欧洲，在西欧引起了"价格革命"，金银贬值，货价上涨。而这又刺激着社会上层阶级追求生活的奢华。由于王公贵族挥霍无度，政府债台高筑，政府不得不在发行公债的同时也公开卖官鬻爵。由此，一个官吏阶层逐渐在殷实的资产者中间产生，由于这些贵族化了的资产者任职时必须穿一种袍服，故称"穿袍贵族"。面对这些新兴贵族的挑战，日趋没落的封建贵族（佩剑贵族）希望有强大的王权来保护他们手中尚存的经济和政治上的特权，并把宫廷作为追逐名利、获取高官厚禄的最主要场所；而对新兴贵族来说，为了抑制封建贵族，镇压城乡民众对资本原始积累残酷掠夺的反抗，保持国内的统一市场，也拥护强化君主的权力。由于新旧贵族都对王权有所乞求，国王正好左右逢源，并成为凌驾于两大政治力量之上的最高仲裁者。自法兰西斯一世开始，国王的诏书以"此乃朕意"结尾，这表明，国王已凌驾于咨询、司法机构之上，国王的命令成为必须遵守的法律。在意大利战争期间，法国还形成了欧洲各国中最庞大和最有效的行政机构，地方贵族的势力被进一步钳制、削弱，君主制度下的中央集权得以强化。

宗教战争：王权集中的第二次断裂与反弹

在历史上，法国只有很少几次曾经一分为二，分裂成两个互相残杀的敌对集团，宗教战争就是最早的一次。它造成第一次全民族的大对抗，引起两个法兰西之间的剧烈冲突，这种冲突在法国大革命时期，以及很久以后德国占领期间再次发生。在文艺复兴的16世纪，宗教改革是一种新思想，这大概是当时唯一不是发源于意大利人的思想。但法国新教的势力远不及同时期德意志的新教势力，这并非因为法国人思想保守，而在于法国王权相对充分发展以及王权对法国教会的直接控制。因此法国新教传播呈现出这样一种发展轨迹：当新教斗争矛头指向教皇时，王权持默许甚至同情态度；当新教斗争指向天主教本身而有可能危及王室统治时，王权则会对它采取排斥立场。因此法国宗教信仰和封建王权之间的关系可以概括为：信仰事小，王权事大。

法国绝大多数的新教徒都信奉加尔文派，他们后来被称作"胡格诺派"。其主体是资产阶级分子，同时还有一些南部的大贵族。到16世纪中叶，法国围绕天主教和新教的斗争形成了两大互相敌视的集团，不

第五章 陆上强权法兰西

久两个教派之间的争斗演变成封建贵族争夺权利的宗教战争。而在法国王室的心目当中，集中王权远比宗教信仰来得更为重要。1593年7月，亨利四世在圣德尼大教堂正式宣布放弃新教信仰，1594年3月他在欢呼中进入巴黎，并成为全国公认的国王。至此，持续32年之久的胡格诺战争基本画上了句号。这场旷日持久的战争对法国造成的损害与百年战争相比有过之而无不及。以至亨利四世（1589~1610年）在即位后说："交到我手中的法兰西已近乎毁灭，对法国人而言，法兰西可以说已不复存在。"他在1596年甚至悲叹："与继续活下去并在更长时期里去忍受这个国家的苦难相比，去死倒显得更为容易一些。"不过这位新国王自有他的勃勃雄心，他要成为"这个国家的复兴者和解放者"。这位被后人誉为"亨利大王"的君主确实文治武功兼备。

由于国家的统一与王权的威望在宗教战争期间严重受损，亨利四世十分重视恢复和强化中央集权的君主制度，并采取一切措施来巩固他的权威：其一，在宗教方面，于1598年颁布了著名的"南特敕令"，宣布天主教为法国国教，同时又规定在法国全境有信仰新教的自由，新教徒在民事和担任公职方面享有与天主教徒同等的权利；赦免教派冲突中的一切战争行为。南特敕令堪称基督教欧洲国家实行宗教宽容政策的第一个范例。其二，在政治方面，亨利四世的首要目标是稳定社会秩序，他用巨资将反对派首领收买过来，并把大批不驯服的贵族笼络到王宫，这既满足了这些贵族对名利的欲望，同时也使外省局势得以相对缓和。除了收买笼络外，亨利四世必要时也会采取强硬手段，当听说波尔多即将发生叛乱时，他如此告诫他们："我是你们的合法国王，你们的首脑。我的王国是身躯，你们的荣誉就是充当四肢，服从身躯，并且添上血肉、骨头以及一切有关的东西。"其三，在行政方面，将国王参政院分解为国务会议和财政会议等数个分支机构，其中国务会议处于核心地位，由它负责处理内政和外交大事，成员一直限定为12人，并且将一切王室宗亲排除在外。亨利四世还要求司法机关绝对服从王权。当国王颁布南特敕令时，高等法院曾提出抗议，亨利四世便召集法官并告诫他们说：

"现在我要当名副其实的国王,我以国王的身份说话;我要求顺从。是的,司法官是我的右臂,但是,如果右臂长了坏疽,左臂就应该把它砍掉。"在加强中央对地方的控制方面,亨利四世承袭了向各地派遣"督办官"的做法,他们负责处理暴乱事件,保证税收,或核查某些特殊的民怨,目的是提醒人们王权近在咫尺。其四,在经济方面,他有幸得到昔日密友苏利公爵的鼎力协助。苏利出任财政总监后,将发展农牧业视为一切经济活动之首,他有一句传之后世的名言:"耕地和牧场是哺育法兰西的双乳,是真正的秘鲁金矿和宝藏。"另外亨利四世也非常重视奖掖工商,保护关税以及海外殖民活动。例如1595年的一份诏书写道:"经验告诉我们,各王国人民和臣民同邻国和外国人民进行自由贸易,乃是使自己生活达到小康、富裕和殷实的主要手段之一。有鉴于此,我们不愿阻止任何人靠经商来保本求利。"正是在这一思想推动下,1602年、1604年和1607年,法国分别与汉撒同盟、英国和西班牙签订了商贸条约,1608年又在北美建立了魁北克殖民地。

福隆德运动:王权集中的第三次断裂与反弹

亨利四世之后,从1610年起的约半个世纪中,以王权为旗号的集权制度虽然屡遭挫折,甚至在福隆德运动中出现国王及其支持者被迫狼狈逃窜的局面,但王权在曲折中终究还是得到了进一步伸张。而将王权推向光荣与伟大地位的则是两位红衣主教。一位就是后来被人称为法国历史上最伟大、最具谋略也最无情的政治家——红衣主教黎塞留。从1624年至1642年,黎塞留担任路易十三(1610~1643年)的首相达18年之久。黎塞留自幼体弱多病,但性情刚烈,且具有铁的手腕。黎塞留把巩固与发展法国的绝对君主制作为自己的头等大事。对此,他在总结其一生政治活动的回忆录《政治遗嘱》中明确宣称:"我的第一个目的是使国王崇高","我的第二个目的是使王国荣耀"。纵观黎塞留执政时期的所作所为,应该说他很好地完成了自定的使命。

其一,使国王崇高。可以毫不夸张地说,黎塞留执政期间,几乎一

第五章 陆上强权法兰西

直处于宫廷争斗的阴谋与叛乱的旋涡之中。要使国王高于一切，就必须与那些不肯服膺王权的王公显贵进行长期不懈的斗争，1626年，一些贵族图谋架空路易十三并暗杀黎塞留，但阴谋败露了。为使这些高官显贵们付出血的代价，黎塞留找到了一只替罪羊：可怜的夏莱伯爵，他被斩于斧钺之下。1630年又有一场阴谋，这次太后玛丽是主谋。由母后出面向路易十三哭诉黎塞留是个无情无义的小人，要国王将其革职。可惜她们挑错了日子（这天是11月11日愚人日，愚人指太后玛丽和皇后安娜，她们误以为黎塞留失去了国王的宠爱，这也是愚人节的起源）。结果太后被流放到贡比涅，掌玺大臣马里亚克锒铛入狱，王弟加斯东处以大不敬之罪。此事在法国史上被称为"愚人日事件"。在打击图谋不轨的王公显贵的同时，黎塞留还不得不与日益蔓延的新教徒叛乱作斗争。路易十三根据黎塞留的建议，颁布"阿莱斯恩典敕令"，该敕令虽在名义上承认南特敕令，但规定拆除胡格诺教徒的一切要塞，解散其军队和组织。从此，胡格诺派建立的"国中之国"被根除，法王的权威受到了充分尊重，法国的统一得到了进一步发展。

黎塞留还积极加强国家政权建设，为此在中央设立各部大臣，后者在首相领导下掌握实权，此举使贵族权力机构"国务会议"形同虚设。他还把16世纪以来向地方临时派遣的钦差大臣变为总督，由国王任免，其官职不得买卖、转让或世袭。各省的司法、行政、财政大权均在总督的掌控之下，而他们又完全听命于中央。通过这种体制，中央对地方的约束力大大强化。为了便于对地方的控制，黎塞留还在全国各地设立驿站。

在思想文化方面，他首次建立了出版检查制度，并在1630年创办了法国历史上最早的报纸《法兰西报》，用它作为集权政治的舆论工具。黎塞留控制思想文化的另一项重要行动是建立法兰西研究院。该院是法国有史以来第一个试图对文化领域的活动进行规范的官方文化机构。

为了增加国库资金，进一步加强中央集权的经济基础，黎塞留大力推进扶植工商业、海外贸易和殖民活动的政策。如他以发放补助金、授予特权、减免租税等手段鼓励资本主义手工业的发展，支持海外贸易公司，扩大加拿大殖民地，并通过外交途径扩大法国商人在土耳其、伊朗和俄国的市场。对于黎塞留在治国方面取得的成就，路易十三曾由衷地表示感激："你一天所做的事比其他人一个星期所做的事还要多。"

其二，使王国荣耀，即提高法国在欧洲的地位。而在当时要实现这一目标，就必须突破哈布斯堡家族通过"婚姻外交"对法国形成的包围。大致浏览当时欧洲的地图即可看出，法国的四周被哈布斯堡的领土所包围：南边是西班牙；西南边是意大利北部城邦，多为西班牙控制；东边是法朗奇康德区，也在西班牙控制之下；北边则是西属尼德兰。少数不为西班牙哈布斯堡家族所控制的边疆，也受制于奥地利的哈布斯堡家族。洛林公国仍对奥地利的神圣罗马皇帝效忠，今日阿尔萨斯境内的莱茵河沿岸各战略要地也同样效忠。一旦北德也落入哈布斯堡手中，则法国的劣势将更加明显。不过按当时人的道德准则看，黎塞留纯属杞人忧天，因为西班牙和奥地利，与法国一样都信奉天主教。在黎塞留上台之前，欧洲已发生天主教与新教国家之间的三十年战争，黎塞留在天主教会内位高权重，理应支持斐迪南致力于恢复天主教为正统的做法。但他把法国的国家利益看得比任何宗教目标更重要。他红衣主教的身份，并未使他不将哈布斯堡王朝重建天主教权威的企图，视为地缘政治上对法国安全的威胁。对他而言，这不是宗教行动，而是奥地利的政治运作，目的在称霸中欧，从而将法国降至二流国家的地位。而黎塞留要一心防止的正是反宗教改革势力的胜利。为追求现代人所谓的国家安全利益，即在当时，也是首度被称为国家至上的政策，他打算站在新教各诸侯这一边，并利用教会世界内部的分裂。三十年战争虽然要到1648年才结束，但实际上在1642年黎塞留去世时，法国一方已经稳操胜券。法国利用这场战争，终于完成了推翻哈布斯堡王朝在欧洲的霸权，提高法国在欧洲地位的任务。

亨利·基辛格如此评价黎塞留：少有政治家能像他一样对历史造成如此大的影响。黎塞留是现代国家制度之父。他提倡国家至上的观念，并为了法国的利益义无反顾地付诸实施。在他的倡导之下，这个观念取代中世纪的世界道德观成为法国国家政策的指导原则。他的初衷是着眼

第五章　陆上强权法兰西

于防止哈布斯堡王朝独霸欧洲，留给后世的却是一段传奇，引起后两世纪继他而起的君主企图建立法国在欧洲霸权的野心。这些企图一一失败后，均势逐渐成形，最初是事实如此，后来则成为建构国际关系的一种理论体系。

黎塞留 1642 年去世，享年 57 岁。在其弥留之际，神父问他："要不要宽恕你的敌人？"这位一生严于执法因而树敌甚多的政治家坦然回答："除了公敌之外，我没有敌人。"他还在遗嘱中对路易十三说："严惩那些以藐视国家法令为荣的个人，就是对公众做好事。"

黎塞留去世后，其权力由他的忠实接班人、同样为红衣主教的意大利人马扎然继任，其未竟之事业亦由后者较为圆满地完成。马扎然的政治成果首先是 1648 年的《威斯特伐利亚和约》，这一和约对法国来说具有重大意义，它不仅标志着法国对神圣罗马帝国实行肢解政策的成功，而且使得法国领土范围首次跨越了莱茵河。其次是 1659 年与西班牙签署的《比利牛斯和约》，法国永久收回了法王查理八世在 15 世纪末割让出去的鲁西永等地，并在北部边境地区获得了一系列具有战略意义的城镇。和约还规定，西班牙国王之女玛丽·泰雷兹嫁给法王路易十四，法国王室为此可获得 200 万锂的巨额彩礼（最终未兑现），但前提是玛丽·泰雷兹必须放弃西班牙王位继承方面的一切要求。马扎然这一外交努力使得法国与西班牙紧张的关系暂时缓和下来。但在内政方面，此时在理论上已十分绝对的"绝对君主制"在现实中却难免还要碰到不少麻烦，甚至出现让太后、首相及国王丢盔弃甲、颜面全无的尴尬局面，其中最为严重的一场遭遇就是著称的"投石党人运动"（音译为福隆德运动）。这场动乱对法国王室的影响不容忽视，因为自此以后，路易十四再也提不起对巴黎的兴趣，他转而开始在巴黎周围的几个王室行宫轮流居住，亨利四世当年对巴黎表现出的一往情深就此在波旁王室中烟消云散。

路易十四：王权集中的顶峰

1661 年 3 月马扎然去世，他在遗嘱中向已 23 岁的路易十四传授黎塞留的教诲：独揽大权，国王要统治一切。由于当年王室在福隆德运动中被迫外逃的惨况给路易十四留下了深刻的印象，因此这位年轻的国王早就有意凭借君权神授观念强化绝对君主制。马扎然刚一去世，路易十四即向大臣们宣布："此后，我就是我自己的首相。"在他亲政的54年中，路易十四从未委任过首相。所有朝中诸事，不分大小，概由他乾纲独断。对此，他一再宣称，亲自理政乃是"国王的职业"。路易十四最著名的治国名言就是"朕即国家"。他的意志就是法律，从中央到地方的庞大官僚机构，都不过是其旨意付诸实施的工具。无疑，路易十四使法国绝对君主制度达到了极盛。

自诩为"上帝在人间的代表"，并被廷臣们谀称为"太阳王"的路易十四为大权独揽，粗暴地剥夺了巴黎高等法院、全国三级会议等机构对王权的制衡作用。1665年路易十四亲自下令巴黎高等法院停止讨论国王颁布的敕令；3年后，他又命令掌玺大臣毁掉福隆德运动期间巴黎高等法院的3本议事记录。凡是不顺从的法官，路易十四一概予以免职或流放。根据他的意志，全国三级会议在他在位期间停止召开。为了加强对外省的统治，路易十四迅速恢复了在福隆德运动期间被取消的向各省派遣巡视稽查的司法、治安、财产监督官的制度。这些钦差大臣将通常由显贵或元帅担任的各省地方长官置于严密的监视之下。路易十四还极力加强对教会的控制和利用。在他亲政期间，形成已有几个世纪的天主教"高卢主义"发展到了顶峰，1682年路易十四召集法国的高级教士会议，并通过《四条款宣言》重申王权独立丁教权，教皇不得做出任何侵害法国教会自由和权利的事情。

为了体现王权的威严，使宫廷真正成为国家的政治中心，路易十四斥巨资在巴黎西南郊建造凡尔赛宫，建立了极其严格的宫廷礼仪制度，并因此而设立了一系列荣誉职位。由于荣膺这些职位就能够接近国王，并可由此得到丰厚的俸禄和赏赐，于是，谒见国王，进入宫廷成为贵族们朝思暮想的政治目标和生活追求。宫廷的魅力在于装饰的豪华，在于衣着的华丽，在于宴饮的奢侈，在于男人的名望、女人的美丽，贵族们

第五章 陆上强权法兰西

被金钱、名望与权势所吸引,如磁石吸铁般被吸往宫廷,很快便丧失了对抗王权的能力。而路易宫廷的礼仪与娱乐,使法国式的礼节、仪态与欣赏的标准,逐渐传遍各国中上层阶级,成为欧洲传统的一部分。

如果说路易十四国内政策的要旨是极度强化王权,那么,他的对外政策的目标就是使他和他的法国在国际上受人尊敬。为了扩大法兰西的疆域和法国在欧洲的霸权,路易十四在其亲政的54年中,竟有31年让法国处于战争状态之中。伏尔泰在《路易十四时代》中如此评论这位国王在欧洲的征服及其后果:"欧洲各国目睹法国这个强国向四面八方大事扩张,在和平时期征服的土地比路易十四以前的十个国王通过战争征服的土地还多,于是又惊恐起来。德意志帝国、荷兰,甚至对法国国王不满的瑞典,缔结了一项联合条约。英国人咄咄逼人。西班牙人渴求战争。奥伦治亲王千方百计促使这场战争爆发。但尽管如此,却没有一个强国敢于率先发难。"伏尔泰所说的这项联合条约,就是1686年7月神圣罗马帝国、西班牙、荷兰和瑞典结成针对法国的奥格斯堡联盟,1688年荷兰执政奥伦治亲王在"光荣革命"中登上英国王位,于是英国也加入这一联盟。同年,联盟开始与法国交战,在战争进行近10年之后,路易十四眼看取胜无望,更何况法国已难以与几乎整个欧洲继续对抗,遂罢战求和。于1697年签订《里斯维克和约》,法国退出在《尼姆维根条约》以后占据的所有领土,不过斯特拉斯堡仍由法国保留。奥格斯堡联盟战争的结局使路易十四在国际舞台大失颜面,它同时也是路易十四时代盛极而衰的征兆。然而路易十四仍以执欧洲牛耳的霸主自居,并在18世纪之初又挑起了"西班牙王位继承战争"。这场持续了13年的战争使法国元气大伤,最终结果是路易十四的孙子继续拥有西班牙王位,但法西两国不得合并,更得不偿失的是,本属法国的大片海外殖民地因这次战争落入英国之手,奥地利也因这次战争而获得西属尼德兰、卢森堡、米兰、那不勒斯和撒丁岛等地。法国在欧洲世界的竞争力由此日渐衰退。虽然路易十四统治前期,法国经济曾出现繁荣局面,国库也一度充实,但路易十四无休止的征战,不仅使国库空虚,而且还给人民带来深重的灾难。在其统治后期，人民完全可以说是生活在水深火热之中。而且路易十四废除南特敕令之举对法国经济、政治、宗教以及民族心态产生的消极影响也是极其深刻持久的。当时或后来与法国角逐争霸的一些欧洲国家其实都受益于大量接纳从法国逃出的、富有技术资金的新教工商业者。

可以说1661年以后的二三十年时间里，王权的扩张在路易十四时代达到了顶峰。

三级会议：能否成为限制王权的工具？

菲利浦四世在1302年首开召开三级会议的先河。此后，国王常常借等级代表会议来提高自己的权威，扩大王权的社会基础。那么三级会议能否像英国议会一样成为限制王权的工具呢？答案是否定的。这是因为在法国存在近5个世纪之久的三级会议与英国的议会有着不同的性质和特点。

其一，三级会议是法国中世纪的等级代表会议，不是立法机构，而是咨询机构。三级会议也并不像英国议会那样是由王室会议演化而成，而完全是一个独立的外在的组织。会议是应国王的要求而召开的，目的是听取国王的决定，使这些决定具有普遍意义；它只能顺从国王，不能自己做出限制王权的决定。虽然国王有时为了征收新税，以对行政和司法做些改良为交换条件，但在大多数情况下，它很难改变国王的决定，一旦会议违背国王的意志，国王便可以随时将其解散。因此，它不具有英国等级议会的征税决定权与立法权，也没有制定过英国那种限制王权的"自由大宪章"和"牛津条例"之类的文件。

其二，三级会议不是常设机构，无固定的会期。通常是在国家局势出现困难或财政发生危机时，国王为寻求支援和征收新税而召开。会议的召集与闭会，开会的时间与地点，代表的数目与选举方式，全由国王决定。一旦危机消除，财政好转，王权得到加强，三级会议便长期停开，如1506~1588年的82年中及1614~1789年的175年中，就没有召开过。

其三，三级会议没有形成英国式的上下两院。虽然它也像英国那样由教士、贵族和市民代表组成，但始终未形成英国自13世纪起就有的贵族院和平民院。法国的僧侣和贵族未组成上议院，第三等级也不是下议院。两个特权等级与第三等级分开集会，但不是作为两院分别进行讨论，而是出于封建等级与特权观念。确切说，三级会议是由三个不同的会议构成的，僧侣、贵族、第三等级都有自己的会场、办公室、主席、秘书和发言人，各自开会，分别审查代表资格，彼此没有联系。

其四，三个等级的地位与权力极不平等。占全国人口95%的第三等级的代表名额只有两个特权等级的一半，代表的产生也不一样，所有僧侣和贵族聚集在司法区首府，各自召开等级选举会议，直接选出代表。第三等级代表的选举则分阶段进行：首先由第三等级选民在各乡村和城市的教堂区选出一些代表，然后这些代表再从中选出一定数量的代表，最后在司法区首府组成第三等级选举会议，选举出席全国三级会议的代表。表决按等级，一个等级一票，第三等级总是处于2∶1的不利地位。

其五，三级会议不具有英国革命前那种议会的性质，甚至也没有使用议会这个名称。法文"三级会议"是社会各等级之意；法文"议会"一词，在大革命前是指封建时代的高等法院，设于巴黎及外省一些大城市，主要行使司法职能。巴黎高等法院虽有进谏权，可对国王的敕令、法令提出异议，对征收新税有注册权，但自投石党运动失败之后，这项权利已丧失。

其六，法国历代国王都是敌视三级会议的。特别是波旁王朝建立以后，三级会议几乎被取消。首先，国王认为三级会议这种制度是同绝对君主专制的原则相抵触的。国王的权力来自上帝，他只对上帝负责。其次，国王认为三级会议对王权构成威胁，因此总是力图取消它。即使被迫召开，也要利用三级会议在组织上的各种缺陷，在三个等级之间制造纠纷，阻止它们采取行动，使之不能取得任何有损于王权的结果。

可以说，自三级会议诞生之日起，法国就走上了一条与英国不同的政治路径，18世纪末法国的政治动荡局面在这里已经埋下了一条草蛇灰线式的伏笔。

四、启蒙运动的兴起与法国大革命

路易十四于 1715 年去世以后,波旁王朝又继续在法国不间断地统治了 70 余年。在这段岁月中,凡尔赛照旧是舞会不断,一两万大小贵族照旧围在宫廷四周,国王的起居生活照旧是供人瞻仰的盛大仪典,但就在这一如往昔的虚光幻影中,历经了三四百年的绝对君主制大厦却在顷刻之间轰然坍塌,有着千余年悠久文明史的法兰西大地却突然间成为喊杀声震天、断头台遍地的战场与刑场。这其中的缘由,非常值得我们总结与深思。

启蒙运动:书斋里的革命火种

路易十四的法国之所以能够在欧洲占据优势地位,不仅在于其军队的强大与武力的显赫,更重要的是法国为欧洲树立了一种文明的标准。伏尔泰将其列为世界历史上四个文化技艺臻于完美的典范时代之一,而且是四者中最伟大崇高的一个。而按照 19 世纪法国著名作家龚古尔兄弟的说法:"(那个法兰西)是如此之以其声誉为荣,如此之充满了优雅和一种稀世的美妙——那个 18 世纪文质彬彬的法兰西——以至于它变成了一个社交的世界,影响了全欧洲,成为一切民族的一所礼仪学校,成为社会风尚的准则,直到 1789 年。"在路易十四时代之后,法国能够继续走在欧洲和世界各国的前列,也与其在新的历史条件下适时进行一系列思想创新和制度创新有着很大关系。讲到这一点,人们往往会想到启蒙运动与法国大革命。确实这两个事件不仅使法国的社会面貌发生了令人难以置信但却无可置疑的变化,而且还为法国后来的兴盛奠定了坚实的思想与制度的基础。

如果说大革命是一场使法国社会发生翻天覆地变化的政治革命的话,那么在此前发生的启蒙运动则是一场触及法国人灵魂深处的思想革命。可以说历史上很少有别的运动像启蒙运动那样对人的思想和行动产

第五章 陆上强权法兰西

生如此深刻的影响。而当18世纪想用一个词（来概括这场运动）来表述这种力量的特征时，就称之为理性。理性成了18世纪的汇聚点和中心，它表达了该世纪所取得的一切成就。那么何谓"理性"？狄德罗在《百科全书》的"理性"一条中指出，理性除了其他含义外，有两种含义是与宗教信仰相对而言的，即一是指"人类认识真理的能力"，一是指"人类的精神不靠信仰的光亮的帮助而能够自然达到一系列真理"。启蒙学者所谓的理性就是在这两种含义上使用的。在他们看来，理性是一种"自然的光亮"，他们的使命就是要用这种理性之光去启迪人类，去照亮中世纪宗教神学布下的黑暗和愚昧。康德发表于1784年的《答复这个问题："什么是启蒙运动？"》一文中指出："启蒙运动就是人类脱离自己所加之于自己的不成熟状态。不成熟状态就是不经别人的引导，就对运用自己的理智无能为力。当其原因不在于缺乏理智，而在于不经别人的引导就缺乏勇气与决心去加以运用时，那么这种不成熟状态就是自己所加之于自己的了。要有勇气运用你自己的理智，这就是启蒙运动的口号。"所谓"要有勇气运用你自己的理智"也就是像恩格斯所说的那样："一切都必须在理性的法庭面前为自己的存在作辩护或者放弃存在的权利。"

启蒙运动是大革命的火种，而且启蒙思想家们也确实早已预见到这场革命的来临。例如卢梭于1762年在《爱弥儿》一书中写道："我们正接近危机状态和革命时代，那时候谁知道你会变成什么样子呢？"伏尔泰于1764年致肖夫兰的信中说："种种迹象表明，种子已经播下，革命必将到来，但我大概不能是目击者了。"哲学家们和政治家们都曾隐约地看到、甚至希望革命的发生，但应该说革命的进程大大偏离了这些启蒙思想家的最初设想。法国著名大革命史专家阿·索布尔这样评价理想与现实之间的差距："现在，革命终于从观念的范畴转变成为现实。但革命一旦脱离了思辨的领域进入形成的生活和历史的领域，这个词便具有了崭新的意义：它激动着人们的心，使一些人产生希望和信念，使另一些人怀有恐惧和仇恨。对长期生计艰难的人民来说，那整整5年是充满着期待或威胁的活生生的现实，它以不可抗拒的威力，使所有的人不能不接受它。从那以后，革命这个词始终没有丧失其价值和力量。它引起狂热或仇恨、恐惧或希望，它一直活在我们时代的人的意识里。"而大多数启蒙思想家（卢梭除外）所热望的革命却只是一种彻底的人类思想的革命，是以科学理性取代宗教狂热和政治拼杀的革命；他们的主张是在理性的原则下和平地实行社会政治改革，而不是那种将王权一笔勾销的血腥屠杀，更不是那种导致秩序崩溃的"恐怖政治"。这样说并不意味着启蒙思想与大革命无关，可以说正是由于启蒙思想的传播，人们才有勇气运用自己的理智，让一切都必须在理性的法庭面前为自己的存在作辩护或者放弃存在的权利。

双元革命：为法国在近现代强盛奠基的大革命

如果说19世纪的世界经济主要是在英国工业革命的影响之下发展起来的话，那么它的政治和意识形态则主要是受到法国大革命的影响。英国为世界各国的经济发展模式提供了范例，它所推动的工业化进程破坏了非欧洲世界的传统经济和社会结构；而法国则引发了世界范围内的革命活动，并赋予其思想，以至于自由、平等、博爱等思想成为每一个新生国家建国所必须遵循的原则。列宁如此评价大革命对于19世纪的意义所在：这次革命给本阶级，给它所服务的那个阶级，给资产阶级做了很多事情，以至整个19世纪，即给予全人类以文明和文化的世纪，都是在法国革命的标志下度过的。19世纪在世界各个角落里只是做了一件事情，就是实行了、分别地实现了、做到了伟大的法国资产阶级革命家们所创始的事情。也正是由于大革命在人类历史上所起的重要作用，英国历史学家艾瑞克·霍布斯鲍姆把1789年的法国大革命和同时期发生的（英国）工业革命称之为"双元革命"。并认为虽然这场双元革命的主要载体和象征是法、英两国，但是，我们不应把这场革命看成是属于这两个国家的历史事件，而应看作是一座覆盖了更广泛地区的火山的孪生喷发口，位于法国和英国的火山口同时爆发，并且各具特色，这既不是偶然，也不是没有意义的事件。对世界历史而言，它最引人注目的后

第五章 陆上强权法兰西

果就是几个西方政权（特别是英国）建立了对全球的统治，这是史无前例的事件。在西方的商人、蒸汽机和坚船利炮面前，以及在西方的思想面前，世界上的古老文明和帝国都投降了，崩溃了。

如果霍布斯鲍姆的论断能够成立，那么就是说启蒙运动、大革命以及之后的拿破仑时代等一系列历史事件造就了法国的崛起以及对全球的统治，并使得法国的崛起具有了普世意义。这一点当时就有人看得十分清楚，例如《晨邮报》1789年7月21日论巴士底狱的陷落时这样说："英国人一定是丧失了所有的道德和自由感，否则怎么会对这场世界经历过的最重要革命，对它正在进行的庄严方式，不表敬仰赞赏？凡有幸目睹这一伟大城市最近三天发展的同胞，一定不会认为我的话是夸张的。"而后世的历史学家对于这一点看得更加深刻：法国为世界大部分地区提供了自由和激进民主政治的语汇和问题。法国为民族主义提供了第一个伟大的榜样、观念和语汇。法国为多数国家提供了法典、科技组织模式和公制度量衡。经由法国的影响，现代世界的思想观念首次渗透进迄今曾抗拒欧洲思想的古老文明世界。以上便是法国大革命的杰作。

法国大革命或许不是一个孤立现象，在它前后发生了一系列类似的革命运动，但毫无疑问它比其他同时代的革命重大得多，而且其后果也要深远得多。其一，它发生在欧洲势力最强大、人口最多的国家（俄国除外）。在1789年时，差不多每5个欧洲人中就有一个是法国人。其二，在它先后发生的所有革命中，唯有它是真正的群众性社会革命，并且比任何一次类似的大剧变都要激进得多。托克维尔说，法国人在1789年做出了任何其他民族都不曾做出过的巨大努力，来从根本上改变他们的命运，并在他们迄今为止的历史和他们所希望的未来之间开出一道鸿沟。恩格斯也谈到，在法国，革命同过去的传统完全决裂；它扫清了封建制度的最后遗迹。其三，革命改变了法国国内政治以及国际政治的面貌。在法国大革命以前的欧洲，国家与国内社会的基本关系是王朝政治，平民很少参与国家事务，更是极少参与国家对外事务。即使在英国等极少数存在议会主权或有半独立的立法部门的国家，对外政策控制权也主要由行政部门掌握。国际政治的操作者们（各国国王、文臣武将、宫廷外交家等）构成了著名国际关系理论家汉斯·摩根索笔下的所谓"贵族国际"。大革命急剧改变了法国的国内政治结构，并形成了由革命意识形态塑造的现代民主政治理念，最终变更了整个国际政治。而所有这些变革的起点是"人民主权"观念。法国革命者首开建立国民议会并奉其为国家最高权力的先河，正是这个国民议会在 1789 年宣布主权属于整个民族。卢梭提出的否定狭隘封建关系的"公意"（General Will），终于体现为大众政治和民族主义的纲领——人民主权论，被他奉为最高美德的爱国主义，也从抽象的道德原则转化为推动革命的全民族信念。而这些 1789 年原则构成了我们今天所说的"现代民主政治"的全部内涵。因为它的出现，政治权力被脱胎换骨，从王室的深宫后院走到人民中间，人民成为政治权力唯一的源泉，这就是民主政治的实质，也是法国大革命的历史贡献。从这个意义讲，法国大革命比英国工业革命具有更深远的意义。即使今天我们身处所谓后工业时代，但这些民主政治的基本原则却仍然必须被各国政治家所遵循。其四，只有法国大革命是世界性的。它的军队开拔出去改造世界；它的思想实际上也发挥了相同作用。美国独立革命尽管在法国大革命之前发生，但此后美国建国的历程深深地受到法国大革命原则的影响，以至于小说家毛姆曾这样说，法国人死后灵魂去天堂，美国人死后灵魂到巴黎。不仅对于美国，法国大革命对所有国家而言，都是一个重要的里程碑。它引起了 1808 年后导致拉丁美洲解放的起义。其直接影响远至孟加拉国，该地的罗姆莫罕·罗易在法国大革命激励下，创立了第一个印度人的改革运动，并成为现代印度民族主义的鼻祖。甚至大革命成为西方基督教世界第一次对伊斯兰教世界产生实际影响的伟大思想运动，而且这种影响几乎是立即发生的。例如到 19 世纪中期，以前仅表示一个人出生地或居住地的土耳其词汇"vatan"，在法国大革命的影响下开始变成类似"patrie"（祖国）的意思。它的间接影响更是无处不在，因为它为日后所有的革命运动提供了榜样，其教训融入了现代社会主义和共产主义之中，并不时地激励着激进的民主运动。

第五章　陆上强权法兰西

五、拿破仑的崛起与第一帝国的兴亡

拿破仑战争是大革命的继续，拿破仑帝国是法国革命的最后阶段。它不仅敲响了几个世纪以来在欧洲居于支配地位的"王朝秩序"的丧钟，而且使欧洲大陆各国面临自罗马帝国崩溃以来最为严重的霸权威胁。在生存逻辑的逼迫下，欧洲其他国家为维护自身的利益与安全，不得不进行一系列的外交和军事努力，以抗击法国意识形态的扩散与称霸欧洲的企图，通过组建了多达6次的反法联盟，最终摧毁了不可一世的拿破仑帝国，并在某种意义上重新恢复了欧洲的均势。

当然，这个历史进程也是法国权力急剧崛起然后又迅速坍塌的过程。

从捍卫革命到争夺霸权

1797年10月法国与奥地利签署了《坎波-佛米奥和约》，和约规定奥地利承认法国对比利时、莱茵河西岸的占领以及在北意大利建立的山内共和国。这实际上是承认了法国占有其几个世纪以来梦寐以求的以莱茵河、比利牛斯山以及阿尔卑斯山为界的"自然疆界"。拿破仑曾不无得意地宣称，法国已经成功地建立了伟大的国家，它的领土疆界就是自然向它提供的疆界本身。这一事件标志着第一次反法同盟的失败，以及法国崛起成为一个霸权国家的开始。

法国在欧洲优势地位的确立

1799年"雾月政变"之后，拿破仑掌握了法国的最高权力，但仍面临英、奥、俄第二次反法联盟的威胁。刚刚执政的拿破仑知道经过8年战争的法国迫切需要和平，哪怕只是一个短暂的和平抑或一个喘息的机会。因此，他曾向三国君主提出停战建议，但均遭拒绝。拿破仑法国要维持自己的大国地位，除了战胜外敌已无其他选择。在取得 1800 年对奥地利的马伦哥战役胜利之后，拿破仑利用反法联盟内部的矛盾，尤其是俄英矛盾，极力拉拢俄国、孤立英国。不久俄国退出反法联盟，加之奥地利的失败，使英国陷入孤立，英国被迫接受和谈。1802 年英法签订《亚眠和约》，和约的签订标志着第二次反法联盟的结束以及法国在欧洲优势地位的确立。

成为霸权国家

马伦哥战役的胜利以及《亚眠和约》带来的和平使拿破仑在国内的统治地位更加稳固。但《亚眠和约》带来的和平即使不是虚幻的，也至少是极为短暂的。由于该和约未能真正解决英法两国在经济、政治、势力范围上的长期矛盾，所以双方均无意切实履行和约中对自己不利的条款。法国著名历史学家、《拿破仑时代》一书的作者乔治·勒费弗尔对《亚眠和约》后的欧洲政治格局以及拿破仑永无止境的霸权欲望曾做出如此评价："作为民族领袖，拿破仑在签订《亚眠和约》时已经达到他命运的顶峰。欧洲已同意放下武器，不再反对他对自然疆界的要求。但是他那种一遇机会就一发不可收拾的权力欲，未能使他对这样的成就感到满足；而法国在成为自己命运的主宰时，如果只关注自己的民族传统和民族利益，它本来会对这些成就感到满意的。拿破仑如果停止干扰英国在海上和殖民地的事业，同意对英国贸易重新开放法国市场，并且满足于对其邻国施加他力所能及的而又为法国疆界安全所需要的合法的影响的话，那么法国将一无所失。"的确，拿破仑并未满足于《亚眠和约》后的欧洲政治格局，也并不满足于法国已经取得的优势地位。1802 年 8 月，拿破仑吞并了厄尔巴岛；9 月，吞并了皮埃蒙特；10 月，又占领了帕尔马；同月，派兵占领了瑞士。在德意志，拿破仑还将势力扩充到莱茵河以东的地方，对德意志的领土进行重新划分，扩大普鲁士以及巴伐利亚、巴登、府腾堡等亲法邦的领土，削弱奥地利在南德的影响。与此同时，拿破仑还积极在海外进行殖民扩张并再次染指中东地区。此外，法国于 1802 年 12 月宣布，荷兰及意大利的港口禁止向英国商人开放并宣布法国将大力建造战舰,将战舰的数量提高一半。拿破仑的这一系列霸权行为,令英国十分不安。1803年5月英国政府对法宣战。但在英国向法国宣战后的整整两年的时间里,其他国家慑于拿破仑帝国的强大权力,并没有加入英国的反法战争中去。相反,一些国家还公开追随法国,与英国为敌。如西班牙于1803年10月与法国签订了同盟条约,次年12月更是紧随法国向英国宣战。这表明欧洲大陆各国已经承认了法国的欧洲霸主地位。

霸权扩张与霸权制衡

尽管大陆国家极力避免挑战法国的霸权,但拿破仑在大陆上永无止境的扩张以及称帝行为,使得欧陆大国俄国、奥地利最终加入了反法联盟。1804年5月,拿破仑称帝。这表明拿破仑已不满足于做法国的最高统治者,而且要做凌驾于欧洲各国君主之上的帝国的皇帝,重温往昔神圣罗马帝国皇帝的旧梦。俄皇亚历山大拒绝承认拿破仑的帝号,并着手与英国谈判建立反法联盟事宜。次年4月,英、俄两国签订反法同盟条约,英国则答应对参加反法联盟的俄军提供补助金。1804年11月,英国与瑞典也签订了条约,瑞典加入了反法联盟。拿破仑称帝的行为尤其令奥地利寝食难安,这对拥有神圣罗马帝国皇帝称号的奥地利皇帝弗兰茨二世是公开的挑战和蔑视,拿破仑称霸欧洲的野心昭然若揭。1805年3月,拿破仑更是宣布自己为意大利国王,6月又吞并了热那亚和卢卡。拿破仑的所作所为极大地损害了奥地利的威望和利益,1805年8月,奥地利也加入了反法联盟。至此,第三次反法联盟正式形成。

法国霸权的极盛

反法联盟国家与法国的战争分别在海上和陆上进行。在海上,英国海军于1805年10月的特拉法加海战中全胜在数量上超过自己的西班牙、法国海军,法国海军全军覆没。拿破仑登陆英伦三岛的企图完全破灭。但在陆地战役中,法军大获全胜。1805年12月,在奥斯特利茨战役中,拿破仑以少胜多，大败俄、奥联军。奥地利被迫求和。第三次反法联盟勉强维持4个月即宣告失败。奥地利失败后，被迫与拿破仑签订了苛刻的《普莱斯堡和约》。奥地利被迫承认拿破仑对意大利的占领以及承认拿破仑为意大利国王；将在德意志境内的部分土地割让给法国的盟国巴伐利亚。通过这一和约，奥地利丧失了1/6以上的人口，结束了在德意志的优势。1806年6月，奥地利皇帝弗兰茨取消了自己的神圣罗马帝国皇帝称号，历时800余年的德意志神圣罗马帝国寿终正寝。不过对于俄、奥惨败最感失望的无疑是第三次反法联盟的组织者英国首相小威廉·皮特。此人在闻讯后即一病不起，并在临死前要人取下挂在墙上的欧洲地图："卷起来吧！今后10年不需要它了。"

皮特临终前所说的悲伤预言很快就成为现实。在奥斯特利茨大捷后，拿破仑毫不留情、随心所欲地开始用他的战剑重新绘制欧洲地图。除了已经占有的"自然疆界"外，现在拿破仑本人是意大利国王；而他的兄弟约瑟夫·波拿巴以及路易·波拿巴则分别成了那不勒斯国王和尼德兰国王。1806年7月，包括巴伐利亚、符腾堡、巴登等在内的南德16邦宣布脱离神圣罗马帝国，建立了庇护在拿破仑羽翼下的莱茵联盟。而西班牙则是屈从于法国的盟友。这样，到1806年时，拿破仑已经建立了一个包括法国本土、意大利半岛、德意志南部部分地区，势力波及西班牙的庞大的帝国，其疆域直逼查理大帝时期（800~814年）的神圣罗马帝国。拿破仑的大帝国甚至是在它建成之前，已显出它不过是一统天下的开始。欧洲再一次面临一个普世性帝国统治的危险。

大陆封锁体系

英国密切注视着大陆上所发生的令人不安的剧烈变化，并积极寻找着盟友。俄国也对拿破仑的所作所为深感不安。但英、俄都在试探与法国和谈的可能性。而此时，曾在欧洲冲突中中立达10年之久（1795~1805年）的普鲁士因不满拿破仑的政策而走向了法国的对立面。拿破仑在德意志的侵略行为，组建莱茵联盟，特别是将原先已许诺给普鲁士的汉诺威又变成法国与英国谈判时讨价还价的筹码，令普鲁士深感失望。俄、

第五章 陆上强权法兰西

普迅速接近。1806年7月，双方在柏林签署了针对法国的秘密宣言。英国也及时地向普鲁士表示，一旦普鲁士加入反法阵营，英国将为普鲁士提供补助金。第四次反法联盟形成。

然而，与第三次反法联盟相比，第四次反法联盟国家不仅成员较少，更主要的是彼此间根本没有军事上的配合与合作。英国并没有与法国进行军事上的接触，彼此间的"战争"仅局限于以"封锁"与"反封锁"为主要内容的经济战。而真正与法国发生战争的普鲁士与俄国却互不配合、各自为战。1806年10月1日，普鲁士向拿破仑发出最后通牒，要求他10日内撤出莱茵地区。拿破仑则以三路大军大举入侵普鲁士作为回答。孤立无援的普鲁士在拿破仑优势兵力的打击下，全军覆没。在打败普鲁士后，拿破仑又挥师东进，将矛头指向俄国。1807年6月，法军在弗里德兰大败俄军，法军直逼涅曼河，俄国本土面临被入侵的危险。孤立无援之际，俄皇决定与法和谈。至此，第四次反法联盟彻底崩溃。

在击败普鲁士、俄国后，拿破仑在欧洲大陆已处于绝对支配地位。但拿破仑并不满足于在欧陆上的支配地位，他再一次将目光投向了仍桀骜不驯的英国。鉴于特拉法加海战后，法军已无法登陆英国本土，因而拿破仑寄希望于通过经济封锁来"绞死"英国。拿破仑曾对他的弟弟、荷兰国王路易说："我的意图是用陆地征服海洋。"拿破仑认为，以贸易立国的英国一旦发现英国船只满载着毫无用处的财富在公海上徘徊，找不到一个对他们开放、能够接待他们的港口，英国的财政将遭到毁灭性的打击。到时，不仅英国无力资助大陆国家的反法战争，反而会陷入一场内乱之中。拿破仑开始着手进行旨在排斥英国贸易的大陆封锁，它也被称为"大陆体系"。1806年11月，拿破仑大军攻占普鲁士首都柏林后，颁布了著名的"柏林敕令"，宣布英国各岛处于封锁状态，禁止一切从属于法国的国家与不列颠三岛以及英国各殖民地进行贸易往来。

出于联手对付英国的需要，拿破仑对战败后俄国的处理极为宽宏大量。在1807年7月签订的《提尔西特和约》中，两国瓜分了俄国先前的盟友普鲁士的部分土地，法国在所瓜分的普鲁士土地上建立一个由拿破仑的弟弟吉罗姆任国王的威斯特法利亚王国；俄国承认法国先前在欧洲所作的领土变动；俄国加入拿破仑的大陆体系，等等。对于这一和约，恩格斯曾做出如此评价："虽然它（沙皇）在两次战役中都打败了，但是它却靠牺牲自己昨天的同盟者而获得了新的领土，并且同拿破仑结成了同盟来瓜分世界：西方归拿破仑，东方归亚历山大。"对于被彻底击败的近邻普鲁士，拿破仑的和约条款却极为苛刻。在1807年7月签订的对普和约中，普鲁士失去了一半的人口和土地，并承担义务加入大陆封锁以及支付巨额的战争赔款。

俄、普加入了拿破仑的大陆封锁后，拿破仑帝国的势力盛极一时。1807年10月，拿破仑颁布"枫丹白露敕令"；紧接着又颁布两道"米兰敕令"，宣布凡是来自英国港口、来自英国殖民地以及来自英国占领国家的船只或开往这些国家的船只一律没收。拿破仑对英国的经济绞索越拉越紧。更为严峻的是，英国在欧洲大陆的先前盟友俄国、奥地利纷纷易帜，站到拿破仑一边向英国宣战。甚至先前的中立国丹麦也与法国结为盟国。这样，英国不仅在经济上被排除在大陆体系之外，而且在政治上也陷于孤立。在拿破仑大陆体系的打击下，1807~1808年的英国贸易面临很大的困境，出口大大地减少了。特别是1808年，海关的课税值以及申报值都较前有较大幅度的下降。失去欧洲这一广阔的大市场，对像英国这样一个岛国来说，损失是难以估量的。大陆封锁的初步成功进一步刺激了拿破仑的征服欲望。

大陆封锁的困境与帝国的"西班牙溃疡"

尽管大陆上的主要国家都加入了拿破仑的大陆体系，站在拿破仑一边，但这并不意味着拿破仑的大陆体系就是牢不可破的。它们站在拿破仑一边，更多是在拿破仑军事压力下无可奈何的选择。像俄、普、奥三国就是在军事上屡屡失败后迫不得已而加入拿破仑的大陆体系的。当然，也不排除一些国家（如南德意志诸邦）是想借此谋求一些额外的利益。这意味着，一旦拿破仑帝国在军事上遇到麻烦或大陆体系不能给它们带来实惠，这些国家就有可能与拿破仑分道扬镳，拿破仑苦心经营的大陆体系就有可能土崩瓦解。

第五章　陆上强权法兰西

从表面上看，拿破仑的大陆体系到 1808 年时，似乎取得了极大的成功，它囊括了欧洲大陆几乎所有的国家。然而，若从经济的角度来看，这一体系本身却有着致命的内在缺陷。大陆封锁若要产生所期待的效果，就必须严格付诸实施。而一旦严格执行，又面临诸多难题。其一，由于英国是海上强国，英国凭借强大的海军在北海、地中海甚至是法国的一些沿海岛屿都建立了据点，成为英国货物向大陆走私或渗透的桥头堡。法国对此无可奈何。同时，英国利用其强大的海军对大陆国家实施反封锁，隔断大陆国家与海外殖民地的贸易往来。而英国却可以继续与北美以及海外殖民地贸易。况且，葡萄牙还没有加入拿破仑的大陆体系，英国通过葡萄牙将贸易延伸到伊比利亚半岛。其二，由于英国是最早爆发工业革命的国家，具有强大的工业实力。英国先进的工业产品和技术为大陆国家所需要。英国与欧洲大陆的贸易在本质上是一种互补性的贸易，而非竞争性的，所以，一旦大陆完全被封锁，受损失的将不仅是英国，大陆国家所受的损失甚至会更大。正如奥地利外交大臣梅特涅曾经预言："这样大量的法令和敕令将会使整个欧洲大陆的商人的地位遭到破坏，但对英国人来说却利多弊少。"其三，由于英国处于欧洲的金融中心地位，具有雄厚的资金，它为大陆经济的发展甚至是一些王室的开支都提供了必要的资金来源。一旦割裂，对欧洲大陆各国无疑是十分沉重的打击。正是出于对英国自身经济实力的自信，英国人曾嘲笑拿破仑的大陆封锁是试图"封锁月亮"。其四，更为严峻的是，大陆体系在经济上的内在缺陷还可能诱发法国与执行大陆体系国家的矛盾与冲突，播下了不和的种子。实际上，拿破仑本人也知道大陆封锁给大陆国家带来的困境，但出于霸权战略的考虑，他不愿放弃这一在他看来可能会置英国于死地的战略举措，他宁愿用一种乐观的舆论宣传来驱散大陆国家的恐惧和不满。他说，欧洲必须忍受暂时的困难，以便从英国的"海上暴政"和商业控制下解放出来。在拿破仑那里，实施大陆封锁是与结束英国的"海上暴政"和商业霸权联系在一起的，是一枚硬币的两面。

正因为大陆封锁是与"绞死"英国、建立法国大帝国的战略密切相连，因而尽管困难重重，拿破仑仍执着地执行着大陆封锁。鉴于葡萄牙没有加入体系且成为英国向大陆进行贸易渗透的重要基地，1807年7月，拿破仑要求葡萄牙与英国决裂。在遭到拒绝后，拿破仑于10月向葡萄牙宣战。在拿破仑派兵攻打葡萄牙时，拿破仑盘算的已不仅是拿下葡萄牙，更重要的是一并占有西班牙，由法国直接控制，一劳永逸地解决大陆体系在伊比利亚半岛的"裂口"。拿破仑出兵葡萄牙，特别是粗暴地干预西班牙的王室纠纷并将自己的哥哥约瑟夫扶上西班牙国王的宝座，激起了西班牙人民的强烈愤慨。1808年5月，西班牙首都爆发了反法起义，起义迅速蔓延到西班牙各地。与此同时，葡萄牙人民也起而反抗法军的入侵。伊比利亚半岛人民的起义对正处于困境中的英国来说，恰似一场及时雨。1808年8月，英国派年轻的韦尔斯利（即未来的惠灵顿勋爵）率部登陆葡萄牙，开始了"半岛战争"。在葡萄牙游击队的支持下，英军进展迅速，很快将法军逐出葡萄牙。与此同时，约瑟夫也慌忙从西班牙逃出，首都马德里解放。直到拿破仑帝国覆亡，拿破仑也始终未能扑灭西班牙人民的起义之火，西班牙战场成为牵制法国军事力量、动摇法国大陆体系、耗尽帝国资源并最终导致帝国"坏死"的"西班牙溃疡"。

第五次反法联盟与入侵俄罗斯

拿破仑帝国是建立在不断的军事胜利的基础之上，一旦拿破仑的军队在西班牙战场上遭受挫折，帝国的危机也就为时不远了。拿破仑军队在伊比利亚半岛泥足深陷则令普鲁士、奥地利等国的君主欢欣鼓舞。一场新的反法联盟运动应运而生。不过第五次反法联盟的真正参加国只有英国与奥地利两国，且双方在战场上并没有进行配合。1809年4月，奥地利仓促地发动了对法战争。等待奥地利的是法国军队的迎头痛击。虽然奥军经过改革后，战斗力大大增强，几次给法军以重创，但毕竟力量悬殊，5月，法军占领奥地利首都维也纳；7月，法军在维也纳附近大败奥军，弗兰茨一世被迫求和。第五次反法联盟瓦解。奥地利战败和《维也纳和约》签订后，拿破仑的帝国继续"膨胀"。1810~1811年间，法国先后吞并了荷兰王国、瑞士的瓦里以及利佩至特拉弗河一线以北的德意志各邦。与此同时，拿破仑还加大了对英国的封锁力度，两度颁布封

第五章 陆上强权法兰西

锁令。封锁和吞并成了拿破仑帝国的两大支柱。

与帝国一同"膨胀"的还有拿破仑的野心。拿破仑对权力与成功的崇拜已到了玩世不恭的程度,他说:"要主宰世界只有一个诀窍,那就是要强大,因为力量强大就无所谓错误,也没有幻想可言;这是赤裸裸的真理。"拿破仑的"赤裸裸"的权力观必然与俄国的利益发生冲突。与对欧陆并无领土要求的海上强国英国不同的是,俄国是个陆上强国,从波罗的海到中欧、从巴尔干到土耳其,都有着广泛的利益和领土要求。而且,与地处欧洲心脏地带的普鲁士与奥地利不同的是,俄国位于欧洲的东部,退可守、进可攻,地理位置优越。且俄国四周并无强国,只是一些积贫积弱的弱国和小国,没有强邻环伺之虞,相反还有开疆拓土、攻城略地之利。作为一个拥有优越地理位置与广袤领土的陆上大国,俄国当然不会坐视拿破仑帝国的无限扩张。

早在《维也纳和约》签订之时,俄、法两国的矛盾就已显露。拿破仑对俄国在法、奥战争中"隔岸观火"的做法十分不满,因而在和约中并未满足俄国的要求,只给了俄国一点点"象征性"的战利品——将加里西亚的一小部分割给俄国。尤令俄国不满的是,和约允诺建立一个华沙大公国,并最终拒绝了俄国提出的"波兰王国永远不得恢复"的要求。法、俄矛盾又因拿破仑变本加厉的大陆封锁而加剧。自从加入大陆体系后,像所有的农业国一样,俄国吃尽了封锁的苦头,但却得不到任何补偿。由于执行大陆封锁,俄国商业凋敝,财政也陷入困境,地主和贵族怨声载道。面对变本加厉的大陆封锁以及拿破仑漫无止境的势力扩张,亚历山大开始不履行大陆封锁。俄国破坏大陆封锁、公然蔑视拿破仑的"反叛"行为,是拿破仑无法忍受的。拿破仑决心用帝国的铁蹄来粉碎俄皇的傲慢与反叛。

但俄国毕竟是面积广袤并曾令北欧强国瑞典的查理十二(1682~1718年)惨遭失败的欧洲大国,拿破仑不得不慎重行事。在对俄作战前,拿破仑进行了一系列的外交活动。1812年6月,拿破仑亲率40余万大军大举入侵俄国。拿破仑希望以速战速决的方式迅速击溃俄军,迫使亚历山大求和。然而,法军却陷入了俄罗斯一望无际的广阔平原之中,始终捕捉不到俄军的主力。在一望无际的俄罗斯平原上,法军陷入了严重的补给困难,而恶劣的气候更是让士气一落千丈。9月，法军付出重大代价攻入了莫斯科，但从此陷入了莫斯科的严冬和俄军、哥萨克人的时时侵扰之中，拿破仑再也无力向前推进。10月，拿破仑被迫下令撤退。在饥饿、严寒以及俄军、哥萨克人的多重打击下，法军的撤退变成了灾难性的溃退。到12月，法军最终撤离俄国时，拿破仑的40余万大军只剩下不足3万人。大帝国的盾牌大军已不复存在。拿破仑入侵俄国的彻底失败，加速了拿破仑帝国的崩溃。在这种情况下，最后一次反法联盟不仅包括法国的宿敌和受害者，更联合了那些急于站到此刻明显将取得胜利那方的国家。

拿破仑帝国的崩溃

法国的宿敌、反法联盟的积极支持者和组织者英国，除了继续在西班牙牵制并痛击法军外，还积极组织第六次反法联盟。1813年3月，英国以许诺让瑞典得到挪威为条件，说服后者派兵参加反法联盟。6月，英国又与俄国、普鲁士签订同盟条约，英国向俄、普提供补助金，而俄、普则承诺不与法国单独媾和。至此，包括英、俄、普、瑞典、西班牙以及葡萄牙在内的第六次反法联盟终于形成。8月12日，奥地利对法宣战。英国随即将补助金覆盖到奥地利。这样，欧洲所有的大国都加入了反法联盟。

法军在反法联盟优势兵力进攻面前，兵力损耗极为严重。到1813年10月双方在莱比锡大战前夕，拿破仑在莱比锡所能调集的兵力仅16万，而围攻他的盟军则是他的两倍，达32万。在这场决定拿破仑帝国生死存亡的决战中，拿破仑军队遭受重创，被迫向本土溃退。拿破仑帝国迅速瓦解。巴伐利亚、符腾堡等德意志邦纷纷倒戈，加入反法联盟中。而在此之前，惠灵顿指挥的英国军队在西班牙人、葡萄牙人的积极配合下成功地将法国军队赶出西班牙。反法联盟军队节节推进，已攻打到法国本土。在协调各国立场、缓解联盟内部的分歧后，反法联盟军队大举入侵法国本土，并于3月底进入法国首都巴黎。4月6日，拿破仑被迫宣布退位。拿破仑帝国彻底覆亡。1814年5月30日，法国与反法联盟国家签署了《第一次巴黎和约》，从法律上宣告了拿破仑帝国的灭亡。后来，拿破仑虽一度从被流放的岛屿上潜回，希望东山再起，但不过百

第五章 陆上强权法兰西

日即被再次击败。拿破仑帝国一去不复返了。

从1793年第一次反法联盟的组建到1815年拿破仑帝国的彻底崩溃，欧洲国家经历了前后长达23年的血腥战争时期。在这23年中，它既目睹了法国权力的急剧上升，又见证了拿破仑帝国的崩溃和法国权力的衰落。它以生动的史例向我们展示了在一个无政府的国际政治舞台上，权力可能具有的优点以及它巨大的破坏力。它也清晰地展示了国家在面临霸权，特别是极具侵略性的霸权威胁下的种种行为反应以及个中原因。从这一段的史实中，我们可以进一步得出如下结论：在拿破仑崛起后，他至少有两次可以在确保法国在欧陆的霸权的情况下"金盆洗手"，无论是1802年的《亚眠和约》，还是1807年的《提尔西特和约》，都基本上默认了法国业已夺取的领土和享有的优势。假如拿破仑就此罢手，满足于业已取得的优势，做一个"仁慈的霸主"，他很有可能保住法国在大革命后的历次战争中所夺取的领土及享有的优势。但拿破仑欲壑难填。他不仅要牢牢地占有"自然疆界"，还要建立一个庞大的帝国。他不满足于做法国的第一执政，而要做堪与中世纪查理大帝相媲美的"皇帝"。虽然他或许认识到，时代已发生了剧烈的变迁，重温往昔帝国的迷梦已不再现实，他在加冕后的第二天曾说："我来得太晚了，人们都太开明了。现在已不可能干大事情了。"但他仍勉为其难。他不仅自己兼任意大利国王，还将自己的诸多兄弟分封为自己羽翼下的众多国家的国王，建立了一个庞大的家族王朝。他不断地打击和削弱奥地利与普鲁士，在德意志的土地上建立一个受法国控制的莱茵联盟。他不断地收紧"大陆封锁"的绳索，不仅激起了伊比利亚半岛人民的起义，也使得他与亚历山大分道扬镳。而不断膨胀的自信与征伐欲望最终使他义无反顾地入侵俄罗斯，他曾对自己的驻俄大使、力劝他在入侵俄国问题上要三思而行的科古兰不屑一顾地说："打一场漂亮的胜仗就会让亚历山大清醒过来。"当他在俄国铩羽而归、帝国已分崩离析之际，他仍拒绝梅特涅的调停条件。所有这一切，不仅将更多的国家推向了法国的对立面，也最终加速了拿破仑帝国的灭亡。

六、三十年的退缩与普法战争的惨败

曾经威震欧陆的拿破仑帝国的轰然垮台，使法国在强盛之路上开始进入一个大致以1815年和1848年为起讫的30年退缩时期。其中最引人注目的是：它失去了自大革命爆发以来征服的一切地方；多年来被不少法国人梦寐以求，并一度得以实现的"自然疆界"已不复存在，法国在"自然疆界"以外获得的领土更是如此。一言以蔽之，战败的法国已差不多重新回到了大革命前的疆界，即六边形的边界。

波旁王朝统治的终结

1814年5月，路易十八乘坐反法联军的辎重车进入联盟占领下的巴黎，再即王位。既然是靠着反法联军的刺刀波旁王朝才得以重新统治，波旁王朝自然对反法联盟表现出卑躬屈膝的态度，并力图满足后者提出的种种苛刻要求。就总体而言，复辟时期的法国在对外事务上没有而且也无力推行积极的政策。欧洲各国对法国在大革命和拿破仑时代的大肆扩张记忆犹新，因此决心将法国置于严密的监督之下，决不允许法国在欧洲再有任何拓疆扩土之举。而经过23年劳民伤财的拿破仑战争，特别是最终战败所造成的严重损失，使法国国力虚弱因此也无力在对外领域推行积极的政策。

当路易十八回国登基，波旁王朝的白百合花旗在法国上空重新飘扬时，极端君主派的著名思想家德·迈斯特尔却伤感地写道："如果认为法国国王是重新登上他祖先的宝座，那就错了。他不过是重新登上了拿破仑的宝座。"斯人斯言深刻地揭示了这样一种不争的事实：1814年的法国已经不是1789年以前的法国，革命已使六边形国土上发生了翻天覆地的变化，复辟后的波旁王朝必须得正视这一切。应该说，路易十八算是一名识时务者,其深知自己不可能完全恢复大革命前的社会制度和国家制度,同时也知道,与新体制和新兴阶级实行必要的妥协是自己最为明智的选择。为此路易十八在进入巴黎的前一天,在巴黎西北不远的小镇圣多昂发表了著名的"圣多昂宣言",允诺保证制定一部自由主义宪法,并尊重民主宪政,而且绝不秋后算账。1814年6月,路易十八签署了名为《宪章》的新宪法,史称《1814年宪章》。在它的74项条款中,既表现出对大革命成果的让步,又反映出正统意识以及恢复旧制度的倾向。

但是跟着路易十八一起回到巴黎的王党分子却不想在行动上表现出对大革命成果的什么让步,这些在1789年革命爆发的25年中"什么也没有忘记,什么也没有学会"的人,在百倍的疯狂和仇恨的驱使下,力图夺回自己在大革命中失去的一切。这些人的倒行逆施不能不引起广大人民的恐惧和愤怒。特别是在路易十八驾崩、其弟查理十世即位后,波旁王朝变本加厉地进一步恢复把"王位和祭坛"作为社会架构的"神权政治",并丧心病狂地反攻倒算。这些情形路易十八生前其实早有预感,他死前就说:"我的弟弟恐怕难以死在这张床上。"1830年7月27日,巴黎终于爆发了起义。29日,卢浮宫和杜伊勒里宫被起义者占领。善观世态的塔列朗对此留下了精确的记录:"12时零5分,波旁王朝已经停止统治了。"对君主制一直恋恋不舍的夏多布里昂也感慨地写道:"又一个政府从巴黎圣母院的钟楼上被扔下去了。"

三色旗的君主政体

随着七月革命的胜利,一个新的王朝——七月王朝在法国诞生了。七月王朝时期的法国虽然在国力的增强与国际地位的提高方面均要明显好于波旁王朝统治时期,但距被重新称之为强国还相去甚远。换言之,法国在这一时期仍处于始自1815年的退缩期当中。

七月王朝建立后,在前王朝风光一时的旧贵族又纷纷被迫重返乡下,国王路易·菲利浦本人也清楚地知道他这个国王是由议会选出来的而非靠世袭继承来的，因此他上台伊始便以"公民国王"的面目示人：就如假发、套裤、佩剑象征着旧制度一样，新国王的穿着举止俨然是新制度的象征，他像普通资产者那样，经常头戴礼帽，夹着雨伞，穿着胶鞋，一个保镖也不带地在巴黎大街上散步，或面容和蔼地向行人致意，或颇具耐心地与家庭主妇闲聊。然而，国王外表的平民化并无法掩盖其内心的专制嗜权。

七月王朝是一个三色旗的君主政体，但它所依托的阶级基础却狭窄至极。选民的资格是根据纳税额确定的。1830年，在3000万法国人中，约有100万人缴纳营业税，但只有其中的10万人有投票权。1831年的选举法将标准稍稍放宽，参加选举的人也不过增至16.8万人，1845年基佐在众议院曾经明言："在法国，能够理解并独立行使选举权的人不超过18万。"根据这些规定选出的众议院议员自然是国内富有者及其代表。大资产阶级终于有了一个得心应手的制度，即它在1789年所期望的制度，为了维护这一让他们心满意足、来之不易的政治成果，大资产阶级利用国民自卫军来实行严密的社会防卫，秩序和稳定也因此成为七月王朝国内政策的中心。

在国内政治日趋僵化的同时，七月王朝的对外政策却明显体现出见机行事的"灵活"特征，这就是：在无关"欧洲和谐"大局的偏远地区可以积极行动，但在欧洲本土及有关敏感地区则要谨慎行事。正是在这一思想的指导下，从1839年开始，法国军队在比若元帅的率领下对阿尔及利亚展开全面的征服行动。此外，世界上还有其他一些更为"偏远"的地区也在这一时期相继落入法国人之手，如西非的达洛亚（象牙海岸，1842年）、印度洋上的马达加斯加（1842年）以及南太平洋上的塔希提（1842年）等；另外在1844年还强迫中国清政府签订了《中法黄埔条约》。相比之下，在欧洲本土，七月王朝则显得颇为中庸。1831年比利时国民大会决定将王位献给路易·菲利浦的次子，但被路易·菲利浦拒绝；1831年波兰人发动反俄起义，路易·菲利浦也拒绝提供任何援助；在对英关系上，七月王朝也奉行以和为上的政策。七月王朝的这些政策不能说完全一无是处，但法国诸多阶层的不满却是显而易见的，有的指责它不顾其他民族死活，有的指责它对外软弱无能。其最终结果便是加重了法国人对七月王朝统治的失望。

因此，政治的僵化、社会的停滞以及外交的无能成为压在七月王朝政府头上的"三座大山"。但作为七月王朝后期国王最为倚重的首相基佐并没有意识到王朝的末日即将来临。不过统治阶级的一些有识之士却预感到了危机，如托克维尔于1848年1月在众议院说："人们说丝毫没有危险，因为没有发生暴动……革命还离我们很远。先生们，请允许我告诉你们，我认为你们错了。……请你们看一看工人阶级中间发生的事情吧……难道你们没有看见在他们当中逐渐传开的见解和思想，绝不只是企图推翻某些法律、某个内阁、某个政府本身，而是要推翻社会吗？"托克维尔没有说错。在他发出革命已近在咫尺的警告后还不到一个月，一场波澜壮阔的人民革命——1848年革命果然爆发了，七月王朝在这场"政治爆炸"中灰飞烟灭了。

1848年的"二月革命"令七月王朝猝不及防，而随之而来的共和制也是出乎绝大多数法国人的预料的。成年男子的普选权让工人阶级在一定程度上有了当家做主的感觉，然而随着春天里一系列滑稽性民主试验的失败，工人阶级愤恨不满，农民阶级也是满腹怨言，正是在这种情形下，一人一票的普选制几乎发挥了与街垒起义同等功效的倒戈作用，与共和国"劣迹"没有直接关系的路易·波拿巴靠着民众的选票轻而易举地变成了共和国的总统。在随后的几年中，以恢复其叔叔的帝国事业为己任的路易·波拿巴清除了一切障碍，在大众的山呼万岁中顺理成章地变成了帝国皇帝，历时4年的共和国旋即成为明日黄花。

重蹈战争覆辙的第二帝国

虽说第二帝国的历史是从1852年拿破仑三世戴上皇冠算起，但是体现帝国特征的政治统治模式在1851年12月政变之后就逐步形成了，因此第二帝国与第二共和国历史是紧密纠缠在一起的，更何况这二者的最高主宰还是同一个人。最重要的是，在这位以怪异著称的路易·波拿巴的领导下，法国的政局经历了一段难得的相对稳定时期，法国的经济也出现了前所未有的腾飞。

作为欧洲众多君主中的新成员，拿破仑三世的皇帝身份受到了其他君主的质疑，如沙皇尼古拉一世就不愿将君主间传统的称谓"我的兄弟"用在这位法国皇帝身上，而只是不痛不痒地称之为"我的朋友"，拿破仑三世对此倒是安之若素，他宣称自己是被一条新原则的力量推上了旧王朝才能拥有的崇高地位，这条新原则就是全民公决，就是人民的意愿。尽管到1867年巴黎万国博览会时，各国的君主像雨点般降临到法国，但最终历史证明这些带给拿破仑三世的所谓国际地位优越感都是些虚幻的东西。

对第二帝国的历史来说，其对外政策是一个绕不过去的重要问题。在拿破仑三世长达20多年的统治生涯中，他的基本思路可以分为两个方面。其一，要打破1815年维也纳会议以后形成的欧洲政治体系。这一体系本身就是拿破仑一世、波拿巴家族以及整个法国失败的产物，它是法国从此变得人微言轻的一张耻辱证明；因此，要使法国重新崛起为一个欧洲强国，在欧洲事务中扮演一个不是可有可无的角色，就必须进行国际政治重组。正是从这种愿望出发，拿破仑三世对欧陆各地的民族独立事业表现出了同情心甚至为之提供了物质和军事上的援助。其二，要以有限的战争来推动欧洲政治纷争的最终和平解决。从个人性格来说，拿破仑三世并不是像他叔叔那样的战争狂。例如他与曾经使其叔叔吃尽苦头的英国保持友好的关系，1849年他甚至提议英法邀请欧洲各国召开一个全欧大会以商讨可能会给和平带来影响的所有问题。然而在强权政治的时代，他的这些想法尽管美妙但却十分不合时宜，因为当时的欧洲政治舞台上，与之周旋的皆是加富尔、俾斯麦等极为精明且讲求实际的现实主义者。在这种情况下，拿破仑三世外交政策的最终结果就是，在欧洲主要国家的实力几乎都得到加强的同时，法国的实力和地位却遭到进一步的削弱，而且皇帝本人的政治生命也在对外冒险中突如其来地被

第五章 陆上强权法兰西

画上了句号。

当然仅从法国海外殖民扩张的业绩来看，第二帝国不乏得意之处：在北非，1857年法国完成了对阿尔及利亚全境的占领，1859年皇后欧仁妮的亲戚莱塞普斯承包的苏伊士运河工程开工，1869年完工后，运河由一个总部设在巴黎的国际公司进行管理，法国从中获利甚丰。在亚洲，1857年应英国"邀请"两国发动了第二次鸦片战争，1860年库赞率几百法军在北京八里桥打败了清军，随后又与英军一起洗掠了圆明园，通过1858年的中法《天津条约》和1860年的《北京条约》，法国获得了在中国内地传教和经商的特权，同时还获得了大量赔款。拿破仑三世对这一结局颇为满意，库赞也因此成为参议院议员并被封为"八里桥伯爵"（Comte de Palikao）。1863年柬埔寨成为法国的保护国，1867年越南大部分地区变成了法国殖民地。此外第二帝国在西非、东非、地中海东岸地区以及大洋洲也大肆拓殖，结果使法国成为仅次于英国的世界上第二大殖民帝国。

如果说在海外殖民扩张方面拿破仑三世为法国抢来了一些比较持久的利益的话，那么在欧洲大国角逐方面，他则是在一系列虚幻的光环下将法国一步步送进孤立无援的陷阱。其实维也纳会议之后的欧洲格局还算明朗，即由俄国、英国、奥地利和普鲁士四强联手防止法国可能会给欧洲秩序带来的威胁。第二帝国开始后，与英国的关系还算是差强人意，因此，法国当时面对的主要国际障碍就是大陆上的俄、普、奥三国。其一，拿破仑三世显示帝国权威的第一次重大行动是直接参与以打击俄国为主要目标的东方战争（克里木战争，1853~1856年）。战争的结果是法国以10万士兵的生命为代价换来了《巴黎和约》的签署，其中规定，俄国不得在黑海保存舰队，奥斯曼土耳其帝国继续维持领土完整。这一结局对拿破仑三世的鼓舞是巨大的，因为俄国似乎受到了实实在在的遏制，而且巴黎再一次成为欧洲各国普遍接受的外交活动中心，皇帝本人也似乎成为高人一等的欧洲仲裁者。实际上，欧洲其他各国对法国皇帝这种"仲裁者"的地位并未当真。其二，拿破仑三世打击的另一个重要目标便是奥地利,由于当时奥地利在意大利北部仍然占有大片的领土,因此法国的打击行动是以帮助意大利摆脱奥地利控制这一看似正义的方式进行的。克里木战争结束后,拿破仑三世就打算为"意大利做点什么"。1858年他与撒丁王国首相加富尔达成联合对付奥地利的密约,1859年法撒联军与奥地利的战争开始,联军不断获胜。但出乎撒丁王国意料的是,在奥地利尚未被完全打败的情况下,拿破仑三世却于1859年7月与奥皇签署了停战协定,加富尔闻知后一度想自杀,但撒丁王国还是被迫接受了停战协定。关于停战的缘由,拿破仑三世这样说:"为了对意大利独立尽责,我违背欧洲意愿进行战争;一旦我国命运受到威胁,我就媾和。"从根本上说,拿破仑三世的意大利政策最终产生了与原先设想背道而驰的结果:对奥地利的遏制并未取得实质性成果;意大利也没有停留在邦联式的四重格局上,以撒丁为主导的意大利王国于1861年宣告成立,几年之后,意大利的统一终告实现。其三,如果说在意大利问题上拿破仑三世只是一次"失算"的话,那么,与普鲁士的争斗则是他的一次彻底的灾难。从中世纪起,法国与德意志地区的矛盾和冲突就一直存在,到第二帝国时期,则以更为复杂的形式表现出来。从法国方面,拿破仑三世竭力推行的基本构想就是维持德意志的分裂状态,阻止德意志成为一个强大的统一国家。由于法国历来都是将奥地利视为"大德意志"地区内最具威胁性的头号强国,因此,自以为判断准确的拿破仑三世对于普鲁士的发展采取了听之任之甚至是鼓励的态度,这样在德意志地区就出现了两强相争甚至两败俱伤的局面,德意志的分裂和软弱就将继续下去,法国的安全和其他利益也就有了保障。不过这只是拿破仑三世的一厢情愿。从普鲁士方面来说,在1815年成立的松散的德意志联邦中,普鲁士在领土、人口和经济实力方面就已具备了一定优势,1866年普奥战争胜利后,以普鲁士为核心的德意志统一进程不断加快。一个强大而统一的德意志已近在眼前,拿破仑三世的德意志政策有如意大利政策一般又一次满盘皆输,法国国内的情绪出现剧烈的波动。皇后欧仁妮认为,这一局势是"王朝末日的开始",马涅则在给皇帝的信中这样说:"如果法国人从干预中归根到底得到的只是在侧翼拴上两个因实力过度增长而变得危险的邻国(意大利与普鲁士),民族情感将深受伤害。所有人都感到,强盛是相对的,当新的力量在周围积聚时,一个国家原地踏步就可能被削弱。"马涅的话为拿破仑三世勾勒出一幅可怕的图画:拿破仑一世的失败使法国侧翼出现两个实力强于自己的国家——英国与俄国;而拿破仑三世政策的失败则会使法国侧翼又出现两个实力与自己相当的国家——意大利与德意志。而结果正是如此,1870年的普法战争以拿破仑三世率法军投降而结束,皇帝在色当投降的消息传到巴黎,一群共和派人士立即行动起来并成立了临时国防政府,第二帝国就此灭亡,君主政体在法国也就此绝迹。而1873年拿破仑三世临终前的最后一句话仍是围绕那场让他的强国梦想灰飞烟灭的色当投降:"我们在色当不是怕死鬼!"

最后的辉煌与没落

1870年巴黎革命中诞生的法兰西第三共和国(1870~1940年)其政治寿命长达70年,在这段时间里,活跃在世界舞台上的法国有两大忧患,时至今日,这两大忧患依然未消。忧患之一是德国,1871年德国打败了法国,兼并了法国的阿尔萨斯和洛林的一部分,实现了国家的统一。忧患之二是担心自己走向衰落。后一种忧患与前一种有关,但忧患的内容更广,更难以名状。这种忧患意识在法国政治家与文人的作品言论中随处可见,并激发了像戴高乐(生于1890年)这样的年轻人的"忧患爱国主义"。法国自第三共和国以来采取的外交政策是一部错综复杂的历史。它讲述了法国领导人为了对付东面强大的邻国以及威胁到法国世界地位的力量而奉行的战略。

第一次世界大战是法兰西第三共和国遇到的一个转折点,战后法国的形势既微妙,又险恶。这既是法国成为欧洲大陆头号强国的最后希望,同时也因法国致命的劣势而无一丝成功的可能。一方面,法国是战胜国,它报了在普法战争中惨败的一箭之仇,收回了阿尔萨斯和洛林。德国部分受到肢解，军队被遣散，政治上动荡不安。新独立的波兰成了法国的保护国，法国还与新成立的部分中欧和东南欧国家结成了同盟。它夺取了叙利亚、黎巴嫩以及前德帝国的部分地区，扩大了自己帝国的版图。但这只是法国作为欧洲大陆霸主的最后辉煌。因为在另一方面，法国的胜利代价沉重，150万法军士兵在战争中阵亡，法国的人口状况急剧恶化。法郎因战争的巨大消耗和战后的重建而变得疲软。法国人的两大忧患并没有从此消失。德国受到重创，但它没有伤到不再对法国构成威胁的地步，而是发誓要一扫《凡尔赛条约》带来的耻辱。甚至法国发现其外交环境还不如大战爆发前的1912年或1913年。它失去了俄国这一盟国，取而代之的是一个谴责一切资本主义国家的社会主义政权。意大利是法国战时的盟友，墨索里尼上台后便加入了要求修改现状国家的阵营。英国遵照一贯方针，玩弄平衡游戏，它似乎更担心法国独霸欧洲，而不是德国有可能东山再起。法国唯一可信赖的盟友在东欧，可这些国家更像是法国的战略负担。法国于是成了一个希望维持现状的大国，然而维持现状需要本钱。而法国已没有了这种本钱。就国际体系而言，要遏制德国就必须有一个同盟。而法国在两个大国——美国和苏联——制度下拼凑不出这个同盟。最重要的是，影响法国行动的国际因素已不再对法国有利，事实上是这些因素已变得十分不利。法国人因为战争的消耗和伤亡精疲力竭，退伍军人协会喊出了"决不再战"的口号。而法国政府直到希特勒上台为止，一直在两项政策之间摇来摆去。一项政策以普安卡雷为代表。他主张压制德国，把安全问题置于战胜国裁军议题之上。这项政策遇到两大障碍：其一是得不到其他国家响应；其二是德国以大萧条为借口，巧妙地抵制法国的要求。另一项政策的推行者是白里安。他主张在战争赔偿问题上做出让步，以实现与德国的和解。尽早撤出法国占领的德国领土，迅速把萨尔地区还给德国。然而这项绥靖政策一时还得不到公众的支持。白里安的战略是以和解求得地位虚弱的法国的安全。而他的一些盟友，如参议员赖伐尔，甚至愿意把欧洲的霸主地位让给德国，如果这是避免又一场战争的代价的话。希特勒崛起后，德国公

第五章　陆上强权法兰西

开追求复仇并废除1918年后建立的欧洲秩序。而法国害怕打仗，更没有了路易十四或拿破仑用战剑描绘欧洲地图的勇气。所有这一切都造成了自1933年起法国国际地位的下降，转折点是1936年德国重新占领莱茵兰地区。而1940年"奇异的溃败"更是敲响了第三共和国的丧钟。1940年7月维希法国成立，一直为法国自豪的法兰西空间被纳粹德国或直接占领或间接统治，明确地宣告了法国已不再是一个独立自主的国家，更谈不上是一个能在欧洲举足轻重，并在整个世界具有影响的大国。

尽管二战之后法国的"大国梦"依然在延续，尽管法国在其漫长的兴衰历程中不乏在短暂的衰落后即迅速重新成为世界一流大国的先例，但法国已经不会再拥有同样的幸运了。这并非由于法国已不具备东山再起的愿望与能力，而是因为战后世界的一流大国已是法国所不可能成为的"超级大国"。事实上，虽然戴高乐等领导人为恢复法国的大国地位使出了浑身解数，而法国战后在发展社会经济方面出现的"辉煌的30年"，亦使法国的综合国力较之以往大大增强，但对一个战后法国来说，重新成为世界一流大国始终是一个可望而不可即的目标。

七、启示

要理解法国的崛起，也许大国的统一、权力的集中以及政治思想制度的创新是其中的关键。但法国留给人们的印象实在是过于纷繁深厚、斑驳庞杂了，这或许是因为法国历史与欧洲和世界的命运犬牙交错而在局部的表层和内涵造成的混淆。在历史学家看来，理解法国需要超乎其外，入乎其中。所谓超乎其外，就是布罗代尔在《法兰西的特性》中曾引用夏尔·贝居伊的话："观察法国，就要置身法国之外。"或者如布罗代尔自己所说："从蒙巴纳斯塔楼和巴黎圣母院的高处鸟瞰巴黎，并不是为了发现地平线，而是为了展望城市的全貌。"所谓入乎其中，就是要找寻法兰西的特性，布罗代尔称之为"试图搜索和追踪……这些来自法国历史深层的涌泉，进而判断它们怎样像江河汇入大海一样汇合到现时中来"。作者竭尽全力去探寻了，但是也正如布罗代尔所说，这是一系列的质询，你刚回答完其中的一个问题，新的提问就接踵而至，而且永无止境。

第六章 夹缝中的德意志

德国是当今颇具影响力的世界大国，也是欧洲的核心国家之一。它地处欧洲中部，东邻波兰、捷克，西与荷兰、比利时、卢森堡和法国为伴，南接奥地利和瑞士，北与丹麦接壤，一直是连接东西欧，以及斯堪的那维亚与地中海地区的重要交通枢纽。历史上，德国曾产生过众多享誉世界的哲学泰斗、文学名宿、艺术奇才和科学巨匠，给人类做出了巨大的贡献，但也数次发动战争，企图称雄欧洲，争霸世界，给欧洲和世界造成了重大的灾难。恰如诗人歌德所说："一想到德意志人民，我常常不免黯然神伤，他们作为个人，个个可贵，作为整体，却又那么可怜。"从德国历史发展的轨迹来看，它走过的是一条分裂、统一、崛起——冒险、失败——再分裂、再统一、再崛起的曲折前进的道路，既经历了中世纪的强盛、近代的骄傲、今天的重新崛起，也遭受过分裂带来的衰弱，饱受过战败后备受欺侮的痛苦。以史为鉴可知兴替，但愿我们能从德国历史发展的思考中有所获益。

一、这块土地上的1789个独立政权

德意志的名字是与"日耳曼"联系在一起的。古代日耳曼人大致分布在莱茵河以东，多瑙河以北，北海和波罗的海以南的广大地区。公元5世纪末期，日耳曼人在西罗马帝国灭亡的废墟上建立了一系列国家，其中以法兰克王国最为强盛。到了国王查理曼统治时期（768~814年），法兰克王国达到了鼎盛，形成东自易北河和多瑙河，南至比利牛斯山和意大利，西起大西洋，北至北海的庞大的查理曼帝国。公元843年，查理曼大帝的3个孙子将法兰克王国划分为三部分，每人分得了其中的一份，这便构成了后来德、法、意三国的雏形。919年，三部分中的东法兰克王国改称为"德意志王国"（Regnum Teutonicum），由此开启了德意志各部落曲折而漫长的融合过程，这可以被视为是德意志历史的开端。

德意志的发展从一开始就带有一种模糊的悲剧色彩，因为它的肌体上似乎始终潜藏着强大的分裂因素。由于德意志地处欧洲的中央地带，素有"中央王国"之称，其东西两面都没有天然的屏障，又与多个强国为邻，安全环境极为恶劣。这不仅造成了德意志领土易于遭受外敌入侵的局面，而且也使德意志民族形成了追求对外扩张的战略传统。因此，对德国的历代统治者来说，避免遭受来自四面的围攻，保卫德意志的领土安全都是极为严峻的战略任务。正如德国历史学家弗朗茨·施纳贝尔所说："在欧洲所有的民族当中，德意志人由于他们居住空间上的地理条件，使他们成为一个负担最为沉重的民族，特别是地理上的负担，造就了他们历史上的一种特别有负担的传统。"正是由于这个原因，德意志人同欧洲东西部国家之间的严重冲突和历史恩怨，使德意志问题从一开始就成为一个"欧洲问题"，而欧洲国家特别是大国出于自身利益的需要，往往站在反对德意志统一的立场上，目的是将德国永远作为周边各国冲突的缓冲地带和利益角逐的筹码。由于历史上战争不断，既造就了德意志民族果敢、坚韧和善战的特点，也使德意志的边界和领土几乎始终处于不断变化之中。同时，由于历史的原因，德意志并不是一个单一民族聚居的地区，哥特人、汪达尔人、法兰克人、阿勒曼尼人等都生活在这里，再加上北欧的波美拉尼亚人、阿尔卑斯山北的巴伐利亚人、"肃漠"的普鲁士人和"热情"的莱茵兰人以及西里西亚人等等。这些民族尽管长期相处，但彼此之间存在的差异仍然对德意志各地区的政治理念、社会思想、文化艺术等方面产生了深远的影响，成为制约德意志内部迅速融合为一个整体的主要障碍。

当然，无论是地缘政治因素，还是多民族的特性，都只是导致德意志长期分裂面貌的部分而非全部原因，而要回答造成这片国土上曾经产生多达1789个独立政权的具体原因，还必须到德意志遥远的历史中去寻找答案。

意大利政策的恶果

公元919年开始的萨克森王朝的统治（919~1024年），创立了德意志的王权。这在德意志历史上是一个十分重要的事件。国王亨利一世在位时期（815~936年），无论对内对外，都在尽力巩固和扩展王室的权力。他力图把各地封建领主都置于国王的控制之下，巩固王国的疆域范围，还建立了一支训练有素的强大武装力量，用来保证国家政策的执行。经过几代国王的努力，到11世纪上半叶，帝国内部的封建无政府状态有所消除，各地封建领主的权力受到了一定程度的约束，德意志王权达到一个极盛时期。德意志王室为加强中央权力而进行的斗争，无论对于民族还是国家都具有进步的意义。

亨利一世的儿子奥托一世（936~973年）虽然继续了父亲加强中央集权的政策，但他却把政策的侧重点放在了南方，即放在了意大利上。意大利在10世纪时尽管也处于四分五裂的状态，但却是欧洲经济最繁荣和最富有的地方。奥托一世对意大利采取掠夺性的扩张政策，就是为了猎取财物，增长权势和威望。遗憾的是，这种极为短视的战略决策造成了王朝后继者们过分强调向意大利扩张的倾向，对德意志的统一之路产生了相当大的负面影响。特别是霍亨斯陶芬王朝（1138~1254年）的弗里德里希一世（1152~1190年）在位期间，更是把统治意大利当成了建立并巩固中央政权的基本国策。当时的意大利经济发达，城市富有，因此占有它不仅能使国库充盈，给国家维持雇佣军队提供足够的资金，从而可以避免受到封建主们的"兵援"挟制，而且还能在教权与皇权的激烈争夺中，有效地打击教皇的权势。

但弗里德里希一世的意大利政策却产生了始料不及的严重后果，造成了德意志王权彻底衰落和国家分崩离析的危险。由于德皇过分看重意大利的作用，把国家战略的关注重点过多地投入到许多与德意志民族利益不尽相符的事情上，结果导致对德意志内部事务无暇顾及，忽视了民族利益和内政的巩固等关键问题，从而对德国中央集权的加强和国家的统一带来了极为不利的影响。同时，为了使这种掠夺性的政策在国内得到足够的支持，弗里德里希一世不得不向德意志大封建主们做出种种让步，这无疑给大封建主们放手追逐自己的政治目的，不断扩大独立性提供了可乘之机，使封建无政府状态的危险再度延续并产生破坏作用，最终摧毁了国家的内部团结，延误了统一的民族国家的形成。

皇权与教权之争

公元962年，教皇在罗马圣彼得大教堂为萨克森王朝的第二任国王奥托一世加冕，并授予他"罗马皇帝"的称号，这被看作是"德意志民族的神圣罗马帝国"的开始。在"神圣罗马帝国"初期，统治者采取扶植教会压制世俗封建主的政策，将管理国家的大权，从一心想扩大世袭领地的世俗领主手中转移到没有血统关系的教会主教们手中。教会由于大得其利而支持和服从皇帝，世俗大封建主势力则受到抑制。这种饮鸩止渴的政策也酿成了苦果。虽然教会在平衡世俗封建主的势力方面发挥过一定的作用，有利于世俗王权的加强，但是，在世俗王权与教会神权发生冲突的情况下，拥有双重身份的领地主教（教会诸侯）就必须做出抉择。由于拥有严密的教会组织支持，因此一旦这些领地主教站在教皇一边，其危害性往往比世俗封建主更大。

国王奥托一世是有意去争取皇位的。他不仅使德意志王国罩上了罗马帝国的神圣光环，而且明确了教皇与皇帝之间的关系：皇帝宣誓保卫教皇，教皇宣誓效忠皇帝。这种共同协议成为教皇选举的通则之一：每个希望担任教皇者，都必须保证忠于德意志国王；一旦他被确认为教皇，就必须为德意志国王称帝进行加冕。此时的德意志皇帝已不再是罗马意义上的皇帝，而是西方最高的封建领主，上帝的封臣。这种加强德意志王权的努力，一直被其后的王朝所延续。到11世纪上半叶，皇权对教会的影响不断增长，教会的独立权受到了严格的约束，德意志皇帝甚至打算把教皇变成帝国的最高主教。倘若皇室能够继续强大并对教会施以影响，这种格局就能够得以维持，帝国的统一也许就可以得到保障。

可惜的是，这种局面并未真正出现。随着形势的发展，教廷势力也做出了调整，试图打破经济上依附于世俗统治的传统格局。从10世纪开始，在天主教会内部出现了加强教皇权力、扩大教会独立性的运动。1073年意大利人喜尔德布兰德不经皇帝同意就登上了教皇的宝座，称格雷戈利七世。在他的领导下，教廷开始与各国皇帝争夺对西方国家的最高统治和领导权。1075年，教皇格雷戈利七世与皇帝亨利四世（1056~1106年）的权力争夺上升为公开的冲突。皇帝下达命令，宣布废黜教皇，称："朕亨利，上帝恩宠的国王以及我们主教们全体都对你说，滚下来，滚下来！"但教皇在大封建主反对派的支持下，对皇帝提出了威胁和挑战，使亨利四世陷于困境。为了保住王位，皇帝最后不得不前往教皇住地，赤足披毡，在风雪中等候了3天，向教皇忏悔赎罪。这一事件标志着罗马教权达到了顶峰。

教权与皇权之争是中世纪两个最大的封建势力之间的斗争，实际上背后掩藏着大封建主反对中央王权的斗争。德意志的封建主，特别是教会的大封建主们纷纷策动独立。这些斗争的结局是德意志皇权不可避免地衰落了。尽管最终教皇没有实现"教权高于皇权"的目标，但世俗皇帝同样也未能恢复对教皇的控制，双方形成了某种均势。原先作为皇帝支柱的教会高级贵族们，也逐渐减少了对世俗皇权的依附。他们像封建主一样不断扩展自己的独立性，与这些封建主拥有越来越多的共同利益。这样就造成了一个严重的后果，在德意志王国内部，皇帝已经无法维持强有力的中央统治，难以有效抑制大封建主们的分离活动。皇权与教权的争夺耗尽了德意志王国的国力，而诸侯的势力和独立性却不断增大，德意志国家四分五裂的局面进一步加剧。

孤独的城市

城市的进步性首先在于它体现了一种推动社会向前发展的新的经济力量。在封建制度下，城市对于皇权的巩固具有特殊的意义。封建社会前期，城市是制约无政府状态、加强中央王权、促进民族融合的基本力量。到了封建社会后期，城市作为新产生的商品经济关系的载体，促成了自然经济的瓦解、专制王权的形成和民族国家的建立。城市的形成与发展是新兴的社会力量同封建世俗贵族进行艰苦斗争的结果。封建皇权在这场斗争中究竟采取怎样的态度，不仅关系到城市发展的命运，也关系到皇权本身的兴衰。遗憾的是，德意志皇权却没有认识到这一点，反而经常打击和掠夺城市，以达到聚敛财富的目的。

德意志城市的产生，可以追溯到中世纪初期。这些城市在发展之初大都紧紧依附于一定的封建主，后者占有城市的收入并执行城市的司法权。随着经济与财富的增长，城市逐渐产生了摆脱这种依附关系的动机和能力。一些城市以偿付大量金钱的方式来解除封建的束缚，而多数城市则不得不通过与封建主进行激烈的斗争来争取自治权。但在德意志，城市的这种斗争却根本没有得到中央皇权的支持，这种情况反过来又对中央皇权造成了危害。

德意志城市的繁荣时期出现在12、13世纪，此后城市的意义有了

第六章 夹缝中的德意志

进一步的增长。15世纪新航路开辟之前,欧洲有两大国际贸易区:地中海贸易区和波罗的海贸易区。德意志正好夹在这两大贸易区之间,成为国际贸易的必经之地。这种有利的地理条件,促进了德意志的商业发展和城市的繁荣,以市场需求为目标的商品经济逐渐替代了自然经济的地位和作用,并影响到全德的经济生活,当然也影响到封建主和农民的生活。但城市的发展不仅受到德意志内部支离破碎的现实环境的阻碍,而且还受到各种战乱纷争,甚至强盗抢劫的影响。而皇帝所推行的侵占意大利的政策虽有暂时的成就,但并不利于形成一个巩固而统一的德意志帝国。因此繁荣起来的德意志城市从自身的利益出发,迫切希望形成一个统一的帝国,并拥有一个强大的中央政权。与此同时,德国封建割据的局面却更加严重,这种现象产生的原因在于德国经济发展的特殊性。德国大部分地区还在实行农村公社制,多数城市都分布在边境上,并且仍然从属于诸侯割据势力,而不是维持王权的支柱。为了弥补因缺少强大的中央皇权而带来的缺憾,许多城市联合起来,组成了城市同盟。但这种同盟由于过分强调自己城市的利益,又没有得到皇权的支持,因此无法长期发挥作用。到了15世纪初,欧洲各地的民族国家纷纷崛起。在这些国家的背后,几乎都有一个强大的中央集权作为支撑,并且对本国的贸易发展和经济的繁荣关心备至。相形之下,德意志的城市就越发显得孤独无助了。它们不仅无法取得任何反封建的成果,从而推动社会和经济的发展,反而在封建主们的联合势力打压下渐渐失去了活力和存在的意义。

"七选侯"当家

公元13世纪,霍亨斯陶芬王朝垮台之后,德意志皇权也彻底衰落了。从此,诸侯们不再相信中央皇权的作用,而是采取一切措施阻止加强皇权的任何企图和可能。德意志王国开始陷入极为不幸的小邦分裂状态,最终导致了神圣罗马帝国的没落。

1254~1273年,在德意志历史上被称为"空位时期"。原先大封建主殊死争夺的帝位，居然一下子没有了皇帝。诗人席勒把它描绘成"没有皇帝的恐怖时期"。造成这种状况的首要原因是各邦之间的相互争斗。不仅帝国诸侯，而且连伯爵和贵族、修道院长和主教乃至骑士和城市的领导者，都渴望夺得邦君的地位。在这种相互争夺中，逐渐形成了疆域完整的诸侯邦国，以及由各等级贵族代表组成的、负责处理本邦内部事务的邦国代表会议。在这种情况下，诸侯们在自己扩大的邦国领地内拥有许多特权，他们总是尽可能多地把土地据为己有，并竭力夺取邦国的司法权。邦国一般以邦君所在的城堡（特别是城市）为中心，划分为一些政区，由邦君任命的官吏负责管理这些地区的行政事务。在此基础上形成了邦国内部广泛的行政机构。一种诸侯邦国统治的局面开始形成，各分立政权的政治势力急速增长起来。

然而，诸侯们逐渐感到这种无政府状态阻碍了经济联系和贸易的发展，直接威胁到自身的利益，因此，没等"空位时期"持续多久，他们便不得不考虑推选一个新王。但同时，他们又担心王位世袭可能对自身权力带来危害，所以，他们采取选举国王（皇帝）的办法来代替传统的君主世袭制。1257年德意志选举国王时共有七大诸侯参加，他们包括3个教会选侯和4个世俗诸侯，参加选举的诸侯都被称为"选侯"。这是德意志历史上第一次出现七大诸侯选举国王的事件。

此后，选侯们每次选举德意志国王或皇帝时，总是推选势力较小、不致危害自身权利的家族代表担当此任。在以后的一段时期内，德意志的国王（皇帝）如走马灯一样不停地更换，却始终没有一个王朝能强大到足以代表其他各邦的意志并进而统一整个国家的地步。在众多的德意志皇帝中，出身卢森堡家族的波希米亚国王查理四世（1346~1378年）最值得一提。1356年查理四世加冕称帝，不久之后，便颁布了一项帝国立法，文本因用金印戳盖，后来被称为"金玺诏书"。它不仅承认德意志选侯拥有绝对的君主权力，有权选举国王或皇帝，而且还禁止了城市之间的相互联系，并且规定市民和农民都隶属于他们的君主。"金玺诏书"堪称对德意志王国整整一百年来政治法权发展的总结，宣告了诸侯对以皇帝为代表的中央皇权的胜利。直到1648年,"金玺诏书"仍然具有法律效力,因此德意志王国作为一个国王(皇帝)由选举产生的国家,从未出现一个可以代表整个德意志民族利益的强大王朝。只要诸侯们感到皇帝的权力变得过于强大,就会策动王朝更替。

查理四世虽然用"金玺诏书"换得了由其子继承德意志皇位的允诺,但他却在事实上确认了德意志政治上分裂的局面,损害了统一的民族国家的形成。因此,尽管14、15世纪德意志出现经济高涨的局面,但由于帝国已经分裂为许多独立邦国,因而始终没有形成一个共同的经济中心。从此以后,同英、法这些已经发展为中央集权的民族国家相比,德意志的经济逐渐落后,而形成民族国家的进程也被大大延误了。

三十年战争的悲惨结局

1517年由德意志境内开始的路德宗教改革,虽然意味着民族力量的觉醒,但同时也造成德意志内部分裂为新教与天主教两大派系。17世纪初,皇帝鲁道夫试图利用教派之间的矛盾,通过限制新教来争取天主教诸侯的支持,加强中央集权。结果,在德意志境内形成了"新教同盟"和"天主教同盟"相互对抗的局面。而且,这种斗争已经超出德意志的范围,表现出复杂而深远的国际背景。当时"新教同盟"得到丹麦、瑞典等新教国家以及法国的支持。丹麦、瑞典不愿看到天主教势力深入新教控制的德意志北部,更担心出现一个强大的中央集权的德国向北欧扩张;法国虽为天主教国家,却不希望看到一个强大统一的德国,因而也站在"新教同盟"一边反对德意志的"天主教皇帝"。"天主教同盟"则得到德意志皇帝、教皇和西班牙的支持。德意志两大宗教集团之间的斗争逐渐演变为欧洲两大国际集团之间的对抗,并最终导致欧洲历史上著名的三十年战争(1618~1648年)。1648年,在经历了漫长而且消耗巨大的战争之后,法国和瑞典的联军攻入了巴伐利亚,德皇被迫求和,签订了《威斯特伐利亚和约》。

战争连同和约的签订对德意志历史的发展具有巨大影响。根据和约规定，德国失去了大片土地，重要的河流入海口被瑞典掌握，而法国则获得了阿尔萨斯和包括洛林在内的西南德一些地区，阿尔萨斯和洛林自此成为德法世代争执之地。和约还要求德皇承认德国诸侯在三十年战争中扩张的领土和在自己辖区内独立施政、进行外交活动甚至自由结盟、宣战、媾和等权力，这等于用法律的形式确保了帝国的无政府状态，皇帝不过成了一个拥有自己世袭领地的大诸侯。这无疑巩固了德意志帝国政治分裂的局面，使各地方诸侯成了完全独立的势力，致使皇权更加削弱。通过和约，法国还取得了参加德意志帝国会议的特权，从而可以随时干涉德意志的事务。三十年战争还给德国带来了惊人的破坏，这里"到处都遭到历史上最没有纪律的暴兵的蹂躏"。战争期间，德意志有5/6的乡村被摧毁，人口减少1/3以上，工商业急剧衰退，许多工场、矿山被毁，农民变得一无所有，在饥饿和死亡线上挣扎。

在这"白茫茫一片真干净"的德意志土地上，政治分散性和多元性进一步加剧了。据统计，三十年战争后德意志分裂为314个邦和1475个骑士庄园领，也就是说，在德意志满目疮痍的土地上，总共有1789个拥有主权的独立政权同时存在。尽管以往皇室那种"大一统主义"的思潮依然存在，但邦国分裂主义思潮却已大行其道。小诸侯仿效"伟大君主"法国路易十四的宫廷生活和奢华气派，虽然显得荒谬可笑，但却因此不得不对其臣民进行敲骨吸髓的搜刮。所有这些情况使得德意志在三十年战争后依然还是欧洲冲突的战场。上起皇帝，下至各邦诸侯，几乎都被卷入欧洲的大小纷争之中，他们为了取得金钱而把自己"典"给外国强权。因此在17、18世纪的欧洲纷争中，"难得有一次没有德意志人反对德意志人的斗争"，而德意志民族的利益则显得一钱不值。正当专制主义在英国和法国促进民族统一、终结分离状态、推动工业革命到来的时候，德意志的专制主义却带上了诸侯小邦的分裂色彩，不仅加深了国家政治的分崩离析，而且阻碍民族经济的发展和民族市场的形成。恩格斯在《德国状况》一文中逼真地描述了17、18世纪德意志的可悲境况，他说："这是一堆正在腐朽和解体的讨厌的东西……国内的手工业、商业、工业和农业极端凋敝。农民、手工业者和企业主遭到双重的苦难——政府的搜刮、商业的不景气。贵族和王公都感到，尽管他们榨尽了臣民的膏血，他们的收入还是弥补不了他们的日益庞大的支出。一切都很糟糕，不满情绪笼罩了全国。没有教育，没有影响群众意识的工具，没有出版自由，没有社会舆论，甚至连比较大宗的对外贸易也没有，除了卑鄙和自私就什么也没有……一切都烂透了，动摇了，眼看就要坍塌了，简直没有一丝好转的希望，因为这个民族连清除已经死亡了的制度的腐败尸骸的力量都没有。"

"没有商品经济的发展，中央集权化的国家统治便成为无源之水，而一个稳定的、具有广泛有效的干预和保护功能的中央权力得力存在，是现代化发展的一个绝对必要的前提，也唯有它，才能为商品经济的发展创造更好的框架条件。"这一规律对过渡时期的所有欧洲国家来说几乎都是有效的，但在德意志的世界里，随着那些发达的工商业城市已经因欧洲经济中心的转移和三十年战争的破坏而衰落，这种转变就只能依靠农业领域中旧有的贵族资产阶级来领导和推动。正因如此，以普鲁士的崛起为标志，德意志走上了一条独具特色的发展之路。

二、为什么是普鲁士

就在这样一个悲惨的时代,德意志东部"塞外"普鲁士邦的"骤然"崛起,不仅令德意志皇帝和诸侯们刮目相看,而且也使欧洲宫廷瞠目结舌。总的来看,普鲁士的发展史向人们展示了历史发展的辩证特征:一方面,它的发展是德意志分裂的产物,是作为德意志国家解体的因素崛起的,它的发展史本身就是德意志分裂的历史,没有德意志的分裂,就难以有普鲁士改变德意志民族和国家命运的机会;而另一方面,普鲁士的发展壮大,也包含和预示着德意志从分裂走向统一的历史趋势,或者说,普鲁士的发展史就是德意志从分裂走向统一的历史,正是它最终通过武力方式结束了德意志的分裂局面。

神圣罗马帝国的砂石罐头

普鲁士是从一个小小的、荒蛮的、穷困的东部边区"马克"①,一个被人轻蔑地叫作"神圣罗马帝国的砂石罐头"的地方发展起来的。普鲁士国家的核心细胞是勃兰登堡和普鲁士。勃兰登堡处在易北河和奥得河之间,是东西方的交界地。12世纪之后成为德意志帝国的边区殖民地。地处波罗的海沿岸的普鲁士,离勃兰登堡甚远,因其居民主要为普鲁士人而得名,当时普鲁士还并未完全独立,而是同波兰保持着宗主关系。应该说,勃兰登堡和普鲁士在几个世纪内是并行和独立发展的,直到1618年,由于霍亨索伦家族的勃兰登堡选侯继承了普鲁士的王位,这两地才联成一气。霍亨索伦家族(1417~1918年)是德意志的高级贵族和王家世系。1417年,德意志国王正式把勃兰登堡和选侯爵位一起赐给了霍亨索伦家族的弗里德里希一世(1417~1440年),从此开始了霍亨索

---

① 马克指边疆的小邦。

伦家族在勃兰登堡的统治。他们把勃兰登堡作为自己的安身立命之所，利用婚姻关系、继承协定等手段悉心经营和扩张其统治范围。16世纪宗教改革时期，勃兰登堡和普鲁士两地的霍亨索伦人都相继改奉新教，这在一定程度上增加了双方的亲和感。1618年，勃兰登堡—普鲁士公国正式形成。虽然这个邦国在地理上不是连成一片的，也并非由单一民族所构成，却具有强大的凝聚力，初步形成了后来普鲁士王国的规模。德国历史学家兰克认为："这对国家和民族来说，确实前进了一大步。"

1640年，弗里德里希·威廉即选侯位（1640~1688年）。这是一位具有雄才大略的年轻君主，被后世成为"大选侯"，他是把普鲁士真正塑造成强权国家的奠基人。尽管初登王位之时，他面对的是残垣断壁，而且在本国贵族、容克①、分离主义势力和国外强权面前，地位虚弱，但他决心打破这种局面。三十年战争留给这位"大选侯"两大教益，即必须拥有一支独立的、听命于自己的具有战斗力的常备军；还要利用帝国全面衰落、无中央皇权可言之机，建立勃兰登堡－普鲁士邦国专政体制，在本邦内部实行中央集权的君主专制主义的同时，在帝国范围内扩展势力和影响。为此，他建立了邦国君主专制政体，推行重商主义政策。为了建立一个稳定的官僚系统，并使普鲁士成为自立自主的富强国家。弗里德里希·威廉委派官吏，管理城市的行政事务，还增设税务专员，负责城市的税收工作。他还在农村设立了行政公署，在广大平原地区履行税收职能。这些人逐渐形成了一个官僚集团。另外，重商主义经济政策的推行，也促进了普鲁士的经济发展。世界商路向大西洋和北海的转移，并没有对勃兰登堡构成太大的威胁。不仅如此，勃兰登堡还利用有利的地理位置，向西欧各国输出谷物，使因三十年战争而受到严重削弱的经济逐渐得以恢复。

为了克服容克和贵族等级的反抗，给邦国带来效率与秩序，1653年，"大选侯"同容克之间达成了勃兰登堡邦《议会协定》。协定承认容克

---

① 容克原指无骑士称号的贵族子弟，后来泛指普鲁士贵族和大地主。在德国历史上，起到较大作用的是乡村容克以及普鲁士贵族庄园主。在当年的普鲁士，容克几乎垄断了国家行政和军队中的一切职位。

对农民有专门的特权,作为交换条件,容克贵族必须同意建立一支以选侯为最高统帅的常备军,并允许为维持和装备常备军而增加税收。这项协定是选侯同容克之间的一种妥协。邦议会协定使容克在政治和经济上的统治地位在普鲁士得以巩固,加之规定只有容克出身的人才有权担任常备军军官,因此使容克在军事方面具有了决定性的影响。容克阶级成了大选侯统治的阶级基础,也成为霍亨索伦家族在德意志的主要支柱和使德意志普鲁士化的主要力量。官僚集团和军官集团一起,成为普鲁士君主国的两大支柱。显然,普鲁士的专政体制,并非建立在社会内部资产阶级同封建贵族之间力量的均衡上,而是建立在君主同容克贵族相互妥协的基础之上。

给普鲁士经济发展带来巨大裨益的另一项重大举措是接收了大批移民。1685年大选侯在"波茨坦敕令"中,准许涌入普鲁士的2万余名被法国驱逐的胡格诺派新教徒居留避难。这批新教徒大部分是有资本、有实力、有技术的人,他们把极有价值的生产经验和资本,从经济上远为发达的法国带到勃兰登堡,在此开办各种工场和企业,促进了普鲁士经济的极大发展,结果使普鲁士的国家收入在30年内增加了7倍。

"大选侯"在位期间,尽管军队已初具规模,并开始显示威力,但他在更多的时候则是以实力为后盾,运用外交手段为本邦谋取利益的最大化。1688年,当他离开人世时,普鲁士已经从波兰的控制下解放出来,他还为继任者留下了"一支强大的军队,一个由若干零乱的领地聚合在一起却井然有序的国家和一种因多次军事胜利的光荣赋予臣民的初步的民族生存意识"。在这样一个发展过程中,勃兰登堡－普鲁士公国越来越多地带上了典型的专制主义色彩,逐渐变成了一个军人和官僚的国家,其军事力量和版图已不亚于欧洲其他王国。

军队的国家

普鲁士王国的真正建筑师,是弗里德里希·威廉一世(1713~1740年)。虽然他在历史上经常遭到诋毁,但这种诋毁多半是出于对他本性"吝啬"和行事"粗暴不文"的批评,而不是真正从他为政的客观作用出发做出

第六章 夹缝中的德意志

的评价。弗里德里希·威廉一世事必躬亲，勤奋工作。他一生都在致力于对普鲁士进行加强君主专制和军国主义的强制改造。他是欧洲历史上第一个穿军服的君主。在波茨坦欢乐宫的练兵场上，他提着棍棒亲自训练士兵，长此不懈，因此被称为"士兵王"。他几乎把全部身心都献给了他的军队，并把全国的居民生活不断纳入军事形式之中。为了维持和加强军队，"士兵王"执政后立即削减了王室经费的3/4，用于军队的建设。除了军队，他对钱财极为吝啬。他仅用了2547个银币就完成了自己的加冕典礼，而他父亲为此所花费的则是整整500万个银币。

弗里德里希·威廉一世的内政方针，就是依靠强大的军队打破容克在国内的独立地位。在他的苦心经营下，普鲁士军队的人数从3.8万扩充到8.3万，国家越来越具有军国主义性质。他的建军和扩军思想，虽然继承"大选侯"一脉，但与其不同的是，他坚决中止了外国的"补助费"，把军队全部置于本国经济供养的基础上，实行自主的方针。

弗里德里希·威廉一世最初并不赞成某些欧洲国家采用义务兵役制来解决兵员不足的问题，认为只有由完全与自己有关系的人组成的军队才放心满意，特别是在农民和市民对容克存在依附关系的情况下，雇佣部队更为合适。他的雇佣兵是靠买和抢的办法来补充的，因此募兵实际上变成了一种有组织的绑架人员活动。这种做法遭到了德意志其他邦国的反对，迫使普王采取了新的征兵制。1733年，国王发布了"征兵区条例"，规定每一个团划定一定的区域作为征兵的范围，此后每一个团都从自己的征兵区里补充兵员。当然，军队中的军官职位仍然是保留给贵族和容克的。征兵区条例打破了容克在乡村"一统天下"的局面，依附于容克的农民和市民都有了服兵役的义务，除了继承土地的长子以外，其余的容克子弟几乎都参加了军队。这就为实行全民兵役制铺平了道路。他还创办了贵族士官学校，专门为他的军队培养廉洁、高效和富有自信的军官队伍。这些都为他的继任者所仿效。

普鲁士规定士兵的服役期为25年。对士兵来说，这段漫长的服役生活是极其艰苦的，需要长期忍受残酷的折磨。"士兵王"训练部队的方法，一是操练，二是体罚。训练的最高目标是把士兵变成没有意志、没有思想、对上级的命令盲目服从的工具。维持这样一支和国土大小不成比例的庞大军队，需要一笔极其可观的经费。在弗里德里希·威廉一世统治末期，国家岁入增大到约700万塔勒，而其中的600万塔勒被花费在了军队上。普鲁士军队不仅被置于国家的中心地位，而且成为"国中之国"。国王主要用这支军队来贯彻自己的专制统治，打破了容克的独立地位，削弱了贵族等级对政府事务的直接干预，无疑在内政方面取得了很大的成功。

1740年，当这位"普鲁士国家的建筑大师"离开人世时，他给后人留下了一笔可观的"军事宝藏"：约1000万塔勒的钱财和一支训练有素、战斗力堪称当时欧洲之冠的强大军队，他还把整个国家生活都纳入了军国主义的轨道。

弗里德里希二世（1712~1786年）是"士兵王"的次子，由于长兄早逝被立为王储。他一生追求"国家利益至上"，并且获得了"弗里德里希大王"的称号。他是一个复杂而充满矛盾的人物：表面上谦和、热情，但骨子里冷漠、严峻；一方面，他称自己是"国王哲学家""误生王家的艺术家"，提倡国家应实行理性主义的统治，但另一方面，他在恪守普鲁士传统方面又异常严格，要求臣民一丝不苟地遵守秩序和纪律，凡事无条件听从他的独断。

"士兵王"留下了一支训练有素的军队，儿子"弗里德里希大王"就利用这支军队进行战争。对他而言，不需要任何借口，仅为了"国家利益"就可以破坏任何条约，也可以发起任意攻击。他曾对自己的继承人说："要记住，任何一位伟大君主的脑子里都在想扩大自己的统治。"他奉行"强权即公理"的准则，即位伊始就发动了对奥地利的战争，目标是夺取奥地利最富饶的省份西里西亚。普鲁士成为西里西亚战争的最大获益者，不仅取得了西里西亚的巨大财富和众多人口，而且使普鲁士在德意志内部的地位大大提高。这场战争是普鲁士崛起以来，对德意志帝国的皇帝和哈布斯堡强权发起的第一次军事挑战，结果造成了普奥争霸、两强并立的局面。普鲁士和奥地利都成为欧洲政治多极世界中的一极，它们不约而同地选择了通过战争的方式，来达到称霸德意志的目的。

西里西亚战争后期，弗里德里希大王继续从事军事改革，以适应对外扩张的需要。他采取一种普遍的强制义务兵役制；还在军队中推行论功行赏、赏罚分明的原则。普鲁士的军事组织被认为是当时最好的范例，受到各国的纷纷效仿，"弗里德里希大王"在军事艺术上的最大创新是采用新的战略战术。他惯以突然的、出敌不意的进攻开始作战行动，在与数个敌手同时交战时，力图各个击破。作战中善于合理使用兵力，大胆实施机动。在此后欧洲爆发的"七年战争"（1756~1763年）中，"弗里德里希大王"的国家和军队都经受住了严峻的考验，几乎单独抵挡了奥、俄、法三国的联合进攻，并且保住了富饶的西里西亚，使普鲁士的国际威望大增，他本人也赢得了"18世纪三大军事天才"之一的美誉。

1763年后，"弗里德里希大王"开始了国家的"重建"工作。他采取了一系列改革措施来恢复和发展国力，但这一切也依然是为军队建设服务的。到1780年，普军人数已扩充到24万，平均每32个居民中就有一个士兵。普鲁士变成了"和平时期的兵营"。法国政治家米拉波曾对此评价道："其他西方国家有一支军队，普鲁士军队有一个国家。"

拿破仑战争的影响

1799年，拿破仑战争爆发，它"像霹雳一样击中了这个叫作德国的混乱世界。它的影响非常大"。对德意志来说拿破仑战争无异于一柄历史的"双刃剑"，一方面，它对德意志人民的掠夺与镇压，抑制了德意志民族崛起的脚步，使其面临严重的民族危机和国内矛盾；另一方面，它也在德意志引起了革命性的巨变，激发了德意志民族解放运动的发展。它充当了历史不自觉的工具，摧毁了古老德意志的旧的社会秩序，产生了新社会的基础和民族主义的活力。对于拿破仑战争的影响，尽管德意志人从感情上来说是难以接受的，但它对德意志特别是普鲁士产生了极为有益的推动作用，不仅促成了普鲁士施泰茵-哈登堡改革，使普鲁士走上了现代化的发展道路，从此如同获得了新生，而且还激发了德意志民族的解放战争，使普鲁士有机会成为这场战争的"希望之星"。正如著名诗人歌德在《给祖莱卡》一诗中所吟唱的："既然痛苦是快乐的源泉，那又何必因痛苦而伤心？"

大国崛起 | DAGUO JUEQI

　　1806年，普鲁士在拿破仑战争中遭到了毁灭性的打击，被迫签订了《提尔西特和约》，从而面临着亡国的灾难。正当普鲁士王朝和容克阶级对自身的统治和生存自顾不暇之时，普鲁士的德意志自由主义贵族和政治民族主义者，却想利用这个时机，从基础上改革普鲁士，以拯救德意志。1807年9月30日，普王弗里德里希·威廉三世任命施泰茵为政府首席大臣，开始了具有划时代意义的改革。农业立法是施泰茵改革中最关键也是最基础的部分，其影响也最为深远。它实际上是一场土地革命，把封建地产制转变为资本主义自由地产制，直接引发了普鲁士社会经济结构和社会性质的转变。在财政方面的改革同样也具有重大意义。1818年，政府颁布了新关税法，废除了普鲁士王国境内所有关卡和关税，实行对外关税统一，并规定由政府制定每种产品的出口税率。普鲁士工商业自此摆脱了内部重重关税的束缚，一个统一的国内市场开始形成，并对德意志关税同盟的最终建立起到了决定性的作用。施泰茵－哈登堡改革也广泛涉及军事和教育领域。军事改革的主要目标是建立一支以法国国民军为楷模的、由爱国的自由公民组成的普鲁士国民军，以推翻异族统治。它废除了普军原有的封建等级制度，提高了士兵的地位。还新设陆军部作为军队行政和指挥的最高机构，便于军队指挥权的集中统一。军事改革不仅促进了军队的现代化建设，而且激发了普鲁士人的民族精神，出现了"全民皆兵"抗击拿破仑统治的局面。此外，教育改革也适应了新崛起的德意志工商资产阶级的需求，特别是对普鲁士的年轻资产阶级反对封建专制，实现本民族的独立以及建立资产阶级民族国家产生了不可低估的作用。

　　需要指出的是，尽管改革使普鲁士的经济迅速走上了资本主义的发展道路，但由于封建势力在社会的转变过程中没有受到摧毁和打击，甚至在国家政治生活中继续居于主导地位，这就使得普鲁士乃至日后统一的德意志，在其发展过程上都不可避免地打上了封建主义的烙印，始终呈现出一种保守的色彩。

　　19世纪初的德意志民族解放战争，是同欧洲的民族解放战争和以英俄为首的反法联盟发动的反法战争混为一体的，情况复杂，性质多重，但就德意志民族本身而言，要求解放、追求统一则是主流，是关乎德意志民族生存和发展的大问题。一般认为，德意志民族解放战争是从拿破仑侵俄失败时开始的。1812年3月16日，普鲁士正式对法国宣战。翌日，普王弗里德里希·威廉三世发表《致人民公告》，呼吁人民参加战斗。普鲁士人民如潮水般应征入伍，拿起武器，为维护国家的独立和统一而战。到1813年5月，一场真正的具有广泛群众基础的德意志民族解放运动已初具规模，并最终赢得了民族独立战争的胜利，为未来德意志民族和国家的统一创造了条件。战争的胜利，也极大地提高了普鲁士在德意志民族中的地位，为它日后担当起统一领袖的重任奠定了基础。但1815年反法战争胜利后，在"神圣罗马帝国"的废墟上站立起来的依然是一个由多达38个小邦组成的松散的德意志联邦，德意志由普鲁士和奥地利两强共同支配的分裂局面仍未改变。

统一的前奏

实际上，在由普鲁士领导的德意志民族解放战争所追逐的目标中，始终蕴藏着民族统一的内涵。但1814年，当整个反法战争胜利结束时，由于欧洲大国之间的利益之争，使它们更希望维持一种均势的状态，而不愿看到一个统一强大的德国出现在欧洲的中部。奥地利首相梅特涅就是这种思想的代表人物。他从心底里渴望恢复欧洲各国的封建专制制度，因而热衷于维护欧洲均势之下的"和平"，坚决反对一切革命运动，生怕由于打破了原有的封建秩序的平衡，而影响奥地利自身的地位。梅特涅把他的保守理念完全付诸行动中，在整个欧洲掀起了一股维护封建统治的反动逆流。19世纪上半叶的欧洲成了"梅特涅的时代"。这种力量尽管暂时束缚了德意志统一的脚步，但历史的潮流终究是不可阻挡的，几个世纪以来不断兴起的德意志政治的发展要求和经济、民心日趋融合的内在力量，必将把处于四分五裂的民族和国家统一为一个整体。

英国工业革命的影响和法国大革命的催化作用推动着古老的德意志进入工业化发展的新时代。经济的发展和工业革命高潮的到来，为德意志的统一提供了动力和条件。19世纪20年代，是德意志现代工业真正起步的重要时期，工场手工业得到广泛发展，并很快向大机器生产过渡。1816年，不来梅建成了第一艘蒸汽动力船；30、40年代，机器纺织业开始在萨克森推广，形成了第一批工业企业；1835年，在巴伐利亚首次建成了德意志境内的第一条铁路，不久又制造出德意志第一台火车机车，从此全德兴起了修建铁路的热潮。到50、60年代，德意志已经实现了从农业国向工业国的转变，并且被完全卷入了世界贸易圈，除了短期的萧条外，德意志的经济始终处在繁荣状态。据统计，在1850~1870年的20年间，德意志邦联的煤产量从670万吨增至3400万吨，生铁产量从21万吨增至139万吨，铁路全长达到2万公里以上，超过了英、法两国的铁路里程。到19世纪60年代，德意志工业实力已接近法国；70年代，德意志的机器制造业已经超过英国，位居欧洲之冠。工业的发展使德意志社会的整个经济结构和阶级力量的配置发生了革命性的变化。德意志的资产阶级力量增长最快，而普鲁士尤为显著。大部分容克开始向资产阶级转化。由于他们的经济利益同国内市场、关税和世界市场越来越多地联系在一起，因此德意志的统一对他们来说不再是无关紧要的事。到60年代，普鲁士已经从封建君主国变成资产阶级君主国，它虽然仍由容克把持，但也在一定程度上代表着资产阶级的利益。这些转变无疑是普鲁士统一德意志的重要前提。

关税同盟扩大成为国内市场，"小德意志"①地区的经济同普鲁士逐渐"一体化"，奏响了德意志统一的序曲。19世纪初，遍布德意志境内的关税和地区税边界线，如同束缚人手脚的绳索，使交通几乎陷入瘫痪。1819年4月，来自符腾堡一个工人家庭的年轻经济学家弗里德里希·李斯特（1789~1846年）就明确提出了建立关税同盟的建议，指出：只有废除内部关税，建立一个全联邦的统一税制，才能恢复国家贸易和民族工业，也有利于劳动阶级。他认为：不在德意志各邦人民之间实行自由

---

① 历史上，习惯将不包括奥地利在内的德意志称为"小德意志"地区，而包括奥地利的德意志则称为"大德意志"地区。在德意志统一的问题上，始终存在关于"小德意志"路线和"大德意志"路线的意见之争，而俾斯麦最终选择的是"小德意志"统一的道路。

第六章 夹缝中的德意志

交往，便不能有统一的德意志；不建立共同的重商主义制度，便不可能有独立的德意志。他的建议虽然遭到了以奥地利首相梅特涅为首的保守势力的反对和提防，但却得到了普鲁士的认可和支持，并很快组织建立了一个关税同盟条约。此后，周围的小邦都纷纷加入进来。到1834年1月1日，一个被称为"德意志关税同盟"的关税统一体正式宣告成立。它包括了德意志18个邦国、2300万人口和占全部领土3/4的土地。它的成立不仅促进了同盟内各国的商品和货币流通，而且有力地推动了整个德意志向全面的统一和协调方向发展。同时，关税同盟也使普鲁士在德意志诸邦中的经济和政治领导力更加突出，在与奥地利的竞争中抢占了先机。恩格斯曾说：关税同盟是普鲁士的一个巨大成就。它意味着战胜了奥地利，这还算不了什么，主要的是它把中小邦的整个资产阶级都吸引到普鲁士一边来。

李斯特的另一贡献是提出了著名的"幼稚工业保护论"。当时欧洲最为盛行的亚当·斯密的自由贸易理论，反映的是以英国为代表的先发国家的经济发展需要，而作为"后发国家"的现实决定了一味坚持自由贸易只能处在跟从的位置上，随时面临被"先发国家"掠夺的危险。因此，李斯特认为：后发国家应该首先采取自由贸易政策，依靠吸收引进发展生产力，尽快摆脱后发的困境；此后，应该利用国家政权的干预力量，采取贸易保护政策，保护本国工业的健康成长；等到发展成为经济强国之后，再回到自由贸易的规则中来。在普鲁士领导下的德意志关税同盟，有力促进了小德意志地区的经济发展。从40年代起，关税同盟为保护起步不久的工业，对内部采取自由贸易，对外采取统一的保护关税。这种被称为"相对的自由贸易"的政策，受到大部分资产阶级和容克的欢迎，也使普鲁士的工业飞速发展。李斯特的"幼稚工业保护论"不仅影响了19世纪的德国和美国，还影响到20世纪崛起的日本。直到今天，对很多发展中国家而言，它依然具有十分重要的价值和意义。

与此同时，以普鲁士为中心的铁路网也在德意志建立起来。铁路不仅把东部农业经济区同西部钢铁工业区紧紧连接起来，而且冲过各邦的边界伸向北海沿岸和南部山区，它以特有的威力闯入各种旧的生活习俗，使德意志的面貌发生了重大的改变。当时的诗人就把铁路称为"德意志统一的结婚绶带"。而铁路网建设的发起人也是李斯特。他把铁路系统和关税同盟形象地比喻成"连体的双胞胎",认为两者"相互支持,追求同一个伟大的目标,把德意志各个部分统一成一个伟大、文明、富足、强大和不可侵犯的民族"。正如他所预想的那样,到19世纪60年代,关税同盟地区已经形成了共同的经济生活,完善了共同的语言和共同文化。经济的统一为政治的统一奠定了基础。德意志民族统一的核心力量日渐形成。

沙俄霸权的丧失和"俄普同盟"的形成为德意志的统一提供了有利的战略时机。1848年以后,沙皇俄国依然是德国统一的最大国际障碍,保持德意志的分裂是其既定方针。事情的转机发生在克里米亚战争之后。1853~1856年的克里米亚战争,是沙俄同英、法争夺巴尔干和近东霸权引起的一场火并,沙皇本以为能得到德意志邦联的支持,事实却大为不然。奥地利不仅不支持俄国,反而站在西方列强一边,踢了俄国一脚,使沙俄遭受了惨败。战后签订的巴黎和会协定规定了黑海中立、俄国军舰不得停泊等不利于俄国的条款,实际上堵截了沙俄向东南欧扩张的通道。这是沙俄在争霸欧洲道路上遭遇的重大挫折,不仅引发了俄国国内阶级矛盾的激化,而且动摇了它在德意志地区拥有的霸权地位和影响。深陷于内忧外患之中的沙皇政府,决心对奥地利的"忘恩负义"采取报复。19世纪50年代后期,沙俄对外政策发生变化,它在国际上勾结拿破仑三世,在德意志内部支持普鲁士,首先要打击的则是奥地利。沙俄在欧洲霸权的丧失和对德意志事务控制的松弛,客观上有利于德意志的民族统一运动,特别是给普鲁士统一德意志创造了一个可以利用的外部环境。

总之,在法国大革命和英国工业革命所造成的弥漫于整个欧洲的政治、经济和社会发展的新鲜空气的熏陶下,在内部需要和外部力量的共同作用下,古老的德意志肌体焕发出新的生机和活力,而普鲁士统一德意志的时机也逐渐成熟,一个统一的强大的德国即将走上世界历史的舞台。

第六章 夹缝中的德意志

三、铁血宰相俾斯麦

19世纪50、60年代德意志的工业革命和经济发展，已经成为一种推动统一的强制力量，这是资产阶级的迫切需要，甚至连一些邦的诸侯贵族也感到，如果他们对抗统一的潮流，将会被德意志和历史所抛弃。当时统一德意志的任务历史性地落在了容克的肩上，因为德意志的资产阶级太不幸，它生来得太晚了。当它兴盛的时候，德意志的无产阶级运动已经日趋活跃，这使它惧怕同无产阶级和人民结成同盟。因此，德意志资产阶级手中既无有组织的国家暴力，又抛开了人民群众这一无组织的暴力，无力承担实现统一的领导重任，只能对统治阶级统一德意志的道路报以热烈的支持。而对德意志的无产阶级来说，它在政治上和组织上还不成熟，还不足以使德意志的民族运动转变为人民革命，所以，马克思和恩格斯所设想的无产阶级革命统一的道路还难以付诸实践。尽管在德意志，存在着统一的潮流和众多可能选择的道路，但根据当时的力量对比来看，只有普鲁士—俾斯麦的统一道路最有可能取得成功。而事实上，也正是俾斯麦通过发动王朝战争自上而下地完成了德意志的统一。

一位资产阶级化的容克

俾斯麦出生在勃兰登堡阿尔特马克的一个世代容克的家庭，两岁时随家迁往波美拉尼亚的克尼帕霍夫庄园。就其财富和社会地位来说，俾斯麦的家族不是第一流的，但容克的那种专横暴戾作风在他身上却很明显。据说大学期间他曾与人进行过13次决斗。俾斯麦的母亲来自有名望的资产阶级家庭，给俾斯麦诸多的影响。他又在学习中进一步受到了资产阶级的教育和影响。但与此同时，他所处的容克阶级却正在"时代的双重革命"，即工业革命和思想革命面前急速地下沉。因此，新旧社会交替而迸发出来的历史、经济和政治的激烈冲突，在他身上表现得十分明显。到19世纪50年代初，俾斯麦已经认识到如果不采取资本主义经营方式，容克阶级就将完全破产。在此后的政治生涯中，俾斯麦同汉堡大富商的接近，远超过同其他容克同道的接近。俾斯麦的这种变化，也决定了他政治上的转变，他从一个与"宫廷党"立场一致的保守派，逐渐转变成一个主张由普鲁士掌握领导权、在一定程度上满足资产阶级利益的德意志统一论者。

总体来说，俾斯麦是一位非凡的人物，具有极为强烈的功名心，是一个重视行动，讲究现实，为达目的不择手段，意志坚强，富有感情，并且性情暴烈，干劲十足的人。他的军旅生涯并不成功，大学时光也都花在酗酒和女人上，他的外交经历也没有为他赢得什么朋友，但他的确拥有那个时代很少有人拥有的才能：他具有估量对手的超凡能力，是一位第一流的政治家；他还有一个赌徒的直觉，知道何时下注，何时离桌。与大多数普鲁士保守主义者不同，他了解德意志民族主义的暗潮涌动，并看到了普鲁士或者顺潮流而昌，或者逆潮流而亡的历史命运。

1862年9月，俾斯麦出任普鲁士首相。他当时就已认定，德意志统一已是无法阻挡的历史潮流。在这种形势下，由普鲁士掌握统一运动的领导权不仅可以阻止"自下而上"的革命威胁，保存普鲁士君主政体，而且可以保证容克地主的特权地位，因此是顺应这一历史潮流的最有利的方式。同时，俾斯麦还清楚地看到，无论是德意志各邦的统治者，还是俄、法两个大国，都不愿看到德意志实现政治上的统一，前者惧怕丧失自己的政治特权，后者则把保持德意志的分裂当成自己在欧洲事务中取得政治优势的重要条件。有鉴于此，俾斯麦特别欣赏著名军事理论家克劳塞维茨的观点，认为实现德意志统一的道路只有一条，那就是："通过剑，由一个邦支配其余各邦。"1862年9月30日，出任首相不久的俾斯麦在普鲁士议会上发表了著名的"铁血演说"，他声称："当代的重大问题不是通过演说和多数人的决议所能够解决的，而是要通过铁和血。"正是沿着他所指引的方向，德意志发动了三场王朝战争，开始了实现统一的历程。

第六章　夹缝中的德意志

一石二鸟的德丹战争

俾斯麦上台以前，普奥之间的关系就已经日趋紧张。俾斯麦力图把德意志两大强权之间纯粹的权力和利益之争尽可能同德意志民族问题联系在一起，把奥地利突出成阻碍和破坏德意志民族统一的力量，而把自己充作民族运动的"矛尖"。

1863年秋，当俾斯麦发现重新激化了的石勒苏益格－荷尔斯坦因问题，是同德意志民族运动和自由主义的努力紧密联系在一起时，他就立即介入了这场民族运动。问题涉及的是石勒苏益格、荷尔斯坦因和劳恩堡3个易北河公国地区，后两个地区的居民基本上是德意志人，而前一个地区却杂居着德意志人和丹麦人。根据1852年由英、俄、法、瑞典、丹、奥和普共同签订的《伦敦议定书》，这3个公国同丹麦结成同盟，而荷尔斯坦因和劳恩堡同时也是德意志联邦的成员。但丹麦的民族运动却力图将这些公国纳入丹麦的版图，而德意志联邦则要求按照德意志的意愿解决石勒苏益格－荷尔斯坦因问题。1863年11月，丹麦议会通过新宪法，加快推行合并石勒苏益格的计划。这无疑将两国民族运动的矛盾冲突推上了新的高峰。就在丹麦新宪法通过两天后，丹麦国王去世，新王签署批准《丹麦－石勒苏益格新宪法》。但他对石勒苏益格－荷尔斯坦因的继承权却没有得到当地社会各阶层的承认，于是引发了关于公国王位继承权的争执。这激起了整个德意志民族感情的巨大浪潮，要求对丹麦采取强有力的行动。在这种形势下，俾斯麦采取了明智的策略。他打出维护1852年《伦敦议定书》的旗帜，堂而皇之地避免了英、法、俄等国的干涉。他还拉着奥地利一起行动，既可以掩饰普鲁士吞并两公国的野心，又能使奥地利紧随普鲁士的政策，从而使普鲁士掌握德意志统一运动的领导权，也为日后发动对奥战争埋下引线，真可谓一举三得。经过周密策划，普奥两国于1864年2月联合进攻石勒苏益格，迅速击败了丹麦军队。丹麦政府在求援无望的情况下，被迫签订了《维也纳和约》，将3个公国交给了普奥两国。

德意志各中小邦一直呼吁由奥古斯滕贝格公爵为三公国地区的公爵，奥地利稍后也予以支持。俾斯麦却独排众议，坚决反对这种做法。因为他相信出现一个独立的诸侯不会给德意志统一带来任何好处，相反如果石勒苏益格－荷尔斯坦因成为诸侯独立邦并获得联邦和国际列强保证的话，就会形成一种原则范例，即必须保证德意志联邦中所有中小邦的独立地位，而这是普鲁士所不愿看到的。普鲁士不仅不能统一"小德意志"，甚至也无法实现普鲁士在北德意志的霸权。1865年8月4日，普奥签订了关于共管易北河诸公国的《加斯坦因协定》，规定石勒苏益格由普鲁士管理，荷尔斯坦因由奥地利管理，而小小的劳恩堡公国干脆以250万塔勒的价格卖给了普鲁士。

俾斯麦根本没有把这种安排当作最后的解决办法。他一直认为，普奥两方在解释协定条款上会发生摩擦和冲突。他设定的唯一出路是由普鲁士"统一"两公国，这样做最终能得到"小德意志"民族运动的支持，而且为了达到此目的，当然也无须惧怕一场普奥战争。

目的有限的"普奥战争"

俾斯麦为统一德国所发动的第二场王朝战争是对奥地利的战争。俾斯麦根据以往的经验得出结论：要实现普鲁士主导下的德国统一，必须用军事手段排除奥地利的阻挠。因此，他一结束对丹麦的战争，就将尚未冷却的枪口对准了奥地利。

俾斯麦首先着手在国际上孤立奥地利的准备。当时对普鲁士和奥地利的争霸具有决定性影响的国际因素主要是俄、法两大邻国的态度。由于奥地利在1853~1856年的克里木战争中反对俄国，因此俄国自然可以站到普鲁士一边。对于法国，俾斯麦则主要采用了拉拢诱惑的办法，主动向法国发出暗示，表示将承认它对比利时的占有权。法皇拿破仑三世信以为真，表明将不会站在奥地利一边。此外，俾斯麦还笼络了希望从奥地利手中收复威尼西亚的意大利，与之签订了同盟条约。俾斯麦在一切准备就绪后，向奥地利提出了貌似公允、实则令对方难以接受的条件，

第六章　夹缝中的德意志

要求在不将其并入普鲁士的前提下，将石勒苏益格、荷尔斯坦因两公国交由普鲁士亲王管理。奥地利对普鲁士吞并两公国的企图心知肚明，为了打击普鲁士的野心，提出将两公国的前途交由德意志联盟议会决议，以便使普鲁士与整个联盟为敌。但这却正是俾斯麦等待的机会。他立即宣称，奥地利此举破坏了奥普两国的协定，于是命普军于6月7日开进荷尔斯坦因。6月14日，德意志联盟通过反对普鲁士的议案。普鲁士则以联盟议会越权为由，宣布联盟解散。15日，普军侵入萨克森。意大利立即加入普鲁士一方作战，从南方牵制奥军。7月3日，普军在萨多瓦战役中取得了对奥地利的决定性胜利。

战后，在和约谈判和处理战后德意志事务方面，俾斯麦施展了极为灵活的政治手腕。他不仅及时阻止了普王威廉一世要进军维也纳、羞辱奥地利的计划，而且签订了一项对奥地利来说远为宽容的和约。在他看来，奥地利已不再具备称霸德意志的条件，而真正的危险则是来自欧洲列强的干涉，首先就是法国的战争威胁，因而必须以获得战争的主要结果为满足。普奥战争的结果之一是产生了一个北德意志联邦国家，这对促进德意志资本主义的发展起了重要作用。1867在北德联邦和南德诸邦之间缔结了协定，规定了共同的关税和贸易措施，从而在实现政治统一之前，首先在经济领域形成了一个非常重要的全德机构。这个在德国历史上"不出名的普鲁士－德意志国家"是德意志帝国成立的预备阶段。普奥战争的结局还使奥地利被排除在德意志之外，这是继1648年瑞士脱离德意志之后又一块重要的德意志土地被剥离出去。1867年2月，奥地利统治集团为了摆脱因战争失败而激化的国内矛盾，被迫对地主贵族做出妥协，将奥地利帝国改组为二元制君主国——奥匈帝国。奥匈帝国的建立不仅标志着奥地利帝国资产阶级改革运动的完成，而且也标志着曾经由普奥两国共同主导的德意志历史的"终结"。普鲁士统一德意志的时机进一步成熟。

大国崛起 | DAGUO JUEQI

大功告成的普法战争

　　由于法国的干涉，南德的4个邦依然滞留在北德意志联邦之外。法皇拿破仑三世宣称："德意志应划分为三块，永远不得统一。"如果把南德意志诸邦拉进北德意志联邦，法国的"大炮就会自动发射"。因此，普鲁士要最终完成德意志的统一，就必须克服法国的阻挠。1867年俾斯麦指出："与法国的战争肯定会到来，法国皇帝显然要把战争强加在我们头上。"于是，他决定发动第三场王朝战争，向法国开战。拿破仑三世也同样在进行战争准备。相比之下，俾斯麦的处境要更为有利，因为统一的形势已日新月异，德意志各邦的民族运动给了他足够的支持。同时，俾斯麦还于1868年同俄国缔结了一项互助条约，规定两国中的任何一国如在战争中受到威胁，互助将立即生效。这无疑给普鲁士增添了一个非常强大的后盾。此时，对俾斯麦来说，唯一缺少的就是一个与法国决裂的适宜的借口，这个借口最好能给人一种印象，即侵略者不是普鲁士而是法国。他注意到，如果使普法战争的性质变成民族防卫战，就可能使南德诸邦同情北德联邦的统一计划。他指出："鉴于法国的态度，我认为我们的民族荣誉感迫使我们进行战争。"拿破仑法国对德意志事务表现出的咄咄逼人的干涉态度，恰恰为俾斯麦所利用。

　　霍亨索伦亲王莱奥波德竞选西班牙王位一事成为普法战争的导火索。1868年，西班牙女王被推翻，霍亨索伦家族的莱奥波德是王位候选人中的一位。但法国却坚决不同意这位亲王参选，担心如果西班牙和北德联成一体，那么自己将来会腹背受敌。普王威廉一世慑于法国的战争威胁，在同法国驻普大使的会谈中答应劝说亲王放弃王位候选。7月13日，在法国大使的强烈要求下，威廉一世委托普鲁士外交部将此事电告身在柏林的俾斯麦，并允许他转告新闻界和普鲁士驻外使节。普法战争的危险似乎已经远去。但就在这一天，发生了"德国历史上最富有戏剧性和最具有决定意义"的一件事。由于普王同意了法国的要求，俾斯麦的感情受到了激怒和伤害，感觉自己的全部计划正面临失败。正当他闷

第六章 夹缝中的德意志

闷不乐地和将军老毛奇一起喝酒,并准备愤然辞职时,突然接到了外交部发来的那份电文。俾斯麦发现急电可能大有用场,于是立即动手进行了删节,尽管未加一词,却语意大变,使电文读起来像是"对挑战的耀武扬威的答复"。俾斯麦估计,电文一旦在报纸上发表,很快就会传到巴黎,到时"将对高卢牛起到一块红布的效果"。事实果然不出俾斯麦所料,稍加改动的电文在巴黎引起了愤懑和狂怒。7月19日,法国对普鲁士宣战。俾斯麦终于得到了他所期望的民族保卫战的局面,而当时的大部分人尚不知道究竟因为何故。开战之时,拿破仑三世吹嘘说,这只是到柏林的一次"军事散步"。他哪里知道,自己要面对的将是强大的德意志民族的全力对抗,因为德意志各邦都为了民族的统一事业而团结起来。德军的优势力量和高涨的士气很快击溃了法国人的抵抗。在著名的色当战役中,10万法军投降,连拿破仑三世本人也当了俘虏。

民族战争的任务已经完成,但俾斯麦继续挥戈直逼巴黎。"在普鲁士胜利引起的一片狂欢声中,在拿破仑帝国倾覆后的废墟上,在饥饿的、时刻准备战斗的巴黎人民面前,俾斯麦正式宣告了新的德意志帝国的成立。"1871年1月18日,普王威廉一世在法国凡尔赛72米长的镜厅加冕为德意志帝国皇帝,德意志统一大业至此完成。这一天,正好是第一位普鲁士国王加冕170周年的纪念日。在德意志军刀和勋章光辉的映衬中,一个强大的德意志帝国勃然兴起了。但无论是皇帝本人,还是英明一世的俾斯麦,此刻也许都不会想到,这个令他们感到兴奋异常的"镜厅加冕"行动,却在法德之间埋下了难以去除的仇恨的种子。

欢乐与悲哀的二重交响曲

俾斯麦是一位"白色革命家"。这位出身于保守派阵营的容克,使用战争暴力手段,摧毁了阻碍德国统一的内外势力和德意志联邦的全部旧关系,完成了300多年来德意志民族不断追求的统一大业,并把德国带入了现代化国家的行列。"俾斯麦统一德国,较之以往的德意志分裂,是一种'革命',但俾斯麦统一德国的道路,较之无产阶级乃至资产阶级的'红色'革命道路，则是一种'倒退'。"由此不难看出俾斯麦统一德国的巨大历史进步性和其中所包含的深刻的保守性。因此，统一对德国产生的历史影响也具有两重性。

从历史进步性来看，统一解决了德意志民族的生存问题，而这个问题从16世纪德意志农民战争失败以来就尖锐地摆在德意志民族面前。至此之后，统一的德意志民族不再任由欧洲强邻的欺压和宰割。统一也极大地促进了德国生产力的发展，使经济有如脱缰之马奔腾向前。不仅如此，它还为德国工人阶级在全德范围内开展反抗资产阶级的运动创造了有利的条件。就其历史保守性而言，主要是保留了专制主义的君主政体，阻碍了资产阶级民主改革的彻底完成。另一方面，普鲁士的军国主义传统和俾斯麦在统一过程中煽动并利用的民族主义情绪，从此深入德国的各个领域，戕害了德意志民族的肌体，使德国成为欧洲国际政治中不安定的根源之一。此外，强占法国的阿尔萨斯和洛林两省的做法，不仅在法德之间结下了世代相袭的民族仇恨，而且促使法国投入俄国的怀抱，由此形成了欧洲两大军事集团相互对立争霸的局面。这些都给德意志民族的发展带来了长期的极为不利的影响。

但总起来说，德国的统一是一个进步的历史事件，是现代化发展的必然。工业革命为促进德国的统一发挥了关键性的作用。俾斯麦的活动顺应了现代化发展的历史潮流，因而在欧洲政治的舞台上表演得有声有色，也使他成为德国乃至欧洲历史上最为著名的现实主义政治家和德意志民族统一的英雄。

四、强大的德国：是福是祸？

进入 19 世纪 90 年代后，随着德国经济和军事实力的继续增强，俾斯麦试图保持德国仅仅作为一个欧洲大陆强国的政策设计，已经无法满足德国统治阶级的贪婪欲望。1890 年俾斯麦下台后，德国政府在对外政策上改弦易辙，逐渐从"大陆政策"向"世界政策"转变。对一个日渐强大的德国而言，这种转变究竟是福是祸的确难以简单断言。但从德国所经历的历史来看，紧要关头看似偶然出现的个别人物，往往导致整个前进方向的彻底改变，或许背后代表的乃是历史合力的选择。统一后的德国紧紧抓住第二次科技革命的契机，经过 20 多年的跳跃式发展，到 20 世纪初基本实现了工业化，成为欧洲一流的经济强国，显示了超强的实力。德国的经济发展，特别是其教育兴国、科技兴国的发展道路，为我们提供了宝贵的经验。但强大之后的德国，就像一个暴发户，一下难以找到自己的位置，结果走上了滥施国力、扩张争霸的毁灭之路。

寻找阳光下地盘的国家

德皇威廉二世（1890~1918 年）在位的时期，在历史上称为"威廉时代"。他所煽动的德意志民族沙文主义浪潮和所采取的扩张攻势，成为这个初绽头角的国家全部活动的主旋律。而这种"威廉主义"的方针政策，是同俾斯麦时代内外政策的主旨完全相悖的。威廉时代，整个德国的特点是灿烂辉煌的物质繁荣伴随着军国主义、民族沙文主义的大发展，对于政治和工业成就的民族自豪感，以及对未来前景的乐观展望，成为当时德国社会的普遍心态。1913 年威廉二世即位 25 周年的庆典声势浩大，社会各界一齐高唱赞歌，大献谀辞，其盛况超过对以往所有的德国皇帝。对此，只有少数人发出了不和谐之音。左翼《新观察》杂志就曾悲叹:"现今的德国人变得非常耽于声色,实利主义,而且几乎完全成了头脑空空的专业人员。他们已逐渐变得冷酷而实际,对一切不能立即增强经济力量的活动都抱怀疑态度。"对于这些批评者,皇帝不屑一顾,称他们是"绵羊脑袋""阴郁的悲观者"。在他心中,统治世界的梦想早已使扩张的欲望不可抑制地膨胀起来。

威廉二世的"世界政策"主要代表了德国大工业家和大地主把德国从大陆强国变为世界强国的渴望,同时也混杂了德国思想界对中世纪具有大一统性质的德意志帝国的怀旧情绪,其要点就是殖民主义和军国主义政策。由于德国工业的起飞加剧了帝国主义国家间经济发展的不平衡,这个后起的现代化工业强国不能容忍老牌资本主义国家只留给它一点残羹剩饭,因此德国统治集团叫嚷着"缺乏空间""领土太小",迫切地要求重新瓜分世界市场和殖民地。时任德国外交大臣的比洛就曾公开宣称:"德国占有陆地,让邻居拥有海洋的时代已经过去,我们必须要求德国大使、德国商人、德国货物、德国的旗帜和德国的商船在中国像在其他国家一样受到尊敬——我们不想让任何人相形见绌。但我们也需要阳光下的地盘。"为了能拥有同其他强国分庭抗争的资本,德国政府不断增加军事投入,扩大军队规模。自1891年起担任总参谋长的施利芬,从90年代中期就已开始埋头制定在欧洲东西两线作战的行动方案。1897年中,主张海外扩张的冯·蒂尔皮茨海军上将成为政府的海军大臣,他很快便出台了庞大的海军建设方案。德皇威廉二世曾明确表示:"我们不会使自己放弃与其他大国平起平坐的机会——有一段时间德国只是一个地理名词,他不被视作一个大国,今天我们已经成为一个大国了:我们希望在上帝的帮助下,使我们永远是个大国。我们不会取消和限制自己对于建立在理性和思考基础之上的世界政策的要求。"1905年,他在一次酒会的致辞中清楚地表明德国已经做好了战争准备:"火药是干的,剑是磨过的,目标明确。"

经济上不断膨胀的德国资产阶级,其扩张贪欲最终演变成争霸欧洲和世界的不可遏制的推动力,而普鲁士军国主义精神的体现者——皇帝和总参谋部，恰恰给这种贪欲提供了武力保证。威廉二世和将军们迫不及待地寻求着战争，并希望能发挥一下陆军的优势，用庆祝军事胜利的欢呼声来掩盖国内工人阶级民众日益增长的不满。正如社会民主党领导人威廉·李卜克内西所说："如果你想了解德国，就必须抓住这样一个事实：德国，特别是普鲁士，是一个倒立着的金字塔。牢牢埋在地里的塔尖是普鲁士士兵头盔上的尖铁，一切都是由它托着的。如果人们不特别谨慎，总有一天这金字塔会倒下来，毁了它本身，连带还要毁掉许多其他东西。如果你能弄懂这金字塔是怎么倒下来的，你就已开始对德国有一点了解了。"德国－普鲁士军人至高无上的地位，对战争与和平的特殊态度，以及黑格尔所倡导的国家意味着"权力"而不是"福利"的论说，促使德国形成了这样一种社会气氛：一旦军人把战争发动起来，即使你不赞成战争，也愿意跟着向前走。

19世纪早期的德国民族主义思想主要在于追求本民族的内部统一和政治独立，而到世纪的晚期，却演化成为民族沙文主义。随着世界政策的推行和扩军备战的加剧，德国19世纪末发展起来的新形式的民族沙文主义，将原有的民族主义、反犹主义以及H.S.张伯伦所散布的种族理论结合在一起，呈现出日益膨胀的趋势，并导致形形色色的追求向外扩张的殖民组织和理论纷纷出笼。与此同时，历史学家和经济学家也在宣扬德意志强权和世界政策。这些都为贯彻威廉时代的内外政策提供了意识形态的依据和自我辩护的理由，成为德国统治者推行帝国主义政策的动力来源。为了证明所谓的优秀民族的生命力和完成对世界政治、文化所负有的崇高使命，德意志帝国大步地走上了扩张主义道路。

挑起第一次世界大战

1914年，欧洲两大帝国主义集团都在厉兵秣马，准备厮杀。德国则充当了大战挑起者的角色。1914年6月28日发生的萨拉热窝事件成为第一次世界大战的导火索。由于德国政府的推波助澜，冲突在一个月内就发展成一场波及整个欧洲乃至世界范围的战争。除了极少数的和平主义者和革命左派外，几乎全体德国人都一致支持帝国政府的战争决定。大战开始后，虽然各交战国人民都团结在本国的旗帜下，但对战争表现出如此强烈热情的，除了德国恐怕没有第二个国家。德国工业家和政治家瓦尔特·拉特瑙不无感叹地说："我回想，君主制军国主义意识在群众中是多么根深蒂固啊！"这种根深蒂固的精神状态是古老的德国历史传统的产物，这种传统由于19世纪末期高涨的民族沙文主义浪潮而得到了恢复和发扬。

似乎一切事情最后都要决定于战争。德国在一战初期的胜利所渲染出的欢欣鼓舞的气氛，使大多数德国人相信，战争在1914年圣诞节前就会结束。但由于军事技术的飞速发展，特别是铁路、机枪、铁丝网、堑壕在战争中的应用，使得防御一方的力量大为增强，因此战争远没有人们预计的那样顺利。至1914年底，德国在东西两线都陷入了焦灼对峙的状态，被迫面临两线作战的不利态势。1915年大战进入第二阶段。德军进攻的重点转向东线，但却未能消灭俄军主力。1916年德军把进攻重点转回西线，却又遭受"凡尔登绞肉机"的悲惨失败，对峙状态一直没能打破。战争的久拖不决使德国最高统帅部成为国家实际的独裁者，他们不但完全掌握着军事指挥权，还掌握了一切重大的政治决策权。在大部分岁月里，德国的真正统治者是统帅部里那位无情的、顽固的、精悍的军国主义分子鲁登道夫，而皇帝则完全退居幕后。直到战争结束后，德国政界领导人才敢于透露这种事实的真相。1919年7月，魏玛时期的财政部长埃尔茨贝格尔在议会中说："有4年时间，德国实际上没有政治统治，只有军事独裁，对于这一点，我们现在可以公开讲了。"

从经济、政治和心理上说，德国是难以经受一场旷日持久的战争的。在历史上，普鲁士军队经常以漂亮而迅速的行动赢得决定性的胜利。"弗里德里希大王"进行的战争，1866年的七周战争，1870年的迅速胜利，都使一战中的德国人也指望能够速战速决。当这种希望渐行渐远时，厌战情绪就自然而然地产生和蔓延开来，国内的党派斗争和人民的反抗也随之涌起。1918年11月9日清晨，柏林起义开始。威廉二世在高声叫骂"背叛！背叛！"之后，仓皇出逃荷兰。德国历史上的霍亨索伦王朝就这样不光彩地结束了。由于军队宣布对新政府效忠，因此柏林革命是在不借助暴力和流血的情况下完成的。但在人们欢呼革命"取得了辉煌的、几乎是不流血的胜利"的同时，却忽视了掩藏在胜利表象之下的是尚未发生改变的原有基础。兴登堡领导的军队最高统帅部之所以支持了革命，完全是因为他们看到反对革命将是徒劳无益的，而保存军官团和军队作为将来复活民族主义德国的潜在工具要比效忠君主制度远为重要。他们最紧迫的目标是防止协约国军队进入德国，从而对德国的军事组织构成威胁，为此就必须接受革命的现实，与新政府一道做出某种安排。

1918年11月8日，德国代表团来到贡比涅森林的雷通德火车站，向法国的福煦元帅宣读了停战协定，却遭到了福煦元帅的拒绝。他要求德国无条件投降，并限72小时做出答复。11月11日，德国"新政府"被迫在停战协定上签字，德意志帝国在由它挑起的第一次世界大战中覆灭。

威廉二世的"世界政策"失败了，不仅导致国家遭殃，而且自己也落得个皇冠落地、流亡国外的下场。他的悲哀表明，一味地奉行强权政治，终归要面对失败。但他也许会迷惑不解，为什么同样奉行"强权即公理"的"弗里德里希大王"和被自己踢下台的"优柔寡断"的首相俾斯麦却都取得了成功？其实，无论是"弗里德里希大王"还是俾斯麦，他们的强权政治都是建立在有利于民族统一的事业或是促进社会进步的基础之上的，客观上起到了某种进步的作用。他们所发动的有限战争在当时的历史条件下是具有一定合法性和进步性的，一旦超出这个范围，就将遭到失败。而在威廉二世时代，一种反动的民族沙文主义支撑着他的强权政治理念，客观上不会起到任何进步作用，只会把战争引向追求无限目标直至最终失去控制的境地，对他的理想而言，战争的失败是在所难免的。

弥漫"种族魂灵"和"战争狂热"的第三帝国

1919年8月，魏玛共和国在革命中诞生。但从它诞生的第一天起，就背上了注定要促其短命的包袱。由于它取代了君主政体，但又坚决反对建立苏俄式的无产阶级专政，所以在经济上和政治上都没有触动旧德国的根本基础，这被以共产党为首的激进左派当成是"革命的叛徒"，因而加以坚决地反对。同时，共和国政府代替旧的君主政府在《凡尔赛和约》上签了字，允诺承担德国战败和赔款的义务，这又被极端保守的右派当成是"民族的叛徒"，加以坚决抵制。这些强烈的反对之声，加上强加给德国的巨额的经济赔偿，使得战后的德国处在一片风雨飘摇之中，即使出现一段相对稳定的时期，也不过是昙花一现。

在这段危机四伏的时期，一个名叫希特勒的维也纳流浪汉走上了历史的舞台。他之所以能够迅速登场，一方面，在于他成功地把德国的法西斯运动——民族社会主义（纳粹）运动发展成一种群众性的运动，使纳粹党在1929年开始的世界资本主义经济危机中，崛起成为德国举足轻重的政治力量；另一方面，是由于纳粹党得到了包括右翼保守政党、陆军军部、官吏和一些大地主、大工业家在内的权势阶层的青睐、纵容和扶持。1933年1月30日，兴登堡正式任命希特勒为总理，魏玛共和国却"不明不白""稀里糊涂"地倾覆了。德国历史从此进入"第三帝国"统治的黑暗年代。

希特勒是一个狂热的、歇斯底里的、魔鬼般的煽惑者。他的狂热不是出自对某种信仰的执着追求，而是产生于对自己的过度自信和病态的崇拜。他的煽动性演说既富于德国浪漫主义传统中那种浅薄庸俗的哀婉，又利用了魏玛德国"中产阶级"群众多愁善感的情怀。当他奢谈所谓"荣誉""祖国""人民""忠诚""牺牲"这些抽象的概念时，却往往极易打动德国人的民族感。当他的声音由缓慢的男中音提高到嘶哑刺耳、语无伦次的号叫时，却常常引发大量德国听众的激动若狂。当他把自己打扮成"救世主"，并在演说中宣称"第三帝国"已经来临时，集合在他旗帜下的群众真的把这个"留着唇髭的小个子"想象成了"上帝"。

希特勒所推崇的纳粹理论体系的核心与基础是所谓的"族民共同体"理论，它来源于纳粹的历史观。纳粹主义思想强调，世界历史的主线不是"阶级对阶级的斗争"，而是"血统对血统、种族对种族的斗争"。

第六章 夹缝中的德意志

为了完成"保种保族"的"使命",纳粹党声称要建立一种新型的国家,即所谓"族民共同体"国家,它既非议会民主制的,也非君主制的,而是"民族的领袖国家"。希特勒把尼采的"超人哲学"思想运用到政治领域,提出由"民族精英"实行统治的领袖原则。领袖是民族的利益和意志的代表者,有权对民众实行绝对统治。希特勒认为,只有他才能最自觉地意识到加强民族力量的所谓"种族价值""个体价值"和"自我保护的势能"三要素,抵御削弱民族力量的"国际主义""民主主义"和"和平主义"等所谓"人类罪恶",因此,他认为自己应该居于绝对的领导地位。显然,纳粹的所谓"族民共同体"计划不过是想建立一个极端民族主义的、独裁专制的和极端反动的法西斯国家,可悲的是,这样一个疯狂而并不高明的设想,居然迷惑和吸引了当时德意志民族的大部分民众。这与德国作为专制国家的特点有直接的关系。统一之后的德国尽管实行了议会制,但仍然是一个封建色彩浓厚的专制国家,正如马克思所描述的,德意志帝国是"一个以议会形式粉饰门面、混杂封建残余、同时已经受到资产阶级影响、按官僚制度组织、以警察来保护的军事专制国家"。这样的国家很容易随着领导者个人的价值取向和政策选择而走向难以预料的发展道路。

法西斯与战争之间一直有着不解之缘。在法西斯国家,战争不仅是一种手段,而且也是"目的"本身。在纳粹时代的德国,因为保留了帝国主义的社会基础,所以法西斯在战争问题上显得更加疯狂和残忍,也更为冒险。同时,德国法西斯又产生于民族感情受到挫折的土壤上,极易逆反为一种民族复仇主义,加之纳粹分子偏执地认为"德意志民族"是世界上最优秀的民族,有权统治世界,因此,他们不仅要求恢复民族"原有的地位",还要把生存空间"无限地扩大"。希特勒就认为,一切非德意志人都是劣等人,甚至不是人,"一天到晚硬要把天生的半猴子装扮成律师,同时却坐视千百万最高文化种族的人处于极不光彩的地位,这简直是犯罪",优等种族要维护自己的特性,必须不断地从事争斗和战争,让战火来实施"淘汰"和"培育",这"虽然残酷,却是现实"。

在他看来，战争不仅是争取"生存空间"的手段，而且也成为维护"优等种族""优良特性"的目的，战争成为目的本身。

希特勒上台以后，德国纳粹的侵略本性马上就表现出来。他坚决地退出了世界裁军会议和国际联盟，从而摆脱了《凡尔赛和约》的束缚，使重整军备的工作公开化和合法化。之后，他不断进行军事冒险，试探国际社会的反应。1936年3月7日，德国军队3万余人进驻莱茵非军事区。1936年8月，他又伙同意大利法西斯对西班牙内战进行武装干涉。频频得手后的希特勒变得更加为所欲为，开始迈出了直接对外侵略扩张的步伐，先是打着"建立大德意志帝国"的幌子吞并奥地利，又通过"慕尼黑阴谋"强占捷克斯洛伐克。这一连串发生在中欧的侵略行动，加上日本在远东推行的战争计划，将整个世界笼罩在"山雨欲来风满楼"的法西斯战争阴霾之中。

第二次世界大战与纳粹德国的末日

1939年9月1日清晨，德国军队未经宣战就全线越过波兰边界，发起闪电突击战。9月3日，英国和法国都对德国正式宣战，第二次世界大战由此正式拉开了序幕。

战争开始阶段，纳粹德国的侵略气焰甚为嚣张。150万德军分三路进攻波兰。先由一批轰炸机俯冲轰炸，扩大恐怖气氛和制造混乱局面，接着由装甲师打开波兰防线上的诸多缺口，纵深侵入后方，将波兰军队分割包围，最后由摩托化步兵师出击，一举歼灭。波兰军民虽然浴血抗敌，但抵挡不住敌军的闪电战进攻。不到一个月，波兰的全部国土就都沦陷于纳粹的铁蹄之下。而此时，苏联出于自身利益的考虑，与德国缔结了《友好边界条约》，漠视了它侵略波兰的罪恶行径。在德国西线也出现了令人不安的平静，号称欧洲最强大的法国陆军却一直没有发起对德进攻。波兰沦陷后，法军干脆躲进了马其诺防线的工事里。而英军也同样是隔岸观火，按兵不动。历史上把这一充满怪异的现象称为"静坐战争"。英、法、苏的消极态度引发了严重的后果。1940年4月9日，德国军队

第六章 夹缝中的德意志

突然采取行动,横扫丹麦,入侵挪威,继而又占领表示中立的荷兰、比利时和卢森堡,并把战火直接引向了法国。很快,在不到6个月的时间内,高卢雄鸡就在与德国战车的较量中遭到惨败。此时的希特勒期待着英国能够伸出媾和之手,好让他专心应对东线那个强大的敌人。但他白等了一场。1940年5月10日,丘吉尔接替了张伯伦的职务,当选为英国首相。他在堪称经典的就职演说中向英国人民宣告:"我能奉献给你们的只有鲜血、艰辛、眼泪和汗水。"这是他对希特勒以及法西斯侵略者的最好回答。在英国的顽强抵抗下,德军的战略空袭和潜艇战都没有达成预期目的,在极短的时间内已几乎纵横欧陆的德国战车终于减缓了速度。

在对英战争进展不力的情况下,希特勒急于将战争矛头转向苏联,迈出了战略决策上更为错误的一步。1941年6月22日,153万德军突入苏联境内。起初,由于苏联准备不足,德军装甲部队得以长驱直入,仅18天时间就已向东突进600英里。此后,苏联人民在以斯大林为领导的苏联政府的指挥下,奋起抵抗,在1941年10月2日打响的莫斯科保卫战中歼灭德军50万人和1300多辆坦克,粉碎了德军不可战胜的神话,极大地鼓舞了苏联和全世界人民反法西斯的斗志。当纳粹德国在苏联的军事行动陷入停顿时,希特勒渴望能由东方盟友日本打破僵局。1941年12月8日,日本联合舰队偷袭了美国在远东的海军基地——珍珠港,结果招致了美、英对日宣战,从而加速了国际反法西斯同盟的最终形成。日本的错误行动,不仅没有给希特勒带来他所期待的形势变化,相反却把美国引入了欧洲战场,这是令希特勒始料不及的。1942年1月1日,美、英、苏、中等26个国家代表在华盛顿召开会议,与会国代表共同签署了《26国宣言》,又称《联合国家宣言》。该宣言的签署与发布,标志着国际反法西斯统一战线的正式成立。此举无疑大大加速了世界反法西斯战争胜利的进程。以德国为首的法西斯集团失道寡助,渐渐淹没在世界反法西斯的巨大洪流之中。1944年6月6日,经过精心准备,美英盟军发动了代号为"霸王行动"的战役,在法国西部诺曼底实施了两栖登陆作战,一举突破德军的"大西洋壁垒"防线。到1945年3月24日,欧洲基本上已被由东挺进的苏联红军和从西面诺曼底登陆的美英盟军所解放,在东西两线开始了战争行动的最后阶段:直捣柏林。4月25日,盟军完成了对柏林的包围计划。当解围柏林的最后努力失败以后,希特勒彻底绝望了。他在柏林这个被炮火摧毁的城市中,命令军队继续进行毫无意义的战斗,自己却在地下室里与他的情妇爱娃完成了婚礼,之后两人双双自杀。一代恶魔的罪恶一生就此终结。爪牙戈培尔奉命在尸体上浇上汽油,焚尸灭迹,以此似乎逃避了人类正义的审判。1945年5月7日,德国宣布投降。

希特勒的"第三帝国"曾经自诩为"千年帝国",但只不过存在了短短的12年。纳粹德国的败亡再一次证明:一个国家不论多么强大,一旦它妄想称霸世界,并为此不惜发动与世界人民为敌的全面战争,就一定逃脱不了覆灭的下场。历史学家陈晓律先生认为:德国强大之后,屡次成为战争策源地的原因也许就在于,德国是一个没有经过比较彻底的资产阶级民主革命的国家。与德国相比,英、美、法等国在走向现代化的过程中都发生了比较彻底的资产阶级革命,经过革命,资产阶级掌握了国家政权,成功地对国家进行了民主改造,确立了资产阶级的民主政治制度。而这一点是德国现代化进程中所缺少的。可见,对一个生产技术已经步入现代化水平的国家来说,民主建设的重要性和紧迫性更加不容忽视。

灰烬中重生的不死鸟

多数德国人由于支持或容忍了希特勒法西斯政权的战争政策,只得接受应有的惩罚。战败后的德国,政局混乱,经济崩溃。1945年5月3日进入柏林的纽约《先驱论坛报》记者这样描述当时柏林的状况:"柏林什么也没有剩下。没有住宅,没有商店,没有运输,没有政府建筑物……柏林如今仅仅是一个碎砖破瓦堆积如山的地方。"这种破败混乱、穷困潦倒的悲惨景象,一直持续到1947年底。然而,对战后德国人民来说,经济的凋敝只是暂时的,最悲哀的莫过于德国的再度分裂。

第六章　夹缝中的德意志

德国在二战后之所以被分裂为两个国家，就其内部因素而言，主要是因为德国法西斯发动了第二次世界大战，是法西斯酿成的后果；就其外部因素而言，则是美英苏等大国权力斗争的牺牲品。由于美、英、法和苏联的社会制度不同，它们在各自占领区内推行不同的政治制度、意识形态和价值观念，逐渐形成了两个不同的经济和政治实体。1949年9月20日，联邦德国正式成立。同年10月7日，德意志民主共和国宣布成立。至此，在德国土地上再次出现了相互分裂的两个国家。"人为刀俎，我为鱼肉"，这正是战后德意志民族的处境，夹在东西方大国争霸之间的德意志民族，理所当然地对自己的处境和命运感到不满、悲愤和无可奈何。但问题应从两个方面来看。从战胜国盟国方面看，摧毁极端民族主义的法西斯德国，清算德意志极端民族主义的反人类罪行，是正义之举；但是战胜国之间为了争霸欧洲而人为地分裂德国和德意志民族，特别是采用占领领土、驱逐居民的极端做法，却是一种实实在在的强权霸道之举，只会进一步造成不可化解的诸多民族矛盾。

尽管如此，接受了历史教训的德意志民族，无论是走上西方式资本主义道路的西德，还是走上苏联式社会主义道路的东德，都在争取民族统一的精神鼓舞下，在短短十几年的时间里东山再起，进入世界先进国家的行列。而强大的民族亲和力也最终冲破了人为建造的"柏林墙"，使分裂整整40年的德意志民族再度统一起来。正如联邦德国政治家魏茨泽克所说的那样："我们德意志人是一个人民和一个民族。因为我们经历了共同的历史，所以我们感到我们休戚相关。""今天被分割在东部和西部的德意志人，没有中止并且也不会中止作为一个民族的感情！"

1990年10月3日，两个德国宣告正式统一。这一天标志着德意志民族的历史进入了一个新的阶段，或者说进入了另一个时代。德意志民族与国家既面临着由统一带来的巨大发展机遇，也面临着新的难以预测的强劲挑战！

五、启示

德意志特殊的地缘战略环境对德意志民族心理构成的影响无疑是独特、深刻而经久的，而这种民族心理一经形成又对德意志民族的实践活动产生了如此巨大的、广泛而深远的影响，形成了贯穿德意志发展历史的一条重要线索。这种独具特色的民族心理不仅为德意志的发展提供了强大的刺激和精神动力，而且也由于其自身安全困境而承受的巨大压力，容易产生急于挣脱和改变现实的主观愿望与冲动。所以，我们从历史中看到的常常是一个充满矛盾、在两种极端选择之间变幻摇摆的德国。就如英国著名的历史学家泰勒曾经评价的那样：德国的历史是一部充满绝对的历史，在这部历史中，什么都有，就是没有中庸和节制；在一千多年的历史中，德国人什么都经历过了，就是不知道什么是温和的人生。他们曾经征服了欧洲，同时自己也成为受人奴役的无助的受害者；他们享受过空前的自由，然而也受过空前的专制政权和压迫。他们向人类贡献了最具思想性的哲学家、最具穿透力的音乐家，然而也滋生了最无赖和最残暴的政治家。

在近代世界历史上，德意志民族之所以在经历了如此多的历史曲折和灾难以后，仍能像不死鸟一样获得重生，并奇迹般地再度崛起，所依靠的也正是由其民族心理而衍生出的这样一种民族精神，一种积极进取的、不屈不挠并且勇于争先的民族再生力。这种民族心理或者精神中所包含的一个重要内容就是争取民族统一和强大的民族亲和力，这一点不仅为德意志民族的历史发展所证实，而且也在德意志民族发展的过程里不断凝练和升华。19世纪初的拿破仑战争，特别是法俄1807年签订《提尔西特和约》，使德意志民族遭到进一步分裂和近乎灭亡的命运，在这紧要关头，德意志民族在民族亲和力的动员下觉醒了，掀起了民族解放

第六章 夹缝中的德意志

战争，最终推翻了异族统治，争得了德意志的新生。在两次遭受世界大战的残酷洗礼之后，德意志人民也两次接受了国家被摧毁和民族被分裂的"正义报复"，但最终又重新统一，再度崛起，并且在经历了多次炮火的考验与历史耻辱的冲刷后，伟大的德意志人民终于寻找到了一条和平崛起的正确道路。这样的惊醒、蜕变和重生不仅仅需要坚强和韧性，更需要勇于解剖自己和进行反思自省的勇气。这才是一个民族寻求自强和超越的真正能力所在。

对一个面临历史性机遇与挑战的大国而言，对与错往往只在一隙之间。开辟一条道路的过程并不难，难的是要选择一个正确的方向；选择一个正确的方向固然很难，但更难的是一旦选错了方向，能够反思错误，及时做出更正和补救，纵然羊已亡矣，然时犹未晚。甚至可以说，后面一种能力是作为自强的大国和民族，在寻求发展和崛起的道路上更需必备的素质和意识。

E.维歇尔特说："别相信千年古老的谎言：耻辱可以用鲜血洗刷掉；要相信新的真理：耻辱能用荣誉洗刷掉，用赔偿、转变，用迷失了的儿子的话来洗刷：父亲，我犯过罪，今后我将不再犯罪。"唯愿统一的德意志民族能够吸取历史教训，永远坚持走和平发展的道路，发扬其民族心理中的优势特点，为人类文明的发展和进步做出自己的贡献！也希望德意志成长的经历能够为我们今天的发展提供更多的历史经验和启迪。

第七章 东方列强日本

沿地球上最深的马里亚纳海沟北上，在浩瀚无际的太平洋西北角处，自东北至西南分布着一列弧形的岛屿，与亚洲大陆隔海相望。这就是日本——"太阳最先升起的地方"。

日本历史的形成在很大程度上受到地理位置的影响，这一点与不列颠群岛颇为相似。但日本比不列颠群岛更加与世隔绝：日本列岛离大陆 115 英里，而英吉利海峡却只有 21 英里宽。因此有人说，日本既离大陆非常近，近到足以从伟大的中华文明中得到益处；又离大陆非常远，远到可以随意选择和拒绝。在近现代世界大舞台上，最早实现工业现代化的西方国家是不列颠群岛上的英国，而在东方，最先成为工业化国家的恰恰正是地处欧亚大陆东北端的日本。两个同为孤悬海外的列岛国家，创造了人类文明发展进程中的又一个惊人巧合。

日本的地理条件并不优越，国土面积仅 37 万多平方公里，不仅矿产贫乏，而且经常遭受地震、火山和台风的袭击。同时它又是一个封建色彩浓重的典型东方国家。因此，日本能在西方列强的冲击下，在很短的时间内脱颖而出、后来居上，迅速具备足以同世界强国抗衡的实力，成为成功实现现代化目标的唯一一个东方国家，确实令世界为之震惊，也着实值得世人认真思考和深入研究。

第七章 东方列强日本

一、中国的学生

日本的源起

据地质学家和考古学家研究认为，日本列岛曾与亚洲大陆相连，原始人类与动物可以自由来往。直到1万多年前，由于地壳变动，海面上升，日本列岛才逐渐成为今天与大陆隔海相望的岛屿。但那时，大陆上的人类仍然可以借助季风的帮助横渡海峡，往来于大陆与日本列岛之间。他们很可能成为日本列岛上最早的居民，在这片原本荒凉的岛屿上开始播撒文明的种子。

公元1万年前至公元前3世纪左右，日本进入绳纹文化时代。这时的日本处于母系氏族社会阶段，以母系血缘为纽带的氏族成员，共同居住在洞穴之中，他们依靠集体协作从事采集、狩猎、捕捞等生产活动。一般认为这是日本文明的起始阶段。此后日本进入弥生时代。这一时期的重要特征就是水稻种植和铁质工具的出现。据考证，这两项重大突破都与当时以中华文明为核心的大陆文化有着密不可分的联系。技术的进步使得以农耕为主的生产方式，取代了以采集、狩猎、捕捞为主的自然经济，从根本上改变了日本列岛的文明景观。与此相伴，逐渐产生了原始的村落并发展为原始的部落和国家。到弥生时代的中后期，约公元1、2世纪时，在九州北部出现了日本最早的政权国家——邪马台国。从公元3世纪中叶开始，日本列岛进入了诸国纷争的时代，兼并统一的步伐由此加快。到3世纪末期，本州中部兴起了一个大国，名为大和国。在经历了近一个世纪的兼并和争霸斗争之后，大和国基本统一了日本国土。

关于日本国产生的历史，也出现在一些传说之中。相传最早的创世神兄妹创造了日本列岛以及山川草木，并生育了治理国土的众神。众神中最高的统帅是天照大神。她的后人彦火火出见被日本统治者奉为开国之王，称为"神武天皇"。传说他自北九州东征，最后在大和橿原即位，建立大和国。这些传说虽然明显缺乏科学的根据，但也可以从一个侧面反映出大和国政权统一列岛的情况。同时，这也成为日本神道教产生的重要基础。日本人特别崇拜天照大神，将天皇看成是天照大神的后裔，依"神敕"实行世袭统治；视自身为天照大神属下诸神的后裔；将日本称为"神国"；而祭祀场所则被称为"神社"或"神宫"。

海对面的"心之故乡"

由于日本与大陆隔绝，孤立闭塞，来往困难，因此其文明的开化时间要晚于临近的大陆民族。尽管日本人被普遍认为是一个善于学习和借鉴的民族，但与其他民族的文化相比，日本文化中还是具有更多的有本民族特色的东西。这不单纯缘于地域上的与世隔绝，也因为日本民族对外来事物具有特殊的敏感和警惕。尽管如此，一衣带水、两千多年的友好往来，这种由地缘和历史融合而成的厚厚的积淀，使中日两大民族在政治、经济、文化、宗教、风俗等方面，相互影响，彼此滋润。特别是在漫长的古代岁月里，日本只同近邻的中国和朝鲜保持了较多的联系。直到日本的明治维新之前，中国始终是东亚乃至整个亚洲最先进的国家。中华悠久的文明如同一块巨大的磁石，强烈地吸引着周边的众多国家和民族，其中当然也包括居于亚洲东北一隅的日本。日本被长期笼罩在中华文明的光环之下，中华文明成为它汲取智慧和养分的重要源泉。那时的日本人称中国为"心之故乡"。

日本对中华文明的吸收和融合是多方面的、长期的历史过程。汉字和汉文、儒学、佛教、律令制度和生产技术都是日本学习和借鉴的主要内容。中日文化交流有文字记载的历史，至少有两千多年。中国最早的地理名著《山海经》中已有"倭属燕"的记载，写于公元1世纪的《汉书·地理志》中有中日交往的最早记载，公元3世纪的《三国志》更包含了日本列传，详细记述了日本列岛风俗人情和中日往来的史实。

第七章 东方列强日本

3世纪末期，中国的儒学思想和佛教文化先后传入日本，对日本以后的发展起到了文化启蒙的重要作用。如太宰春台所说，日本从儒学中懂得了先进文明的道德准则，"中华圣人之道行于我国，天下万事皆学中华，我国人始知礼仪，悟人伦之道，弃禽兽之行"。4世纪中叶，为了掠夺财富和扩张疆域，日本开始涉足朝鲜半岛，但多次出兵尝试均遭失败。这使日本朝廷认识到了自身的差距，从而更加坚定了通过吸收先进文明以壮大本国实力的决心。于是从公元4、5世纪之交的应神天皇时代开始，日本加紧了学习中华文化和引进物质文明成果的步伐。在此阶段，大量大陆移民在日本政府的招请下来到日本，使得中华文化得以广泛传播。无数事实证明，日本国家统治机构的完备、经济的发展、国力的增强，无不与这些大陆移民有密切关系。也正是在中华文明的巨大影响下，日本在公元4至5世纪度过了野蛮阶段，进入了文明阶段。

公元589年，隋朝统一了中国，结束了自东汉末年以来中国近4个世纪的分裂动乱，社会经济文化迅速发展。当时日本正值推古天皇在位（593~629年），摄政的圣德太子励精图治，锐意改革，为了直接吸取中国的先进文化，他先后4次向中国直接派出"遣隋使"，充分显示了积极主动的态度和以人为师的诚意。日本也因此成为最早派人到中国留学的国家。公元618年，随着唐朝灭隋，中华帝国进入了鼎盛时期，迅速呈现出经济文化空前繁荣的景象，令东亚各国羡慕不已，对包括日本在内的亚洲各国都产生了巨大的吸引力。日本朝野上下对中华文明更加仰慕向往，出现全面学习模仿中国的热潮。据记载，公元630~894年，在大约两个半世纪的时间里，日本共向唐朝派遣了十几次遣唐使，随行的还有众多留学生和留学僧。其次数之多、规模之大、时间之久、内容之丰富，可谓中日两国交流史上的空前盛举。为了更好地达到学习中国的目的，保证最大限度地完成使命，遣唐使团集中了当时日本外交、科技、艺术、宗教、军事等方面的优秀人才，每个成员都是经过严格选拔的饱学之士或有高超技艺者。他们把从大唐学得的先进文化和技术带回日本。多数人回国后都被委以重任，尽其所学，对日本的政治制度、法律、宗教、教育、文学、艺术、历法以及衣食风俗等各方面都产生了广泛而深远的影响，为推动日本社会的发展和促进中日友好交流做出了巨大贡献。

公元645年，日本孝德天皇重用从唐朝归来的留学生高向玄理，留学僧僧旻、灵云、惠云等人，仿照中国唐朝的政治制度，在日本实行改革，史称"大化改新"。这是日本历史上具有重要意义的革新之一。经过大化改新之后，日本确立了以唐朝三省六部制和郡县制为蓝本的中央官制和国、郡、县三级地方行政体系，以均田制为蓝本的"班田收授法"，以府兵制为蓝本的"防人制"军事体制和以唐律为蓝本的律令体系，形成了以天皇制为核心的中央集权的封建国家体制。特别是此后颁布的《大宝律令》，在法律上肯定了大化改新的成果，被认为是日本史上趋于完备的一部成文法典，在以后的数百年间一直得以沿用。据考察，在大化改新所颁布的律令中，与唐朝律令相同、相似的条文多达420余条。难怪日本学者桑原鹭藏认为："奈良至平安时期，吾国王朝时代之法律无论形式与精神上，皆依据唐律。"所谓"奈良至平安时期"，也就是公元8世纪至12世纪末期左右，大致相当于唐玄宗至南宋孝宗前后。

在众多的日本留学生中，吉备真备和阿倍仲麻吕堪称最杰出的代表。吉备真备在唐留学17年，精研经史，博学多闻。734年他携带中国典籍1700多部归国，在太学教授中国律令和典章制度，深受日本圣武天皇的重视，官至右大臣。吉备真备最重要的历史功绩之一是利用汉字偏旁创造了日本表音文字——片假名，从此，日本有了自己的文字。后来，留学僧空海（弘法）又利用汉字行书体创造了日本行书假名——平假名。这对于日本的文化传承无疑具有至关重要的作用。阿倍仲麻吕19岁赴唐进国子监学习，因成绩优异而中进士，被唐玄宗赐以"朝衡"之名，即为晁衡。他毕生致力于研究中国文化，精通汉学，尤其擅长诗文，与大诗人李白、王维交往甚密。在惊闻晁衡突然去世的消息后，李白悲痛不已，作诗《哭晁卿衡》以示悼念，字里行间无不流露出李白对异国友人的无限哀思：

第七章 东方列强日本

日本晁卿辞帝都，征帆一片绕蓬壶。

明月不归沉碧海，白云愁色满苍梧。

在日本大批留学生前往中国求学的同时，也有不少中国学者、高僧、商人和工匠到日本去传播中华文化，他们同样为推动日本的社会进步做出了难以磨灭的贡献。他们之中最著名的莫过于鉴真大师。他以66岁的高龄，在双目失明的情况下，历尽艰辛，仍然顽强实现了东渡扶桑的愿望，给日本带去了佛教经典和汉学知识，被日本人民赞誉为"禅光耀百倍，戒月照千乡"。正是在这种密切交往的气氛中，中日之间的交流在日本奈良时代（710~789年）达到了一个高潮。在日本，不仅穿唐服、品香茶成为时尚，而且连唐人喜欢的马球、相扑、围棋等体育活动，也为日本人所喜爱。日本学习中国之全面，由此可见一斑。

到了中国宋代，儒学经程颐、朱熹的发展逐渐成为宋学，并影响到日本。由于宋学侧重伦理道德的"大义名分"之说，符合刚刚建立的日本幕府统治的政治需要，因而受到统治阶级的推崇，在上升为官方的意识形态的同时，也被推广到民间。一时间，日本各地出现了众多指定教授宋学的"藩校"机构，使程朱理学得到了广泛传播，对于稳定幕府时代的封建社会秩序发挥了重要的作用。

至日本平安时代（794~1185年），日本文化开始摆脱对中国文化的简单模仿，由所谓"唐风文化"转化为具有日本自身特色的"国风文化"。正如日本学者木宫泰彦在总结7至10世纪唐朝文化对日本文化发展的影响时所说：唐朝三百年间，由于学生、学问僧学来和带回的中国文化产物，不断给予日本新的启迪，中国前进，日本也前进。因此，日本的文化一刻也没有停滞，不断吸收中国的优点，经过整理提炼，咀嚼消化，终于在平安朝中期以后，在各个方面都逐渐摆脱了唐风，产生了优美、典雅的日本文化。

宋、元时代，中国曾出现铜钱大量外流的现象。而在当时的日本，中国钱币的流传是非常广泛的。这在一定程度上反映了那一时期中日两国贸易联系和民间往来的密切程度。即使是元代,在蒙古大军发动了两次侵日战争(1247年、1281年),导致两国官方断绝往来的情况下,民间的商贸联系依然相当频繁,甚至超过了宋朝。

1368年明朝建立后,中日两国的正常关系得到了恢复。从1401年第一艘"遣明船"出发赴明,到1547年最后一次为止,在近一个半世纪里,日本相继派出19次遣明使团。这些遣明使者主要由精通汉学的高僧担任。他们不仅完成了对明的朝贡任务,而且在两国的文化交流史上也留下了不少佳话,尤其是与同时期出没于明朝沿海的倭寇形成了鲜明的对比。在此期间,大量汉文书籍被带回日本,给日本的汉文化发展注入了清新的刺激与活力。据说,崇尚"和敬清寂"之境界的日本茶道艺术就是在这时最终形成的。此外,明朝的印刷术、医学、礼仪、美术工艺、美食等等众多领域也都对日本产生了广泛而深远的影响。

16世纪末期,丰臣秀吉对中国的入侵中断了两国的官方往来。此后尽管德川幕府曾为恢复国交而进行过努力,但都遭到了明政府的拒绝。但是,即便是在德川幕府锁国最为严厉的时期,中日民间的贸易和文化往来也从未彻底割断。那时,在允许中国商船停靠的长崎港专门建有"唐人坊"。中国商人就住在那里,用中国文化点缀着那里的特殊情调。长崎的异国情调实际就是中国情调。祭祀、节庆、饮食等都受到江户时代中国贸易的影响。然而,随着17世纪以来商品经济的发展,日本封建社会出现了种种矛盾,而作为幕藩体制理论的朱子学在克服现实社会的矛盾时却显得无能为力。在这种情况下,程朱理学的"官学"地位受到动摇,逐渐为重实践、贵实证的西学所替代,儒家思想的影响越来越被削弱。到德川时代后期,程朱理学的地位逐渐衰弱,沉寂一时的中国阳明学思想出现了复苏。由于它提倡实践精神,适应了变革形势的需要,因此鼓舞了日本的一批社会革命家。大盐平八郎、吉田松阴,以及后来明治维新运动的主要领导人高杉晋作、西乡隆盛等,都深受阳明学的影响,成为日本社会进步的有力推动者。

第七章 东方列强日本

二、布国威于四方

幕府统治与锁国政策

从 9 世纪中叶起，日本进入了长达 200 多年的藤原氏外戚专政时代。这是日本历史上朝廷斗争激烈、变乱不断的时期。1190 年 11 月，关东武士集团的首领源赖朝再次统一全国，强迫天皇授予其"征夷大将军"称号，在镰仓设立幕府掌控国家政权。以源赖朝建立镰仓幕府为标志，日本历史上的幕府时代正式到来。从此日本政坛出现了双重政权体制并存的局面：在仍然保存天皇政权的同时，出现了另一个平行的武士政权，利用天皇精神权威号令天下。这是日本封建政治制度的一个重要特征。直到明治维新前，日本先后经历了镰仓、室町、德川（江户）3 个幕府、共约 700 年的漫长统治。

镰仓幕府赖以建立的经济基础是遍布全国的庄园，而其阶级基础则是新兴的军事贵族阶层——武士。幕府实行封建统治的重要支柱正是直属于将军的武士，称为"御家人"。武士享有将军赏赐的土地，但并不从事耕作劳动，平时的生活费用由幕府分担，武士为将军服役，对将军尽忠。将军和武士之间以土地为媒介结成了主从关系，这构成了幕府时代日本封建制度的另一个重要的特征。在镰仓时代，以皇室为核心的所谓"公家"政权开始衰落，而以幕府为中心的"武家"政权和武士阶层则得到了前所未有的发展。镰仓幕府末期，即 12~13 世纪，日本进入了内乱不断、纷争频仍的时期。直到 16 世纪，日本历史的发展才又一次从分裂割据走向统一。

1590 年，丰臣秀吉完成了统一大业。他上得皇室宠信，下控诸国大名，推行了一系列巩固统治的措施，对于稳定和发展日本国内社会起到了重要作用。与此同时，丰臣秀吉也向海外迈出了侵略扩张的脚步。他于1592年、1597年两次出兵朝鲜，觊觎中国，公然挑衅中华帝国的权威，结果均遭到惨败，秀吉本人最终也落得郁郁而亡的下场。总结丰臣秀吉一生的成败，应该说是强于内政而输于外交。他在日本战略能力还很低下的情况下，就妄图实现侵占朝鲜、占领中国，进而称霸亚洲的战略目标，这种目标选择与现实能力的严重不符必然导致失败的结局。可惜的是，许多日本人并未能从秀吉的失败中真正吸取教训，以至于历史的悲剧在300多年以后又再度重演。

1603年，德川家康接替已故的丰臣秀吉成为新的掌权者。他在江户（今东京）建立幕府，史称德川（江户）幕府。经过苦心经营，德川幕府彻底清除了国内的威胁，将江户建成了日本政治、经济和文化中心。德川时代初期，为了强化幕府统治，巩固中央政权，德川家康把全国1/4的土地作为幕府的直辖领地，将其余3/4的土地分别交给260多个"大名"全权支配，称为"藩领"，以此为基础建立了"幕藩体制"。这种体制由幕府把持中央大权，地方各藩则由"大名"来管理。"大名"的权利首先要以对幕府的绝对支持为前提，而幕府则通过各种措施规范和限制"大名"及下属武士的权利与义务。这样，将军通过分封领地和提供俸禄，与各地"大名"、武士结成了牢固的君臣、主从关系，"大名"及其下属武士则向将军宣誓效忠，并担负一定的义务。"大名"与其下属的关系也基本与之相似。德川幕府还实行了严格的封建等级制度。将军是绝对的中心，具有不可动摇的地位。将军之下设有"大老""老中"等职。对于他们的选用除考虑个人能力之外，与德川家族的亲疏关系也是重要的条件之一。对于社会其他阶层，则按"士农工商"的身份加以区别，并规定各等级一般世袭不变，互不通婚。这样处于最高等级的武士阶层虽然仅占全国人口的10%，却统治着占人口80%的农民和10%左右的商人以及手工业者。在四民之下还有"秽多""非人"等，仅从称谓上就可以看出他们居于社会的最底层。

16、17世纪，世界范围内的航海贸易广泛开展。这一浪潮也冲击着

第七章 东方列强日本

幕府统治下的日本。它在给日本带来各种商品贸易的同时，也带来了越来越多的传教士。出于对西方宗教特别是天主教的担忧和畏惧，幕府采取了一系列以"禁教"为主要目的锁国措施，加紧了闭关自守的脚步。从1633年2月至1639年7月，德川幕府连下五道"锁国令"，从开始的单纯以禁教为目的最终发展到全面的闭关锁国，不但禁止除中国和荷兰以外的任何外国船只进入日本，而且也禁止本国人出国，甚至不准海外的日本人归国，违者将被处以死刑。这一系列极端的锁国政策，使日本彻底地与世隔绝，成为生活在另一个世界的国家。事实上，幕府对锁国政策寄予了厚望，希望借此实现抵御外侮、维护国家安全和封建统治的目的，也的确取得了一定的效果，至少是在一定时期内保证了日本的和平局面，使遭受列强殖民统治的噩运没有过早降临。

尽管德川幕府的封建统治是极为落后和不稳定的，但是依靠幕府的绝对支配地位和封建的人身依附关系，以及推行锁国的对外政策，使得幕藩体制得以安全运行了近两个半世纪。但历史的车轮不会因一国的落后而放慢前行的速度。封建保守、闭关锁国的消极理念和做法尽管可能发挥一时的作用，但从根本上不符合历史发展的进步要求，因此必然被日益进步和开放的国际潮流打得落花流水。

17世纪后半期开始，日本国内商品经济的发展已势不可当，封建经济危机丛生。商人阶层崛起，出现了"大阪商人一怒，天下诸侯惊惧"的局面，而与商人日渐富足形成鲜明对照的是中下层武士和普通平民生活的日益贫困。幕府对此毫无解决办法，而其自身的财政危机和统治集团内部的纷争，使社会矛盾进一步加剧，农民、城市贫民和中下级武士的反抗运动不断涌现。到德川幕府中后期，商品经济得到了极大的发展，全国形成了以大阪、江户、京都为中心的商品经济圈，各地都出现了相对独立的市场，资本主义萌芽在城市和农村都陆续出现。旧的封建等级制度开始打破，原有的封建统治秩序受到了动摇。1837年，在大阪发生了著名的大盐平八郎领导的市民暴动。暴动队伍走上街头，烧毁店宅，分取店主的财物。由于这一暴动发生在日本的经济中心大阪，因此极大地震撼了幕府统治。此后，幕府尽管采取了一定的措施，但都未能达到彻底挽救社会危机的目的，各地的农民起义与市民运动愈演愈烈，幕府统治已经走到了历史的尽头。

"黑船"惊醒众人梦

直到19世纪中叶，历经了200多年锁国政策的日本仍然是一个落后的封建农业国。而就在它闭关自守、止步不前的时候，西方世界已经发生了翻天覆地的变化，迅速崛起的资本主义列强早已将恍如隔世的东方小国远远地甩在了后面。清代著名诗人黄遵宪曾任驻日使馆参赞。他写的《樱花歌》，将幕末日本孤芳自赏的心理刻画得入木三分：

承平以来二百年，不闻鼙鼓闻管弦。
呼作花王齐下拜，至夸神国尊如天。
芙蓉毒雾海漫漫，我自闭关眠不动。
一朝枪舶炮声来，惊破看花众人梦。

17世纪之后，率先发展资本主义工业的西方列强纷纷崛起。为了争夺海外市场和原料产地，它们将殖民扩张的触角伸向远东。而地处东方航线末端、战略地理位置十分重要的日本自然而然地进入了列强的视野。最先叩响日本锁国之门的是充满占有欲的俄国人。从1711年起，沙皇俄国先后派人到千岛、择捉等岛进行"探险"，并企图据为己有，由此埋下了日俄北方岛屿之争的祸根。1792年，俄国轮船"卡塔琳娜"号奉女皇叶卡捷琳娜二世之命，携带着价值2000卢布的"礼物"，以护送海难中获救的日本人回国为由，抵达日本的北海道，要求日本开港通商，终因幕府的拒绝而未能如愿。此后，英、美舰船也曾多次前来交涉通商事宜，但均无功而返。

外国军舰的频繁滋扰使幕府更加惊恐，于是发布了更加严厉驱逐外国船只的命令，具体行动就是加紧修筑海岸要塞和炮台，对近岸的外国

第七章 东方列强日本

船只一律进行炮击。1840年中国鸦片战争爆发,日本举国震惊。天朝大国顷刻崩塌的命运使日本充分认识了欧美列强的威力和锁国政策的局限。许多有识之士疾呼:鸦片战争"虽为外国之事,但足为我国之戒"。两年后,幕府废除了"异国船只驱逐令",并吸收改革派的意见改进炮术,加强武备。鸦片战争给日本民众敲响了警钟,他们积极寻求维新图存的良方。在中国几乎无人问津的《海国图志》却在日本备受推崇。正如梁启超所感叹:"其术在今日之中国,不过束阁覆瓿之价值。然日本之佐久间象山、吉田松阴、西乡隆盛辈,皆为此书所刺激,间接以演尊攘维新之活剧。"

但日本寻求自保的脚步还是慢了许多。4艘美国黑船的不期而至,扣开了日本紧闭的大门,也惊破了看花众人的美梦。原来,在多次通商请求均遭拒绝之后,美国决定借助武力打开日本的国门。1853年6月3日,受美国政府委派,东印度舰队司令官佩里率4艘军舰、士兵560人,闯入日本浦贺港。他在递交国书的同时以武力相要挟,要求日本开港通商。佩里声称:"若不受理国书,舰队就开进江户与将军直接谈判,否则万一开战,美国必胜,那时可执白旗来见。"幕府官员怯于4艘从未见过的像山一样的庞然大物,迫不得已收下了美国国书,声明第二年春天予以答复。由于美国军舰船身漆成黑色,以蒸汽为动力,冒着黑烟,因此佩里舰队叩关被形象地称为"黑船事件"。第二年春天,佩里率领7艘大船如约而至,以武力威慑迫使幕府于3月31日签订了《日美亲善条约》。这是近代日本同外国签订的第一个国际条约。条约规定:日本对美开放下田、箱馆两港;供应美国船只水、燃料、粮食及其他必需品;给予美国最惠国待遇等。条约的签订无论对于美国还是日本都具有重大意义:通过这一条约,美国成功地为海上航线开辟了重要的补给基地,"虽然是初步的,但对于今后将与日本政府建立的通商协定,却是最重要的一步";而日本则在列强炮舰的逼迫下,痛苦而艰难地迈出了开国的第一步。这一步对日本来说既是噩梦的开始,更是衰弱到极点后再度走向强大的重要转折。

《日美亲善条约》签订之后，英、俄、法、荷等国也竞相涌来，如法炮制了类似的"亲善条约"。日本至此彻底告别了锁国的时代。对于日本开国的历史，明治初年的著名思想家福泽谕吉从积极的角度给予了评价，他认为："嘉永年间美国人跨海而来，仿佛在我国人民的心头燃起了一把烈火，这把烈火一经燃烧起来便永不熄灭。"其中"烈火"所指的正是"汲取西洋文明的热情"。

1858年，在美国第一任驻日总领事哈里斯的努力下，日美又签订了《日美友好通商条约》（亦称《江户条约》）。接着幕府又毫无例外地相继与荷、俄、英、法签订了同样的通商条约。以上条约统称为《安政五国条约》。根据条约规定，日本不仅进一步加大了对列强的开放程度，而且丧失了制定本国税率的自主权和独立的司法权。在"亲善""友好"名义的掩盖下，日本的封建社会制度面临全面解体，国家主权遭到损害，陷入了半殖民地的危机之中。

从"尊王攘夷"到"倒幕开国"

开国之初的日本，幕府的昏庸无能以及一系列不平等条约的相继签订，使原本就十分严重的社会矛盾更加激化，各地农民起义和城市贫民的反抗斗争日趋激烈。在民族危机和内部矛盾的双重作用下，早已走到尽头的幕府统治被推到了历史的悬崖边。在这样的背景之下，一大批改革派武士挺身而出，为国家的命运奔走呼号，逐渐成为改革运动的领导力量。这些革新势力的代表人物包括吉田松阴、高杉晋作、大久保利通、西乡隆盛等，主要集中在长州（今山口县）、萨摩（今鹿儿岛县）、土佐（今高知县）、肥前（今佐贺县和长崎县）等西南诸藩。在他们的推动下，这些藩通过改革迅速崛起，逐渐成为能够与幕府对抗的强大力量，在后来的倒幕维新运动中扮演了主力军的角色。

起初，改革志士还对幕府抱有幻想，提出了"尊王攘夷"的口号，希望借助天皇的权威，改革幕府政治的落后状况，唤起人们抵御外侮的勇气和热情。但是随着精神权威天皇和政治权威幕府之间分立的加深，

第七章　东方列强日本

改革幕府的企图招致了幕府保守势力的反对和镇压。1858年9月，幕府突然采取行动，大肆搜捕、迫害尊攘派领袖，制造了所谓"安政大狱"，使"尊王攘夷"运动遭受沉重打击，并由此转入了低潮。这一事件让许多尊攘志士在充分认清了幕府反动面目的同时，开始认真反思改革运动存在的一系列问题。正如在"安政大狱"中被捕的吉田松阴所说，今日之幕府、诸侯皆已为醉人，无扶持之术，非草莽崛起之人无所望矣。刑场上，他慷慨陈词：

吾今为国死，死不负亲君。
悠悠天地事，鉴照在明神。

就义时，他年仅29岁。

正当"尊王攘夷"运动陷入低潮之时，一些眼界开阔的改革派志士通过对世界形势的深入了解，慢慢认识到日本与西方的差距所在，领悟到只有推翻落后的幕府统治，走学习西方、富国强兵之路，才能使日本摆脱被列强奴役的命运。在他们的竭力劝说下，改革派逐渐摒弃了盲目排外的思想，将斗争目标由"尊王攘夷"演变成"倒幕开国"，而西南强藩也成为倒幕运动的根据地。

1865年春，长州藩尊攘派领袖高杉晋作提出了武装倒幕的主张。在倒幕维新的大旗下，以长州、萨摩为首的西南强藩捐弃前嫌，很快结成了军事同盟，掀起了武装倒幕的高潮。他们的行动不仅得到了即位不久的天皇睦仁（1867~1912年）和广大群众的支持，也得到了英国等列强的默许或援助。1868年1月3日，睦仁天皇发布《王政复古大号令》，宣布废除幕府，一切权力归天皇，并成立新的天皇政府。《王政复古大号令》对倒幕斗争的公开支持，无疑加速了倒幕形势的发展。1月27日，以萨、长两藩为主力的天皇军在西乡隆盛的指挥下，于京都附近的伏见、鸟羽与幕府军展开激战。结果以少胜多，大败幕府军队，取得了武装倒幕的关键胜利。经过1年零5个月的战争，倒幕运动取得了最后成功。

这场倒幕战争历史上称为"戊辰战争"。经过戊辰战争，日本彻底结束了延续700多年的幕府统治，打击了封建保守势力，清除了维新道路上的最大障碍。同时，改革派武士在新政府中的领导地位得以巩固和加强，为下一步明治维新的顺利进行创造了必备条件。

1868年4月6日，睦仁天皇率公卿百官，在京都御所的紫宸殿祭祀天地众神，以神前宣誓的形式发表了《五条誓文》，即：广兴会议，万机决于公论；上下一心，大展经纶；官武一途，以至庶民，须使各遂其志，人心不倦；破历来之陋习，立基于天地之公道；求知识于世界，大振皇基。作为新政府的开国宣言，《五条誓文》昭示了推行公议政治、开明进取的施政纲领和方针。尽管其中明显包含了封建保守思想，但其历史作用更为突出，它为日本走上资本主义强国之路指明了基本方向。

在天皇宣读《五条誓文》的同时，新政府还向全国发布了天皇的亲笔诏书，进一步清楚地表明了新政府的远大抱负。诏书宣称："朕与百官诸侯相誓，意欲继承列祖伟业，不问一身艰难，亲营四方，安抚汝等亿兆，开拓万里波涛，布国威于四方。"这一番豪言壮语不仅代表了天皇个人的心声，也代表了整个日本民族的呼喊。所谓"开拓万里波涛，布国威于四方"，既反映出民族意识高涨的日本国民奋发进取的精神面貌和渴望国家强大的迫切心态，同时也表达了他们对于国际强权政治现实的理解以及扩展势力和影响的勃勃野心。自此以后，这一主张基本成为日本对外政策的主导思想，并且在明治年代之后，为大正、昭和两代天皇所沿用。在当时的多数日本人看来，唯有实力和强权才是最重要的。正如木户孝允所说："皇国兵力不足以与西洋强国相匹敌，兵力未整之时，万国公法固不可信也。以公法为名向弱国谋利者不鲜也。故余曰：万国公法者，侵夺弱国之工具也。"正是基于这样的认识，明治初年，日本就相继出兵中国台湾（1874年），并吞琉球（1879年），还把侵略的矛头指向同自己有着相似遭遇的朝鲜（1875年）。

1868年9月8日，日本新政府改年号为"明治"，定都江户，并改称为东京。"明治"二字取自中国《易经》中的"圣人南面听天下，向明而治"。这似乎预示着一个沉寂多年的东方岛国将以新的面貌出现在世界历史的舞台上。从此,日本开始了"明治维新"的历史。

明治初期的破旧之举

就在戊辰战争爆发之时,日本新政府以颁布《王政复古大号令》为起点,迈出了维新变革的步伐。当时,新政府中的改革派武士大都非常年轻,在著名的"维新三杰"之中,西乡隆盛年近40岁,大久保利通37岁,而木户孝允仅有34岁。他们凭借年轻人的热情和胆识,以积极进取、勤奋好学的精神克服了治国经验不足的缺陷。新政府实行太政官制度,确保天皇拥有无限的权力,明确规定:"天下之权力皆归太政官,使政令无出于二途之患。太政官之权力分为立法、行政、司法三权,使无偏重之患。"由此建立了日本的君主专制制度。直到1885年,太政官制才被内阁制所取代。

早在倒幕战争进行当中,新政府就开始了没收幕府封建领地的工作,为废除封建领主制度、建立现代国家进行积极的准备。在以大久保利通、木户孝允为首的改革派推动下,西南强藩率先提出了"奉还版籍"的请求。"版"指土地,"籍"指户籍(人口),"奉还版籍"就是把对藩属领地和人民的控制权交还天皇。1869年,明治政府宣布接受各藩奉还版籍的请求,并不再予以封授,同时任命原藩主为藩知事,负责掌管地方事务。在此基础上,明治政府于1871年发出了"废藩置县"的命令,将全国划分为3府302县,后又改为3府72县,至1888年并为3府43县。按照规定,府、县知事由中央任命;旧藩主一律迁居东京,享受国家的俸禄。这样一来,就完全剥夺了封建藩主所保留的对藩领的控制权,消除了长期的封建割据,实现了中央集权在政治上的统一,为继续推进改革创造了条件。1872年,在"废藩置县"的基础上,明治政府实行了土地改革,使更多的农民成为真正的土地所有者;解除了长期以来禁止土地买卖的禁令,促进了新兴地主阶级的发展。同时,明治政府还统一了全国的货币,废除了各藩之间设立的关卡。这些措施无疑为日本国内商品经济的繁荣和资本主义的发展提供了巨大的帮助。

　　幕府时代以来延续多年的封建等级制度，早已成为制约日本社会进步的积弊。因此，在进行"废藩置县"改革的同时，明治政府也逐渐废除了封建身份等级制度，比如废除武士的称号和武士阶层曾经拥有的特权，改称他们为"士族"；将藩主、公卿改称"华族"；取消在通婚、迁徙、征兵和职业选择等方面存在的种种限制等等，由此建立起较为平等的身份制。这些措施，不仅有利于移风易俗，而且为资本主义的发展提供了更多的劳动力资源。经过改革以后，华族和上层士族日益转化为近代资产阶级或官僚，而日趋没落的下层士族，则逐渐成为无产阶级。

　　封建等级制度的改革对武士阶层冲击最大。明治初年，日本约有武士40万户，武士连同家属有近200万人。每年支付武士薪俸的消耗约占政府财政支出的30%，成为政府的经济负担。同时，这一封建阶层本身也早已失去了存在的价值。因此，明治政府采取了渐进手段，取消了武士薪俸，彻底清除了武士阶层赖以存在的经济支柱。改革触动了武士阶层的根本利益，引发了武士的多次叛乱。就连西乡隆盛、江藤新平这样的倒幕维新骨干人物，也加入了叛乱的行列。对于这些叛乱，明治政权给予了毫不留情的镇压。在平定西乡隆盛叛乱的过程中，政府军的伤亡人数甚至超过了戊辰战争的损失，足见改革代价之巨大，也显见明治政府破除旧制、锐意改革的决心之巨大。素有"维新三杰"之称的一代英豪西乡隆盛最终战死沙场，倒在了不断前进的改革车轮之下。他个人的悲哀也恰恰反衬出明治维新时代的日本迅速崛起的脚步。

　　废藩置县的顺利进行推动了日本的地税改革。1873年7月，日本颁布了《地税改革条例》等一系列改革地税的法令，但却遭到了广大农民的强烈反对。一时间各地农民起义不断。开始，明治政府企图通过暴力镇压，推行新税制，但收效甚微，于是被迫做出了大幅度的调整，才暂时满足了农民的要求。到1881年，日本的地税改革已基本完成，这对日本的发展具有深远的影响：实现了实物地租向货币地租的转变，确立了日本近代土地所有制；增加了政府的财政收入和资本积累，为政府发展工业和军事提供了重要的资金来源;提高了地主和自耕农、半自耕农从事农业生产与经营的积极性,促进了日本农业和工商业的发展;同时也稳定了天皇统治的社会基础。地税改革也给地主加大剥削量和兼并土地提供了有利条件,因而从中受益的不是广大农民,而是新兴的寄生地主阶级,农民们的租税负担却是有增无减。

总之,从新政府成立到地税改革的完成,明治政府仅用了10年左右的时间就基本实现了对封建幕府体制的破旧改革。尽管这些改革还不够彻底,也遗留了很多问题,但对日本自身发展而言,其积极因素无疑是占主要方面的。它为日本迅速走上资本主义的道路扫清了障碍。日本的改革者深知破旧更需立新的道理,因此,在打破旧体制的同时,这些民族的精英分子也开始了探索强国之路的新的实践。

三、上下一致学西方

求知识于世界

戊辰战争结束之时,日本可谓百废待兴。尽管一系列破除旧制度的改革都相继展开,使政府对于国家政权的掌控能力逐渐恢复,但日本如何实现强国梦想的问题,一时却难以回答。关键时刻,"求知识于世界,大振皇基"的誓文解决了人们心中的迷惑,学习西方迅速成为日本精英阶层的共识。在他们的全力推动之下,日本国内掀起了一场上下一致学习西方的热潮。

经过精心准备之后,1871年12月23日,以太政大臣岩仓具视为特命全权大使的日本使节团登上了美国公司的轮船,从横滨出发奔赴美国和欧洲。使节团成员共有48人,几乎涉及政府机构中的每个重要部门,其中包括了木户孝允、大久保利通、伊藤博文、山口尚芳这样的重量级人物。此外,随使节团出行的还有一支由近60人组成的留学生团队。临行前,明确规定了使节团出访的目的:一是交涉修改不平等条约;二是考察各国情况,学习治国经验和各种优长。当轮船在礼炮声中渐渐离开海岸的时候,出访的人们长久地伫立在甲板上,远眺着美丽的富士山,心中充满了对获取知识的渴望和对日本未来的美好憧憬。

岩仓使节团先后访问了美、英、法、比、荷、奥、德、俄、丹、意、瑞士、瑞典等12个国家,历时22个月。每到一国,团员们都本着认真学习的态度,对该国的情况进行细致的研究,并把搜集的信息和心得感受通过书信及时发回国内。岩仓使节团的规模之大、周期之长、考察之详细的确世所罕见。使节团回国之后,根据他们的日记、书信和整理的资料,编辑了长达100卷、共2110页的《美欧回览实记》,于1878年

第七章 东方列强日本

出版发行，在日本民众中起到了很好的介绍和宣传作用。

尽管原定的修改条约的设想因阻力巨大而未能实现，但岩仓使节团还是收获丰富：不仅使明治政府的领导层开阔了眼界，更新了观念，认识到日本与欧美的差距，从而坚定了全面学习西方的决心，而且通过亲身接触，确实学到了许多有价值的具体而实用的经验，寻找到了适合日本自身条件的切实可行的方法。在考察过程中，使节团对普鲁士由小变大、由弱变强的经验尤感兴趣。特别是"铁血宰相"俾斯麦和参谋总长老毛奇所说的"方今世界各国，虽以亲睦礼仪相交，但皆是表面名义，于其阴私之处，则是强弱相凌，大小相欺"，"万国公法，也是系于国力强弱，局外中立而唯守公法者，乃是小国之事，至于大国则无不以其国力来实现其权力"等言论，更给他们留下了深刻印象，使他们认为在当时的国际环境中，以实力求强权才是唯一正确的逻辑和法则。

以欧美之行的收获为基础，木户孝允等人提出了"文明开化""殖产兴业""富国强兵"三大政策，作为指导国家建设的总方针。这无疑给日本的发展指明了方向，一幅精心描绘的宏伟蓝图就此展现在日本的面前。

师从西方，文明开化

所谓文明开化，也就是提高国民的知识水平，按照当时的理解就是要以西方为师，在教育、思想、观念甚至生活习惯等方面进行全面彻底的变革。事实证明，这的确是明治政府最具战略眼光的决策之一。

日本历来重视对先进文化的学习和引进，这一点在中日两国古代的交往史上有深刻的体现。到了近代，儒学地位不断降低，使得日本逐渐加强了对洋学的引进。对日本影响较早的洋学主要是"兰学"，即以荷兰语为媒介的西方近代文化。因其主要涉及自然科学和实用科学，适应了当时日本社会发展的需要，因此"兰学"受到人们的重视，"兰学"书籍大量流入日本。通过"兰学"，日本人的视野日趋转向了西方，大规模地吸收先进的西方文化，开始了近代化的历程。可以说，明治时代日本掀起全面学习西方的热潮本身就是文明开化的重要表现。

要文明开化,首先就要抓好教育。明治时代日本的迅速崛起,离不开近代日本教育改革的成功。早在幕府末年,日本的教育就已具有一定的普及程度,那时已经有专门以平民百姓为传授对象的"教谕所""寺子屋",甚至还有教授洋学的学校。这些都为明治教育改革打下了基础。

岩仓使节团在赴欧美考察期间,倍感培养人才的重要。木户孝允在给国内写信时说:"吾人今日之开化非真正之开化,为防十年后之弊病,唯在于兴办真正之学校","而期望人才千载相继无穷者,唯真正在于教育而已"。1871年7月,明治政府设立文部省,全面推行国家的教育改革,参照欧洲国家的教育体制逐步建立起比较完备的近代教育体系:重点实施中小学义务教育,还大力兴办中等教育、师范教育和职业技术教育;同时也非常注重高等教育,到1918年,日本全国共有大学和专门技术院校118所;改变以儒学为主的教育内容和传统的教育理念,重视普及具有实用性的先进的科技知识,强调学问为立身之本,在《关于奖励学业的告谕》中明确批判了认为"学问系士人以上之事,至于农工商以及妇女则置之度外,不知学问为何物"和"士人以上之少数学者,动辄谓为国而学,不知其为立身之基"的错误观点,大力提倡"邑无不学之户,家无不学之人"。通过教育改革,完成了从"士人教育"向"国民教育"的重大转变。对出国留学制度也进行了多次调整,取得了显著的成效,为日本近代化发展培养了急需的优秀人才。明治初期,政府还不惜重金聘请外籍教授,弥补本国教育资源的不足。1877年东京大学初建时,39名教授中有外籍教授27名。当时东京大学的经费占文部省总经费的40.9%,而外籍教授的工资就占了其中1/3左右,有的外籍教授工资甚至远远超过政府大臣的薪金。日本政府对于教育和人才的渴求程度由此可见一斑。

日本近代教育改革的成功,是与明治政府的高度重视与大力支持分不开的。据统计,明治维新所颁布的各种法令中,内容有关教育的数量最多。更重要的是,这种尊重知识、重视教育的良好风气得到了发扬,

第七章　东方列强日本

到1910年，小学教育经费已占地方政府预算的40%，明治末年，全国教育经费已占至国民收入的3%。日本于1872年开始实行义务教育制，比许多先进国家还要早。最初普及义务教育的时候，一些地方政府甚至动用警察督促家长送儿童上学。这也从一个侧面体现了国家对教育的重视。经过35年的不懈努力，日本实现了6年义务教育制。1908年，日本小学的入学率已达到97.8%。

文明开化之风也带动了日本近代新闻出版业的蓬勃发展，各类报纸、杂志层出不穷。现在依然畅销的《读卖新闻》《朝日新闻》等报纸都是在这时创刊的。1897年，日本发行的报纸杂志共计已达745种，1912年上升到2227种。这不仅有利于推动日本国民整体文化水平的提高，同时也促进了信息、通讯和交通事业的迅速发展。

明治时期，学习西式的生活习惯也成为文明开化的重要内容和标志。在这方面明治政府的做法与俄国沙皇彼得一世颇有几分相似，比如颁布《断发脱刀令》，要求武士剪掉长发，除去佩刀；提倡穿着西式服装；禁止男女共浴；改行阳历等等。特别是井上馨任外务卿期间，采取了极端的欧化主义政策，希望以此改变欧美列强对日本的态度。当时，政府在东京耗巨资建造了一座高档的交际场所，取名"鹿鸣馆"，专门用作接待外国贵宾。日本的达官显贵们经常携妻带女、洋装革履，来此参加为西洋客人举办的舞会、宴会等社交活动，史称"鹿鸣馆外交"。但是，这一做法招致了民众的极大反感，并最终随井上馨的辞职而宣告破产。有趣的是，当时很多日本人学习西方人吃牛肉、喝牛奶，以为牛性格迟重，可以增强人的耐力。由此可见，尽管当时的日本民众对于许多社会变化还是一知半解，因此参与变革带有盲从性，但上下一致学习西方的目的性却十分明确，其热情更是达到了近乎疯狂的程度。

文明开化也带来了自由民权运动的兴起，终于引起了保守势力的担忧和反感。他们以文明开化伤风败俗为由，提出加强"忠孝仁义"教育的主张，使得以强调"忠君爱国"为核心理念的国家主义教育逐渐占据了支配地位。很快，连发给小学生使用的《幼学纲要》中都满是忠孝仁义的学说。

1890年，天皇颁布了《关于教育之敕语》。这是一个集儒家礼仪道德和日本传统神道思想于一体的带有浓厚封建色彩的产物，核心思想就是造就所谓的忠孝良民。此后规定，每当节日庆典，全国学校都需集体宣读《教育敕语》，播放歌颂天皇统治的歌曲《君之代》，同时向天皇、皇后的"御影"鞠躬行礼。它使得一代代日本人从少年时开始就深受忠君思想的影响，成为忠实履行天皇使命的工具。《教育敕语》的颁布表明，文明开化尽管使日本成为知识上和技术上先进的现代化国家，但在思想上的某些方面，封建落后的种子却并未得到真正根除。

内治优先，殖产兴业

如果说贯彻"文明开化"的方针主要从精神层面推动了日本的进步，那么"殖产兴业"则更多是从物质层面使日本的实力得到了加强。工业的发展、经济的振兴是国家兴盛的基础，这是岩仓使节团欧美之行的最深感受。他们把欧美国家"内治优先"的发展经验带回了国内。1874年，考察归来的大久保利通在《殖产兴业建议书》中强调发展工业、增加物产是政府最紧迫的任务，指出："大凡国之强弱，决定于人民之贫富，人民之贫富则系于物产之多寡，而物产之多寡又起因于是否鼓励人民之工业。因此，归根到底，是依据政府官吏之诱导鼓励之力。""如果时间不足，上下为衣食奔走，无暇顾及其他，即使有海陆军备之严，学校教育之盛，但徒属虚美，国非其国。"根据这一建议，明治政府制定了殖产兴业的政策，主要发挥国家干预的力量，发展资本主义经济。

为了推行殖产兴业的政策，明治政府首先根据考察得到的经验，设立了内务部，全面统领经济建设。将原属大藏省负责的资金筹措和调配，工部省主导的铁路、矿山和机械加工业，以及司法省的安保等机构划归内务省，内务卿由大久保利通担任，而大隈重信和伊藤博文则作为他的左膀右臂。在如此强大的领导班子指挥下，日本的殖产兴业政策克服重重困难，得以顺利进行。

筹措资金是发展经济面临的首要问题。从欧洲国家发展起步阶段的

第七章　东方列强日本

情况看，其工业发展的大部分资金都来自国外，但日本直到20世纪初入侵亚洲之前，主要依靠的是国内资本。这一方面是因为当时的日本缺乏对外资的吸引力，另一方面也有政府出于维护国家安全的考虑。1868~1885年间，明治政府用于殖产兴业的资金，占财政支出的1/5左右，但仍然难以满足经济发展对于资金的需要。尽管政府采取发行公债、税费改革、广设银行、大量发行纸币等措施，提高了国家的资本积累，但并没有从根本上解决资金紧缺的问题，这也是导致日本走上侵略道路的重要原因之一。

为了在资金有限的条件下发展经济，大久保利通建议以传统产业为基础，以农牧业、轻工业和海运为中心，推行经济建设，调整殖产兴业政策开始前以发展重工业为主的模式，同时加大对民间资本投资的鼓励和支持，大力扶持私营企业的发展。1875~1880年期间，政府为私营企业提供补助资金5000万日元，而同期平均每年的正常财政支出仅为6000万日元，足见政府扶持私营企业的决心和力度之大。同时，政府还采取了出售官营企业，使之私营化的措施，也收到了很好的效果，如三菱仅以官办投资额1/7的价格就购买了长崎造船厂，川崎仅以官办投资额1/10的价格就收购了兵库造船厂。

对于经济发展所需要的先进技术、设备和人才问题，明治政府施行了"拿来主义"的做法，通过从欧美先进国家引进技术、设备、聘请专家和派出留学人员，迅速提高了本国的工农业生产水平。改革初期，日本聘请外国专家、技师和技工，最多时达400多人，其中尤以工部省最多。1880年起，随着归国留学生和本国的高等学校毕业生的日益增多，日本遂逐年减少了外国专家的数量。总的来看，日本在其发展过程中贯彻的方针主要是利用外国专利和技术来进行模仿性生产，而不是依靠自己的力量来研发全新的科技产品。日本始终把对引进技术的消化和本土化作为引进技术的最终目标。这种廉价的应用外国智力的方针，显然比直接引进外国的资金进行生产有效得多。直到今天，日本依然是一个技术方面的进口大国。

在国家的干预和扶持下，日本的私营经济蓬勃发展，涌现出一批像三井、三菱这样的大型企业。它们凭借着同政府建立的亲密关系，逐渐发展成财阀、政阀，成为推动日本垄断资本主义发展的主要力量，在日本发动对外侵略的过程中也起到了巨大作用。殖产兴业政策的实施，使日本经济迅速发展。19世纪90年代中期，日本首先实现了轻工业的工业化。到甲午战争时，日本已经以资本主义工业国的面貌在大清王朝的面前亮相。

富国强兵，强兵富国

富国强兵其实是每一个国家和民族梦寐以求的目标，明治时代的日本也是如此。在殖产兴业、文明开化、富国强兵三项治国纲领中，富国强兵被确定为建国的总目标，其他两项政策都围绕实现这一目标而展开，这也更加凸显出其重要地位。日本史学家藤原彰认为，明治初年的富国强兵政策，以创建中央军队、扶持军事工业为开端，从整顿户籍、义务教育制度、强化警察网、充实官僚机构来看，其中无一不是以建设强大的军事国家为目的的。可以毫不夸张地说，军队建设成为当时日本压倒一切的任务。

早在幕末开国之时，西方列强的坚船利炮不仅打开了日本的国门，也深深震撼了日本人的内心。在恐惧、愤怒和羡慕相互交织的复杂心态下，他们对于国际强权政治现实的认识和理解也陷于矛盾之中：在被迫忍受并试图摆脱强权政治所带来的痛苦煎熬的同时，却又充满了将这种痛苦强加于其他国家、以谋求自身利益的急切渴望。因此对日本而言，富国强兵政策的提出从一开始就不单纯是为了修改不平等条约和改变受列强压迫的局面，而是具有更深层的考虑，就如《五条誓文》所言：要"开拓万里波涛，布国威于四方"。正因为这样，"富国强兵"政策很快就演变为"强兵富国"。看似简单的文字调整，却显示出治国理念和发展道路选择上的转变。

其实，明治政府中要求走"强兵富国"路线的声音始终存在，特别

第七章 东方列强日本

是人称"后三杰"之一的山县有朋更是鼓动侵略的代表,他露骨地叫嚣:"现今兵部之目标在于内,而将来则在于外。"充分表白了其对外扩张的野心。在执掌了日本军队的大权之后,他主持进行了一系列的军事改革,也鼓吹发动了一次次对外侵略战争。

体制的变革是强军的根本。在认真研究对比西方列强兵制的基础上,山县决定日本陆军采用法国体制,而海军则采用英国体制。1872年,他建议政府取消了原有的兵部省,转而设立了陆军省和海军省。1873年,明治政府颁布《征兵令》,彻底打破封建武士垄断军事的特权,开始实行近代意义上的全民义务兵役制。这不仅使日本建立了一支新式的常备军,而且确保了兵源的充足,为进一步扩军备战打下了基础。1874年,山县效法普鲁士的成功经验,在陆军省内设立参谋局,后将其改组并扩大为独立于陆军省的参谋本部,成为统辖军令的核心机关。参谋本部成立后做的第一件事情就是下令侦察中国的地理和军事情况,着手为武力入侵做必要的准备。此后不久,又设立了监军本部,后改为教育总监,专司军队教育和干部人事之责。至此,形成了由陆军省、参谋本部和教育总监共同组成的日本军队的最高指挥机构,即通常所称的"军部"。这一系列改革使军队的政治地位迅速上升,军部的权力也越来越大。到19世纪末,随着日本对外扩张步伐的加快,军部的地位更加高涨,其政治影响力逐渐超过了政府内阁,表明日本的军国主义体制最终确立。1874年,日本还参照外国经验建立起近代警察组织,成为维护国内安全、镇压人民反抗的重要力量,甚至在殖民朝鲜期间,也发挥了臭名昭著的作用。

提高军人素质也是造就强军的重要内容。为提高军人素质,日本广泛借鉴欧美强国的做法,建立了各种专业军校,并聘请外籍教官负责训练,为军队培养了大量的专门人才,带动了日本军人素质的整体跃升。在日本官方看来,效忠天皇也是日本军人的必备素质。因此,日本的新式军队称为"皇军",意为天皇的军队。1882年,天皇颁布了由参谋总长山县有朋提交的《军人敕谕》,要求军人以忠节、礼仪、武勇、信义和质朴为必须遵从的道德准则,绝对服从天皇的领导,不惑于舆论,不干预政治，唯有一心遵守自己忠节之本分。这实际上提倡了一种盲目忠君的封建思想，企图以此主宰士兵的心灵，使他们成为甘愿替天皇卖命的战争工具。

在购买武器装备和引进先进的军事科技方面，明治政府给予了高度重视，花费了大量金钱，军费开支不断增长。在引进过程中，日本十分注意对新技术的消化吸收，不断提高军事生产的自主能力。这不仅促进了日本工业技术和生产水平的提高，也充分保障了日本自身的军事和国防安全。19世纪70年代末，日本已经掌握了独立设计建造军舰的能力；1883年，大阪兵工厂实现了火炮生产的自主化；1885年，在法国技师的建议下，日本建造了"严岛""松岛""桥立"3艘舰船，专门用于应对中国北洋水师的"定远"和"镇远"这两艘当时世界上最先进的巨型战舰。

以强大的军事力量为后盾，通过掠夺他国财富，实现本国的富强，这是近代多数西方列强崛起的"成功经验"。以西方为师的日本对此心领神会。随着日本军事实力的日益增强，明治政府逐渐把罪恶的魔爪伸向周边邻国，开始了侵略扩张的"富国之路"。

1874年，日本出兵入侵中国台湾，在获胜无望的情况下，仍以外交讹诈的手段迫使清政府签订了不平等的《北京专条》。中国除向日本赔款50万两白银外，还轻易承认了日本对琉球的实际统治。当时旅居中国的一位英国人评价指出："台湾事件的处理向全世界宣告：这里有一个富饶的帝国，它将随时自动地给你支付赔款而绝不进行战争，支那的命运的确是结束了。"清政府的举动不仅降低了大国的威信，动摇了长期维持的东亚封贡体系，也让日本尝到了恃强凌弱的甜头，看透了中华帝国外强中干的本质，从而助长了军事冒险心理。1879年，日本正式吞并琉球，从此改称为冲绳。

1876年，日本以美国佩里扣关的方式敲开了朝鲜的国门，逼迫朝鲜政府签订了《日朝修好条约》，即《江华条约》，从事实上否定了中朝两国间的宗主藩属关系，使日本势力进驻朝鲜，为日后吞并朝鲜、侵略

第七章　东方列强日本

中国做好了铺垫。条约签订之后,日本对朝鲜采取了掠夺式的贸易政策:一方面,把朝鲜作为原料产地和产品市场,以不等价交换的方式牟取高额利润;另一方面,用各种手段大量套购朝鲜的金银,以增加本国的财富积累。据统计,到甲午战争爆发前,日本从朝鲜运回本国的黄金约合835万日元,占同期日本所得黄金总量的68%,这为日本的经济发展和军备扩张提供了资金。

1882年,不堪忍受日本盘剥压迫的朝鲜人民爆发了反日高潮。愤怒的士兵和群众杀死了日本军训教官和亲日官员,发动了"壬午政变"。中国政府应朝鲜请求,出兵平息了事态,同时也阻止了日本趁机吞并朝鲜的企图。日本国内便以此为借口大做文章,煽动民众对朝鲜和中国的仇视,也为继续扩军备战找到了最为合适的理由。山县有朋鼓吹说:"时至今日,若不恢复我邦尚武之遗风,扩张陆海军,把我帝国比作一大铁舰,四面扩展势力,以刚毅勇敢之精神运转之,则我所曾经视之直接近邻外患,必将乘我之弊。"他还警告指出:"若坐失此机,则我帝国将复与谁同保独立,与谁同语富强乎?"言语间,把强兵与富国自然联系在一起,似乎合情合理,却难以掩盖狂妄自大的心态和急不可耐的侵略本性。他建议政府进一步加强扩军力度,提出:"今欧洲各国远离我国,痛痒之感并不急迫,然而近察我邻邦之势,正在迅速勃兴,决不可轻忽。"无疑将战争矛头直接指向了中国。为实现这一目标,日本进行了长达10余年的有针对性的准备,不仅加快了扩军的步伐,建立了战时大本营,还千方百计地搜集关于中国的军事情报。

为了扩大税收以增加军费,明治天皇亲自出马,召见地方官员,对征税进行动员指导,强调:"汝等身为地方官,应深体朕意,保证贯彻执行。"从1887年起,天皇每年从自己的宫廷经费中拨出30万日元,并要求文武百官从薪金中抽出1/10,用于补充造船费用。在政府的诱导和鼓励下,日本国内支持侵略扩张的情绪高涨,推动了扩军计划的顺利实施。到甲午战争前,日本的军费开支占总预算的40%,建立了一支拥有6.3万常备兵和23万预备兵的陆军,海军已拥有31艘军舰,24艘水雷艇，总排水量达 7.2 万吨。日本在军事上完成了发动战争的准备。

1890 年，已经身为首相的山县有朋，在第一届议会上公开鼓吹他在《外交政略论》中提出的所谓"利益线"理论，指出，国家独立自卫之道有二：一是防守主权线，即保卫本国疆土不容他人侵犯；二是维护利益线，即在与国家主权线安危密切相关的地区，必须经常处于优势地位。他认为，在当时列强纷争的时代背景下，仅仅防守主权线已不足以维护国家的独立，必须进而保卫利益线。利益线理论其实并不新鲜，不过是为推行武力扩张政策而精心编织的又一个蛊惑人心的理由。根据山县的要求，青木外相在《东亚列国之权衡》一文中，更加露骨地提出要在近期内抢先占领朝鲜、中国东北和俄国滨海地区，甚至要把朝鲜、中国东北并入日本。山县、青木的这些论调，是日本立宪后第一届内阁对邻国外交的总方针，也就是通常所说的"大陆政策"，此后成为日本对亚洲政策的核心内容。

当时的日本正陷于资本主义经济危机之中，经济萧条、物价飞涨、民心浮动，阶级矛盾、社会矛盾和政府内部的政治斗争都空前加剧。在这样的情况下，日本政府决定发动对朝鲜和中国的战争，既符合其侵略扩张的战略传统，也希望借此达到转嫁国内矛盾的目的。

为了降低战争风险，日本急于寻求美英等列强的支持。而此时，美英也恰好希望借日本之力制约俄国在亚洲的势力扩张。双方各有所求，可谓一拍即合。日本借此良机提出了修改条约的请求，得到了英国的同意。1894 年 7 月，日英双方签订了 5 年后废止两国间不平等条约的《日英新约》。以此为契机，日本与其他列强也陆续进行谈判，相继废除了一系列不平等条约，最终于 1911 年恢复了关税自主权。在近代历史上，日本成为第一个摆脱西方列强奴役的亚洲国家。但从开始进行交涉至最终完成改约，日本足足花了半个世纪的时间，而且是在以牺牲亚洲近邻的利益为代价、获取欧美列强青睐的条件下才得以实现的。也就在《日英新约》签署的第 9 天，即 7 月 25 日，日本政府对中国和朝鲜不宣而战，揭开了甲午战争的序幕。这一战争，对于近代中国、日本和朝鲜都具有

第七章 东方列强日本

极不平凡的意义。

1895年,甲午战争结束,战败的清政府被迫同日本签订了屈辱的《马关条约》。通过《马关条约》,日本长期占领中国台湾、澎湖和朝鲜,加紧了对这些地方的剥削和掠夺,并将其作为进一步入侵中国的跳板;日本还深入长江流域的广阔地区,有权开矿设厂、修筑铁路,直接掠夺那里丰富的资源和倾销商品,沉重打击了中国的民族工商业,加深了中国经济的半殖民地化;日本从中国索取了高达2.3亿两白银的巨额赔偿,加上掠获的战利品共计约合4.6亿日元,比1893年日本一年财政收入的3倍还多。从此,中国背上了沉重的经济负担,一蹶不振,而日本的国家实力则为之大增。早稻田大学教授依田憙家在《日本帝国主义与中国》一书中曾明确写道,中国的甲午战争赔款"成为日本经济发展和国际地位提高的一个开端"。依靠中国的巨额赔款,日本建立了金本位制,实现了与欧美国家的金融接轨,给经济发展带来了长期而深远的好处。甲午战争后,日本先后募集了大笔外债用于发展经济和进行战争,这与实行金本位制有直接的关系。借助战争赔款,日本开始了新一轮的扩军备战。在此后用于陆海军扩的费用约3.1亿日元中,有大约2/3来自赔款。依靠从中国掠取的巨额财富和大量资源,日本国内掀起了兴办企业的新高潮。1894年,日本各种公司总计不到2900家,1898年就猛增至7000多家,特别是重工业发展进步显著。1897年,日本创立了第一个大型冶金企业——八幡钢铁厂,其资金部分来自赔款,而原料铁矿石则完全来自中国。八幡钢铁厂投产第一年的钢铁产量占日本国内总产量的53%,钢材产量占82%。源源不断的钢铁为日本的资本主义发展注入了活力。

随着日本资本主义的迅速发展,生产和资本日益集中,出现了越来越多的垄断组织。到19世纪末20世纪初,垄断组织已在国民经济中占据统治地位,财阀、政阀不断涌现,日本进入帝国主义阶段。由于受自身历史和经济的影响,日本帝国主义自诞生之日起就带有强烈的军事封建色彩。从此,好战的日本军部的新军阀们同热衷于追求利润的垄断资产阶级相互勾结,更加疯狂地投入了对外国的侵略战争。

四、万世一系的近代天皇制

从古至今，日本国家政权的性质先后经历了奴隶社会、封建社会和资本主义社会3个阶段，但作为政体表现形式的天皇制却始终保持未变。天皇制因此成为日本政治的最大特点之一。实际上，在历史沿革的过程中，日本天皇制作为一种国家权力的运作形式，也经历了从古代到现代的转变。因此，了解近代日本天皇制是分析近代日本发展历史不可缺少的重要内容。

明治时代的自由民权运动

根据古代神话传说编纂而来的日本国家发源史认为：天皇是天照大神的子孙，是"现人神"（即现出人形的神），神武天皇是日本天皇谱系上的第一代天皇。许多日本人据此认为，日本是"天皇万世一系"的"万邦无比的神国"。事实上，在古代天皇制的发展过程中，天皇并非总是掌握国家的最高权力，甚至在大多数时间里，他都被排斥在国家权力结构之外，仅仅作为一种精神信仰的最高象征而存在。1868年的明治维新，在促进日本资本主义发展和社会思想进步的同时，也推动了古代天皇制向近代天皇制转变。在这一转变过程中，自由民权运动无疑发挥了极为重要的作用。

明治初期，以天皇为首的神权专制政权曾经起到了积极的历史作用，因为一个超越于各阶级和政治力量之上的神权权威，有助于统一全国的意志，推行自上而下的改革。但是这种专制统治毕竟远远落后于时代潮流，因此变革是迟早的事情。此时，西方资产阶级思想的启蒙运动已经渐成气候，以福泽谕吉为代表的一批知识分子成为日本启蒙思想的早期传播者。福泽谕吉素有"日本的伏尔泰"之称，他所著的《劝学篇》《文明论概略》等书，较早地宣传了自由、平等和独立等思想。在《劝学篇》

中,第一句话就开宗明义地指出:"天不生人上人,也不生人下人。"其销售量达 20 万册以上,在日本影响十分广泛。

明治维新开始之后,整个日本社会进入了一个大变革的时期,各种社会矛盾都浮出水面。特别是破产农民和丧失了经济来源的没落武士对政府的不满情绪日益加大,而新兴的中小地主和资产阶级也对藩阀专制的政局和大地主、大资产阶级享有的特权深感不满,要求在政治上获得更多的权利。这些来自不同阶层的社会力量,出于反对政府、争取自由民主的共同要求而汇集到一起,掀起了声势浩大的政治运动。这就是19世纪70、80年代在日本爆发的"自由民权运动"。

1874年1月,因"征韩论"意见分歧而退出政府的板垣退助、后藤象二郎等人在东京成立了"爱国公党",提出《设立民选议院建议书》,要求设立国会,给人民以选举的权利。这成为自由民权运动的发端。此后,板垣退助又领导成立了全国性的民权运动组织"爱国社",并以此为基础建立了所谓"国会期成同盟",号召群众以向天皇请愿的方式实现"开设国会""减轻地租""修改不平等条约"等政治要求,从而把群众运动推向高潮。最终不仅使自由民权运动的影响得到广泛传播,而且还迫使天皇在1881年10月下诏宣布于1890年以前开设国会、颁布宪法。

当时的日本政府对于民权运动的兴起可谓忧心忡忡,担心欧美国家革命的历史会在日本重演,但是迫于国际国内形势的发展,又不得不顺应历史潮流的要求,如伊藤博文所说:"当前世事的变化,乃宇内大势推动所致,非一国一洲之事端。"井上馨也断言:"为了摆脱政府不能威服人心的危机,必须开设国会。"这反映出日本明治政府思想开化的一面,与身处"戊戌变法"浪潮之中的中国清政府相比,他们的确拥有更开阔的视野和锐意改革的胆识。

但日本统治者终究难以彻底摆脱阶级和历史的局限:他们在着手准备开设国会的同时,对自由民权运动也采取了分化瓦解和镇压的措施,使其最终走向失败。这也是导致日本民主政治发育不良的重要原因。尽管如此,作为日本历史上第一次资产阶级民主运动,自由民权运动还是产生了深远的历史影响,不仅有效地促进了资产阶级进步思想的传播,推动了日本近代政党制度的起步和发展,也加速了日本近代天皇制的形成。

立宪前的精心准备

为了兑现在1890年之前开设国会的承诺,明治政府加紧了制定宪法的准备工作。1882年,由伊藤博文率领的日本政府"宪法考察团"奔赴欧洲,又一次开始了学习之旅。其实,早在岩仓使节团出访欧美之时,明治政府就对欧美列强的政治制度进行过研究。当时的考察结果认为,尽管英、法、美等国最为繁盛,但其政治体制存在种种弊端,在日本,既不能实行民主共和政治,也不能简单地模仿欧洲各国的君民共治之制,"当按照我国皇统一系的典例和人民的开化程度,斟酌其得失利弊,制定法宪典章","可效法者,当以德国为最",而"建国之大法,唯在专制"。

由于对普鲁士的发展模式和崛起经历颇感敬佩和亲切,因此,这一次伊藤博文重点考察了普鲁士和奥地利这两个老牌君主专制国家的宪政情况,并认真请教了普、奥两国的法学教授,"充分确立了巩固皇室基础,使大权不致旁落的大道理"。他认为:英国宪法中的国王只有王位而无统治权,这不符合日本的国情,而"普鲁士政府虽采众议,却有独立权","君主亲掌立法行动大权",比较适合日本的情况。经过长达一年半的考察之后,伊藤博文回国,决心以普鲁士为样板,建立中央集权的君主立宪政治。为此,他还专门聘请了德国的法学专家担任顾问,指导日本第一部宪法的起草工作。

与此同时,为防止在实行立宪后出现危及天皇政权统治的局面,老谋深算的岩仓具视又向政府提出建议:"我国方今将制定宪法,首先必须巩固皇室之基础,以期在今天防止千秋万载之后大权发生动摇之弊。"日本政府在充分借鉴普、奥两国经验的基础上,采取了一系列加强皇权的措施。

在经济上,为了保证皇权拥有坚实的经济基础,避免受到未来国会和政党的牵制,"皇室的财产扩大到了和全体人民的财产相差无几的程度"。有资料显示:1872年,皇室的土地只有1000町步,1885年已迅速增至3.2万町步,1894年更激增至365.3万町步;明治天皇即位时仅继承了约 10 万日元的财产，到 1889 年宪法颁布时，他拥有的财产总数已达 1000 万日元。甲午战争后，明治政府从掠得的中国巨额赔款中，一次就拨出 2000 万日元给天皇。明治天皇摇身一变，成了日本最大的地主和财阀。在政治上，模仿德国贵族制度，巩固并扩大了日本的华族制度，封授了一批爵位，为加强统治基础培植了一个忠心维护皇权的权贵阶层。1885 年重新改组政府机构，废除太政官制度，按欧洲模式成立了内阁制。此后不久，又设立了枢密院。内阁和枢密院均由天皇直接任命和领导，保证了天皇拥有超然于议会之上的独立地位。在思想上，以大中小学生和军人为主要对象，加强国家主义、天皇主义和神道思想的宣传和灌输，强化他们效忠天皇的意识。前面曾经提到的《幼学纲要》《军人敕谕》以及后来的《教育敕语》都是在这种背景下颁布的。同时，政府还采取严厉的措施限制出版、集会和结社等活动，依靠国家强力阻挠民权运动、维护皇权统治。

通过这些措施，日本皇权得以扩大，以皇权为核心的专制统治的权力得到巩固，宪法出台前的准备工作基本完成。

日本宪法与近代天皇制的建立

1889 年 2 月 11 日，明治天皇宣读了颁布《大日本帝国宪法》的诏书，并把宪法授予内阁总理大臣黑田清隆。这一天是日本的传统节日纪元节，就是传说中神武天皇即位的日子，选择这一天颁布宪法也的确是别有一番深意。按照宪法的规定，1890 年日本国会正式成立。

《大日本帝国宪法》由七章七十六条组成。第一章全是有关天皇的内容，其中明文规定："大日本帝国由万世一系之天皇统治"；"天皇神圣不可侵犯"；"天皇乃国家之元首，总揽统治权，并依本宪法各条之规定行使之"等等。总之，天皇几乎将行政、司法、立法和军事统帅等一切大权集于一身，与专制君主相差无几。其中还强调："朕承祖宗之遗烈，践万世一系之帝位"；"国家统治之大权，朕承之于祖宗，并传之子孙"，以此表明天皇的地位和权力完全是因为他是神的后裔，具有神的权威，并且世代相袭，不可动摇。这对于深受神道主义思想影响的日本民众来说无疑具有强大的震慑力。

宪法第二章规定了臣民的权利和义务。在这里，宪法将日本国民称为"臣民"，在赋予他们种种权利和自由的同时，又明文规定："本章所载之条规，在战时或国家发生事变情况下，不得妨碍天皇施行大权。"表明为了保障天皇的权力，可以借故剥夺宪法赋予臣民的一切权利和自由。

宪法第三章是有关议会的内容，规定议会分为贵族院和众议院，贵族院由皇族、华族和天皇任命的特殊议员组成；众议院由选举产生，但对选举和被选举人都做出了严格的限制：只有缴纳直接税15日元以上且期满一年、超过25岁的男子才有选举权；具有同样财产资格的30岁以上的男子，拥有被选举权。这实际上剥夺了贫苦百姓参与选举的权利。按照这一规定，1890年举行第一次选举时，获得选举权的仅有45万人，占日本总人口的1.24%。这显然难以保证选举的公正与权威。

窥一斑而知全豹。由以上列举的这些条款不难看出，明治宪法其实是一部封建君主思想与近代西方立宪主义相互混合、相互妥协的产物。它一方面要"以皇室为中心"，以"使人心归一"，确保天皇在国家政治生活中的绝对权威性和统治力；另一方面，又要赋予人民主要是地主和资产阶级一定的权利和自由，以缓和对立情绪，稳定社会基础，反过来还是为了维护统治阶级的利益，因此宪法有很多自相矛盾的地方，包含了强烈的虚伪性、欺骗性和封建残余思想。美国的日本学家赖肖尔指出："宪法自然是以天皇及其权威为中心的，因为推翻德川的理由就是要恢复天皇的直接统治。但是，实际上大家并不是想让天皇统治，而只是要他使大臣们的决定生效而已。"[①]一语道破了日本宪法的本质，天皇不过是为统治阶级利益服务的工具。

但明治宪法毕竟公开承认了民众的基本权利，建立了具有近代立宪国家特征的行政、司法和立法机构相互分离的政权体系，"古老的亚洲，从

---

① 〔美〕赖肖尔：《日本人》，孟胜德、刘文涛译，上海译文出版社1980年版，第89页。

此有了宪法、议会、选举等等限制君权独夫专制的法制,这无疑是一种历史的进步……因而明治宪法亦曾为当时亚洲其他封建国家的进步人士所憧憬或效法"[1]。以1889年宪法的颁布为标志,日本正式确立了近代天皇制。

明治时期东京帝国大学教授、曾参与编纂《宪法义解》的穗积陈重,对日本近代天皇制国家的特征有过精辟的概括,他认为:天皇掌握着大权,但并非其固有的,而是继承了神祖的权利;天皇作为日本国民大家族的最高家长统治国家;天皇遵循以近代立宪主义的原则为根据而制定的宪法行使大权,因此,日本是神政的、家长式的、立宪主义国家。历史证明,这种政治体制在当时的日本,有其存在的必然性。它符合了日本维护国内稳定和开展对外扩张的迫切需要,在集中权力、财力和人力建立近代工业、国防和教育,为推行侵略政策服务等方面曾起到残暴的但"效果明显"的作用。

值得一提的是,明治宪法规定:天皇总揽统帅权,直接领导军部,并赋予军令长官"帷幄上奏权",即凡有关军事问题,可以不经过内阁直接上奏天皇,由天皇裁决。但近代天皇制的特点是天皇很少亲政,即使在御前会议上裁决争端,也多数是只听不答,所以,陆海军名义上直辖于天皇,实际上无所约束,自成中心,在天皇权威的光环中,军部成为真正的"权力核心"。由于内阁中设有陆海军大臣之职,而两者又都听命于军部,因此军部势力自然地延伸到内阁之中,对国家政治构成干预。在近代日本的历史上,因军部阻挠造成内阁垮台的例子可谓比比皆是,比如1912年,因西园寺内阁不赞成增设两个师团,陆军大臣辞职,而军部拒绝推荐后继人选,致使内阁垮台。由此可见军部在日本内政中的地位和影响。正是由于宪法赋予军部的特权,导致日后军部势力独大,从而造成军国主义泛滥,最终演变成殃及整个亚洲乃至世界的巨大灾难。所以,明治宪法所规定的日本近代天皇制,是藩阀专政的延续和发展,其实质是借"天皇大权"之名,维护特权政阀、财阀的利益,由极少数军阀、官僚和贵族实行的寡头专制。

---

[1] 吕万和:《简明日本近代史》,天津人民出版社1984年版,第111页。

五、武力扩张、争霸东亚的不归路

甲午战争后,素有扩张倾向的日本随着经济和军事实力的不断增强,侵略野心日益膨胀,为了实现称霸东亚的狂妄梦想,日本动员一切力量,甘冒与美英等帝国主义列强发生冲突的风险,对亚洲近邻发动了一系列的罪恶战争,最终走上了武力扩张、争霸东亚的不归之路。

日俄战争:两个强盗之间的争夺

19世纪90年代中期,在东北亚国际关系中,日俄矛盾日益凸显。这是世界上两个最为贪婪的强盗因利益争夺而必然导致的结果。为拓展在中国的势力范围,俄国决定修建一条横贯西伯利亚的大铁路。1891年,西伯利亚铁路正式动工。日本政府敏锐地感到这将是对日本大陆政策的严重威胁,因此决心趁俄国立足未稳,夺取中国东北和朝鲜。

甲午战争的结局无疑使日俄矛盾更加激化。在短短半年的时间里,就把庞大的中华帝国打得一败涂地,这进一步激发了日本的扩张野心,而丰厚的战争收益更增强了它同其他列强进行争夺的信心和动力。但日本的迅速崛起和觊觎东亚的图谋深深地触动了沙皇俄国的神经。在《马关条约》中,原本有清政府答应割让辽东半岛给日本的条款,不想半路杀出个程咬金,上演了一幕俄、德、法"三国干涉还辽"的闹剧,搅和了日本的好梦。虽然日本获得了清政府支付的3000万两白银的巨额"赎辽费",但却被迫撤出了辽东半岛,将到嘴的肥肉拱手相让。这出戏的幕后导演正是沙俄。日本对此自然心知肚明,感觉蒙受了"千古未有之大辱",决心卧薪尝胆,伺机报复。俄国策动的"干涉还辽",将中国东北彻底拖入了帝国主义国际政治的漩涡。此后10余年间,日、俄双方在中、朝两国境内又发生了多次冲突,矛盾对抗不断加剧,一场大战

第七章 东方列强日本

已经在所难免。

为了打败俄国,一雪前耻,同时更是为了扫清独霸东亚的障碍,日本又一次进行了近 10 年的战争准备。甲午战争,使日本国力今非昔比,用于军事的投入更是大幅增加。战后,日本每年直接军费开支占财政预算的一半以上,到 1903 年,战时兵力达到 40 万人,海军舰只的总吨位达到 26 万多吨,舰艇在数量和质量上都有所提高。沙俄此时也希望借一场对外战争巩固自己的国内政局和国际地位,因此毫不示弱,不仅在中国辽东重镇修筑大量防御设施,建立军事要塞,而且积极向远东地区调集兵力和军舰。到 1903 年 10 月,俄军在中国东北的地面部队已达到12.7 万人,两个月后增加到 24 万人,海军太平洋舰队也已进驻朝鲜仁川和中国旅顺,舰只总吨位达到 19.1 万吨。双方可谓势均力敌,剑拔弩张。

当时的日本外相小村寿太郎言称:"日俄战争对于帝国而言,乃是前古未有之大事,关系国家安危盛衰……故而不能不慎重考虑,以周密确定庙谟。"这显示了日本政府对于日俄战争准备的重视。但俄国对日本却抱有轻视的态度,认为这个东亚小国国土狭小,兵力不足,财源匮乏,不过是虚张声势,曾有俄国官员轻言:"日本人是猴子,不堪一击。"这种麻痹的思想给俄军的备战工作大打折扣。面对不断升温的日俄矛盾,英美等列强出于自身利益的需要选择了支持日本,不仅为日本提供了总计 4.1 亿美元的贷款,约占日本战争军费的 40%,而且还帮助日本购买了急需的舰艇等武器装备。这更加助长了局势的恶化,给即将点燃的战火添加了催化剂。

1904 年,经过长期备战的日本决定对俄开战。2 月 8 日夜,日本联合舰队在司令长官东乡平八郎的指挥下,以惯于采用的偷袭手段,分兵两路同时向位于朝鲜仁川和中国旅顺的俄太平洋舰队发起进攻,未经宣战就拉开了日俄战争的序幕。日本的偷袭虽然没有达到预期效果,但是以仅失 6 人的代价造成了俄军舰 2 沉 3 伤的重大损失,打击了俄海军的士气,从而迅速改变了日俄海军的力量平衡,率先争得了制海权。此后,俄太平洋舰队一直处于被动状态,在日本海军的压制下基本无所作为,这为日军迅速开辟陆上战场创造了十分有利的条件。

1904年5月,日本陆军分两路经鸭绿江和辽东半岛登陆中国领土,接连在大连、辽阳、旅顺和沈阳与固守的俄军展开激战,前后历时10个月,以伤亡近15万人的巨大代价取得了陆上战场的最终胜利,把俄军残余部队赶到了中国东北的北部。

旅顺之战是日俄战争中持续时间最长、战斗最残酷的攻坚战。旅顺是俄国太平洋舰队的最大根据地,因此俄国花费巨资修建了一套完整、坚固的防御体系,设有大炮700多门,守备力量4.2万人。俄军总司令曾夸口说:"攻陷旅顺,就连欧洲最强大的陆军也要3年时间。"为了啃掉这块硬骨头,日军任命名将乃木希典为主帅,率军攻打旅顺。开战前,乃木希典为自己和两个儿子准备了三口棺材,以此表明誓死报效天皇的决心。在战斗中,他为了达到目的不计代价,组织了5万人的敢死队,发动一次次的冲锋,结果尸横遍野,血流成河。经过155天的争夺,迫使俄军主帅意志崩溃,放弃了抵抗,日军才得以攻陷旅顺。为了这场战役,日军投入了13万兵力,伤亡6万人,俄军也死伤3万人。面对以如此惨重的代价换来的胜利,乃木希典的喜悦之情完全被深深的愧疚和伤感所替代。他作诗感叹道:

皇师百万征骄虏,野战攻城尸成山。
愧我何颜见父老,凯旋今日几人还!

就在陆上激战正酣之时,俄国的波罗的海舰队正在紧急驶往亚洲水域的路上。原来,俄国国内在得知太平洋舰队失利的消息后,顿感震惊,立即派出了波罗的海舰队前来增援,企图挽回败局。但俄国舰队的行动早已被日本间谍通报了国内。所以,当这支劳师远行1.8万海里刚刚进入对马海峡,就遭到了守候在那里的日本联合舰队的迎头痛击。历时两天的激烈海战给俄国舰队历时7个月的航程画上了永久的句号。俄军舰船共被击沉19艘,俘虏7艘,逃跑时被中立国解除武装6艘,遇难2艘,仅有 4 艘舰船逃回到符拉迪沃斯托克,波罗的海舰队几乎全军覆没。对马海战的结束,标志着俄国在军事上的彻底失败。列宁在评价这次失败时认为:"俄国海军彻底被消灭,吃败仗是注定的了。""我们面临的不只是军事失败,而是专制制度在军事上的彻底崩溃。"

由于日俄双方均已无力再战,俄国更是因为国内爆发革命而自顾不暇,因此双方在美国总统的调停下,于1905年9月签订了《朴次茅斯和约》。根据条约,日本取得了中国的辽东半岛和俄国库页岛的南部,并享有了对朝鲜的占领权和中国南满铁路的修筑权,在东亚的势力范围进一步扩大。在此基础上,日本于1910年正式吞并朝鲜。

日俄战争开创了世界近代史上东方人打败西方人的先例。居于东亚一隅的弹丸小国一跃成为与西方列强纵论短长的霸权国家,令当时世界为之惊叹。从此,日本开始跻身于争夺亚洲乃至世界霸权的列强行列之中,逐渐走上了军国主义的发展道路。

一战:日本的"天佑"良机

1912年7月30日,统治日本长达45年的明治天皇病逝。明治天皇死后,34岁的太子嘉仁即位,改年号为"大正",取自中国《易经》:"大亨以正,天之道也。"日本从此进入大正时代。

日俄战争结束后,直到"九一八事变"发生之前,日本在相当长的时间里对占领地区采用怀柔政策,以一种相对和平的方式,缓解民族矛盾,消磨民众的反抗意志,同时通过对中国政府施加影响,扶植傀儡和军阀代理人,干涉中国革命形势的发展,大搞特务分裂活动,为发动更大规模的侵略战争积蓄力量。在此阶段,日本依靠对殖民地的剥削和掠夺,使国内工业生产继续提高,垄断资本主义进一步发展。但由于外债逐年增加,对外贸易连年入超的局面无法扭转,同帝国主义列强的利益摩擦又日益增多,加上受到世界经济危机的影响,使日本的经济、政治以及外交一度陷于低迷状态。在这种情况下,日本企图强占中国东北乃至整个中国,进而称霸东亚的欲望更加强烈,它迫切需要再次获得一个契机以助其阴谋得逞。

1914年8月,第一次世界大战爆发。消息传来,犹如给日本社会注射了一针兴奋剂。连年逾八旬、患脑出血卧床休息的元老井上馨都为之振奋,立即上书政府,讲明:"此次欧洲的大祸乱,是对大正时代发展日本国运的天佑良机",必须趁此"确立日本对东洋之利权"。日本外相加藤高明也认为:"英国参战之后,即使战争继续下去,最后的胜利也在英国方面,就是最坏的情况也会是对英国有利的不分胜负的结局。所以日本参战没有什么损失。"还可以"抓住好机会,在世界上提高日本的地位,在东亚进一步巩固日本的立脚点"。一时间,"举国一致"的口号几乎成了朝野上下共同的声音。

一战的确成了日本的"天佑"良机,趁欧美列强忙于应付大战、无暇东顾的有利时机,日本当局在远东和太平洋地区展开了大肆扩张。8月23日,日本对德国宣战,趁火打劫,不仅出兵强占了德国在中国山东的权益,还占领了南太平洋的德属马绍尔、马里亚纳和加罗林等群岛。日本还趁欧洲战时经济萧条、物资供应紧缺之机大发战争横财。1919年日本的出口额比战前增加了2.5倍,黄金储备从1914年的3.5亿剧增到1919年的20亿,一改多年的入超而成为出超国,也由债务国变为债权国。造船业和海运业迅猛发展,1918年造船总量比战前增加近6倍,从战前的世界第6位上升到世界第3位,而造船业的发展又直接推动了钢铁、电力等工业部门的发展。日本国内出现新的投资热潮,1914~1919年,企业投资从25亿日元增加到400亿日元,公司总数从17000家增加到26280家,工业总产值也由13.4亿日元增加到65.4亿日元,形成了京滨(东京、横滨)和阪神(大阪、神户)两大工业带。1919年,日本的工业产值超过农业产值,实现了社会经济结构的重大转变。但日本工业和投机性贸易的迅速发展也产生了许多问题,重工业基础薄弱的局面未能改变,1919年轻工业在工业产值中仍占70%以上,而机器制造业和化学工业仅占20%左右。

与此同时,欧美列强在战争时期对钢铁等战略物资的禁运政策,以及北洋政府对铁矿资源国有化的实行,又使日本帝国主义的发展面临危机，因而加速了侵略动机的恶性膨胀。1915年，日本政府逼迫袁世凯接受了旨在全面控制并最终灭亡中国的"二十一条"，妄图从根本上解决中国问题。尽管"二十一条"的要求未能全部实现，但它所体现的基本路线却被全部继承了下来。

一战使得日本政府、大资产阶级和地主阶级都发财致富了，但普通民众的生活水平却不升反降，城市工人的工资增长远远落后于物价的上涨，农民更是度日艰难，许多人破产流入城市或沦为佃农。1918年，日本爆发了全国性的群众暴动——米骚动。这场运动前后持续了3个多月，波及了包括东京、大阪、神户等大城市在内的全国2/3以上的地区和1/4左右的人口，充分暴露了日本经济发展严重失衡所造成的隐患，也显示了战争催生的经济浮华背后所潜藏的巨大社会危机。

随着一战的结束，战时空前膨胀起来的日本经济迅速下滑，大战期间积蓄的财力也很快消耗殆尽。1923年9月1日，正当日本政府为摆脱经济困境而一筹莫展之时，一场大的自然灾难又突然降临到日本头上。这天中午，在日本经济中心东京一带发生了7.9级的大地震，引发的火灾和海啸将东京和横滨变成了一片废墟。这场灾难造成日本财政损失达55亿日元，相当于当时全国两年半的财政收入，受灾人口高达340万。为了救灾和重建，日本政府大举借债，从债权国又变成了债务国。

从1929年开始，一场空前严重的经济危机席卷资本主义世界，沉重地打击了整个资本主义体系，也使得各列强之间、列强与殖民地之间的各种矛盾全面激化。日本毫无例外地被卷入了这场经济危机引发的浩劫之中，令持续低迷的经济雪上加霜。危机期间，日本失业工人达300万，2/3的农民失去了土地，有的地方甚至出现了卖儿卖女的现象。为了摆脱经济危机，日本在政治上由实行政党政治转向法西斯独裁统治；在经济上加速推行国民经济的军事化，军阀与财阀之间的联系越来越密切，出现了所谓"军财抱合"的局面，对日本最终走上军国主义战争之路产生了重要影响；在军事上，则积极发动侵略战争，企图以武力扩大势力范围。

一战期间，随着垄断资产阶级实力的增强和个人主义、民主主义思潮在日本社会的广泛传播，资产阶级政党在日本政治舞台上逐渐活跃起来。1918年9月，日本诞生了其历史上第一个政党内阁——原敬内阁。由此开始，日本进入了短暂的政党政治时期。1924年1月，代表垄断资产阶级和大地主利益的宪政会、政友会和革新俱乐部结成了"三派联盟"，提出了"反对特权内阁""坚决实行普选""改革贵族院"等政治口号，发动了以维护宪法、反对军部和藩阀专制为目的的护宪运动。在议会选举中，三派联盟获得大胜，组成了联合内阁，使议会的作用有所增强。从一战结束后至1936年法西斯分子全面上台时止，正式形成了选举的（众议院与政党内阁）政府与非选举的（元老、枢密院与军部）政府相对峙的双重政治结构。这无疑是日本政治体制的一大进步。可惜好景不长，由于资产阶级政党天生具有的保守性和妥协性的弱点，以及日本政治体制固有的军部权力过大、难以受到议会和内阁制约的致命缺陷，注定了日本政党政治的短命下场。它最终被军部法西斯势力所颠覆。这使日本错失了一次选择理性发展之路的有利时机。

从"华盛顿会议"到"东方会议"

日俄战争结束后，日本政府将"维护和扩展在满洲和韩国的利权"作为"开国进取之国是"和帝国施政的方针，在中国东北建立了类似当年英国东印度公司的殖民机构——南满铁路株式会社，还成立了一支专门的军事力量——关东军，以此为工具，开始了殖民主义性质的"满洲经营"。为了排斥其他列强的利益渗透，日俄两国在东北亚问题上采取了相互勾结的政策。1907~1916年间，先后签订4个密约，确定了在这一地区的利益分割：日本灭亡了朝鲜，深入中国东北；沙俄则策动了蒙古国独立，攫取了松花江流域的很多特权。

然而，十月革命后诞生的苏俄政府终止了同日本的分赃密约，使日本多年来在远东国际政治斗争中的一个重要竞争对手同时也是重要的战略盟友彻底消失，美日之间的战略利益矛盾则随之凸显。即使在这种形势下，日本仍不惜冒财政崩溃和与列强对抗升级的风险，大肆扩充军备，

第七章 东方列强日本

企图以此确保日本在本地区的优势地位。1921年，日本军费支出达7.3亿日元，占全年财政支出的54.9%，陆军常备兵力达到21个师团，并朝着25个师团的目标扩充，海军已拥有各型军舰238艘，约86万吨，并着手建立所谓"八八舰队"，即舰队拥有第一线主力舰为8艘战舰和8艘巡洋舰，再配以第二线的辅助舰艇。这意味着日本将拥有可以与美英抗衡的一流的海军作战能力。同时，日本还乘苏俄革命政权尚未巩固之机，将西伯利亚和中国东北的俄国势力范围纳入自己麾下。

日本的行动引起了以美国为首的西方列强的担忧和警觉，为了限制日本的扩张势头，也为了重新分配主要帝国主义国家在远东地区的利益，1921年美、英、法、日、中等国在华盛顿召开会议，主要内容是：限制海军军备；讨论远东问题，其核心是中国问题。会议签订了《限制海军军备条约》，要求日本放弃追求舰船吨位与英美平等的权利。由于当时日本的军事实力还不能给英美以致命打击，在贸易和债务方面又必须依赖英美列强，因此被迫接受了条约的要求。但在军事力量遭到削弱的同时，却更加坚定了日本国内军国主义势力以武力对抗欧美强权的决心。当然，条约的签订也无疑向全世界宣告了日本已经崛起为帝国主义强国的事实。

在华盛顿会议上，美国还利用其大国地位对日本进行遏制，迫使日本退还山东，放弃"二十一条"的要求，接受"门户开放，机会均等"的对华关系原则。还强行拆散了英日同盟，使日本丧失了长期以来推行侵略政策所倚重的重要支柱。会议建立的华盛顿体系在一定程度上对日本起到了暂时的抑制作用，使日本陷于外交孤立之中。然而，这一瓜分世界的新体系，并不能从根本上消除帝国主义列强之间的利益分歧与矛盾，短暂的缓和仅仅是新一轮疯狂角逐的酝酿阶段。从此，日本将美国明确作为战略对手和主要的打击目标，日美矛盾进一步加深。

华盛顿会议后，由于受到美英压力、本国经济停滞（经济危机和关东大地震）和中国反帝革命运动兴起的影响，日本政府暂时服从了华盛顿体系的安排，采取了所谓"协调外交"的政策，并执行了一系列裁军行动。但日本政府绝不是真心实意地执行裁军，而是把节省下来的大量军费继续用于军事上，不仅对武器装备进行更新换代，而且还新建了坦克部队、野战重炮兵种和空军。同时，日本对青年国民加强了军国主义教育和军事训练，把学校变成了军事训练的主要基地，还专门成立"青年训练所"，对社会青年进行军事教育。当时的陆军大臣宇垣一成曾吹嘘说,这种全民皆兵式的训练制度可以使日本军部掌握20余万正规军人，300余万复员军人以及数十万青少年。正是依靠推行这样一种制度，日本不仅弥补了裁军减少的兵员数量，而且为以后大规模扩军、发动全面战争做了人员上的准备。

与此同时，日本国内叫嚷终止"隐忍之策"、转向"积极雄飞"的呼声始终不断，强硬派势力蠢蠢欲动，猛烈抨击政府的对外政策，鼓吹武力入侵中国。1927年，日本政友会总裁、老牌军国主义分子田中义一组建新一届内阁。他一上台，就在对华政策上恢复了强硬立场。在他的主持下，日本召开了历史上臭名昭著的"东方会议"，确定了所谓"满蒙分离"的方针，企图以武力达到侵占中国东北，进而占领中国的战略目的。东方会议是日本侵华史上的重要会议，预示着日本帝国主义决心打破华盛顿体系的约束，不惜挑起帝国主义战争，推行武力侵华的战略。此后，日本在中国连续挑起事端，为实现其战略目标积极制造借口。

侵华战争：落日之路的起点

1928年，日本侵略者炸死了奉系军阀张作霖，制造了"皇姑屯事件"，希望借机推动"满洲独立"，达到鲸吞中国东北的目的。但身背国仇家恨的少帅张学良，不顾日本的百般威胁和拉拢，毅然选择了东北改旗易帜，挫败了日本肢解中国的企图，最终导致了田中内阁的垮台。不久，资本主义经济危机爆发，日本国内经济困难，阶级矛盾尖锐，这给了军国主义势力大显身手的机会，法西斯力量借机登上了日本的政治舞台。

日本是一个具有浓厚封建残余思想和军国主义传统的帝国主义国家。第一次世界大战后，以北一辉、大川周明为领导的民间团体"犹存

第七章　东方列强日本

会",成为日本最早的法西斯组织。之后,五花八门的法西斯组织日益增多,在民间形成了强大的法西斯势力。但是,对日本法西斯化起真正主导作用的不是民间力量,而是军部。根据1889年日本帝国宪法规定,军队由天皇统帅,军部直属于天皇,不受制于内阁。由此开始,军部势力便经常凌驾于内阁之上。一战后,一些日本军官组成了"一夕会""樱会"等法西斯团体,其骨干分子包括永田铁山、冈村宁次和东条英机这些中国人所熟知的罪大恶极的人物。他们以效忠皇权自我标榜,要求推翻政党内阁,建立军人政权和发动对外战争。

20世纪20年代末,当经济危机导致日本国内矛盾激化之时,军部法西斯势力恶性膨胀,他们提出了具有欺骗性的"打倒财阀和政党""解决满蒙问题"等口号,接连实施恐怖暗杀活动,加快了军部独裁和对外侵略的步伐。1930年11月,在军部的唆使下,法西斯组织"爱国社"的成员暗杀了不顾军部阻挠、执意推行裁军计划的内阁首相滨口雄幸。而凶手后来竟被免予死刑并假释出狱,原因是全国上交了7万多份请求减刑的请愿书,可见法西斯势力在当时的日本已经拥有了相当广泛的市场。

为了给发动侵略战争制造合适的理由,1931年7~8月间,日本先后制造了挑拨中朝关系的"万宝山事件"和日军间谍潜入中国东北腹地的"中村事件"。日本军国主义分子借此大事聒噪,渲染战争气氛。9月18日,日本以"柳条湖事件"为借口,终于挑起了蓄谋已久的侵华战争。第二年,建立了"伪满洲国"的傀儡政权。中国东北从此陷入日本殖民统治的深渊。

1931年的"九一八事变"实质上是几十年来日本矢志吞并中国东北、推行北进战略的必然结果。英美主导下的国际社会采取了实际上的默许和纵容态度,希望以此诱使日本对抗正在崛起的苏联。当时列席"国联"的美国代表公然支持日本的侵略,声称:日本为保护日侨财产的安全起见,对中国东北的进兵是不可避免的。有美国记者甚至说,全世界都应该感谢日本在远东进行反对布尔什维克的斗争。中国东北由此沦陷,成为日本的殖民地和继续实施扩张的重要基地。

1932年5月15日，以少壮派军官为主体的军人法西斯分子，为建立公开的法西斯专政，发动暴乱袭击，杀死了首相犬养毅等多人，制造了"五一五事件"。在这一事件的冲击下，日本政党政治宣告结束，成立了以海军大将斋藤实为首的包括军部、官僚和政党代表在内的所谓"举国一致"内阁。日本政权开始向军部独裁过渡。1936年2月26日，1500名少壮派军人再次发动兵变，企图建立军人法西斯内阁。尽管兵变很快就被平息，参与者也大多受到了严惩，但军部势力却得到增强。同年3月，在三井、三菱、住友和安田等财阀的支持下，成立了以法西斯分子广田弘毅为首的新政府，内阁从此沦为军部的傀儡，任由军部操控。以广田内阁的成立为标志，日本近代历史上最反动的军部法西斯专政体制正式建立，世界大战的亚洲策源地也渐渐形成。

1936年8月，广田弘毅召开会议，制定了新的《国策大纲》，提出以"确保帝国在东亚大陆的地位，同时向南方海洋发展"为日本的根本国策。根据这一决策，1937年日本昭和政府以"七七事变"和"八一三事变"为开端，向中国发动了全面战争，希望由此走上"大东亚共荣圈"的创建之路。此后，随着日本实力的增强和军部法西斯势力的掌权，日本与德、意结成了法西斯反动同盟，并最终发动了第二次世界大战。

侵华战争初期，日本侵略者们从以往的经验出发，狂妄地认为两个月内就可以结束战争。但毛泽东则指出：时至20世纪30年代的日本帝国主义，由于内外矛盾，不但使得它不得不举行空前大规模的冒险战争，而且使得它临到最后的前夜。战争的结果，灭亡的不会是中国而是日本帝国主义的统治集团，这是无可逃避的必然性。事实正如毛泽东所预见的那样，日本的侵略激发了中华民族蕴藏的巨大潜能，为了挽救民族危亡，千百万中华儿女展开了艰苦卓绝的14年抗战，把日本侵占中国、称霸东亚的美梦打得粉碎。在亚洲广大受侵略国家掀起反抗高潮、世界反法西斯形势风起云涌、美国在珍珠港事件后坚决加入世界反法西斯阵营等因素的共同作用下，日本帝国主义最终走向灭亡。

第七章 东方列强日本

六、启示

在国家大战略的缔造中，地理要素和精神文化因素向来具有极为重要的作用，并且在很大程度上影响国家战略目标和实现手段的选择。就日本而言，地缘政治要素对于其战略的影响力是如此巨大，以至于常常体现为一种极为严厉的束缚；而精神文化传统的势力也是如此强大，以至于它经常性地介入日本大战略的缔造并对战略目标的界定产生极大影响。这两种因素是如此强烈和与众不同，它们时而冲突，又时而交织在一起。在它们的共同作用和引导下，曾给特定历史时期的日本带来变革的动力与崛起的契机，也使日本的大战略表现出众多的非理性成分，在很多情况下做出了违背日本自身根本战略利益的选择。根据保罗·肯尼迪的观点，一项合理的大战略"关乎的是目的与手段的平衡"。就近代日本大战略的缔造而言，在日本的地缘政治条件给其战略手段与资源牢牢地带上物质性枷锁的同时，日本的精神文化因素却以近乎先验性的方式决定了其战略目标的形成。而目标同手段和资源之间的相互矛盾甚至失衡，始终是令日本大战略的缔造者们最为困惑和百思不得其解的难题。近代日本的崛起反映出日本民族良好的应变性与变革意识。特别是在外强入侵的危机面前，日本的领导层往往能正视地缘上和传统制度中的不足，勇于割除积弊，积极接受新事物，从而形成一股自上而下的废旧出新的强大推动力量，这是日本战略文化的突出优点，也是日本大战略的成功之处。但在自身变革成功之后，日本民族传统的优越性与危机意识的矛盾结合又会再度打破维持战略目的与手段平衡的理性思维，从而引导日本走向歧途。

日本历来是一个喜欢与强者为伍的国度。早在1885年，日本近代著名的启蒙思想家福泽谕吉在《脱亚论》中就提出："我日本国虽地处亚细亚东陲,但其国民精神却已摆脱亚细亚的固陋,而移向西洋的文明。"他呼吁:"为今之谋,我国不可犹豫,与其坐待邻邦之进步而与之共兴亚洲,不若脱其行伍,与西洋文明国共进退。对待支那、朝鲜之方法,不因邻国之故而彬彬有礼,只能按西洋人待其之方法处理之。"他的言论表达了近代日本在发展道路的问题上做出的选择,也是日本崛起过程中基本战略谋划的一个缩影。可以说,"脱亚入欧"的观念既推动着近代日本实现了成为亚洲乃至世界强国的梦想,也使日本逐渐偏离和平发展的目标,逐渐走向以邻为壑、侵略扩张的帝国主义侵略之路。

但不管怎样,日本是第一个受到强烈的异质文明冲击而开始现代化,并大体取得成功的国家,也是第一个基本实现了现代化目标的亚洲国家。正如陈晓律先生所说,日本的崛起过程呈现出所有后现代国家的一般特征,即:变革的压力来自外部,而不是本国自身发展的必然结果;变革是由精英阶层推动的,自上而下进行的;在变革当中,国家政权起到了异乎寻常的作用,而建立一个愿意推动变革的强大的政权是实现现代化的主要任务。特别是最后一个特征正是日本成功的关键。建立一个愿意推动变革的强有力的国家政权,这样一个看似简单的条件,却是包括中国在内的绝大多数发展中国家,经历了多少年的艰苦努力才达到甚至尚未达到的。其中的成功经验如同日本速兴骤亡的历史所给予我们的教训一样,都是值得我们深入研究和借鉴的宝贵财富。

第八章
好霸争强的俄罗斯

广袤的俄罗斯帝国以及有近70年历史的苏联，在地理位置上横跨欧亚大陆，并且正处在东西方的接合部。它北起波罗的海，南至小亚细亚和地中海，西部与波兰、德国、捷克、匈牙利等国接壤，东至乌拉尔山脉一线。尽管其发源地、政治文化和领土的重心都在欧洲，但它同时又占据了亚洲约1/3的陆地。也许正是由于独特的地理位置，决定了俄罗斯"特殊"的国家身份。这里不仅成为一个众多民族、语言和宗教长期冲突、融合的地区，而且其传统的形成过程也体现了多种文明共同作用的结果：西北方是"东方化的希腊文明"；南方是以穆斯林为主体的民族所构成的伊斯兰文化边缘地带；东南方是以蒙古－鞑靼人为中介的亚洲文化伸入欧洲的前哨。正如俄国著名思想家别林斯基所说，俄国的历史既是一部不同于西欧国家的历史,也是一部不同于东方国家的历史,它是一部在东西方之间探寻、徘徊,以及东西方文化在俄国斗争融合的历史。动摇于东西方之间,是俄罗斯历史最重要的特点。[①]正因如此,西方人常把俄罗斯人看作是"东方人",而亚洲人又常把俄罗斯人当作是西方人。清楚这一特点,是深入了解俄罗斯的民族特性、历史文化及其发展演变的基本出发点和先决条件。

---

① 宋瑞芝:《俄罗斯精神》,长江文艺出版社2000年版,第1页。

第八章 好霸争强的俄罗斯

一、由莫斯科公国到莫斯科王国

留里克王朝与"基辅罗斯受洗"

俄罗斯人的祖先——古斯拉夫人是现代各斯拉夫民族的共同祖先。大约公元1世纪前,古斯拉夫人就生活在中、东欧的奥得河、维斯瓦河、第聂伯河和布格河流域的广大地区。他们身材高大强壮,能忍受寒冷和饥饿,并且能征善战。在此后半个多世纪的时间里,由于受到从欧洲南下的日耳曼人和从蒙古草原上迁徙而至的匈奴族人的冲击,古斯拉夫人被迫迁移,并逐渐分裂成3个大的分支,其中东部的一支被称为东斯拉夫人,成为后来俄罗斯、白俄罗斯和乌克兰民族的祖先。相近的血缘、地缘关系和长期的共同生活为上述3个民族奠定了历史、语言和文化相互亲近的基础。

东斯拉夫人居住在西起德涅斯特河和喀尔巴阡山脉、东至伏尔加河流域、北达拉多加湖、南抵黑海的广大区域内。他们以农业生产为主,同时从事畜牧业、渔业和养蜂业。由于他们长期像飞鸟一样迁居各地,因此,直到8世纪仍处在原始公社阶段,各部落彼此分散而没有形成国家。

公元9世纪,随着社会生产力的发展和剩余产品的增加,东斯拉夫人的氏族制度日趋解体,形成了若干向阶级社会过渡的部落联盟,称为部落公国,其中主要的两个一个叫库雅巴,以基辅为中心,另一个叫斯拉维亚,以诺夫哥罗德为中心。公元862年,斯拉维亚各部落之间由于争夺权力而发生了内乱,结果给外敌入侵创造了机会,而这个渔翁得利者就是诺曼人的首领——留里克。诺曼人并非斯拉夫人,他们原先居住在北斯堪的那维亚半岛上,主要以商业为生,因此东斯拉夫人称他们为瓦格良人,意为商人,芬兰语则称之为罗斯人。

留里克是罗斯人的酋长，以凶狠、善战和好色而闻名四方。他及时抓住有利时机，占领了诺夫哥罗德城，宣布自己是城市的最高统治者。他在俄罗斯平原上建立了第一个封建性质的国家——罗斯，从此开始了长达 700 年的留里克王朝的统治。公元 882 年，留里克的继任者将统治中心迁到基辅。此后的数代大公经过多年征战，相继征服了绝大多数东斯拉夫部落，逐渐形成了一个以东斯拉夫人为主体的大公国"基辅罗斯"。至公元 1000 年左右时，基辅罗斯已成为面积约 100 万平方公里，人口约 500 万的大国。未来俄罗斯中央集权制国家的雏形已初步构成。

　　公元 988 年，基辅罗斯大公弗拉基米尔与拜占庭帝国联姻，并将希腊正教即后来的东正教定为罗斯的国教，以行政命令的方式强制罗斯人接受基督教的洗礼。"基辅罗斯受洗"使罗斯人与西方文化有了实质性的接触，对罗斯经济、政治、文化的发展都具有深远的意义和影响。但是由于不久后发生了基督教分裂，使得信奉东正教的俄罗斯从一开始就与笃信天主教的欧洲大多数国家形成了某种差别，而这种宗教上的差别也成为他们彼此间在身份认同上始终难以跨越的障碍。

　　从公元 11 世纪中期开始，由于内部纷争不断，基辅罗斯走上了逐渐衰落的道路。公元 12 世纪，成吉思汗的蒙古大军远征西亚和东欧，所到之处战无不胜、攻无不克，成为基辅罗斯最大的威胁。此时的基辅罗斯已经分裂为许多小公国，无力抵抗蒙古铁骑的进攻。1237~1240 年，成吉思汗之孙拔都先后攻陷基辅等若干罗斯公国，在原来基辅罗斯的领土上建立了"金帐汗国"，并定都在伏尔加河畔的萨莱，开始了蒙古鞑靼对罗斯达 240 余年的统治。然而就在异族暴政的统治之下，东北罗斯的一个小公国不仅得以生存，而且悄然崛起，最终成为东斯拉夫人抗衡外族入侵的中坚力量。这个公国就是莫斯科。

克里姆林宫大门上的双头鹰

　　莫斯科本是一个偏僻的小乡村，1147 年开始建城，13 世纪末成为东北罗斯的公国。对于莫斯科名字的来历，一直众说纷纭。有人说它来

第八章　好霸争强的俄罗斯

自芬兰语,意为"潮湿之地";也有人说它得名于流经城边的莫斯科河。莫斯科地处东北罗斯中心地带,是水陆交通枢纽,因此凭借向过往客商征收过境商品贸易税,使经济实力得以迅速壮大起来。同时,由于四周有众多小国和茂密的森林做屏障,有效地减少了外敌入侵的袭扰,因而有利于莫斯科的稳定发展,还吸引了大批逃难的罗斯人来此落户,从而促进了人口的增长和城市的繁荣。

莫斯科公国的真正崛起是在伊凡·卡里达(史称伊凡一世)统治时期(1325~1341年)。据说伊凡一世非常贪婪,喜欢聚敛钱财,因此获得了"钱袋"的绰号。"钱袋"也十分善于使用钱财,他将大量金银珠宝献给金帐汗及其妻妾子女,博得了金帐汗的信任,终于在1328年获得了金帐汗册封的"弗拉基米尔大公"称号,意即"全罗斯的大公",有权代理金帐汗国征收全罗斯的贡赋。与此同时,他还不惜重金修建了大主教公署,将全俄大主教的驻节地由基辅迁至莫斯科。这一举动不仅使莫斯科成为罗斯的政权中心,也成为罗斯人心中的信仰圣地和精神家园。在此后莫斯科与外界的争斗中,东正教会始终站在莫斯科大公一边,利用其控制的宣传工具和精神武器为莫斯科鼓噪,通过信仰的威力提供有力的支持。

1359年,"钱袋"伊凡一世的孙子季米特里即位。虽然这位年幼的大公仅仅10岁,却立志领导罗斯人摆脱蒙古人的统治。在他的统治下,莫斯科公国迎来了极盛时期。1380年9月,季米特里率领莫斯科公国的军队与金帐汗国的马麦汗军队在顿河之滨的库里科沃原野上展开了激战。后人对这场战争作了这样的描述:镀金的头盔叮叮响,深红色的盾咚咚响。宝剑呼啸,锐利的军刀在好汉们的头旁闪烁,勇士的鲜血沿着包铁皮的马鞍流淌,镀金的头盔在马蹄旁滚动。经过激战,幸存下来的罗斯勇士们聚集到大旗下,"乌拉"的欢呼声在原野上久久回荡。库里科沃大战不仅为莫斯科大公季米特里赢得了"顿斯科伊"即顿河之王的美誉,更为罗斯人增添了战胜蒙古人的信心。季米特里在遗嘱中向子孙和臣民郑重宣告:"我的子孙将不再向金帐汗国缴纳贡赋。"

从 14 世纪末到 15 世纪，东北罗斯社会不断发展，各城市之间的经济联系日益加强，莫斯科成为最重要的商业中心。1462 年，伊凡三世即位（1462~1505 年），成为莫斯科新一代大公。10 年后，他娶拜占庭帝国末代皇帝的侄女为妻。由于这个缘故，他自然而然地将自己看作是拜占庭帝国皇位的合法继承人和东正教世界的领袖。他还把拜占庭帝国的双头鹰标志作为帝国的徽章，永久地镶嵌在克里姆林宫的大门上。从此，这种帝国崇拜的情结也深深地融入俄罗斯民族的血液之中。

1480 年 11 月，伊凡三世率领罗斯军队在乌格拉河结冰的河面上大败蒙古军队，从此彻底结束了蒙古鞑靼人对罗斯的统治。此后，伊凡三世又相继吞并了几个公国，于 1485 年基本统一了东北罗斯。此时的莫斯科公国边界东抵达鄂毕河，西到芬兰湾，北起北冰洋和北海，南达黑海附近，领土面积 280 万平方公里，足足比原来扩大了两倍。按照恩格斯的说法：在俄国，在征服了诸侯的同时，又摆脱了鞑靼人的压迫，这种局面由伊凡三世最后固定下来。如此辉煌的功绩，使伊凡三世拥有了更加至高无上的宗教权威和政治地位。而这种权威和地位最终演化为一种专制权力，在他身后历任统治者的身上得到传承和延续。可以说，伊凡三世时代奠定了俄罗斯中央集权国家的基石，一个独立、统一的莫斯科公国已经为俄罗斯帝国的建立做好了准备。

伊凡三世之子瓦西里（1503~1533 年）统治时期，已经自称是"统治全俄罗斯领土的君主之君主"。他公开宣称："君主的意志便是上帝的意志。"还指使修道院长臆造出"三个罗马帝国"的理论，并把自己描绘成了第三罗马帝国（即俄罗斯）乃至整个基督教世界和西方文化的合法继承人。所有这些都推动了沙皇专制制度的形成和发展。在他统治之下，东北罗斯结束了长期分割的局面，建立了统一的国家——俄罗斯。

"伊凡雷帝"治下的封建王国

1547 年 1 月，伊凡四世在克里姆林宫举行了拜占庭式的加冕仪式，成为俄国历史上第一位"沙皇"。据说"沙皇"一词的俄语写法与"恺撒"

第八章　好霸争强的俄罗斯

相似，以此表明伊凡四世是罗马皇帝恺撒的继承人和上帝派到人间的君主。相传他降生之时，天空中的雷声响彻云霄，连附近的群山都随之动摇，因此，历史上也称他为"伊凡雷帝"。在他执政期间，俄罗斯开展了以司法、行政和军事为主的全面改革。

为推行新政，加强中央集权的封建统治，必须削弱大贵族的势力，争取中小贵族的支持。因此，伊凡四世在全国实行特辖区制度，将土地富饶、商业发达、具有军事价值的地方定为沙皇特辖区，收回特辖区内大贵族的世袭领地，将其分给中小贵族。为推行特辖制，伊凡四世专门成立了一支"特辖军"，用来镇压大贵族的反抗。据说这些特辖军身穿特制的黑袍，骑黑马，马鞍上挂一个狗头和一把扫帚，表示他们要像狗一样忠实，把敢于违令者清扫干净。据统计，在特辖制实行的7年时间里，有4000名大贵族被杀，还有万名无辜百姓丧命。由于嗜杀成性，手段残暴，伊凡四世又获得了"恐怖伊凡"的绰号。通过特辖制的实行，伊凡四世沉重打击了大贵族的割据势力，巩固和加强了中央集权制，将国家政治、经济的控制权牢牢地掌握在沙皇手中，使俄国的君主专制达到了无以复加的地步。

刚刚统一的国家需要整合各地区的力量以加强皇权，更需要为满足贵族和商人对土地、农奴和财富的渴求而积极地对外扩张。在这种背景下，伊凡四世不惜国力，连年发动对外侵略和兼并战争。由于北方海域封冻期长，此时的俄国还基本算作内陆国家。为了获得出海口，伊凡四世采取了向南防御、东西进攻的方针，即先征服东部的喀山和阿斯特拉罕两个较大的汗国，接着转向西线，大举进攻立沃尼亚。立沃尼亚是控制波罗的海的要地，因此一直是周边众多国家竞相角逐的舞台。俄罗斯的加入，使这场争夺最终演化为一场几乎席卷所有波罗的海国家的长达25年的混战。1583年，立沃尼亚战争结束，俄国企图夺取出海口的初次尝试宣告失败，仅仅保住了芬兰湾沿岸一小块地方和涅瓦河河口。但是经过战争，俄罗斯的版图有所扩大，发展成为一个以莫斯科为中心，地域广袤、民族众多的中央集权制封建王国。

晚年的伊凡四世性情更加暴躁。一次他竟在盛怒之下失手打死了自己的亲生儿子。不久，他因悲伤过度不治而亡。

1598年，伊凡四世的儿子沙皇费多尔病逝。由于他没有子女，皇位无人继承，使得绵延700余年的留里克王朝世系至此终结。此后，俄罗斯经历了近百年的内部动荡。直到有一天，一位年轻的沙皇登上历史舞台，揭开了俄罗斯历史上新的更加辉煌的一页。这个人就是历史上著名的彼得大帝。

第八章 好霸争强的俄罗斯

二、"西化"的彼得大帝

寻师问道的小学生

1613年2月27日，经全俄缙绅会议选举产生的俄罗斯沙皇米哈伊尔·费多罗维奇·罗曼诺夫在克里姆林宫圣母升天大教堂正式加冕。从此，开始了俄国历史上的罗曼诺夫王朝统治。1689年，米哈伊尔沙皇的孙子，年仅17岁的彼得，依靠禁卫军的帮助发动政变，软禁了与他发生权力之争的姐姐和兄长，宣布亲政，称为彼得一世（1689~1725年）。

当时的俄罗斯领土面积已达1400万平方公里，虽拥有巨人的身躯，却少了往日大国的荣光。由于世袭贵族弄权，教会势力干政，封建思想严重，阶级矛盾加剧，致使国家内乱不断。而此时的欧洲列强正满载着航海大发现的丰厚收益，步入经济和工业飞速发展的时代。相比之下，俄国无论在经济、政治，还是军事、文化方面都已远远落在后面，还经常遭到波兰、土耳其等强邻的袭扰。真可谓：内忧不少，外患不断。面对这样一幅景象，年轻的彼得一世下定决心，要改变俄国的面貌。

经过反复研究和思考，彼得一世决定选择一条学习西方、西化兴国的道路。在彼得看来，内陆国家的现实是制约俄国崛起的根本因素，因为交通不便严重阻碍了农业和商业的发展，导致经济落后。要改变这种现实，就必须首先打通出海口；要打通出海口，唯一的方法就是借助战争；这就必须建立强大的军队，还要寻求更多的欧洲盟友以减小阻力；而要实现这样的目标，就必须接触西方、学习西方。

对俄国来说，通往出海口的道路有两种选择：一条是向北打败瑞典，夺取通往波罗的海的通道；另一条是向南战胜土耳其，强占黑海北岸和克里米亚半岛，控制通往黑海的通道。在彼得眼里，这两种选择同样重要，都是必须实现的战略目标。1695年和1696年彼得一世两次亲自率军远征亚速要塞,发动对土耳其的进攻,希望率先打开黑海的通道,但未能如愿。经历了失败的彼得,目睹了俄国陆军的腐败和落后,认识到:"俄国军事组织状况同俄国面临的任务不相适应。必须清除军队中一切过时的制度,把它变成正规的常备军队。"同时,他也强烈地感受到建设一支强大海军的必要。

为了向西方学习,1697年3月,彼得一世组织了一个庞大的出使团,开始了周游欧洲列国的旅程。这个出使团成员人数多达250人,包括了大使、牧师、医生、留学生、厨师等若干职业,甚至还有4名侏儒。在出使的人流中,一名身着陆军下士军装的普通军人并未引起人们太多的注意,他正是乔装改扮的年轻沙皇彼得一世。临出发前,他为出使团确定了多重使命:第一是游说欧洲宫廷,建立广泛的联盟,共同对付俄国南部的主要敌人——奥斯曼土耳其帝国;第二是广纳贤士,为己所用;第三是购买新式武器和造船、航海设备,依照西方创办新式的海军和陆军;第四是派留学生学习各国的先进技术和军事科学。他还特意让工匠制作了一枚沙皇印章,上面刻着这样一句话:我是寻师问道的小学生。由此不难看出他对欧洲之行的认真态度和重视程度。

1697年8月,出使团来到荷兰。很快,赞丹造船厂里出现了一位俄国留学生——陆军下士彼得勤奋工作的身影。一个月的学徒期满,彼得凭借优异的表现被荷兰师傅和工友们评选为"优秀工匠"。后来当地人才得知,这位优秀工匠竟然是俄国的最高统治者。俄国出使团的访欧之旅整整持续了18个月,行程达数千公里,先后到达了瑞典、普鲁士、荷兰、英国、神圣罗马帝国、波兰等国,基本完成了事先制定的任务。在与欧洲先进国家的接触中,彼得一世真正看到了俄国在政治、经济、文化和军事等方面存在的巨大差距,认为西方国家之所以富强,就在于拥有强大的军事实力、发达的工农业生产和先进的科学技术。因此,更加坚定了通过效法西方,推行改革,来改变俄国落后面貌的设想和决心。这次出访还加强了彼得与欧洲各国上层人物的交往,从而对欧洲的形势有了新的了解。他敏锐地感到，波罗的海的周边局势对俄国非常有利，夺取波罗的海出海口的时机正在到来。于是，他果断地确定了俄国新的对外方针，开始着手建立反对瑞典的同盟，把一直指向黑海的箭头迅速转向了波罗的海。

用野蛮制服俄国的野蛮

从欧洲归来的彼得马不停蹄地将自己学到的知识和思索的收获统统付诸大刀阔斧的改革行动中。彼得一世的改革重点首推军事。他从改革兵役制度入手，废除了传统的封建贵族服军役制，不盲目采用西欧通行的雇佣兵制，而是根据俄国具体情况实行了征兵制，将征召的主要对象面向了广大农民，从而保证了俄军拥有充沛的兵源。据统计，从1699年下达第一份征召新兵的敕令至1725年间，俄国共征兵53次，有近30万人应征入伍，其中绝大多数都来自农民。

当军队的数量得到保证之后，质量问题就成为彼得一世关注的重点。为此，他一方面采取兴办军事学校、聘请外国军事顾问、选派军官出国留学等措施，大力加强军官素质；另一方面，他非常重视提高士兵的训练水平，明确要求每个新兵在分配到军队之前必须经过外国军事教练的培训。他亲自起草了《陆军条例》，对士兵的训练和作战做出详细的规定。这一条例也是俄国历史上第一部较为科学成型的军事法规。

在加强陆军建设的同时，彼得一世仍念念不忘对大海的痴迷以及远征亚速失败的遗憾。他凭着执着的信念和从西方学来的经验，创建了俄国历史上第一支海军。从1706年4月俄国第一艘军舰下水，到1725年成为拥有战列舰40艘、其他各型舰只近千艘、作战人员2.8万余人的庞大海上力量，彼得用不到20年的时间创造了一个不小的奇迹。他把俄罗斯从一个"跛足巨人"变成了"双手俱全的君主"。他的努力不仅使俄国迅速缩小了同西欧强国的军事差距，而且也为自己赢得了"俄国海军之父"的美誉。

为了适应发展军事力量的强烈要求，彼得一世对俄国的工业尤其是军事工业进行了必要的改革。在他统治期间,俄国的工业水平有了很大提高,手工工场的规模、数量和生产能力都发展较快,特别是金属冶炼、造船等行业更得到重点发展。这无疑对军事力量的提升起到了明显的促进作用。

彼得一世还进行了一系列政治改革,借此加强了对国家权力的掌控。1708年,他在全俄设立8个省,各省设总督,负责统治地方军事、政治和税收大权。这一措施有效打击了地方大贵族的割据势力。1711年,彼得下令设立政务院,取代原有的大贵族杜马。政务院为国家最高权力机关,受沙皇委任的监察官领导,既是国家立法机关,又享有行政监察权,因而事实上削弱了贵族势力对沙皇权力的影响。与此同时,彼得一世还通过推行宗教改革,沉重打击了东正教势力,结束了持续多年的教权与皇权之争,将教权置于了皇权之下,从而加强了世俗政权对东正教会的控制,使教会成为服务于沙皇统治的工具。经过这一系列改革之后,俄国完成了由等级代表君主制向专制君主制的过渡,沙皇成为名副其实的独裁者。从当时的历史来看,这一点是非常重要的。因为专制统治的加强有利于消除割据势力的不良影响,整合国家力量,以统一的意志推动国家内外战略的顺利实施。

在国家硬实力大为增强的同时,彼得一世在社会习俗、教育文化和政治宗教等领域也进行了一系列的"西化"改革,有力地强化了俄国的软实力。为了尽快改变俄国社会愚昧陈腐的社会状况,彼得采取了标本兼治的措施。他首先从铲除俄国社会长期流行的陈规陋习入手,先后颁布数条法令,要求所有俄罗斯男子必须刮掉长胡须,对保持胡须者征收所谓"胡须税",甚至派专人到大街上、居民家中强迫百姓剪掉胡子;要求上至贵族,下至普通农民的所有俄国人,一律穿着欧式服装,违令者将受到处罚;命令贵族大臣及他们的随从携妻女参加宫廷舞会等交际活动,规定他们必须"习法式之宫廷礼仪,行欧洲流行之风尚"。这些措施尽管从表面看来仅仅是对人们外表和细节的改变,似乎有些吹毛求疵、小题大做的味道,但事实上它却是对人们头脑中最顽固的保守意识和腐朽思想的挑战，是同落后观念的一次彻底的决裂。

如果说彼得一世移风易俗的行动重在"治标"，那么他对文化教育的改革则具有"治本"的意义。出访之旅使他不仅看到了欧洲发达的教育和科研水平，也认识到了发展文化教育对于推动社会进步的巨大作用。于是，他充分借鉴并且推行西方的做法，在俄国教育发展的历史上留下了众多开山之作：1703年，出版俄国第一份正式的印刷报纸——《新闻报》，并亲自担任第一期稿件的选择和编辑工作；1708年，下令以笔画简单方便、适于书籍印刷的世俗字体代替旧的教会斯拉夫字体；1714年，在全国各省建立初等算数学校，招收10~15岁的少年学习算数几何，成为俄国历史上第一批世俗学校；1718年，建立俄国最早的博物馆和图书馆，并且向社会各界免费开放；1725年12月，正式建立俄罗斯科学院，下设数学、物理和人文3个学部，以优厚的待遇聘请了大批外国学者和科学家，并授予他们俄国第一批科学院院士称号；此外，他还建立了第一批公园、第一批公众剧院等等。

彼得一世的改革前后持续了26年。尽管有些做法难免有些极端甚至滑稽，但也恰恰显示了他实行改革的坚定决心。正如马克思所评价的那样："彼得大帝用野蛮制服了俄国的野蛮。"或许正是这样的方法才是对俄国最为行之有效的。

总之，彼得一世以欧洲发达国家为师，在学习借鉴的基础上对俄国社会进行全面改革，使俄国的社会生活和文化面貌发生了根本的改变，军事力量和工业水平在短时间内有了明显提高。通过改革，不仅为俄国步入欧洲强国之列奠定了实力基础，也为其继续实施侵略扩张提供了必要的保障。经历了彼得一世改革的俄罗斯，"开始告别东方，走向西方；告别中古，走向近代；告别愚昧与落后，迈进现代化的门槛"。

驶向欧洲列强大家庭的新船

1700年，当彼得一世改革刚刚起步之时，他就发动了对瑞典的侵略战争，目的就是夺取波罗的海出海口。这场战争共持续了21年，史称"北方大战"。当时的瑞典是欧洲军事强国之一。单凭俄国自身的实力，还不足以战胜对手。为此，彼得一世在开战之前进行了认真的外交准备，建立了阵容强大的反瑞集团——北方同盟，使瑞典陷入孤军作战的境地。1714年夏，俄军波罗的海舰队在芬兰海域全歼瑞典舰队，获得自建立以来的首次胜利。它表明俄国海军已经具有了相当强的实力。1721年，北方大战以俄国的胜利画上了句号，彼得一世如愿以偿地获得了梦寐以求的出海口。在他面前，俄国通往世界的海上之门就此打开。北方战争的胜利，使俄国由一个内陆国家扩张成为一个濒临海洋的欧洲强国，也为俄国在国际舞台上赢得了前所未有的地位。俄国"如同一艘新下水的船只，在斧子的敲击和大炮的轰隆之中，驶向欧洲列强的大家庭"。

1703年，就在北方战争进行之时，彼得一世做出决定，将俄罗斯的首都从世代沿用的莫斯科城迁往波罗的海岸边一座刚刚夺取的小岛。经过10年的建设，新都城拔地而起，这就是著名的彼得堡。彼得一世这个颇具创新精神的举措，被后人评价为俄国历史上富有决定意义的行动，标志着俄国的战略重心开始转向海洋。马克思一针见血地指出，彼得堡是彼得大帝有意创造出来的外偏中心，以此表明，"一个圆周尚有待划定"。这是一个"为进行世界性阴谋而精心选中的巢穴"。

今天，在俄罗斯圣彼得堡的扎亚奇岛仍然保留着一座被称为"彼得小屋"的木质建筑。离它不远就是素有"北欧地中海"之称的波罗的海，也是当时俄国通往西欧的最短的海上通道。

1721年10月22日，俄国政务院举行隆重仪式，授予彼得一世"全俄罗斯大帝"的称号。在大臣的贺词当中，有这样一段话："只是由于您夙夜匪懈地操劳和领导，我们，您忠实的奴仆，才从愚昧无知的深渊登上世界光荣的舞台，因而从空虚走向充实，归入文明民族之林。"这些溢美之词用在彼得一世身上却并不为过。正是彼得大帝的开明思想和亲力亲为的改革作风，打破了长期制约俄国发展的落后观念的束缚，成功地唤起了俄罗斯民族压抑已久的民族自尊和自强意识，使俄罗斯走上了崛起之路。从此俄国开始被人们称作俄罗斯帝国。

第八章 好霸争强的俄罗斯

三、东征西讨的叶卡捷琳娜二世

来自普鲁士的俄国女皇

"迟早我要达到目的,我要做俄国的女皇。"这是一位新婚不久的俄国王妃在自己日记中表露的心声,她的名字叫作叶卡捷琳娜·阿列克谢伊芙娜。1762年7月的一个凌晨,在经历了俄罗斯宫廷18年的风雨洗礼之后,33岁的叶卡捷琳娜在近卫军的拥护下发动政变,推翻了登基还不满一年的丈夫彼得三世,登上了俄国沙皇的宝座,史称叶卡捷琳娜二世(1762~1796年)。

叶卡捷琳娜二世并非俄罗斯人。她原名索菲亚·奥古斯特,1729年出生在普鲁士什切青市一个贵族家庭。她自小接受良好的欧式教育,还随父母游历过欧洲许多地方。1745年8月,索菲亚与俄国皇位继承人结婚。为了能成为一个称职的皇后,她不仅勤奋学习俄文,阅读大量书籍,还改信东正教,取教名为叶卡捷琳娜。年轻的叶卡捷琳娜对权力表现出极大的渴望,加之因夫妻感情不睦而对彼得三世产生的厌恶乃至憎恨,最终将她推上了俄罗斯帝国的权力之巅。

然而,就在叶卡捷琳娜二世即位之时,俄国以及欧洲各国的政治家们都纷纷预言,断定她的统治将是短命的。这不仅仅是对新女皇个人能力的怀疑,也客观上反映了她当时面临的艰难处境。自彼得一世1725年病逝到1762年的短短37年间,俄国先后更替了6个沙皇,内政陷入长期的混乱之中,阶级矛盾激化,社会危机严重,削弱了俄罗斯帝国的实力。1756年,被内忧外患长期困扰的俄国又卷入了因英法争夺世界霸权而引发的"七年战争"。为了能在这场旷日持久的战争中战胜强邻普鲁士,俄国付出了沉重的代价,财政负债累累,军队疲惫不堪,加剧了国内的阶级矛盾，造成各地农民起义如风卷潮涌般此起彼伏。

就在这样的背景下，叶卡捷琳娜二世登上了历史舞台。尽管她的出现曾引发权贵们的怀疑和俄国国内的动荡，但她迅速稳定了局势，扭转了人们的看法，并且维持了长达34年的统治，成为18世纪俄国统治最久的沙皇。

18世纪下半叶，"开明专制"的政治思潮风行于欧洲。"开明专制"也被称为"开明君主专制"，是以孟德斯鸠、伏尔泰和狄德罗等为代表的法国启蒙思想家提出的政治主张。这种思想反对封建专制，主张自由、平等、博爱，呼吁通过自上而下的改革推行法制，建立资产阶级的君主立宪制度。尽管它包含浓厚的空想主义色彩，但却迎合了正处在上升时期的新兴贵族和资产阶级的口味。正因如此，欧洲各宫廷封建势力纷纷打出"开明专制"的幌子，借此麻痹群众，稳定资产阶级力量，达到巩固专制统治的目的。初登王位的叶卡捷琳娜二世及时顺应形势，在立足未稳之际就迫不及待地提出了实行"开明专制"的口号。而事实上，她却自觉地担当了封建贵族地主阶级利益保护者和代言人的角色。为了捍卫封建专制政权，她想方设法将土地分配到地主贵族手中，以博得他们的赞赏和支持，同时血腥镇压全国各地的农民起义。她还熟练运用外交手段和技巧，与欧洲列强建立友好关系，营造良好的国际环境。

在七年战争末期，俄国在与普鲁士的交战中占据了优势。但叶卡捷琳娜二世认为：击溃普鲁士不符合俄国的利益，因为这将消除普鲁士对法国和奥地利的威胁，使法、奥从中获益，而俄国在土耳其、瑞典和波兰问题上又必然与法、奥两国发生利益冲突，因此，拉拢普鲁士以牵制法、奥最符合俄国的利益。所以，在继续保持与法、奥关系的同时，叶卡捷琳娜二世果断撤回了军队，结束了战争，恢复了俄普两国签订的和约。这为俄国的发展赢得了宝贵的和平时间。总之，叶卡捷琳娜二世成功地获得了贵族地主和新兴资产阶级的信任，为她接下来推行的一系列改革铺平了道路。

第八章 好霸争强的俄罗斯

身披"开明君主"外衣的"贵族总代表"

1763年,叶卡捷琳娜二世颁布法令,将参政院划分为6个委员会,由她自己把持其中最重要的陆军、海军和外交3个委员会。后来她又陆续撤销了其他三个委员会,将其职能下放至省级政权。1768年,她设立最高宫廷会议,作为沙皇讨论重要法律和政策的最高咨询机构,从而进一步削弱了参政院的功能。1775年11月,叶卡捷琳娜二世又颁布敕令,取消了以前的省、州、县三级行政管理体制,代之以省、县两级体制。按照规定,全国共划分50个省,省下直接设县,省长由沙皇亲自任命并向沙皇负责。通过以上改革措施大大强化了沙皇个人的独裁统治和以封建贵族阶级为主导的中央集权体制。

1767年,叶卡捷琳娜二世推出了一部有关法律的著作,名为《圣谕》,成为她实行"开明专制"的最鲜明的标志。《圣谕》的内容大量抄袭了孟德斯鸠等启蒙思想家的学说,因此具有明显的进步性,以至于在当时的俄国国内和欧洲思想界都赢得了一片赞誉之声。连法国著名的启蒙思想家伏尔泰都称赞其"是一部详尽、完整、业已生效的法典"。但《圣谕》最终并未成为正式的法典,连传播范围都受到了严格限制。这不仅仅是因为它本身充满空想色彩和不切实际的目标,也因为它在本质上是与当时沙皇俄国的封建制度水火不相容的,因此不可能指望封建君主会将它真正落实到具体行动中。可以说,《圣谕》中闪动的自由民主之光连同那些华美的辞藻,不过是给叶卡捷琳娜女皇披上了一件"开明君主"的外衣,而对那些抱有期待的人来说,却不过是一个美丽的肥皂泡而已。

叶卡捷琳娜二世比较重视发展文化教育事业。她鼓励兴办学校,倡导文学创作,还取消国家对出版业的垄断,允许私人开办印刷所和出版社。尤其是在"开明专制"时期,书报检查制度一度颇为宽松。此外,她还取消对贸易的限制,给工商业以较大的自由,在很大程度上促进了俄国工商业的快速发展。与她的前辈彼得一世一样,叶卡捷琳娜二世也非常重视军队特别是海军的发展。在她统治时期,不仅使俄国陆军成为欧陆上最强大的军队之一，而且还建立了俄国历史上第二支舰队——黑海舰队。

尽管叶卡捷琳娜执政前期实行的"开明专制"带有很强的虚伪性和欺骗性，但在客观上对俄国的发展还是起到了一定的积极作用，使国力和军力都得到增强，国际地位和影响都有所提高。为表彰女皇的功劳，新法典编纂委员会授予叶卡捷琳娜二世"英明伟大的皇帝和国母"称号，她也因此成为继彼得一世之后第二个获得"大帝"封号的沙皇。然而，《圣谕》也好，改革也罢，都没能真正缓解日益激化的社会阶级矛盾，大帝的殊荣也无法掩盖人民心中的愤怒和不满。随着俄国历史上最大规模的农民起义——普加乔夫起义的爆发，"英明国母"收敛了"开明君主"的笑容，露出了"贵族阶级总代表"的本来面目。

1773年，号称"顿河格萨克"的叶美连·伊凡诺维奇·普加乔夫发动了反抗农奴制压迫的武装起义。这次起义历时两年，范围波及60万平方公里的广阔地域，几乎席卷了俄国东南部的半壁江山。最多时起义人数达到5万之众，其规模之大超过了俄国历次农民战争。当时的贵族地主只要一提到普加乔夫的名字，就会闻风丧胆、不寒而栗。虽然在沙皇军队的疯狂镇压下普加乔夫起义最终还是以失败告终，成千上万的起义者或被残忍杀害，或遭到流放，但这次起义彻底戳穿了"开明专制"的幌子，沉重打击了俄国的封建统治，显示了广大农民群众对土地、自由的渴望和反抗剥削与压迫的决心。

"欧洲宪兵"与女皇的嫁妆

南方进入黑海，西方兼并波兰，北方夺取芬兰作为彼得堡的屏障，巩固俄国在彼得一世时所占领的波罗的海沿岸的地位，这是18世纪后半期俄国扩张的主要目标。对俄国来说，实现这一目标的主要障碍除了土耳其、波兰和瑞典以外，还有英国、法国、普鲁士和奥地利四强。而七年战争结束时的欧洲形势是：英法矛盾尚未消解，都想拉拢俄国；奥地利也因战争消耗而精疲力竭，并且对瓜分波兰早已垂涎三尺；普鲁士

第八章 好霸争强的俄罗斯

则刚刚与俄国缔结了战后和约。这样的形势对俄国来说无疑是十分有利的。为了保险起见,叶卡捷琳娜二世又先后同普鲁士、丹麦缔结盟约,同英国缔结商约,目的是利用北方列强的支持制约法、奥、土的力量,巩固俄国在波兰和近东的势力。待一切准备就绪之后,俄国就又一次迈出了侵略扩张的脚步。

18世纪中期的波兰,地处波罗的海和黑海之间,是一个地域辽阔的多民族国家,面积达73万平方公里,占当时欧洲的第三位。由于它的位置正好阻隔了俄国通向西欧的道路,因此成为俄国历代君主竭力削弱和侵蚀的主要对象。北方战争后,波兰实际上已经沦为俄国的附庸。但俄国并未就此满足,而是伙同奥地利、普鲁士一起,分别于1772年、1793年和1795年三次迫使波兰签署割让领土的协定,最终导致波兰灭亡,直到1918年才重新恢复独立。

三次瓜分行动使俄国获得了46万多平方公里的土地,占波兰原有领土的62%,比普、奥两国的所得之和还要多。作为瓜分波兰的罪魁祸首,叶卡捷琳娜也成为欧洲反动势力的代表。与此同时,她还以武力吞并了整个立陶宛、白俄罗斯和大部分乌克兰,将俄国西部边界从第聂伯河推进到涅曼河和布格河一线,从而与普鲁士和奥地利两个强邻接壤。但这实际上给俄普、俄奥之间的关系埋下了不安全的隐患。

自18世纪起日渐衰落的奥斯曼土耳其帝国成为欧洲列强窥伺的目标,而俄国自然是其中最为踊跃的争夺者之一。为了打通南方出海口,实现彼得大帝的夙愿,一代代俄罗斯人进行着不懈的尝试却始终未能如愿。到了叶卡捷琳娜二世的时代,这个机会终于来了。

1767年,叶卡捷琳娜武装入侵波兰的行动使土耳其政府及其支持者法国深感不安,两国担心自身的利益受到影响。于是在法国的支持下,土耳其苏丹于1768年对俄国正式宣战。由于双方实力相差较大,因此战争的进程对俄国极为有利。正当俄军准备乘胜追击而土耳其被迫求和之时,俄国国内爆发了普加乔夫起义。为了集中精力平定国内形势,叶卡捷琳娜二世做出了通过谈判结束战争的决定。1774年7月21日,俄土双方代表签订了停战和约,史称《库楚克-凯纳吉》条约。这一条约在俄土关系史上具有十分重要的作用。它不仅使俄国鲸吞了黑海东岸原属土耳其的土地,从而打开了自南方进入黑海的出口,而且为俄国吞并克里米亚,干涉土耳其内政以及进一步向巴尔干和近东地区扩张都埋下了伏笔。

在镇压了普加乔夫起义之后,俄国国内出现了暂时的平静。这使得不甘寂寞的叶卡捷琳娜二世得以重新回到她所钟爱的领土扩张计划中来。她无法满足于《库楚克-凯纳吉》条约带给她的短暂快感,而是希望瓜分波兰的一幕能再度重演。为此她坚决贯彻了夺取克里米亚的计划。到1776年,俄军事实上已经控制了克里米亚半岛。1783年,叶卡捷琳娜女皇发表了宣言,将克里米亚划为俄罗斯边区,正式置于俄国政府管辖之下。俄国的扩张行为和丝毫不见收敛的野心引起了英国和普鲁士的担忧。在两国的支持和怂恿下,土耳其苏丹于1787年8月再次对俄宣战,第二次俄土战争爆发。在欧洲列强的阻挠和干预之下,俄国最终放弃了原定的计划,与土耳其签订了《雅西和约》。根据和约规定,俄国从土耳其手中获得了克里米亚和黑海北岸广大地区的永久占有权,从而巩固了俄在黑海的势力范围,为深入巴尔干打下了基础。

此后不久,俄国又同古斯塔夫三世统治下的瑞典进行了历时两年的较量。由于双方互有胜负、势均力敌,不得不签订和约了事,一切恢复了战前原状。在俄瑞战争中,尽管瑞典没有获得什么好处,但它对俄国的对外扩张起到了一定的牵制作用,对于维持欧洲的战略均势也具有积极的意义。

1789年7月,正当叶卡捷琳娜二世忙于应对第二次俄土战争和俄瑞战争之时,传来了法国资产阶级革命爆发的消息。叶卡捷琳娜女皇和欧洲各国的君主们一样,顿时预感到封建制度大厦将倾的命运,不禁为之焦虑不安、惊恐万分。她生怕法国革命波及俄国国内的稳定,因而自觉地承担了"反革命宪兵"的角色,扬言要与"法兰西瘟疫"决一死战。她起草了《关于在法国恢复国王政府》的备忘录,积极鼓动普鲁士、

第八章 好霸争强的俄罗斯

奥地利、西班牙和英国共同组建反法同盟,妄图以武力镇压法国革命。在反法同盟军队遭法国革命武装重挫导致联盟解体的情况下,叶卡捷琳娜不但没有放弃计划,相反却变本加厉,不顾财政紧张和国内危机,准备派遣 6 万俄军进攻法国。但这一出兵计划最终因为女皇的突然去世而未能落实。

1796 年 11 月 7 日,叶卡捷琳娜二世因突发中风永远离开了人世。一代女皇留给俄国的是帝国版图上增加的 63 万平方公里的土地,留给欧洲的是一个国力空前强大、影响举足轻重的大国,而这似乎还远远没有达到她的理想,因为她觉得:要是自己能活 200 岁,整个欧洲必将置于俄国的统治之下。就这样,一位普鲁士姑娘两手空空地来到俄国,却为俄国赢得了克里米亚和波兰,她把这当成了自己的嫁妆。

四、欧洲大陆上最强大的军队

早在18世纪初叶，彼得一世改革尤其是军事改革就引领着俄国步入了欧洲军事强国的行列。从那以后，历任俄国沙皇都非常重视军队建设。这当然与他们一贯坚持的对外扩张战略和对内高压统治是分不开的。到了叶卡捷琳娜二世时期，政治上的巨大野心使她对发展军事力量更为关注。她执政期间，俄国先后共征兵30余次，总人数超过125万，其中陆军人数从1762年的33万扩充到1796年的50万。俄国陆军在规模上一跃成为欧洲最庞大的军队。正是倚仗这支军队，叶卡捷琳娜二世成功地镇压了国内频繁爆发的农民起义，也一次次打败外国军队，把俄国的边界不断向周围扩展。叶卡捷琳娜二世的继任者们也都同她一样，把军队作为维持俄国大国地位的主要标志和重要工具。尽管俄国海军的发展始终未能达到与英国匹敌的程度，但俄国陆军却常常以胜利者的姿态出现在欧洲大大小小的战场上。直到有一天，当他们成功击败了所向披靡的法皇拿破仑时，人们确信，俄国军队已经真正成为欧洲大陆上最强大的军队。

叶卡捷琳娜二世死后，她的儿子保罗一世（1796~1801年）即位。当时，国内阶级矛盾更加尖锐，农民起义此起彼伏，国家在经历了连续多年的征战之后早已是积贫积弱、民不聊生。在这种状况下，保罗一世采取了休养生息的措施，撤销了派兵镇压法国革命的计划，同时部分改革了农奴制度。这些对于俄国军事力量的恢复无疑是有利的。

而此时，借法国资产阶级革命上台的热月党人，在粉碎了以英国为首的反法同盟的武装干涉之后，没有及时终止战争，而是指挥军队继续向北意大利、奥地利等欧洲地区以及埃及等北非国家发动进攻，并相继取得了胜利。这不仅使法国军事行动的性质由防御性变为侵略性，而且

第八章　好霸争强的俄罗斯

引起了欧洲列强的恐慌，生怕法国革命的影响传播到整个欧洲，从而危及本国的封建制度。于是，以英、俄两国为首的欧洲众国于1798年底组织了第二次反法同盟。沙皇保罗一世凭借俄国的实力在联盟中起了主导作用，也理所当然地成了抗击法军的先锋。1799年春，沙皇派俄军远征北意大利，在短短几个月里就把法军赶出了意大利，显示了不俗的实力。

然而，这次胜利并没有给俄国带来多少好运，反倒成了一连串惨重失败的开始。原因也许只有一个——拿破仑来了。就在1799年11月，拿破仑发动政变，登上法国皇帝的宝座。在此后的十多年里，整个欧洲都笼罩在他的威名之下。

历史上的拿破仑是一位伟大的皇帝，但他首先是一个伟大的将军。从1800年至1809年，整整10年间，拿破仑率领的军队在欧洲大陆上几乎所向披靡，屡次击溃数量上占据明显优势的俄、普、奥等国的联军，使几次反法同盟都相继土崩瓦解，还迫使德、意、西、荷、比、瑞典等国接受法国皇帝的统治。一时间，拿破仑不仅成了大半个欧洲的主宰者，而且创造了不可战胜的神话。为了实现建立世界帝国的梦想，拿破仑把炮口对准了欧洲两个最强大的对手，做出了先征服俄国、再战胜英国的战略决定。

正当法军横扫欧洲战场之时，俄国王位发生了悄然更迭。保罗一世之子、年轻的亚历山大一世（1801~1825年），成为新沙皇。他即位不久，就加入反法同盟的行列，但在战争中却屡战屡败。1811年，法国军队已扩展到俄国边境。这使亚历山大一世仿佛嗅到了大战将至的气息。他加紧联合周边国家，壮大反法力量，打破法国孤立俄国的企图，同时迅速扩充实力，部署军队。

1812年6月24日，拿破仑亲自率领42万大军渡过涅曼河，进入俄国，由此拉开了法俄战争的序幕。按照拿破仑的设想，他将在一次会战中一举击溃俄军主力，以此迫使俄国求和。然而，俄军却始终力避与法军的正面交锋，一路快速撤退，诱使法军一步步深入俄国腹地。

拿破仑的到来，曾引起俄国西部边境农民的幻想。他们像迎接解放者一样恭候着法军，希望生活就此发生改变。但是，拿破仑很快就暴露出封建统治者的本性，不仅仍然保留农奴制度，而且与俄国贵族地主相互勾结，加紧了对农民的压榨。俄国农民的希望彻底破灭了，他们自发地组织起来，袭击法军后方，成为反抗法国侵略者的重要力量。

1812年8月12日，一路后撤的俄军集结在通往莫斯科的要地斯摩棱斯克，以城市为依托对法军展开了一场大的防御战。经过5天激战，双方均损失巨大。俄军很快放弃了斯摩棱斯克，继续向莫斯科退却。此时的法军已被拖得疲惫不堪，士气大伤，连拿破仑也哀叹："1812年的战争结束了。"但他是不会轻易放弃计划的，他永远渴望辉煌的胜利。于是他下令继续进军俄国的心脏——莫斯科。

由于沙皇亚历山大一世不满意俄军一味退而不战的表现，因此任命俄国名将库图佐夫担任新的俄军总司令。为了振奋军威，也为了缓解来自各方的舆论压力，库图佐夫于1812年9月7日在莫斯科附近组织了著名的博罗季诺会战。这次会战尽管使俄军付出了损伤近4万人的代价，但也给法军造成了重创，使其丧失了近6万兵力和47名将军。更重要的是，在俄军勇猛的抵抗面前，拿破仑妄想通过决战一举击败俄国的计划宣告破产，法军士气遭受沉重打击。为了保存俄军力量，争取最终的胜利，库图佐夫果断做出了撤离莫斯科的决定，同时下令俄军所经之处坚壁清野。所以，当9月13日，拿破仑率军进入莫斯科城的时候，他已无法感受到任何喜悦。因为那不仅是一座空城，而且持续5天的大火很快又将它付之一炬。他得到的是仅存的300座石头房子和一片毫无用处的废墟。很快大雪降临了莫斯科，饥寒交迫的法军已濒临崩溃的边缘。无奈之下拿破仑只得下令撤军。俄国军队和农民自发组织的游击武装抓住这一有利时机，乘胜追击，给法军以致命打击。漫长的逃命之路成了法国人的梦魇。待到这年的12月，法军再度经涅曼河逃离俄国之时，他们的人数已不及3万。

1812年俄国抗法战争的胜利，不仅充分显示了俄军的强大实力和俄

第八章 好霸争强的俄罗斯

国人民英勇斗争的精神,而且改变了欧洲的战略形势,掀起了反拿破仑的新高潮,从而加速了拿破仑帝国的覆灭。俄军的胜利也助长了亚历山大一世恢复欧洲旧的封建秩序,进而称霸欧洲的野心。他命令俄军进军法国。1813年2月,在俄国的联合下,英、俄、普、瑞典等国组成了第六次反法同盟。

1813年10月,反法同盟的军队在莱比锡平原与拿破仑领导下的法国、波兰、萨克森、意大利和比利时联军展开了一场鏖战,史称"诸民族之战"。激战的结果是反法同盟取得了胜利。很快,以俄军为首的联盟军队渡过莱茵河,以破竹之势打到法国境内。法国不得不接受失败的命运。争霸扩张,奴役其他民族国家,建立庞大的帝国,这是拿破仑的战略图谋,但这种图谋最终又被联合起来的民族国家所摧毁。这是拿破仑帝国的必然归宿。

1814年3月31日,身着戎装、骑着高头白马的俄国沙皇亚历山大一世在普鲁士国王的陪同下,率领着反法同盟的军队进入巴黎市区。他以胜利者的姿态出现在法国人面前。在他身后紧随的是足以令他感到骄傲的俄军仪仗——一支欧洲大陆上最强大的军队。

对于沙皇俄国在18世纪初取得的辉煌战绩,许多人百思不得其解。也许保罗·肯尼迪的分析道出了其中的真正原因,他在《大国的兴衰》中指出:"尽管俄国落后现象比比皆是,但18世纪时欧洲军事组织和技术的相对停滞使得俄国通过借鉴外国的长处赶上并超过资源缺乏的国家,俄国人口众多的优势到工业革命改变了战争的规模和速度时才被削弱。直到19世纪40年代之前,俄国军队都是一支强大的进攻力量。国家财政的大部分拨给了军队,而一般士兵又都吃苦耐劳,所以俄国的军队能够发动远距离作战。而这样的战役是同时代其他多数国家和军队所不能发动的,这也许正是俄军强大的秘诀。"

战争结束不久,为了解决欧洲各国的政治和领土问题,欧洲各国于1814~1815年召开了历史上著名的"维也纳会议"。会议受到以俄国、奥地利和英国为首的少数大国的操控,因而最终演变成一场大国瓜分战争果实、满足各自野心的分赃会议。会后建立的所谓维也纳体系,实际上违背了各国人民的意愿,重新恢复了欧洲旧的封建秩序,把人民再次置于反动统治者的压迫之下。通过维也纳会议签署的《最后议定书》,俄国获得了芬兰和比萨拉比亚,并再次攫取了波兰的绝大部分土地。俄国势力开始深入中欧。

为了镇压欧洲各国不断掀起的革命运动,巩固维也纳会议所确定的反动秩序,在沙皇亚历山大的倡议下,1815年9月,俄、普、奥三国首脑在巴黎共同宣布成立"神圣同盟"。在同盟中,俄国起了主要作用,继续扮演着"欧洲宪兵"的角色,在欧洲的政治舞台上挥舞着反动的大棒,显示着与众不同的地位和权威。

维也纳会议的结果和神圣同盟的建立都清楚地表明:沙皇俄国在欧洲大陆上已经不再有势均力敌的对手,它成为欧洲大陆的主宰。

第八章　好霸争强的俄罗斯

五、帝国主义列强锁链上最弱的一环

19世纪初，凭借着打败拿破仑帝国的余威和在"神圣同盟"中的领导地位，俄罗斯达到了它帝国历史上辉煌的顶点。但是以"神圣同盟"为首的欧洲封建反动势力并不能阻挡历史前进的脚步。19世纪20、30年代，资产阶级革命风暴席卷欧洲，许多国家纷纷走上了资本主义的发展道路，国家实力日渐增强。而此时的俄国仍旧是一个保守落后的封建专制国家，对内施行腐朽的沙皇专制统治和农奴制度，对外奉行穷兵黩武、侵略扩张。因此没有抓住加快发展资本主义的有利时机，在通往现代化的道路上远远落在了后面。到20世纪初叶，看似强大的俄罗斯已经跌落到了虚弱的谷底，成为帝国主义列强链条上最弱的一环。

以邻为壑树敌多

从19世纪初到20世纪初的百年当中，俄国对外用兵的记录一直不停地延续着，它的发展几乎与战争始终连在一起。1828年4月，俄皇尼古拉一世亲率15万大军发动了对土耳其的战争。1830年，沙皇派遣11.5万人的军队镇压波兰人民的反俄民族起义。在攻陷华沙之后，又命令10万俄军常驻波兰，加强殖民统治。但这终归是徒劳的，只能激起受压迫者更强烈的反抗。1849年6月，沙皇派出20万大军血腥镇压了匈牙利革命。杰出的匈牙利爱国诗人裴多菲就牺牲在了抗击俄国侵略者的战役中。他用自己的鲜血实现了"生命诚可贵，爱情价更高。若为自由故，二者皆可抛"的豪迈誓言。匈牙利革命的失败是1848年欧洲革命的尾声。通过镇压1848年欧洲革命，沙皇俄国的欧洲大陆霸主地位和反动堡垒形象得到了巩固。

1853年，俄国为在黑海沿岸获取更大的利益，以无理要求为借口悍然出兵土耳其，俄土战争就此爆发。战争初期，俄军的节节胜利引起了英、法等国的担忧。为了同俄国争夺黑海和巴尔干地区的控制权，英国、法国和奥地利等国于1854年对俄宣战，史称克里米亚战争。西欧列强的参战很快改变了战争的局面，处于孤立一方的俄国最终战败，于1854年3月被迫缔结和约。按照和约规定，俄国退还了战争中掠夺的领土，还被剥夺了在黑海拥有的权利，可谓损失惨重。

克里米亚战争的惨败沉重打击了沙皇俄国的嚣张气焰，充分暴露了俄国经济、政治和军事等方面的腐败和落后状况，成为俄国从强势地位走向衰败的重要标志。战争中，俄国军队在武器装备、训练水平、指挥能力等方面都明显落后于英法联军。由于缺少铁路，俄国调动军队和给养花费的时间要远远超过英法。而工业发展的滞后导致俄国海军只能以木帆船与英法军队的铁甲舰对抗。

1877~1878年，俄土战争再次爆发。俄军尽管取得了战场的胜利，但在英国、奥地利等国的干涉下未达到预想的目的。相反，战争使俄国付出了巨大的经济消耗，阻碍了社会生产的发展，国内矛盾趋于激化，引起了新的革命形势。19世纪下半期，俄国还把势力范围延伸到高加索和中亚地区。经过先后两次同波斯的战争，抢占了大部分高加索地区，把其疆界向南推进了几百公里，使波斯帝国在很大程度上丧失了独立，被迫依附于俄国。俄国对中亚地区的武装蚕食也几乎从未停止。依靠强大的军队，俄国最终征服了中亚近400万平方公里的领土。与此同时，沙皇俄国也加紧了对东部邻国——中国的侵略。在短短几十年中，夺取了中国东北和西部边境共约150万平方公里的土地，并获得了许多有损于中国利益的特权。

通过向四面不断扩张，到20世纪初时俄国领土面积已经达到空前的2000万平方公里，占据世界陆地总面积的1/6。然而连年的征战和长期奉行穷兵黩武的政策也使俄国付出了沉重代价，不仅消耗巨大，影响了正常的国内建设，错失了发展现代化的最佳时机，造成俄国外强中干的特点，而且强取豪夺的作风使俄国四面树敌，严重损害了俄国的国际形

第八章　好霸争强的俄罗斯

象和大国威望。总之，在沙皇俄国看似辉煌的成功背后，却隐藏着无数危机，有些甚至到苏联时期依然难以化解，成为俄国肌体上永久的致命缺憾。

到19世纪末，俄罗斯的国家版图最终确立，经过长达350年的血腥兼并和殖民扩张，俄国的领土面积由280万平方公里剧增到2280万平方公里，从东北罗斯的一个小国扩大成横跨欧亚大陆的庞大帝国。但1904年，日俄战争的失败充分暴露了这个巨人的虚弱。从此之后，来自东方的日本对俄罗斯的军事威胁一直存在了整整40余年，直到第二次世界大战结束。

俄国农奴制的危机

19世纪上半期，农业仍然是俄国主要的经济部门。当时的俄国，农业人口占居民总数的90%，并且依然以落后的农奴制为基础，沿袭着传统的耕作方式。尽管农业技术改进和生产的合理化也已出现，但人数有限，不能形成规模。俄国的封建农奴制产生于15世纪末期，到18世纪已经达到鼎盛，种种弊端开始越来越多地显现出来，成为严重阻碍俄国发展的经济根源。到19世纪，农奴制的存在不仅制约着俄国资本主义的发展，而且日益成为阶级矛盾和社会危机孕育聚集的焦点。

俄国农奴制的主要特点是将广大农民以人身依附的形式束缚在土地上，从而丧失人身自由和各种基本权利，变成农奴主的附庸甚至私有财产。在农奴制下，农民每月要有2/3以上的时间用自己的农具在地主的土地上劳动，劳动收获悉数归地主所有。这是农奴制体制下地主剥削农民的最常见的形式。在这种制度下，农奴的劳动成果和收入基本上都被农奴主和国家剥削占有，因而缺乏劳动的积极性和使用先进技术的热情，致使俄国农业生产水平和粮食的单位产量长期停滞不前，并且远远落后于欧洲其他国家。由于农奴制是一种典型的自给自足式的封建经济形态，各农奴主庄园与外界的经济往来并不活跃，从而制约了商品经济的发展。

同时农奴制度的长期作用还导致俄国社会各阶层分布的严重失衡。

"如果说在外国，农业胜利发展的过程是靠运用现存资本进行的，那么在俄国，地主经济则完全彻底地靠剥夺农民私营经济来发展。"占全国人口比例绝大多数的农民却处在社会等级的最下层，忍受来自其他阶层的政治压迫和经济剥削。这种状况必然引发激烈的反抗和斗争，从而危及国家政权和社会的稳定。俄国国内不断爆发的农民起义就是最现实的证明。据统计，1826~1839年的农民起义平均每年达19次，1845~1854年平均为35次，1855~1857年平均为63次，1858~1860年平均为101次，而仅1861年一年就多达1176次。

严峻的形势也曾迫使俄国的统治者们推行必要的改革措施以缓解矛盾，但即便是沙皇时代具有重大意义的1861年改革，也仍然保留了农奴制的大量残余，其实质依然是地主阶级对农民的一次大规模掠夺。农奴制改革后，地主仍然占有森林、草场、水源和牧场。农民虽然获得了人身自由和国家分配的"份地"，但依然没有足够的土地，无法独立经营，被迫租种地主的土地，向地主交纳赎金并负担为地主劳动以抵付地租。因此事实上，剥削关系的实质并未改变。同时，俄国的农民阶级出现了明显的分化，其中50%以上的农民成为贫农，他们能够赎得的少量土地不足以养家糊口。1860~1900年间，随着人口的增加，以男性农业人口计算的人均占有"份地"数量从5.1俄亩下降到2.7俄亩，而贫农拥有的土地还要远远低于平均数。根据1905年沙皇内务部的统计，3万户大地主拥有土地7000万俄亩，同1050万户农民拥有的土地一样多，但平均起来，每户地主有2300俄亩土地，而每户农民家庭却只有7俄亩，差距之悬殊一目了然。可就是为了这么一小块儿份地，大量的农民还不得不背负沉重的赎金债务和高额的赋税。1891年，在改革推行了30年后，农民缴纳的税款为16100万卢布，而地主上交的数额却只有2030万卢布。由于各种税费负担过重，很多农民入不敷出，一天天深陷于赎金、赋税交织的罗网之中，根本无力自拔。对俄国的广大贫苦农民来说，唯有奋起反抗，彻底打破以农奴制为基础的封建土地所有制，才能真正获得生存所需的土地和自由。

第八章　好霸争强的俄罗斯

1906年，为了消除革命隐患，在大资产阶级政党的支持下，俄国通过了大臣斯托雷平提出的具有资本主义性质的土地改革法令，并于1910年正式实施。其主要内容就是允许农民自由退出村社，所有划归农民的私有土地都可以自由买卖。这是继1861年改革后，沙皇政府在农业方面的第二次重大改革。它打破了长期对农民的束缚，加速了俄国农业资本主义的发育，为俄国工业发展提供了巨大的市场和充足的自由劳动者，加快了农村社会关系的分化。列宁认为："这项法律所遵循的是资本主义演进的路线，它促进和推动这一演进，加速对农民的剥夺，加速村社的瓦解，使农业资产阶级更快地形成。从科学的经济学来讲，这项法律无疑是进步的。"斯托雷平的土地改革导致了政权系统和社会体系的溃散，引发了一场改朝换代的革命，而且形势变化之快，几乎是所有人都始料未及的。

国内革命力量的壮大

19世纪初，俄国资本主义工商业已有所发展，手工工场的数量逐渐增多。1804年，全俄手工工场为1200家，到50年代后半期已增加到2800家。但俄国真正走上近代工业化发展道路还是从1861年改革之后才开始的。当时的沙皇政府从克里米亚战争失败的阵痛和日益严重的国内危机中意识到加快发展国内经济的重要性，因此迅速加大了对工业建设的扶持和投入。

在沙皇政府的推动下，俄国的工业发展在19世纪出现了持续高涨的局面，而且从一开始就具有明显的垄断性质和以重工业部门为主的特征。1876年俄国出现了第一个生产铁钉和铁丝的卡特尔；19世纪90年代，南俄顿涅茨煤炭公司的煤炭产量占该地区产量的2/3以上；巴库油田的石油产量更高居全俄石油总产量的95%以上。随着垄断工业的快速崛起，垄断资产阶级的势力不断壮大，并且日益渗透到国家的各个经济部门之中，成为影响国家政治、经济发展的重要力量。他们从世界经济发展形势和自身利益出发，要求政府给予垄断组织更大的支持，集中有限的资金和物力用于少数企业的发展。在他们的努力下，1905年前后俄国出现了第一批具有国家垄断资本主义特征的大型企业联合——辛迪加。与此同时，垄断资产阶级也已全面控制了国家的经济命脉，成为沙皇政府必须依靠的对象。用1913年南俄工商业代表大会一位理事的话说："我们的辛迪加现在已经把第一重要的商品大部分控制在手中，除了煤、铁轨、马口铁、水泥、家具、印花布、盐、橡胶产品、线、胶水、淀粉生产已经辛迪加化外，其余的生产也都辛迪加化了。"在国家垄断资本主义发展的同时，银行资本也日益集中，并且与工业资本相互结合，逐渐形成了财政资本和金融寡头。

所有事实清楚地表明，此时的沙皇俄国已经步入了帝国主义国家的行列。它就如同一列穿越时空的火车，尽管后面还拖着腐朽的封建专制制度和落后的村社经济的尾巴，但它疾驰的资本主义工业车头已蹒跚驶入了帝国主义时代。然而，如同决定人寿命的往往是肌体上最衰弱的器官，决定国家命运的也必然是它自身最薄弱的环节。沙皇政府的农业改革和资本主义工商业的发展在短时间内给衰弱的俄国注入了一线生机，但并不能从根本上赋予它重生的活力。苟延残喘的封建王朝必将被滚滚向前的历史车轮碾轧得粉碎。

1861年改革加速了资本主义生产关系的发展，也加速了俄国社会机构的分化和重组。一大批贵族地主最早成为资本主义企业的经营者，加入资产阶级的行列。他们通过结成各种政治团体和行会组织积聚力量，对政府施以影响。由于从一开始就受到了沙皇政府的扶持，俄国资产阶级难以摆脱与统治阶级千丝万缕的联系，不能提出明确的政治要求，具有天生的软弱性和妥协性。

19世纪70年代，俄国资本主义的发展进入了高涨期，急需大量自由劳动者。就在此时，那些因受尽地主和富农盘剥压榨而被迫放弃土地和生产资料的贫苦农民正好迎合了工业发展对劳动力的需求，成为无产阶级的主力军。据统计，1861~1870年，外出谋生的农民数量为129.13万人，1871~1890年为494.66万人，1891~1900年更猛增到713.66万人。

19世纪90年代末，俄国矿山和铁路等重工业部门的工人人数增加到279.2万人。20世纪初，全俄的工人阶级连同家属的总人数已达到2200万人，占俄国人口的18%，其中产业工人的人数为300万。与世界其他国家的无产阶级一样，俄国无产阶级也遭受极其深重的政治压迫和经济剥削，具有与生俱来的革命性和反抗精神。所不同的是，俄国无产阶级的集中程度更高，贫苦农民所占比例更大，因此队伍更加纯洁，革命要求更加坚决，也更便于组织和发动。正因为如此，无产阶级的斗争行动从未停止过，并且次数不断增加、规模日益扩大。以全国发生的罢工和骚动的次数计算，1879~1884年共计145次，1885~1889年共计221次，1890~1894年共232次，参加人数达16万。

工人运动的发展促使俄国先进的知识分子认识到无产阶级的伟大力量，也认识到只有依靠先进的理论指导革命才能取得最后的胜利。这种觉醒直接促进了马克思主义在俄国的传播。正如列宁所说："俄国在半个世纪里，经受了闻所未闻的痛苦和牺牲，表现了空前未有的革命英雄气概，以难以置信的毅力和舍身忘我的精神去探索、学习和实验，经受了失望，进行了验证，参照了欧洲经验，真是饱经苦难才找到了马克思主义这个唯一正确的革命理论。"在这种情况下，1898年春天，俄国无产阶级政党组织——俄国社会民主工党正式成立，这是马克思主义与俄国工人运动相结合的重大步骤。在它的领导下，俄国工人运动掀起了新的高潮，不仅斗争行动开始升温，斗争特点也从单纯为了经济目的而逐渐转向政治要求，"打倒专制制度"成了流行的革命口号。

武装起来，打倒血腥沙皇

1900年，席卷资本主义世界的经济危机也波及了俄国，致使许多工厂倒闭，失业工人数量猛增，俄国劳动人民的生活状况更加恶化，革命情绪日益高涨。经济危机加速了无产阶级的政治觉醒，越来越多的人在无产阶级政党的指引下投身革命斗争，探索解决国内问题的真正出路。在全国革命浪潮风起云涌的形势下，资产阶级也以各种方式提出了进行政治改革的要求。从1903年起,他们发起了具有资产阶级改良性质的立宪运动。但沙皇政府不顾革命发展的大势所趋,仍然顽固镇压革命行动,维护专制统治,更加激起了革命群众的反抗意识。正在此时,日俄战争爆发(1904~1905年)。传统的欧陆强国俄罗斯却惨败在一个刚刚崛起的东方小国日本之手。这无疑将沙皇俄国的腐败和虚弱暴露无遗,也更加激起了俄国民众对政府的不满和进行革命的热情,从而加速了无产阶级革命时代的来临。至此,沙皇俄国成为帝国主义世界各种矛盾斗争的汇集点。农民同地主的矛盾、无产阶级同资产阶级的矛盾、俄国同其他帝国主义国家的矛盾等等都集中体现为人民群众同封建沙皇制度之间的矛盾。因此,通过革命推翻落后的封建专制制度成为俄国民众的主要共识和迫切需要。

1905年1月22日,沙皇政府向彼得堡参加请愿的工人群众开枪射击,打死了1000多人,制造了著名的"流血星期日"事件。这一事件打破了工人群众对沙皇政府抱有的最后幻想,点燃了全国范围内的革命烈火。"武装起来,打倒血腥沙皇"迅速成为最强烈的呼声。在伟大领袖列宁的主持下,社会民主工党第三次代表大会决定发动资产阶级民主革命,消灭农奴制残余,打倒沙皇专制制度,建立工农民主专政。在声势浩大的革命运动中,无产阶级政治组织——工人代表苏维埃也登上了历史舞台,并发挥了重要的领导作用。广大工人成为革命的主力军,农民和士兵也相继发动起义,有力地声援和推动了革命形势的发展。到了这年12月,全国各地参加总罢工的人数超过了200万。在布尔什维克和工人苏维埃的领导下,政治罢工发展为武装起义,史称"十二月起义"。这标志着俄国1905年革命达到了高潮。

尽管1905年的俄国革命最终以失败告终,但它彻底动摇了封建专制统治,迫使沙皇政府做出了进一步改革宪政体制的决定,也有利于巩固资产阶级在国家的政治地位。对广大无产阶级来说,这次革命给了他们丰富的斗争经验,在总结失败教训的基础上,大大提高了队伍的战斗力。可以说"没有1905年的总演习,就不可能有1917年十月革命的胜利"。

第八章　好霸争强的俄罗斯

在此基础上，无产阶级及其政党积蓄力量，酝酿了一场新的更大的风暴。

1914年，第一次世界大战的爆发无疑加速了无产阶级革命时代的来临。战争一开始，俄国国民经济就陷入了崩溃的边缘。工业生产薄弱、铁路运力不足、财政赤字严重、通货膨胀加剧、农业生产停滞、政府功能瘫痪、官商贵族大发战争横财，这些都直接造成了俄军在战场上的节节失利。仅开战头两年，俄军就损失了350万人。战场上的惨败引发了国内更加严重的政治和经济危机。1917年3月，彼得堡的工人和士兵发动了"二月革命"，彻底推翻了沙皇统治，结束了俄国封建专制制度的历史。作为一个地处东西方文明接合部后进大国的俄国之参与第一次世界大战，事实上是在工业文明全球扩张的进程中，被半推半就地裹挟进列强纷争的，从而使既不具备西欧工业社会内部所具有的整合机制，又徒具帝国外表的俄国处于内外矛盾的火山口上，正是因此，俄国才成其为"帝国主义的薄弱环节"。

二月革命后，列宁发表了著名的《四月提纲》，指出，革命的根本问题是政权问题，无产阶级必须取得政权，推翻资产阶级临时政府，建立苏维埃共和国。他提出了"全部政权归苏维埃"的革命口号。在他指引下，彼得格勒的工人和士兵再次发动武装起义，把不彻底的二月革命最终进行到底。1917年11月7日晚，停泊在涅瓦河畔的"阿芙乐尔"号巡洋舰上响起了大炮的轰鸣声，这是进攻冬宫的号角。伴随着隆隆的炮声，资产阶级刚刚建立的反动堡垒坍塌了，世界上第一个无产阶级专政的社会主义国家苏维埃俄国从此诞生。

俄国十月革命的胜利，打碎了帝国主义锁链上最弱的一环，不仅给俄国的历史开创了一个新的时代，也开辟了一个革命的时代，鼓舞了世界各国无产阶级和受压迫民族的解放斗争，并且推动了马克思主义在全世界的传播，向各国人民展示了一条不同寻常的社会发展之路。没有别的事件能像1917年俄国革命那样对现代世界产生如此决定性的影响，它开创了俄国历史的新纪元，根本改变了国际关系的格局。1917年以后，世界再不能同过去一样了。

六、苏联时期

不可否认的是，十月革命后到来的苏联时代，是俄罗斯历史上从未有过的强大时期。苏俄及后来的苏联在 20 世纪 30 年代步入世界先进国家行列，在国际舞台上产生了重大影响。今天很多俄罗斯学者和普通百姓都认为：不管有什么缺点，十月革命也是 20 世纪一个重大事件，它开辟了人类历史发展的新阶段。十月革命极大地冲击了世界殖民主义体系，唤醒了民族解放的意识；它还迫使资本主义国家调整其内外政策，从而促进了人类文明的进程。

十月革命后的国家重建

十月革命胜利后的最初几年，新生的苏维埃政权面临严峻的形势和挑战：在国内，国民经济濒于崩溃，战争创伤亟待医治，分裂势力活动猖獗；国际上，陷于强大的帝国主义阵营的重重包围之中。在这种情况下，列宁领导下的苏维埃政府及时采取种种措施，捍卫刚刚获得的胜利果实。

为抑制分裂主义活动，防止新建立的苏维埃国家四分五裂，1917 年 11 月，苏维埃人民委员会通过《俄国各族人民权利宣言》，以法律形式规定了俄国各民族的自由平等。1918 年 1 月 16 日，又通过了列宁起草的《被剥削劳动人民权利宣言》，宣布俄国为工兵农代表苏维埃共和国，其主要任务是：消灭一切人剥削人的现象，镇压剥削者，建设社会主义。1918 年 3 月，俄罗斯联邦的首都由彼得格勒迁到莫斯科。随后，在 1918 年 7 月召开的第五次苏维埃代表大会上，讨论并通过了第一部共和国宪法。宪法充分体现了建立联邦制多民族国家的意愿。1922 年 12 月 30 日，全苏苏维埃第一次代表大会隆重召开。根据列宁的建议，决定各苏维埃共和国在平等的基础上成立联盟。会议签署了《苏维埃社会主义

第八章 好霸争强的俄罗斯

共和国联盟条约》,宣告了苏维埃社会主义共和国联盟的成立。当时仅有4个社会主义国家加入了联盟。此后又陆续有国家加入苏联。到1940年,苏联最终形成了由15个加盟共和国组成的领土面积世界第一的大国。

为了使国家尽快从战争中抽身,争取一个和平稳定的外部环境以恢复生产建设,1918年3月,苏维埃政府忍受了极为苛刻的条件,与德国、奥匈帝国、保加利亚和土耳其等国签订了《布列斯特和约》。根据该和约,苏俄放弃了约100万平方公里的领土主权,答应了无理的赔偿要求,迅速从战场上撤军,并且恢复了同其他缔约国之间的外交和军事往来。等到一战结束之时,苏维埃政权立即宣布废除了这一和约。

为了阻止外国干涉势力的入侵和抗击国内叛军的武装暴乱,苏维埃政府加强了武装力量的建设,快速组建了工农红军、红海军和空军,并成立了最高领导机构,统一指挥军事斗争行动。为了应对紧张局势,苏俄还实行了战时共产主义政策,通过余粮征集制、工业国有化等具体措施,动员和集中一切人力、物力,在极端困难的情况下,有力地保障了战争的胜利,确保了无产阶级政权的稳固和安全。1920年国内战争基本结束,苏维埃政府又立即下达了裁军的命令,仅用不到4年的时间就裁军470多万。这一做法不仅大大减少了国家的经济负担,而且也展示了友好、和平的诚意。

1921年,当战时共产主义陷入危机之时,列宁勇敢地承认了政策的失败,他指出,在经济战线上,由于企图直接过渡到共产主义,结果遭到了严重的失败。失败表现在"我们上层制定的经济政策同下层脱节,它没有促成生产力的提高,而提高生产力是我们党纲规定的紧迫的基本任务"。他及时总结教训,制定并着手实施新经济政策,主要内容包括:停止对私人资本的排挤,降低高额利率,鼓励商品生产和流通,实行自由贸易,减轻对农民的政治和经济压力,增加农民贷款等。它表明,列宁和布尔什维克党没有一味照搬马克思主义理论,而是在实践中理解和发展马克思主义,从实际国情出发探索切实可行的社会主义建设之路。

在列宁看来,新经济政策的实质就是无产阶级同农民的联盟,就是利用市场规律维护工农联盟，增强国家经济实力，逐步向社会主义过渡。由于实行了新经济政策，使苏维埃共和国的国内危机迅速化解，生产稳步发展，国民经济得到了重建。历史证明，新经济政策的施行无疑是十分成功的，它成为苏联发展历史上的重大转折。

1924年1月21日，列宁因病逝世。他给国际共产主义事业留下了宝贵的财富。特别是他晚年，在总结过渡时期苏维埃俄国建设的经验和教训的基础上，提出的关于苏维埃政党和国家建设的许多理论和建议，极大地丰富了马克思主义学说。列宁逝世当天，苏联中央政治局做出决定：永久保存列宁的遗体，以此缅怀这位伟大的共产主义战士，激励全世界人民的革命事业。2001年11月7日，俄罗斯社会和民族独立问题研究所进行的民意调查表明，有一半的俄罗斯人肯定十月革命的意义，有67.6%的人仍然肯定列宁在十月革命中的作用。2004年4月，俄罗斯就列宁与十月革命进行的民意调查表明，超过55%以上的民众对列宁持正面评价。

斯大林时代的社会主义建设

列宁逝世以后，斯大林继任苏联领导人的职务，开始了近30年的执政历程。在他的领导下，苏联的社会主义建设取得了巨大成就，重新回到了世界强国的前列。

刚刚遭受了战争摧残的苏联可谓百废待兴，重建任务十分艰巨。1925年12月18日~31日，苏联召开了联共第十四次代表大会。斯大林代表党中央作政治报告，宣布国民经济恢复期结束，国家将迎来工业化建设的新时期。他提出要把苏联从农业国变成能自主生产一切必需装备的工业国，并且要求将苏联工业化的重点首先放在发展重工业和机器制造业上。以此为起点，苏联开启了工业化建设的进程。联共十四大之后，斯大林又不断发表文章和演讲，阐述苏联社会主义工业化的纲领。他认为，苏联处在资本主义国家的包围之中，一旦落后，就必然挨打，甚至成为资本主义世界的附庸。因此，必须高速发展国民经济，建立独立完

第八章 好霸争强的俄罗斯

整的社会主义经济体系。他指出："工业化的中心、工业化的基础，就是发展重工业。"在他看来，苏联可以充分发挥无产阶级专政的行政指令优势，集中调动人力物力资源，从优先发展重工业开始实现工业化。

俄罗斯历史上一直是传统的农业国，不仅农业人口比重很大，而且农业经济始终处于比较落后的状态。尽管从19世纪60年代之后，俄国保持了长期较高的发展速度，使工业基础初步建立，在一定程度上缩小了同欧洲主要列强的差距，但这种发展还远远不够。特别是农奴制残余势力和封建专制统治依然存在的现实更阻碍了整个俄国社会的正常运转。直到1917年2月爆发革命前，俄国仍然是一个尚未完成经济现代化的落后的农业国家。因此，如何改造封建色彩浓厚的村社经济，使它走上社会主义现代化的道路，成为摆在苏联领导人面前的一个历史性任务。1927年底召开的联共第十五次代表大会专门就农业问题进行了讨论。斯大林指出：苏联农业的发展速度和状况不能令人满意，解决农业问题的出路在于把分散的小农户联合起来，建立以公共耕种制为基础的大农庄。这样就可以利用农业机器发展规模化的现代农业。1927~1928年，苏联发生了严重的粮食收购危机。斯大林认为主要是由于富农囤积居奇造成的，因此，更加坚信实行农村集体化是必要的。他宣布："从1929年夏季起，我们进入全盘集体化阶段，开始了向消灭富农阶级的政策方面的转变。"就这样，伴随着轰轰烈烈的农业集体化运动的深入开展，苏联的富农阶级作为一个社会阶层很快就从地球上彻底消失了。

根据联共中央十五大做出的决定，苏联从1928年10月开始实施国民经济发展的第一个五年计划，结果提前9个月实现了预定目标。随之进行的第二个五年计划同样提前完成了任务。到第二个五年计划结束时，苏联基本实现了国家工业化，社会主义的国家所有制和集体所有制在各个经济部门都确立起来，资本主义经济受到抑制，小商品经济得到改造。两个五年计划期间，苏联共建成6000多个大企业，建立起飞机、汽车、化工、重型和轻型机器制造业等部门。1937年，苏联机器进口的比重仅占国内需求的0.9%，基本停止了外国设备的进口，工业发展呈现出高度的自主性特点。到1940年，苏联年产钢1800万吨，煤炭1.6亿吨，石油3100万吨，发电483亿度，拖拉机、联合收割机和汽车的产量占世界第一位。尽管苏联人均国民生产总值仍远远落后于美国和西欧资本主义国家，但工业生产总值比1913年增加了近7倍，在世界工业总产值中所占比例从1913年的2.6%上升到10%，超过英、法、德，跃居欧洲第一位，仅次于美国，居世界第二位。苏联在日益增长的军事威胁下，以难以置信的努力，取得了工业化的大步前进，并为日后战胜德国法西斯奠定了基础。

在农业方面，经过两个五年计划之后已经实现农业集体化，从根本上改变了传统农业的经营方式和组织结构。加入集体农庄的农户已占农民总数的93%，划归集体农庄的土地已占99%，全国播种面积1.35亿公顷，比1928年增加10%，全苏农业总产值比1913年增长34%。黑麦、小麦、燕麦和亚麻纤维的产量跃居世界第一位，皮棉产量上升到世界第三位，其他农牧产品在世界所占比重也都大大增加。农业集体化是保证加速实现工业化的最重要条件，它的顺利完成，不仅保证了工业化所需的商品粮，每年还为城市提供1500万～2000万劳动力，使苏联的工人数量由900万增至2400万。

苏联政府还十分重视文化教育事业，从极为有限的财政经费中拿出大量资金用于教育投入。第一个五年计划期间，苏联各加盟共和国实现了普及初等义务教育。到1939年，全国居民识字率达87%。与此同时，高等教育水平也大幅度提高。1938年，全苏有近700所高校，在校生达55万人。在自然科学领域取得了多项世界级成就，比如瓦维洛夫的作物种类演化理论，齐奥尔科夫斯基的火箭理论，库尔恰托夫设计制造的欧洲第一台回旋加速器等等。在社会科学方面，整理出版了《马克思恩格斯全集》和《列宁全集》，还涌现出了以高尔基、托尔斯泰和奥斯特洛夫斯基等为代表的一大批享誉世界的文学巨匠。

两个五年计划的胜利实施大大地加强了苏联的综合国力，国民收入总量从1913年的210亿卢布猛增到1937年的963亿卢布，国家陆续取

第八章 好霸争强的俄罗斯

消了食品配给制,人民的生活水平普遍得到改善。1936年斯大林宣布,苏联已经完成了传统工农业向社会主义的过渡,建成了强大完备的工业、农业、国防、科学技术和文化教育体系。苏联已变成一个经济独立的国家,它已能供给本国经济和国防所必需的一切技术设备。

在国际上,苏联力图通过建立广泛的对外联系,逐渐走出被资本主义世界孤立的处境。1933年,苏联掀起了一个建交高潮,不仅同欧洲的众多国家,如匈牙利、罗马尼亚、比利时、卢森堡等国建立了外交关系,而且还与美国建立了外交关系。1934年9月,苏联被接纳为国联成员,并担任常任理事国。以此为标志,苏联又一次开始在国际舞台上扮演重要角色。即便在1939年1月第二次世界大战即将爆发之际,苏联仍然宣布保持中立,希望不破坏同德国的关系,以维护自身安全。这也充分体现了苏联这一时期所奉行的对外战略的特点。

英国首相丘吉尔曾说过:"斯大林是一个世上无出其右的最大的独裁者,他接过俄国时,俄国只有木犁,而当他撒手人寰时,俄国已经拥有核武器。"的确,在斯大林执政时期,苏联仅用了30年的时间就走完了其他国家用数十年乃至上百年才走完的路,不能不说是一个奇迹。但苏联的社会主义建设也确实出现了一些重大的缺陷和失误。在经济上,片面强调重工业的地位,对农业和轻工业的重视严重不足,造成了产业结构畸形发展;采取粗放式的发展模式,造成大量效益低下、国家资源浪费严重的现象;片面强调产值、产量,过度夸大行政命令手段在经济建设中的作用,忽视了市场规律和人民的实际需要,尽管带来一定的短期效益,却是以牺牲长期的更大的利益为代价。在政治上,领导人权力过度集中,个人崇拜之风泛滥,影响了党和国家的健康发展;党内权力斗争的扩大化,使很多无辜者受到牵连,不仅给党和国家的发展造成了难以弥补的损失,而且严重损害了党的形象,降低了领导人在人民心中的地位和威望。斯大林时期出现的这些问题,其危害之深远和后果之严重是令许多人始料不及的。

正当苏联人民为实现第三个五年计划而努力奋斗的时候,第二次世界大战突然爆发了。纳粹的铁骑夹带着战火和硝烟在全世界飞速蔓延。1941年6月22日凌晨,法西斯德国集中190个师约550万人,在3500辆坦克和4000架飞机的掩护下,对苏联发起了闪电进攻。在这突如其来的强敌入侵面前,苏联人民表现出了空前的英勇和团结。他们在斯大林的指挥下,迅速投入抗击侵略的战斗,把广阔的苏联领土变成了埋葬德国法西斯的坟墓。第二次世界大战中,苏联是世界反法西斯的主要战场,苏联卫国战争的胜利,改变了第二次世界大战的形势,构成整个反法西斯战争的重要转折点。苏联人民成为反法西斯战争的主力军。他们用鲜血和生命捍卫了社会主义国家的政权,也捍卫了人类的正义与和平,因此获得了全世界人民的尊重和赞誉。美国总统罗斯福由衷地赞叹:"是红军和苏联人民迫使希特勒的武装力量走向彻底失败的道路,从而赢得美国人民衷心的永远的钦佩。"据统计,二战期间,苏联军民伤亡达6000万以上,其中死亡2700万人,1700多个城市和7万多个村镇遭到洗劫,物质损失达6790亿卢布。苏联一国的全部损失占二战参战国总损失的41%。战争结束时,苏联的军事实力和国际威望空前提高,被公认为世界上第一流的军事强国。同时,战争中为抗击共同敌人而开展的合作也促使苏联同美、英之间的关系进一步发展,达到了历史上的最佳状态,按照罗斯福的说法:"坚冰已经打破,我们像伙伴和兄弟那样交谈了。"

然而好景不长,对战后世界领导权的争夺导致美苏两个大国的关系迅速恶化,政治裂痕日益扩大,加上没有建立起相互合作的适当平台,因此战时形成的美英苏联盟最终破裂了。1945年4月,杜鲁门接替突然去世的罗斯福,成为新的美国总统。他一上台就立刻对苏联采取了强硬态度,掀起反共浪潮。1946年3月5日,已经下野的英国首相丘吉尔在美国发表了名为《和平砥柱》的长篇演说,大肆攻击苏联的扩张政策,称其威胁到了欧洲和平,鼓吹英语民族联合起来,共同对苏联采取措施。这就是历史上著名的"铁幕演说",以此为标志揭开了冷战的序幕。一年之后,美国以遏制苏联为目标,先后出台"杜鲁门主义"和"马歇尔

第八章　好霸争强的俄罗斯

计划"。不久，又以维护集体安全为名发起成立了"北大西洋公约组织"。作为应对措施，苏联也迅速在东欧推行"莫洛托夫计划"，并组建了"华沙条约组织"。至此，欧洲正式形成了北约和华约两大军事集团长期对抗的局面。造成美苏冷战的主要原因在于：第二次世界大战打破了原有的世界格局，自资本主义兴起以来一直居于世界中心地位的西欧遭到了严重削弱，美苏迅速崛起，逐渐形成两强对立的局面，而战后衰落的欧洲国家只得被迫选择美苏两个超级大国的庇护，从而演变成两大社会阵营相互对峙的格局。

由于苏联与美国关系破裂，苏联不仅没法指望西方的经济援助，还要拿出精力同反对势力进行对抗。在这种情况下，斯大林继续采用高度集中的手段发展生产，恢复国民经济。到1950年第四个五年计划结束时，苏联的工农业都接近或者达到了战前水平，尤其是在国防工业领域获得了重大突破。1949年，苏联成功爆炸了第一颗原子弹，从而打破了美国的核垄断，以"恐怖的均势"抑制了两大军事集团之间爆发大战的可能。当时，斯大林的个人威信在国内乃至整个社会主义阵营内部都达到了巅峰，但其负面影响也同样是巨大的。特别是对斯大林的个人崇拜加剧，助长了他的专权作风，不仅使国内政治生活更加失衡，而且波及对外关系领域，表现为大国沙文主义的抬头。这一点在苏联对待南斯拉夫的问题上暴露得极为明显。这些不良影响造成的后果在此后几十年的苏联发展过程中都不断有所显现，可谓危害极大。1953年3月5日夜，斯大林逝世，终年74岁。他留给这个世界的除了一个伟人的名字和一个社会主义阵营的霸主以外，还有令后人难以评说的数不尽的功过是非。

从赫鲁晓夫到"老人政治"

1953年，赫鲁晓夫担任苏共中央第一书记。在经过了5年的权力斗争之后，他又相继取得了苏联部长会议主席和武装部队最高统帅的职务，终于集党、政、军大权于一身。1956年苏共二十大上，赫鲁晓夫在中央工作总结报告中提出了"和平共处""和平过渡"和"和平竞赛"的理论，体现了这一时期国家内外工作的基本思路。他指出：由于社会主义和爱好和平的力量不断壮大，世界战争并非注定不可避免，不同制度的国家完全可以和平共处。各国向社会主义过渡的形式是多种多样的，不应把暴力和内战看成是过渡的唯一途径。可以通过议会、民主道路和平过渡到社会主义。在对美关系问题上，赫鲁晓夫调整了斯大林时期与美展开全面对抗的战略，主张在核威慑条件下与美国进行和平竞赛，以对话取代对抗，谋求苏美联手共同主宰世界。二十大之后不久，他还在全国掀起了公开批判斯大林和进行大规模平反昭雪的工作。据统计，1956~1957年间，有700万~800万人被平反释放，500万~600万死者得到昭雪。一时间，社会政治呈现出清新活跃的气氛。

在赫鲁晓夫执政期间，苏联经济改革取得了一定的成绩，并且主要集中在农业方面。从1953年开始，苏联政府采取提高农产品收购价格、减轻农民负担、鼓励农副业生产和大规模开垦荒地等一系列措施，刺激农民的生产积极性，收到了良好的效果。1953~1958年间，农业产量平均增长率达6.8%，农民年收入从平均每户150美元增加到600美元。1950~1960年间，在农业人口减少了1100万的情况下，农业产量仍明显增加。在工业方面，尽管赫鲁晓夫推行的改革并不成功，但苏联工业仍然保持了较高的增长势头。1951~1965年间，苏联工业的年平均增长率达10.7%，钢铁、煤炭和石油等重要战略物资的产量都逐年增加。军事科技水平继续保持国际领先地位：1953年，苏联在美国之后不到一年成功爆炸了第一颗氢弹；1957年，又研制出世界上第一枚洲际导弹；同年，苏联将人类历史上第一颗人造地球卫星送入太空；1961年，第一艘载人宇宙飞船也成功上天。

但在斯大林时代成长起来的赫鲁晓夫，最终未能彻底摆脱思想上的束缚。他的改革具有很大的应急性、随意性、矛盾性和局限性，出现了不少失误。在国内，对斯大林的批判有过激过火之处，方法步骤也有失周详，造成了国内政治、思想的长期混乱。赫鲁晓夫执政后期，领导人权力过度集中、个人崇拜严重、浮夸风盛行的问题再度滋生。在对外关

第八章 好霸争强的俄罗斯

系上,由于缺乏灵活应对外交突发事件的能力,导致美苏关系因古巴导弹危机一度濒临战争边缘,苏联的国际威望也因此遭受损害;大国沙文主义倾向严重,影响了社会主义阵营内部的团结,也削弱了苏联的领导地位。1964年10月,赫鲁晓夫被迫辞去苏共中央第一书记的职务,永远退出了政治舞台。1971年9月11日,78岁的赫鲁晓夫与世长辞。到他墓前悼念的人们都能看到一块半黑半白的大理石墓碑,似乎暗示了逝者充满矛盾和争议的一生。

1964年10月14日,苏共中央实现了苏联最高领导人的更换,由勃列日涅夫接替下台的赫鲁晓夫,担任苏共中央第一书记的职务,开始了为期18年的执政生涯。勃列日涅夫一上台就宣布党中央的第一书记和部长会议主席职务不再由一人同时兼任,全国各级党组织要遵守集体领导和集体决策的原则。经过选举,柯西金当选苏联部长会议主席,波德戈尔成为苏联最高苏维埃主席团主席。这一阶段的苏联领导体制被形象地称为"三驾马车制"。它在20世纪70年代中期以前确实发挥了比较重要的作用。

新的领导集团采取了一系列措施对赫鲁晓夫时代出现的问题进行调整,加强中央对地方的集中统一领导,突出了党在国家政治生活中的地位,在肯定斯大林功绩的同时引导社会对他做出比较公正的评价。通过政治上开展的"纠偏"行动,部分地缓和了社会的不满情绪,使新的领导集团得以在较为稳定的环境中推行必要的改革。从1965年开始,苏联部长会议主席柯西金主持实施了"新经济体制"改革。这项改革适度发挥了市场机制的作用,以价格、利润、资金、信贷等手段加强对企业的经济刺激,扩大企业的经营自主权,协调国家、集体和个人三者的利益关系。此后,又相继采取改进工业组织结构和管理等措施使改革进一步完善。由于改革实行经济手段与行政手段相结合的管理原则,适应了客观需要,又是经过局部试验再逐步推广到全国,因此改革初期成效显著。

新经济体制改革前后持续了10余年,"明显地推动了原地打转的国民经济",被认为是苏联历史上最重要的经济改革之一。在改革过程中,苏联顺利完成了第八和第九个五年计划(1966~1975年)。其间,苏联社会生产总值的年均增长率达到5.3%,全国工业总产值从2294亿卢布上升到5112亿卢布,农业生产总值也从883亿卢布上升到1128亿卢布。经济的发展使苏联与美国之间的差距逐步缩小。据美国国务院计算,苏联1950年的国民生产总值为美国的33%,1975年上升到53%。1967年勃列日涅夫宣布苏联已经建成了"发达的社会主义"。70年代中期是苏联历史上经济增长水平和综合国力最强的时期,也是人民生活最好的时期。苏联依然保持着欧洲第一、世界第二的经济实力,成为与美国实力接近的超级大国。

但在这样的大好形势下,苏联领导人却没有抓住有利时机发展国民经济,而是把大量的人力和物力资源投入国防建设和在全球的战略扩张,加紧了同美国的军备竞赛和争霸斗争。在勃列日涅夫看来:"国防经济问题在一切工作中占第一位。"因此,苏联不断增加军事投入,全面提升常规军事力量和核能力,造成军事实力的迅速膨胀。这一时期,苏联陆军的坦克数量远远高于美国,海军也于1970年在全球三大洋、七大海域举行了第一次"全球海军大演习",充分显示了强大的实力。在核武器方面,苏联更是进步神速。据美国估计,1964年美苏两国的洲际导弹数量之比大致为4∶1;到70年代中期时,苏联的战略核导弹数量已与美国大体持平。各种情况都表明,苏联在军事实力上已经达到了同美国势均力敌的水平。

趁美国实施全球战略收缩的时机,苏联凭借强大的军事力量到处推行强硬外交和霸权主义政策,与美国展开全面对抗。1968年苏联出兵捷克斯洛伐克,制造了布拉格事件;1969在中苏边境陈兵百万,制造珍宝岛事件;1979年悍然出兵阿富汗;70年代末又在越南金兰湾租建海外军事基地,把对外干涉的触角进一步向前伸展。据伦敦战略研究所估算,1970年苏联的国防开支为539亿美元,1979年已上涨到1480亿美元,占当年国民生产总值的16%,远远高于同时期美国6%和联邦德国4%的

第八章　好霸争强的俄罗斯

水平。如此庞大的国防开支，严重阻碍了苏联经济的正常发展。与此同时，国内保守思想再次否定了市场经济的作用，高度集中的管理模式也越发僵化。从70年代中期开始，苏联的经济增长速度逐渐减缓。"十五"期间，国民收入的年均增长率下降到1.0%，"十一五"期间更降低到0.6%。苏联经济陷入了"停滞"时期。

勃列日涅夫执政后期，苏联政坛出现了"老人政治"的局面，党政重要领导人的年龄都在70岁以上。1982年11月，接替勃列日涅夫上台的安德罗波夫当时已经68岁，并且体弱多病。安德罗波夫上任后，以"社会主义起点论"取代了勃列日涅夫的"发达社会主义论"，认为苏联社会正处于社会主义漫长发展阶段的起点。他对勃列日涅夫时期苏联积累的各种弊端和问题有较为深刻的认识，并采取了一些措施，力图通过改革扭转苏联社会停滞不前的状况。无奈安德罗波夫身患重病，执政不满15个月就因病逝世。1984年2月9日安德罗波夫去世，由时年73岁的契尔年科接替总书记一职。但他也体弱多病，在任13个月基本都是在医院度过的。1985年3月10日，这位老人也匆匆离世。就这样，在不到两年半的时间里，克里姆林宫便先后安葬了3位最高领导人。

老人政治期间，由于党的集体领导和民主监督机制严重削弱，领导干部终身制和各种腐败现象频生，使苏联社会出现了所谓"特权阶层"，败坏了党的形象，造成民怨极大，也使得社会风气不断下滑。许多社会问题不能得到及时解决，逐渐聚集成制约社会发展的阻力，严重影响到人民的生活和社会的稳定，致使党的威信和凝聚力进一步下降。经济的停滞、社会风气的下滑和党的地位的降低，使人民普遍失去了参与政治的热情，对国家的前途也漠不关心。这些都给苏联未来的命运埋下了祸根。

历史在"改革与新思维"中转折

1985年3月11日，苏共中央非常全会选举年仅54岁的戈尔巴乔夫担任党的中央总书记。戈尔巴乔夫上台之后立刻展示出一个改革者的形象，强调要在当时条件下恢复新制度的列宁主义面貌，清除它的积垢和变形，摆脱一切制约社会前进和妨碍它充分发挥社会主义潜力的东西。他大刀阔斧地更换政府领导班子，批评经济和社会发展的停滞现象，确定以发展社会主义经济为目标，提出经济改革的新计划，把粗放经济向集约化转变。在同年召开的苏共中央全会上，戈尔巴乔夫提出了"加速苏联经济社会发展的战略"，即著名的"加速战略"。随后召开的苏共第二十七次代表大会对这一战略加以确认，并提出了实现"加速战略"的两个基本途径：加速科技进步和从根本上改革现行经济体制。1987年苏共中央六中全会进一步提出了根本改革经济管理体制的任务。

1987年11月，戈尔巴乔夫出版《改革与新思维》一书，阐述苏联改革的起源、实质、内容和前景，大力倡导"民主化""公开性"和"新思维"，对斯大林和勃列日涅夫时期出现的问题进行公开批评和纠正。此时他还不知道，多年以后当人们再度谈论苏联解体的历史时，都会提到这本书，并把它看作苏联命运转折的标志。在经济改革过程中，由于步伐过快，政策波动过大，使得在打破原有体制的同时，未能及时建立起新的有效的体制，因而导致经济改革严重失控。在这种情况下，戈尔巴乔夫又仓促开始了政治体制改革，试图以政治改革促进经济改革的进行。结果造成了社会政治极端混乱的局面，严重影响了社会稳定，国内形势恶化，经济滑坡，通货膨胀，人民生活水平大幅下降，各地罢工游行层出不穷。更为严重的是，长期潜伏的民族矛盾也随之激化，并且产生了连锁效应，多个加盟共和国借机要求独立。在这一问题上，西方政府和政治势力也起到了推波助澜的作用。1989年，东欧发生剧变，苏联国内也大有山雨欲来之势。形势的发展令苏联政府无法阻挡，只能步步后退。根据苏共第十九次全国代表会议关于政治体制改革的决议，苏联把竞争机制运用到政治领域，开始借鉴西方议会民主模式"修改"苏维埃制度。1989年5月~6月，苏联第一次人民代表大会决定改变国家权力结构，人民代表大会成为最高国家权力机关，最高苏维埃成为常设机关——议会。

1990年1月，戈尔巴乔夫被迫放弃苏共在政治体制中的领导核心作

第八章 好霸争强的俄罗斯

用,承认了多党制的现实。同年 2 月,他在苏共中央二中全会上首次公开提出设立总统制的建议。3 月,经第三次非常人民代表大会的激烈讨论,以 1817 票赞成对 133 票反对的悬殊结果通过了设立总统制的决议,并选举戈尔巴乔夫为苏联首任总统。总统职位的设立和第一任总统的产生,使苏联初步形成了"三权分立"的政治体制:苏联人民代表大会、苏联最高苏维埃为立法机关,行使立法权;苏联部长会议作为政府行使执行权;苏联最高法院、苏联最高检察院等司法机关行使司法权;苏联总统则独立于最高苏维埃之外,与最高苏维埃相互制衡,并保证国家最高立法权力机关与国家最高执行权力机关之间的协调。1990 年 12 月苏联第四次人民代表大会把苏联部长会议改组为总统领导下的内阁制,使行政权直接置于总统控制之下。

从 1990 年起,苏联各加盟共和国、自治共和国、边疆区、州、市等陆续举行了地方苏维埃选举,以实现"一切权力归苏维埃"的改革目标。但随着戈尔巴乔夫改革的失败,苏联民族分离主义运动日益发展。1990 年 3 月 11 日,立陶宛率先宣布脱离苏联而独立。同年,俄罗斯联邦举行选举,叶利钦当选为俄罗斯联邦最高苏维埃主席。在俄罗斯联邦第一次人民代表大会上,通过了《俄罗斯苏维埃联邦社会主义共和国国家主权宣言》。此后叶利钦在苏共第二十八次代表大会上宣布退出苏共。其他 9 个加盟共和国也迅速仿效,宣布本国是主权国家,本国的法律高于全苏法律,开始同联盟中央分庭抗礼。1991 年 6 月 12 日俄罗斯举行总统选举,叶利钦获得 57.3% 的选票,当选俄罗斯第一任总统。7 月 10 日叶利钦正式宣誓就任俄罗斯联邦总统,不久就签署了针对共产党的俄罗斯联邦国家机关非党化命令。从此,共产党在俄罗斯联邦的活动开始受到限制。

1991 年,苏联政治经济局势全面恶化,已经到了难以挽回的地步。12 月 7 日,戈尔巴乔夫发表讲话公开承认:"苏联政治体制改革出现了重大的失误,造成了严重的、消极的、摧毁性的后果。"他说:"现在已退到最后一道防线了,像 1941 年的莫斯科城下和列宁格勒城下一样。"

无奈之情一语道破。8月19日清晨，苏联副总统亚纳耶夫等人趁戈尔巴乔夫到克里米亚度假之机发动政变，成立紧急状态委员会，发表《告苏联人民书》，宣布由亚纳耶夫代行总统职责，企图挽救濒临崩溃的苏联。这次政变立即遭到了时任俄罗斯联邦总统的叶利钦的反对。他在西方势力和本国群众的支持下，仅用了3天时间就挫败了政变，迅速控制了局势。

"八一九事件"犹如最后一根稻草，给动荡的苏联以致命的一击。"八一九事件"后，叶利钦下令中止苏共在俄罗斯领土上的活动。8月24日，自觉已无力回天的戈尔巴乔夫宣布辞去苏共中央总书记的职务，并建议苏共中央"自行解散"。各加盟共和国的分立势力急剧增长，纷纷宣布独立，苏联迅速走向解体。1991年12月1日，乌克兰在其境内举行全民公决，多数乌克兰人赞成乌克兰独立。12月8日，俄罗斯总统叶利钦和乌克兰总统克拉夫丘克、白俄罗斯最高苏维埃主席舒什克维奇在白俄罗斯别洛韦日丛林会晤，签署了关于建立"独立国家联合体"的协定，并联合发表了告全体人民书，宣布苏联解体。三国元首商议建立"独立国家联合体"，并邀请其他共和国参加独联体。12月21日俄罗斯与白俄罗斯、乌克兰、摩尔多瓦、亚美尼亚、阿塞拜疆、哈萨克斯坦、乌兹别克斯坦、土库曼斯坦、吉尔吉斯斯坦、塔吉克斯坦等苏联11个加盟共和国的元首在哈萨克斯坦首都阿拉木图举行会晤，以创始国的身份签署了《关于建立独立国家联合体协议的议定书》。会议致函苏联总统戈尔巴乔夫，通知他苏联已不复存在。

1991年12月25日，早已名存实亡的苏联总统戈尔巴乔夫发表电视讲话宣布辞职，并把武装部队和象征无限权力、控制着2.7万枚核弹的核按钮交给了俄罗斯总统叶利钦。19点38分，印有镰刀锤子的红旗从克里姆林宫楼顶徐徐地却是永久地降下。随后，俄罗斯联邦的红、白、蓝三色旗冉冉升起。它从事实上宣告一个时代就此终结。第二天，苏联最高苏维埃举行最后一次会议，从法律上宣布了苏联的灭亡。

第八章 好霸争强的俄罗斯

七、启示

俄国历史学家柳切斯基说："一部俄国史，就是一部不断对外殖民、进行领土扩张的历史。"对外侵略扩张是俄罗斯历史上长期奉行的战略传统。但正所谓成亦扩张，败亦扩张，扩张为俄罗斯带来了称雄世界的领土和资源等物质条件，但也造成了它内政虚弱、经济凋敝和众邻疑惧的致命缺欠。

基辅罗斯受洗使俄罗斯接受了西方的基督教文明，从而与欧洲建立了联系，获得了一定的欧洲国际社会成员的身份，从而具备了欧洲文明的特征。但是，由于俄国长期受到东方专制文明的影响，加上地理与经济社会发展的封闭性和缓慢性，产生了俄国与欧洲国际体系的较大差异，需要特别指出的是，俄国的大国成长正是在这种差异性与同一性中展开的。俄国的社会性成长没有离开西方基督教社会的基本规范，却以独特的国际政治社会化形式形成了俄国大国成长的独特模式。

列宁在参与苏联成立初期的社会主义建设时曾意味深长地指出："我们还要进行多少顽强繁重的工作，才能达到西欧一个普通文明国家的水平。"十月革命已经过去百余年，作为第一个社会主义国家的苏联非但没有达到"西欧一个普通文明国家"的发展水平，相反却被断送了整个国家的前途和命运。在此视角下，回眸苏联70年历史兴衰盛亡，也许被忽略之处在于那个在全球化早期背景下的"接合部文明构架"的出发点；成功之处在于布尔什维克人充分运用接合部文明形态所提供的一切机遇与条件，实现了革命转变；而缺失之处则在于革命成功后，布尔什维克人将胜利的成果过度意识形态化，孤立地从社会形态更替的角度来提出问题和进行战略设计，尤其是忽略了文明独特性对历史进程的深刻制约性，忽略了文明制约下反工业文明的倾向，以及对市场经济与民主体制的排斥。或许，处于不同地域文明背景与传统之下的社会发展道路总有其不可替代的独特内容和逻辑。

2002年，什·姆·蒙恰耶夫和弗·姆·乌斯季诺夫在其撰写的《苏维埃国家史》一书的结语中也认同这个观点："历经了多年对苏联历史的否定，今天终于合乎规律地在千百万人的心中产生了一种意识：不能否定苏联70年的历史。"

第九章
美国：从蚂蚁到大象

　　美国崛起于19世纪末20世纪初。美利坚民族并不是北美大陆首批开辟者，但经过百余年的开拓却构建了美洲领土面积最大的国家；虽然美利坚合众国不是第一个实现资产阶级革命的国家，但到19世纪末工业产值位居世界第一。其经验值得处于起飞过程之中的中国借鉴和学习。

一、从定居点到美国

英国殖民者来到北美大陆后,陆续占领了 13 块土地,这 13 块土地是当今美国的雏形。面对英国的殖民统治,经过艰苦卓绝的斗争,13 个殖民地终于获得政治上的独立,建立了美利坚合众国。

北美 13 个殖民地的产生

印第安人是北美大陆的最早居民,他们世代繁衍、生息和劳动于此。属于蒙古利亚人种的他们早在距今 25000 年到 10000 年前,就开始了在这片土地上的活动,创造着文明。

根据历史考证,早在哥伦布发现美洲大陆之前,就已经有大陆以外的人到达过美洲了。公元 7 世纪时爱尔兰的僧侣圣·布伦丹就横渡过大西洋。根据《梁书》记载的内容,有人提出了中国人先于哥伦布到达美洲的观点。

但无论是先前的欧洲人还是中国人,都没有打乱美洲大陆原住民的生活秩序,对美洲大陆产生巨大冲击的是西方盛行的淘金热。正是在淘金热的蛊惑之下,一些西方航海家寻找"神话般的"中国和印度,但他们当时并没有到达中国和印度,而是不断"造访"这片热土,打破了这片土地的宁静。

自美洲被发现后,西班牙、法国、荷兰等欧洲国家先后在北美大陆进行探险和移民。与这些国家相比较而言,英国起步较晚,但发展速度更快。

1607 年,弗吉尼亚公司的"苏珊·康斯坦特"号、"幸运"号和"发现"号 3 艘船装载 120 名英格兰人来到詹姆斯敦,开始了以英格兰人为主体的移民浪潮。1610 年,英属北美殖民地有欧洲白人移民 210 人。这

第九章 美国：从蚂蚁到大象

一数字在其后的几十年中迅速攀升：1620年2499人，1630年5700人，1640年27945人，1650年51700人，1660年84800人，1570年114500人，1680年高达155600人，其中90%来自英格兰。到1700年，不计算印第安人在内，殖民地居民共27.5万人。殖民地人口比率的上升比同期欧洲人口增长高出两倍。

殖民者从欧洲各国纷至沓来，不断增加的移民陆续建立起了许多殖民地。但英国人在北美大陆的地位要有利得多。1607年英国人在弗吉尼亚的詹姆斯敦成功地建立了第一个殖民地。几年后，英国的清教徒纷纷来到美洲躲避因反对英国教会而遭到的宗教迫害。1620年，清教徒们在后来成为马萨诸塞州的地方建立了普利茅斯殖民地。它是北美第二个、新英格兰第一个永久性的英国人定居点。

英国在1607年到1733年的120多年间，在大西洋沿岸从北方的新罕布什尔到南方的佐治亚，共建立了13个殖民地。这就是后来美国最初的13个州。到1752~1755年间，殖民地人口飙升至106万人。

北美13个殖民地实行着不同的政治制度。最初主要有4类，它们分别是：弗吉尼亚与马萨诸塞属于公司特许殖民地；康涅狄格与罗德艾兰属于自治殖民地；纽约、新泽西、特拉华、马里兰、北卡罗来纳、南卡罗来纳、佐治亚和宾夕法尼亚属于业主殖民地；新罕布什尔属于皇家直辖殖民地。1752年后，又演变为自治、皇家和业主3类殖民地。

自治殖民地是移民自建的殖民地，由殖民地议会推选产生总督。总督拥有否决权，总督须经英王批准并受英国法律约束。

皇家殖民地是英王直接统治的殖民地，由原先的公司特许殖民地和部分皇家直辖殖民地演化而来。总督由英王任命，并遴选知名人士组成参事会作为立法和司法机构。

业主殖民地是英王赐封的殖民地，主要包括宾夕法尼亚、马里兰和特拉华。由英王赐给他的宠臣或有功之人。总督由业主指派。

以上3种殖民地政治形式，并非社会制度性质上的变异，只是统治方式的区别。

由于地理条件的差异，在英属北美殖民地中存在着多种经济成分。北部4个殖民地合称新英格兰（马萨诸塞、罗德艾兰、新罕布什尔和康涅狄格），是资本主义工商业最发达的地区。中部4个殖民地（宾夕法尼亚、纽约、新泽西和特拉华）土地肥沃，农业发达，有"面包殖民地"之称。半封建的租佃制在这里大量存在。南部5个殖民地（弗吉尼亚、马里兰、北卡罗来纳、南卡罗来纳和佐治亚）盛行种植园奴隶制，从非洲输入了大量的黑人奴隶。英属北美3类殖民地的经济各有特点，其共同之处是它们的商品生产与商品交换都有较高程度的发展。这就为正在形成的美利坚民族摆脱英国的殖民统治、走上独立发展的资本主义的道路奠定了物质基础。

北美13个殖民地的独立

美国独立战争是一场摆脱英国统治的独立运动。这场声势浩大的独立运动之所以爆发，与英国的高压统治这一外因密切关联，而且与北美13个殖民地自身的情势发展这一内因也紧密相连。在内外因的共同作用下，北美13个殖民地掀起了一场轰轰烈烈的独立运动。

（一）英国殖民当局与殖民地人民之间的矛盾逐步激化。

随着英属北美13个殖民地的建立和发展，社会阶级矛盾错综复杂，有英国殖民当局与殖民地人民的矛盾，有殖民地新兴资产阶级和种植园主及其政治代表同殖民地广大人民的矛盾，有种植园奴隶主同黑奴的矛盾，有白人与印第安人间的矛盾，还有各个殖民地之间的矛盾。在这些社会矛盾中，宗主国英国殖民当局同北美殖民地人民的矛盾逐渐发展成为主要矛盾。其他矛盾都和这一主要矛盾密切相关。

英国在北美的开发，客观上有利于殖民地资本主义势力的发展，但是，英国为把殖民地当作发展本国工业的原料供应地和商品销售市场，采取重商主义的殖民政策，严格限制殖民地发展独立经济，引起了殖民地人民的强烈不满。

首先，英国颁布了一系列航海条例，限制殖民地的贸易，加强殖民地对宗主国英国经济的依赖。1650年、1651年，英国克伦威尔政府颁布的航海条例规定：殖民地的货物输出英国及其他地区，都要使用英国船只。1660年查理二世颁布航海条例，又规定北美殖民地所有输入和输出商品都要使用英国船只运输，并且指定一些物品只能输往英国。其后在一个世纪中，航海条例多次补充修改，但主要的基调都是英国要主导殖民地的对外贸易。

其次，英国颁布了限制殖民地工商业发展的一系列法令。1732年的制帽条例规定，禁止殖民地用生产毛皮制帽。1750年的制铁条例则禁止殖民地新建和扩建熔铁炉，不准制造各种铁器。

第三，英国颁布了禁止殖民地人民向西部移民的法令。1763年，英王发布敕令，宣布法国在1763年战争中割让给英国的密西西比河以东的土地为英王所有，严禁殖民地人民向西部垦殖，凡"非法占地"者予以严惩。

第四，英国颁布了禁止北美殖民地发行纸币的法令。1764年，英国议会通过了货币法令，规定各殖民地自是年9月1日起不得再发行纸币；流通中的纸币到期后自行废止，不得延长使用期限；不准用纸币偿还私人债务和支付公共收费。

英国殖民当局的上述措施，不仅引起了殖民地工商业者的不满，而且遭到广大农民的强烈反对。

（二）北美13个殖民地具备了独立的内在根据。

英国殖民当局的统治不仅激发了殖民地当局力图保护其财产和权利的愿望，而且，更为重要的是，引发了殖民地当局奋力争取自由和发展空间的诉求。而这一切都与殖民地当局诸多方面的发展存在着十分密切的联系。

首先，北美在经济上具备了强大的实力，为北美社会的独立生存和发展奠定了基础。七年战争结束后，北美13个殖民地的经济已有很大发展，其木材业、酿酒业、制铁业和纺织业已经可以和英国一比高低。13个殖民地到独立战争爆发时，其人口已达到250万人，成为英国对外贸易中仅次于欧洲的重要的贸易对象。英帝国1/3的船运从事美洲殖民地贸易，纽约、波士顿、费城逐渐发展为殖民地的工业中心。1774年殖民地的国民生产总值达到 18.9 亿美元；1650~1774 年间殖民地总产值的年均增长率为 3.5%，而英国本土在此期间仅为 0.5%。以 1774 年的经济发展水平而论，北美居民的境况胜于欧洲大部分人口，其人均财富占有量和英国人均水平相差无几。

其次，各殖民地自治权不断增大。这里的殖民地和当时其他大国在亚洲、非洲和南美洲建立的殖民地存在着很大的区别。尽管英国与 13 个殖民地的关系是宗主国与殖民地之间的关系，但英国的管理却是表面化的。在很大程度上，这些殖民地需要依赖于自我管理。虽然会受到来自英国的监管，但他们还是相当自治的。早在 17 世纪前半期，殖民地创立后不久就开始出现了议会。殖民地的议会与英国相比，无论是在选举范围、选举资格还是选区设置等方面，都更为合理。殖民地议会是殖民地人们解决现实问题、实行自我管理的重要标志。作为立法机关的下院（上院是参事会兼任），是代表殖民地居民利益的，它从一开始就与总督作针锋相对的斗争。它富有反抗性，桀骜不驯是其特点。经过长期斗争，到 18 世纪中叶，大多数皇家殖民地上的议会扩大了权力，不但享有立法权、财政权，而且还从总督手中夺取了一部分行政权。各殖民地的社会精英不仅主导着本地的政治生活，而且积累了丰富的政治经验。

第三，1763 年以后，北美居民对于自身的防卫能力有了充足的信心，感到即便没有母国的保护，也能安然无恙。七年战争之后，英国夺取了法属加拿大，法国的威胁被解除，北美殖民地人民对于英军保护的依赖程度大大减弱。

第四，美利坚民族初步形成。到 18 世纪中叶，美利坚民族已经初步形成。随着美利坚民族的形成，民族自觉也日益增长。在反对英国的斗争中，殖民地人民对英国的认同感大为削弱，他们认为自己是与英国本土居民有所不同的"美利坚人"，是一种新人。出于习性，他们对自由权利有着强烈的意识。一旦他们感到自由受到侵犯，就会奋起抗争。

第五，《印花税法》和《驻兵条例》的出台点燃了北美独立革命的导火索。七年战争虽使英国收益巨大，但也使其债台高筑。英国的国债

第九章 美国：从蚂蚁到大象

高达1.35亿英镑，为1754年的2倍。另外，北美的防务每年还需要支出40万英镑；而英国国内税收已经高达20%，英国政府和纳税者自然就将目光转向殖民地。英国开始强化对殖民地的管理，以弥补亏空。1765年3月22日，英国国会通过了《印花税法》，规定所有印刷品、报刊、商业单据、法律证件和各种契约都要缴付印花税，违者受罚。同月24日，还通过《驻兵条例》，规定殖民地的英军可以占用公共房舍和民房，当地居民应提供饮食和居住条件。《印花税法》和《驻兵条例》的颁布，成了触发北美独立革命的导火线。

1765年10月，9个殖民地的代表在纽约召开大会，通过《殖民地人民的权利及其不满原因的宣言》，明确提出"殖民地人民应当与英国本土人民享有同等的天赋权利和自由"，要求北美人民行动起来抵制英货。这次会议的精神得到了殖民地人民的积极响应，此起彼伏的反英活动逐步发展成了一场声势浩大的反英运动。

（三）列克星敦枪声揭开独立战争的序幕。

面对汹涌澎湃的殖民地起义，英国被迫做出让步，相继撤销了《印花税法》《汤森法案》，仅保留《汤森法案》中规定应收的茶税，以表明英国议会有权向殖民地征税。英国的举措并没有平息人们的怒气，反而使得矛盾集中到茶税上。

为了挽救濒临破产的东印度公司，1773年英国议会通过《茶叶法》。允许其向北美殖民地出口茶叶。遂引发了北美人民的抵制。12月16日夜，一批青年导演了著名的"波士顿倾茶事件"。

事件发生后，英国当局大为震怒。1774年英国接连颁布4项惩罚性的"强制法令"，宣布关闭波士顿港口，断绝其对外贸易，直到茶叶被赔偿。强制法令的出台并没有达到英国预期目的，反而使其殖民权力机构趋于瓦解。大部分地方议会纷纷摆脱总督的控制。

1774年9月5日~10月26日，来自12个殖民地（佐治亚未派人）的代表在费城召开第一届大陆会议，实现了大联合，并于10月14日通过《权利宣言》，宣布与英国断绝一切输入、输出与消费的关系，支持抵制英货活动，再次强调无代表不纳税，在纳税和内部政策上"只受殖民地议会的约束"。这次会议虽表现出不成熟性和妥协性,但它毕竟为后来在统一旗帜下进行的独立战争奠定了基础。

在英国政府采取必要措施防止叛乱发生的命令下,1775年4月18日,马萨诸塞总督托马斯·盖奇根据密报,派遣800名驻波士顿英军前往康科德,搜缴当地民兵的秘密军火库,并企图逮捕当地"通讯委员会"领导成员。这一消息为"通讯委员会"情报人员所截获,星夜飞报了当地爱国者。19日清晨,当英军进入列克星敦和康科德一带时,遭到了早已严阵以待的民兵的袭击。康科德、列克星敦的战斗打响了"声闻全世界"的第一枪,发出了全民武装起义的信号,揭开了殖民地独立战争的序幕。

在斗争日益高涨的情况下,1775年5月10日,第二届大陆会议在费城召开。会议建议各殖民地建立新的政府以取代殖民当局。1775年6月15日,大会通过了极其重要的军事决议案,即组建正规军队(大陆军)的决议。弗吉尼亚的种植场主、原英军上校华盛顿被任命为总司令。7月6日,大陆会议通过《关于使用武力的原因和必要性的宣言》,宣称"宁可作为自由人而死,不愿作为奴隶而生"。10月至12月,会议通过建造13艘巡航舰和轻巡航舰并建立海军的决议。大陆会议还任命了一个由5人组成的"秘密通讯委员会",管理对外事务。该委员会任命阿瑟·李为"联合殖民地"驻英代表,观察欧洲各国对大陆的反应。

大陆会议的决议已表明了其独立姿态。但大陆会议并没有宣布独立,亲英力量仍然十分强大。以迪金森为首的中部殖民地代表不愿和英国彻底分裂。迪金森起草的《橄榄枝请愿书》同时也被大陆会议通过。大陆会议这种利剑与橄榄枝的双重运用使得独立进程极为缓慢。

然而若干因素使这种情况发生变化。首先英国态度极为强硬。英王拒绝接受《橄榄枝请愿书》,并宣布北美殖民地处于公开的反叛状态中。英国议会决定派2.5万英军镇压起义,同时英国议会还通过了断绝与北美殖民地的贸易、没收其船只与货物的法令,这使温和派的空间大为缩小。其次托马斯·潘恩的《常识》发挥了巨大的鼓动作用。潘恩疾呼"现在是分手的时候了""就让我们达到最后的独立!"引起了巨大共鸣。

第九章　美国：从蚂蚁到大象

（四）美国独立战争的基本过程。

从1775年4月打响独立战争第一枪到1783年战事结束，为期8年的美国独立战争大体经历了以下3个阶段：

第一阶段（1775年4月~1777年10月）：为战略防御阶段。这一阶段主战场主要在北部殖民地（1776年7月4日起为北部各州）境内展开，战略主动权掌握在英军手中。但邦克山战斗的胜利大大鼓舞了殖民地人民为独立而战的斗志。

1776年7月4日《独立宣言》发表。《独立宣言》提出了"自由、平等和独立"，宣告"这些联合起来的殖民地从此成为而且名正言顺地应当成为自由独立的联合邦……而它们与大不列颠王国之间的一切政治联系亦应从此完全废止"。13个殖民地脱离宗主国，建立独立的美利坚合众国。《独立宣言》反映了美国革命者对欧洲启蒙思想的诉求，赋予了美国革命者"天定命运"的使命感。

9月，纽约失陷，标志独立战争进入困难时期，美军的处境十分艰难。因为美军当时的组织尚未健全，缺乏训练，而且武器、弹药和粮食均感不足。战略主动权操在英军手中。

10月，从加拿大前去与主力会合的英军重兵集团（6000人），在萨拉托加附近被华盛顿军队（1万人）合围，并于17日宣告投降。美国军队在萨拉托加附近的胜利改善了年轻共和国的战略态势和国际地位，是美国革命战争的重要转折点。这次胜利也极大地影响了欧洲各大国对交战双方的态度。

第二阶段（1777年10月~1781年3月）：以萨拉托加大捷为标志，进入战略相持阶段，主战场逐步转向南部地区。

在这一阶段，国际环境日益朝着有利于美国的方向发展。萨拉托加大捷后，法国、西班牙、荷兰等国也投入到了反英战争中，英国陷入空前孤立的境地。在南部战场上，由于政府采取了得到居民拥护的有力措施，任命了格林为大陆军南方集团的司令官，采取了游击战和游击性的运动战战略战术，大陆军和民兵日趋掌握主动。在1781年的吉尔福德之战中，英军伤亡惨重。在大陆军和民兵的持久消耗下，英军渐感力量不支。

1781年4月,英军在康体利斯率领下,实行战略收缩,向北退往弗吉尼亚。格林乘势挥师南下,在民兵游击队配合下,拔除英军据点。至1781年夏季前,除几个港口以外,南部各州均获解放。

第三阶段(1781年4月~1783年9月):为战略反攻阶段。1781年8月,康体利斯率7000名英军退守约克敦。华盛顿亲率法美联军秘密南下弗吉尼亚,与此同时,德格拉斯率领的法国舰队也抵达约克敦城外海面,击败了来援英舰,完全控制了战区制海权。9月28日,1.7万名法美联军从陆海两面完成了对约克敦的包围。在联军炮火的猛烈轰击之下,康体利斯走投无路,于1781年10月17日请求进行投降谈判。

此后,除了海上尚有几次交战和陆上的零星战斗外,北美大陆战事已基本停止。经过长时间的谈判,1783年9月3日,英美签订《巴黎和约》,英国正式承认美国独立,并将北起英属加拿大边境、西至密西西比河、南到西属佛罗里达边界的全部土地划归美国。连同原有13个殖民地,面积约计89余万平方英里。

北美独立战争是世界历史上第一次大规模的殖民地人民争取民族解放的资产阶级革命战争,马克思指出,美国独立战争开创了资产阶级取胜的新纪元。列宁称这次战争是一次伟大的、真正解放的、真正革命的战争。它是历史上以小胜大、以劣胜优、以弱胜强的杰出战例。在广泛的国际援助下,北美殖民地人民经过8年之久的艰苦卓绝的斗争,最终打败了拥有近3000万人口的世界第一工业国——大英帝国。独立战争的胜利,打碎了英国殖民统治的桎梏,实现了北美殖民地政治上的独立,大大解放了北美殖民地的生产力,为美国资本主义和现代文明的迅速发展开辟了广阔的道路。它不仅惊醒了欧洲,促进了法国资产阶级革命的爆发,而且为拉丁美洲争取殖民地独立的斗争提供了成功的范例,有力地推动了拉丁美洲民族解放运动的蓬勃兴起。

第九章　美国：从蚂蚁到大象

二、向西、向西、向西

肇始于18世纪末，19世纪中叶进入高潮，19世纪末叶前后才基本结束的从东向西、横跨北美大陆的拓殖运动，史称"西进运动"。"西进运动"并不仅仅是领土扩张，也包含着经济开发，包括农业扩张、交通革命、工商业发展、城市化进程等。

扩张了美国的领土

根据1783年英美《巴黎和约》的规定，已划归美国所有的阿巴拉契亚山脉和密西西比河之间的地区，还不在它的有效管辖之下，而是在印第安人甚至英国人的掌控之中。

"西进运动"扩展了美国的领土。在1800年至1860年期间，美国边疆向西迅速移动。18、19世纪之交，拓荒者就从纽约州西部经过肯塔基和田纳西等新州，向西迁徙，向南则到佐治亚。20年后，在北部，边疆移至俄亥俄、印第安纳和伊利诺斯，进而移至密执安、爱荷华、威斯康星和明尼苏达，在南部，移至路易斯安那、亚拉巴马和密西西比。之后，美国的领土扩张主要沿两个方向继续推进，在它的西南方向，1845年兼并了得克萨斯，1847~1848年通过战争从墨西哥夺得加利福尼亚、内华达、犹他、新墨西哥和大部分亚利桑那等地，共割去墨西哥一半的领土。在它的西北方向，美国以外交和武力相威胁，1846年占领了俄勒冈。最终，这两条扩张路线在加利福尼亚汇合从而完成了对整个大西部的占领。

推动了全国人口布局的调整

领土扩张推动着大量的劳动力西移。随着西部开发的深入，移民们如滚滚洪流涌向西部，西部人口越来越多，成为美国净增人口的集中地。

在西进运动过程中，出现 3 次巨大的移民高潮。第一次移民高潮出现在 18 世纪末期和 19 世纪初期。由于美国政府颁布一系列的土地法令并从法国购买了路易斯安那广大地区，移民们感到拓殖活动有了一定的保证，纷纷涌向西部，为后来日益扩大的中西部产粮区奠定了基础。

第二次移民高潮出现在 1815 年以后，两股移民朝着两个方向移动。一股是来自沿海地带和德国的移民，逐步开拓了俄亥俄河以北的整个地区，建立了美国谷物生产和畜牧业的基地。另一股是来自东南部的移民，他们进入濒临墨西哥湾介于佐治亚南部与路易斯安那之间的平原地区，逐渐建立以生产和销售棉花为主的大种植园，从而扩大了南部奴隶制经济。

第三次移民高潮是伴随着 19 世纪中叶美国领土扩张和兼并到来的。由于加利福尼亚发现金矿，激起涌向西部采掘黄金的移民浪潮。后来，一部分淘金人转而务农或开设店铺，成为加州的永久定居者；另一部分则从加州前往西北部地区勘查矿藏。

移民的增加所带来的直接结果就是西部人口的激增。据统计，1820 年，西部人口近 300 万，占全国总人口的 1/4 左右。1870 年，西部人口占全国总人口的 53%。西部的开发也推动了农业劳动力布局和城乡人口比例的变化。1790 年，几乎所有的农业劳动力集中在东海岸；1840 年，有 1/4 的农业劳动力集中在中东部。1900 年，中东部农业劳动力达 39%，中西部为 13%，远西部占 4%。1790 年，城市人口占 5%；到 1880 年，上升到 28%，1900 年，增加到 40%。由于人口不断西移和流动，1790~1896 年的 100 多年间，有 31 个州作为"平等成员"先后加入联邦。

国外移民为西进运动提供了大量廉价劳动力，满足了美国对劳动力的大量需求。1861~1910 年期间，大约有 2200 万移民迁入美国境内，其中大部分随着移民潮涌进西部。1860~1900 年美国人口总数从 3100 万增至 9200 万人，半个世纪增长了 2 倍。大量移民的迁入和人口的增加为开发和建设西部提供了一支强大的生力军。移民大部分是欧洲各国的熟练工人和破产农民，他们带来了欧洲先进的生产技术和经验，成了美国进行第一次产业革命和第二次产业革命的重要技术力量，形成了一种自然的、不花任何代价的技术引进模式,从而推动了美国生产技术的革新和生产力的提高。

改变了美国农业的地域重心

美国独立以前,农业的重心是在东北部和大西洋中部各殖民地。独立后,伴随着西进运动的发展美国的农业生产重心逐渐西移到密西西比河流域,特别是中西部地区。西进运动完全改变了美国农业发展的格局,也促进了美国农业机械化的进程。

西部具备农业发展的天然优势。从土地资源来看,美国可耕地比率非常高,占其本土面积的40%,其中绝大部分都集中在美国西部的密西西比河流域。而且,那里的农业条件极为优越,日照充足、雨量适当、土质肥沃,非常适合农作物的生长。从水利资源来看,美国西部有大小河流145条。其中美国最大的河流密西西比河就位于美国的中西部,其流域面积在125万平方英里左右,遍及西部21个州。密西西比河流量大、河面宽,在水力、航运和灌溉方面均有极高的价值。

优越的地理条件促进了西部农业的发展。据统计,阿巴拉契亚山脉以西的农场占全国农场总数的比例,1850年为49.1%,1860年是57.6%,1870年达到63.3%,1890年升至69.2%。1860年,农场面积占全国农场总面积的70%,资产占全国农场资产总值的54%;到1900年,西部农场的数量、面积、资产总值在全国所占的比重又分别上升到71%、79%和78%。

中西部地区由于受大陆性气候的影响,既有炎热的夏天,又有寒冷多雪的冬天,对小麦和玉米生长有利而成为美国小麦和玉米的主要产区。农产品基地也从东部移到了西部。据统计,1859年,仅俄亥俄、伊利诺斯、威斯康星和印第安纳四州的小麦产量就占了全国小麦总产量的40%。玉米生产基地也逐渐迁移到俄亥俄、伊利诺斯和爱荷华。棉花种植也从大西洋沿岸发展到墨西哥湾,西南部成为主要的植棉区。农业重心西移也体现在农业的区域专业化方面。美国农业专业化是在西进运动中最后形成的，其主要标志是密西西比河流域三大农业区的建立：俄亥俄河和密苏里河以北发展成为"小麦王国"，推动了中西部的开发；密西西比河下游以阿拉巴马为中心形成了"棉花王国"，推动了密西西比河下游的开发；密西西比河以西是广阔的大草原，这里成为以得克萨斯为中心的"畜牧王国"，带动了西部大草原的开拓。三大农业区的形成不仅确立了现代美国农业发展的基本格局，也为现代美国的经济发展奠定了雄厚的物质基础。

西部的开拓为东部正在兴起的工业革命提供了充足的粮食资源。1860~1900年间，美国人口增加一倍多，同时工业化运动波及全美，对粮食的需求大大增加，但结果并未出现食品短缺的现象，这不能不说得益于西部农业的发展。这期间，西部小麦的产量增加了近3倍，玉米增加了2.5倍，充裕的粮食保证了工业革命的顺利进行。

加快了西部资源的开发

美国位居世界前列的丰富矿产资源，有相当一部分集中在西部地区。阿巴拉契亚山区的煤，苏必利尔湖一带的铁，得克萨斯、路易斯安那和加利福尼亚的石油，得克萨斯、路易斯安那、俄克拉荷马和新墨西哥的天然气，以及西部各地蕴藏的铜、银、金等，都是近代工业最重要的资源。匹兹堡附近的煤、铁矿石使匹兹堡发展成为美国的钢铁中心。阿拉巴马的铁矿石和石灰石为南部钢都伯明翰的兴起准备了充分的条件。克利夫兰的钢铁业所需要的矿石也主要来自俄亥俄和大湖区。苏必利尔湖出产的铜、伊利诺斯和威斯康星出产的铅一直居全国首位。

除了土地开发外，西进运动也推动了矿业开发。自1848年在萨克拉门托附近发现金矿到90年代开采金银矿浪潮持续了约40年。其中包括，1849年的加利福尼亚"淘金热"，50年代在科罗拉多、内华达发现金矿，70年代在爱达荷、蒙大拿、达科他发现金矿。美国西部这三大矿区的发现，更因"淘金"热潮而加快了移民对整个远西部的定居和开发。矿业开发带来了丰厚的回报。仅1860~1890年，西部矿业开采了价值12亿美元的金银，成为美国资本积累的重要来源。

第九章 美国：从蚂蚁到大象

发现金、石油等资源为美国开发西部提供了有利的历史契机，吸引着大批淘金者向西迁移，并且直接带动了上述几个地方交通运输业、商业、服务业等行业的兴起和发展。与此同时，西部的矿产资源的开发为东北部工业的发展提供了重要的原料。

促进了交通运输业的革命

在美国版图上，自东向西纵列着阿巴拉契亚山脉、密西西比河和落基山脉3个"自然疆界"，严重阻碍了东西部的交通。拓荒之初，西部交通十分困难，西进的移民主要依靠大篷车沿着印第安人狩猎的羊肠小道迁移。伴随着西部农业的发展和矿产资源的开发，爆发了美国交通运输业革命，其主要表现在公路、运河和铁路的开凿和修筑。到19世纪末，美国西部交通状况发生了翻天覆地的变化。

交通运输业的第一个革命是汽船业的开拓。1807年富尔顿建造的"克莱蒙特"号汽船试航成功，从此，美国交通运输业进入了"汽船时代"。汽船运输在东部各河流上被迅速采用，但是，作为一个行业，它的真正兴盛还是在西部，因为西部有以密西西比河为主干的美国最大的内河航运体系，此外还受到了移民浪潮的有力推动。到1821年，俄亥俄河各造船厂已建造了近100艘汽船，1840年达536艘，1860年在西部水域航行的汽船已达1200艘，每年货运量在1000万吨以上。汽船的使用，大大改变了密西西比河上的航运业。1822年，从路易斯维尔航行到新奥尔良，航程已由原来的30天缩短为7天，货物运费也大幅度下降；1815年，大西洋沿岸每蒲式耳燕麦购价仅40美分，运到西部却要花费60美元，而1860年的运费已降到1815年的6%。到19世纪三四十年代，密西西比河已"真正成为整个内陆平原的主动脉"。虽然汽船的发明不是西进运动的直接产物，但汽船业的兴盛却是西进运动直接推动的结果。

交通运输业的第二个革命性的变化是东西部运河的开凿。到1840年美国已建造了13条大运河。连接东西部的第一条运河是伊利运河。伊利运河从奥尔巴尼到伊利湖畔的布法罗，全长363英里，1817年动工兴建，1825年全线完工。伊利运河的修通，极大地改观了东西部的交通运输状况。从奥尔巴尼到布法罗，原来要辗转 20 天，现在只要 6 天，运费也从每吨 90~100 美元下降到 8~10 美元。经由伊利运河运往西部的商品总值，1836 年为 1000 万美元，到 1853 年猛增为 9400 万美元，显示了巨大的经济效益。伊利运河的开凿在全国掀起了开凿运河的热潮，东部各州用运河把内地和沿海联结起来，中西部各州则赶修从内地到五大湖的运河。据统计，到 1850 年全国已建成运河 3700 英里。运河的开凿极大地改变了西部与东部、西部与南部之间的交通，使东西部的联系越来越密切。

交通运输业的第三个革命是铁路建设。从 1830 年美国第一条铁路巴尔的摩—俄亥俄铁路开始投入运营后，美国迎来了一个"铁路时代"。美国铁路建筑长度以平均每 5 年翻一番的速度发展。到 1880 年美国已建成铁路达 15 万多公里，而当时整个欧洲铁路的总长度才近 17 万公里。至 19 世纪末，又修建了 5 条横贯大陆的铁路干线。其中密西西比河以西的铁路网增长速度最快，从 1865 年到 1920 年，中西部大约 40% 的铁路是在密西西比河和落基山脉之间修建的，至 1914 年西部铁路里程已占全国总里程的一半。铁路对推进西部移民和开发起了决定性的作用。铁路的修建往往走在移民的前头，起到了开路先锋的作用。它不仅促进了东部居民迅速向西迁移，推动了大平原和远西部的开发，而且大大改变了全美的交通局面，它把内陆运输与水上运输有机地结合起来，从而形成了一个完整的近代交通运输体系，同时，四通八达的铁路网把东部和西部的经济政治联系起来，打开了西部农牧业发展的门户，使农场主和牧场主将产品投向国内外市场，促进了国内统一市场的形成和工农业的迅猛发展。

不可否认，美国西进运动也是驱杀土著居民印第安人的运动，是印第安人的一部血泪史。但从人类文明演进的角度来说，它是美国资本原始积累的过程，是现代文明发展的形式。先进的资本主义生产方式推广到西部地区，使之成为资本主义世界体系的组成部分。正是西进运动期间，美国经济获得迅速发展，国力增强，为其崛起奠定了基础。

第九章　美国：从蚂蚁到大象

三、美洲是美洲人的美洲

"美洲是美洲人的美洲"是出自门罗主义的一个原则。门罗主义是指詹姆斯·门罗和他的国务卿约翰·昆西·亚当斯在1817年至1825年期间制定的外交政策，特别是对于拉丁美洲的外交政策。它对美国历史产生了长远的影响。

门罗主义提出的背景

第一，转移内部矛盾所需。19世纪初期是美国进行大陆扩张，即所谓"边疆扩张"的第一个高潮期。在这一时期，美国是西半球第一个摆脱欧洲殖民统治的新兴资产阶级共和国。独立战争的胜利为美国资本主义的发展扫清了道路。但是这时，在政治上美国的资产阶级政权还处在建立和巩固的过程中，北方的资产阶级和南方的奴隶主阶级之间有着尖锐的矛盾；在经济上，美国还是一个工业不发达的农业国。一方面，它还没有完全摆脱欧洲殖民地的经济依赖地位，另一方面，它的新兴资本主义带着奇特的"痼疾"——种植园奴隶制，却开始迅速向广度上扩展，去占领新的土地和扩张势力范围。

第二，拉丁美洲对美国具有巨大的吸引力。当时美国的世界贸易中，主要的对象是英国和欧洲大陆，但由于欧洲战争的结束，对英战争，特别是1818~1819年美国经济的严重不景气，沉重地打击了美国的航运业和对外贸易，美国商业资产阶级不得不寻找新的出路。拉丁美洲是一个广阔的新的自由市场，在对西属美洲的贸易中，美国自己的产品占较大的比重，所以，这一地区从一开始就吸引了美国商人、船主、工厂主和南部奴隶主的广泛注视。加强向拉丁美洲贸易扩张，赚取硬币（金、银）以平衡国际贸易的呼声不断增高。

第三，拉丁美洲的独立运动为其扩张提供了契机。19世纪初，拉美国家开始了独立运动。1802年至1822年，拉普拉塔联合省（现阿根廷北部、巴拉圭和乌拉圭）、智利、秘鲁、哥伦比亚和墨西哥相继摆脱西班牙的统治，宣告独立。葡萄牙的殖民地巴西也于1822年独立。美国认为拉美国家驱逐欧洲列强势力，有利于美国的安全，也可使美国不必卷入欧洲的敌对行动；西班牙在拉美的统治的崩溃也给美国提供了发展拉美市场的可能，拉美国家独立后建立共和制度，更对美国有利。所以，在《亚当斯－奥尼斯条约》签订和批准后，美国是拉美以外第一个承认拉美新独立的国家。但是，在政治上，拉丁美洲新独立国家中的亲英势力比较强大，他们指望借助英国的力量来反抗原宗主国和神圣同盟。这样，就更使英国在拉丁美洲的扩张活动居于显著的优势地位。美国统治阶级日益感到英国是美国在拉丁美洲竞争的劲敌，因此急于在拉丁美洲政策方面采取主动。根据美国的具体条件和实力，当时还不可能做到大陆扩张与海外扩张同时全面铺开。美国统治阶级首先要攫取的最迫切、最现实的利益，是在西班牙、葡萄牙和法国的美洲殖民地日趋瓦解的形势下，利用欧洲忙于拿破仑战争的有利条件，利用自己"近水楼台"的地利条件，抢先夺取邻近美国的土地。

第四，第二次美英战争给美国造成巨大损失。美国的独立战争是在法国的帮助下获胜的，美国民众普遍对法国怀有感激之情。1803年英法战争开始，美国国内亲法仇英的情绪高涨。1807年12月，美国联合法国对英国发动了贸易禁运，但美国的贸易禁运政策并未取得预想的效果，反而使自身蒙受重大损失。1811年3月，麦迪逊下令禁止与英国通商。美英贸易战的展开，实际上是美国第二次对英战争的前哨战。

尽管美国获得了独立，但英国却无视美国的领海主权，随意到美国商船上捕捉逃亡的英国水手；强征水手加入皇家海军，侮辱美国船员。而且英国在美国西北边疆经常挑唆印第安人同美国作战。这一切使美英关系迅速恶化。美英冲突的急剧恶化最终导致了1812~1815年第二次美英战争的爆发。由于在实力尤其是军事实力上，美国相对于英国仍然处

第九章 美国：从蚂蚁到大象

于弱势，加之美国没有进行认真的战备动员，也没有获得一致拥护的战争舆论，更没有制定统一的战略部署，而各种利益集团怀着自己的目的卷入战争，所以，美军连连失利。

战争中，美国损失惨重，不但首都一半化为灰烬，白宫、国会大厦和各部大楼也被英军焚毁。战争结果尽管划分了美加边界，排除了美国资本主义发展的最大外部威胁，保证了美国走上独立发展的道路和长期的和平建国时期，推动了全国范围的团结，巩固了新生的资产阶级共和国，但战争给美国造成的巨大损失促使美国反思自己的政策。最后，孤立主义成为当时的主流思潮。

第五，坎宁建议引发了美国统治集团内部的争论。1823年春，法国在神圣同盟的支持下，出兵镇压西班牙革命，引起了国际震动。英国外交大臣坎宁担心野心勃勃的法国借侵入和占领西班牙的有利条件，要挟西班牙出让美洲殖民地的权益甚至领土，作为法国撤军的补偿。在这一复杂的国际形势下，坎宁于8月提出了英美联合反对欧洲干涉拉丁美洲独立的建议。坎宁的建议，一方面与美国不与任何国家结盟，不卷入欧洲事务，反对欧洲干预美洲事务的基本政策相冲突；也与美国力图排斥欧洲对美洲的影响的基本策略相抵触。但另一方面，一贯敌视美国的英国忽然向美国表示接近，并愿建立某种合作关系，这对美国来说又有很大的诱惑力。因此说，坎宁的建议给美国的对外政策出了一个巨大的难题。

以门罗总统为代表的多数人害怕神圣同盟可能对拉丁美洲进行武装干涉，对美国不利，因而主张接受坎宁的建议，与英国合作，同时主张声援希腊和西班牙共和派的斗争，对神圣同盟和俄国采取较为强硬的立场。而以于1815~1817年担任驻英大使的国务卿昆西·亚当斯为代表的少数人则不相信当时存在神圣同盟武装干涉的现实性。亚当斯认为，神圣同盟对拉丁美洲的威胁远不如英国对美国扩张利益的威胁更具有现实性，更加值得重视。他对坎宁建议的用意持怀疑态度，因而反对与英国合作，唯恐将美国变成"拖在英国军舰后面的一只小船"，主张美国应赶快采取单独果断的行动，他也坚决反对支援希腊和西班牙；在对神圣同盟的态度上，主张采取缓和而模棱的立场。但不久，英国未通知美国，直接同法国谈判，劝告法国不要干涉拉美。亚当斯不愿放弃在美洲扩张势力的机会，也无意接受英国的建议，受其约束。

门罗主义的基本内容

经过内阁会议的几次反复讨论最后取得了一致意见，做出了重要决策，即门罗于1823年12月2日致国会的第7个年度咨文中，单独提出了美国对外政策的声明。一般把这一咨文中表述的对外政策原则称为门罗主义，或门罗宣言。其内容大致可归纳为3个基本原则，即：不再殖民原则、"不干涉"原则和"美洲体系"原则。

第一，不再殖民原则。即美国反对今后欧洲的任何列强再把美洲大陆已获独立的国家作为殖民对象，要求欧洲国家不在西半球殖民。咨文明确提出："美国的权利和利益包含在这一原则中，即美洲两大陆已经获得并维护了自由和独立，因而从此以后再不能被视为任何欧洲列强未来殖民的对象……""我们绝不会同意今后在北美洲任何地区设置或建立欧洲殖民地或领地。""今后如有任何欧洲国家企图在北美洲建立任何新的殖民地，我们将更坚决有力地实施这项原则。"美国提出这一原则的意图和目的只是要明确表示，美国反对欧洲国家此后在美洲重新殖民，并不是旨在反对当时既存的任何殖民制度或体系；只是要维护美国的利益，并不要保卫美洲新独立国家的利益。美国害怕欧洲列强在西班牙、葡萄牙殖民体系瓦解之际，趁火打劫，夺取新的殖民地盘，掣肘美国领土的扩张。美国试图以此原则来限制和约束欧洲国家在美洲进行新扩张，反对欧洲任何国家在美洲大陆建立任何新殖民地和进行殖民地转让。

也正是高喊反对欧洲国家再在美洲殖民的美国，在这一时期，自己却在美洲大陆不断进行疯狂的领土扩张。19世纪30、40年代，美国从墨西哥夺取了面积达近39万平方公里的得克萨斯。可见，门罗主义是美国早期扩张主义政策的有力工具。

第九章　美国：从蚂蚁到大象

第二，"不干涉"原则。它包含两层意思。一方面是不允许欧洲国家干涉美洲事务。咨文说："我国政府从不干涉别国政府间的关系。""我们应当要求本洲亦同样不受欧洲的干涉。""欧洲各国的统治者极欲建立它们的所谓的'势力均衡'。不能容许把这种主张应用到北美洲，尤其是应用到美国。""我国必须永远维护一项原则，即唯有本洲人民有权决定自己的命运。如果其中任何一个独立国家，提议同我们的联邦合并，这个问题只有它们和我们才能决定，而不容任何外国介入。"宣言还说："我们同样不可能会看到任何方式的这样干涉而无动于衷。"另一方面是保证美国不干涉欧洲事务，包括欧洲现有的在美洲的殖民地的事务。不卷入它们的纷争，也不干涉它们在美洲的既存的殖民地。咨文指出："在欧洲国家的战争中，在与欧洲国家本身有关的事情中，我们从来没有参加过，这样做也不符合我们的政策。""我们从没有而且今后也不会干涉欧洲任何国家既有的殖民地或属地。""我们遵守了而且将继续遵守中立。""我们对欧洲的政策是在那么长的时期中搅乱地球的那部分的那些战争的早期阶段采取的，但现在仍然是同一个政策，那就是：不干涉任何国家的内部事务；把实际存在的政府看作是合法的；同他们建立友好关系。"

咨文中的"不干涉"原则与现代国际法意义上的不干涉原则存在着本质上的区别。从政策思想来看，不干涉原则是对美国独立以来的对外政策的基本原则的一个重大发展，即它一方面继承和发展了不卷入欧洲战争旋涡的传统的孤立主义原则，另一方面又暗含有对西半球事务的干涉原则。从实践方面来看，门罗咨文中提出不干涉原则并没有真正付诸实践。从1824年到1826年，先后有智利、哥伦比亚、巴西、墨西哥、阿根廷等国为抵御欧洲威胁，先后引用门罗宣言，向美国政府提出过缔结反对欧洲威胁的联盟的请求和建议，但均一律被美国以各种借口拒绝。仅仅在19世纪30年代中，就发生过七八起欧洲列强武装干涉拉丁美洲国家的事件，美国也没有运用不干涉原则提出过坚决反对。

第三，"美洲体系"原则。咨文提出："联盟（指神圣同盟——作者）

诸国的政治制度和美洲的制度本质上不同",美洲和欧洲是两个不同的体系,因而欧洲国家"把它们的制度伸张到这个半球的任何部分的任何企图,对我们的和平和安全都有危害"。咨文接着指出:"联盟国家不可能把他们的政治制度扩展到我们这边任何一个国家而不危及我们的安全和幸福;没有人相信我们的南方兄弟,假如让他们自己决定的话,会自愿采取那种制度。因此,我们同样不可能看到任何方式的这种干涉而无动于衷。""美洲体系"原则表面上是发轫于南北美大陆地理上的共同性、政治原则和利益的共同性,但实际上是从美国一国的特殊利益出发而提出的;形式上呼吁"美洲是美洲人的美洲",但其核心是"美洲是美国人的美洲"。其目的是阻止和进一步排斥欧洲列强势力在西半球的政治影响,使美洲和欧洲"脱离接触",从而为美国在西半球的扩张扫清道路。

门罗主义3个原则之间并不是互相孤立、互不关联的,相反,它们是一个有机联系的对外政策思想体系。"美洲体系"原则在某种意义上是以前两个原则为基础或根据的。这一思想体系是在特定的历史条件和地理条件下产生和逐步完备的。门罗主义是对美国早期对外政策的继承和重大发展。这三原则不仅包含了美国早期对外政策旧质中的量变因素,而且在量变中有新的部分质变。门罗主义对美国传统政策的最大的发展,是它包含有美国对美洲的事务拥有合法干涉权的思想,包含有为保护美国的殖民利益而排斥欧洲的殖民扩张的战略原则,因此,门罗主义的提出为美国争夺西半球的霸权提供了最初的完整的理论准备。

这些原则不仅反映了美国资本主义发展过程中强烈向外扩张的特征,而且集中反映了成长中的美国资产阶级特别自私自利、投机、狡诈、虚伪的阶级本质。美国把自己的殖民扩张野心隐藏在反对欧洲(既反对神圣同盟也反对英国)的殖民扩张的口号下,把自己对美洲事务的干涉权表现在反对欧洲干涉的抗议形式中,并用美洲体系的漂亮外衣来掩盖其美国体系的实质。

第九章 美国：从蚂蚁到大象

四、资本主义经济的一统天下

美国独立后，建立起了联邦制，由资产阶级与种植园奴隶主联合执政。这个政权只是两种力量的暂时联合。南北方依旧各行其道，北方着力发展它的资本主义，而南方则加快发展它的种植园经济。两种不同社会制度之间的碰撞、矛盾与冲突，最终导致了南北战争的爆发。这场美国内战促进了资本主义制度在全国的推行，更为美国的迅速崛起做好了铺垫。

南北战争爆发的原因

美国内战是南北两种制度之间的矛盾达到了一定程度的产物。当然，除去这一根本原因之外，还有其他因素，共同推动着南北战争序幕的拉开。

第一，领土的扩张加剧了南北两种经济制度之间的矛盾。美国建国之后，积极推行大规模扩张领土的政策。1803年，利用英法矛盾和法军失败之机，它以1500万美元的代价向拿破仑"购买"了法国北美殖民地路易斯安那，使美国领土扩大了一倍半，从原来的89万平方英里增加为200万平方英里。1810年美国强占了西班牙属地西佛罗里达；1819年又以500万美元强购东佛罗里达。1823年，门罗提出"美洲是美洲人的美洲"，为美国在美洲大陆的扩张做了铺垫。1835年，奴隶主策动英国移民在墨西哥的得克萨斯暴动，从墨西哥独立出来，但为美国所吞并。1846~1848年，美国又挑起与墨西哥的战争，强占了格兰得河以北墨西哥的全部领土。1846年不费一兵一卒和一金一银从英国手里夺得现在的俄勒冈，面积达28万平方英里，相当于美国原有13个州面积的5/6。在加剧扩张领土的同时，美国欲壑难填，又开始染指东亚，不仅在中国获益颇多，而且凭船坚炮利打开了日本紧锁的大门。与此同时，大批移民蜂拥而至。从1800~1850年美国人口从530万增至2300万。领土的扩张、海外的侵略和移民的流入，使美国北部和东北部的资本主义工业得以加速发展，资本主义经济和奴隶制种植园经济之间的矛盾也日益显露和不断激化。

美国的北部和东北部集中了几乎全国所有的重要工业。19世纪上半叶美国的工业革命主要在这个地区进行。现代工业的迅速发展需要大量的劳动力。

而美国的南部，自独立战争以来，却一直沿着奴隶制经济的方向发展，而且始终保存着殖民地经济的性质。以1860年为例，当时南方人口900万，其中黑奴占400万；英国棉织业飞速发展，需要大量棉花，奴隶主把约80%棉花和其他工业原料运往英国，并从英国输入大批廉价工业品。他们要求降低关税、贸易自由，而北方为了保护本国工商业利益，防止外贸竞争，则主张保护关税，反对自由贸易。这是一个根本无法调和的矛盾。因此，南北两种不同社会制度的对立，使双方的矛盾不可避免地日趋尖锐。正如马克思所说的，当前南部与北部之间的斗争不是别的，而是两种社会制度即奴隶制度与自由劳动制度之间的斗争。这个斗争之所以爆发，是因为这两种制度再也不能在北美大陆上一起和平相处。它只能以其中一个制度的胜利而结束。

第二，废奴运动推动了战争的爆发。南北在社会制度上的尖锐矛盾一个重要体现就是废奴运动的高涨。伴随着北方经济的发展，南方的奴隶制度已成为众矢之的。北方工商业资产阶级反对奴隶制自不必说，在南方野蛮的奴隶制统治下，黑人奴隶承受着难以言状的痛苦，过着低贱的生活。他们在奴隶主和监工的驱使下，毫无人身自由，受着非人的折磨，他们更想尽快解除奴隶枷锁。黑人奴隶争取解放的斗争得到了美国大多数人民的同情和支持。广大的农民、失业者、新到的欧洲移民，甚至受到剥削压迫的小自耕农、"贫穷白人"也希望奴隶制能够废除。他们在19世纪30至50年代发动了广泛的废奴运动，由他们组织的"地下铁道协会"，曾先后帮助4万多名南方奴隶逃往北方。在废奴运动中，美国

第九章 美国：从蚂蚁到大象

出现了两本揭露和谴责奴隶制的著名小说，一本是斯托夫人的《汤姆叔叔的小屋》（1851年，旧译《黑奴吁天录》），另一本是希尔德烈斯的《白奴》（1852年）。这两本小说在美国产生了强烈反响，起到了唤醒社会舆论、促进反奴隶制斗争的作用。1859年美国又爆发了震惊全国的约翰·布朗领导的反对奴隶制的起义。南部奴隶主对布朗起义大为恐慌，指责这是废奴主义者煽动奴隶暴动的阴谋，并诬称布朗起义得到共和党领袖的支持，以此来挑起南部居民对共和党的敌意。起义失败后，约翰·布朗被奴隶主绞死，但起义对废奴运动和黑人解放斗争是一个巨大鼓舞，推动着废奴运动走向一个新的高潮。起义证明，只有武装斗争才能解放奴隶。

第三，对联邦政府控制权的争夺加剧了南北既存的矛盾。根据美国宪法规定，美国参议院由每州派出两名代表组成，故西部新成立的州究竟成为自由州还是蓄奴州，便直接决定南北两方谁掌握参议院控制权的问题。

19世纪40年代的向西扩张引起了南部种植园奴隶制与北部工商业资本主义制之间的矛盾日益加剧。北部资本家和南部奴隶主都渴望向西扩张，以自己的模式在新扩张的领土上建立更多的新州，增多在国会的席位，加强在联邦政府中的权力。东北部的商人和工业家要求在新的领土上建立自由州，扩大销售市场。南部种植园主力图把使用奴隶劳动的种植园经济扩展到新的领土，以解决单一作物带来的地力衰竭问题。他们认为，即使西部领土的土坡和气候不适宜于棉花种植，但只要多建立蓄奴州，即可保持白人至上的地位，达到他们的政治目的。

每当建立新州的时候，就会在该州发生容许或禁止奴隶制的斗争，南北之间的矛盾就会趋于白热化。1820年3月，国会通过了"密苏里妥协案"，确定新建的密苏里州为蓄奴州，由人民起草州宪法，决定是否允许奴隶制存在，同时，从马萨诸塞分出一个新州——缅因州作为自由州；规定除密苏里外，在北纬36°30′以北禁止蓄奴。但南方奴隶主不满足于北方的让步。1846~1848年墨西哥战争的结果是，美国夺取了更多的领土，随之而来的问题是是否要推广奴隶制。1850年又达成了一项妥协，承认加利福尼亚成为自由州，允许犹他州和新墨西哥州的居民做出决定，他们是否想在自己的疆界内实行奴隶制（他们不想实行）。1854年国会在奴隶主的压力下通过《堪萨斯－内布拉斯加法案》，规定新州的奴隶制问题由该州的居民自己决定。法案刚一通过，奴隶主武装便冲进堪萨斯，企图依靠武力强迫新州居民接受奴隶制。当时成千上万的农民从北方赶来，予以英勇抗击，双方的武装冲突达半年之久，史称"堪萨斯内战"。这一事件揭开了美国南北战争的序幕。

第四，林肯当选美国总统成为南北战争的导火索。1860年美国民主党与共和党竞选总统。成立于1828年的民主党代表南方奴隶主利益；成立于1854年的共和党则代表北方工商业资产阶级利益，反对奴隶制。竞选结果是共和党候选人亚伯拉罕·林肯（1809~1865年）获胜，当选为美国第16任总统。

林肯宣称"不能永远保持半奴隶半自由状态"。他认为，奴隶制在道义上是错误的，但维护联邦的统一之重要性甚于奴隶制。他在解决奴隶制问题上的主张是"限制"，而不是"废除"，是"赎买"而不是"解放"。他甚至认为，解决种族问题的最好办法是把黑人移往中美洲或非洲。他反对干预蓄奴州的奴隶制，并认为，奴隶主追捕缉拿逃奴是合法的。

林肯的当选使奴隶主把奴隶制扩大到西部去的希望彻底破灭，意味着奴隶主大权旁落，北方资产阶级控制了联邦政府权力，从而使奴隶制面临最终覆灭的危险，如同马克思所说，共和党人提出应当用法律完全禁止奴隶制度的进一步扩展的原则，就等于要从根割断奴隶主的统治。因此，南方把林肯总统当选看成是南北分离的信号。

在林肯还未就职时，南方奴隶主就发动了叛乱。有11个州相继宣布奴隶制是立国基础，制定了"宪法"，1861年2月，南方11个州（这11个州是南卡罗来纳、密西西比、佛罗里达、亚拉巴马、佐治亚、路易斯安那、得克萨斯、弗吉尼亚、阿肯色、田纳西和北卡罗来纳）宣布成立南方同盟，并推举大种植园奴隶主杰弗逊·戴维斯为临时总统，以弗吉尼亚的里士满为首都，公开打起叛乱旗帜，并且拒绝与北方妥协，决定用战争巩固并扩大奴隶制。刚刚成立84年的美利坚合众国走到了国家分裂的边缘。

战争过程

1861年3月4日，林肯正式宣誓就职。他仍向奴隶主妥协，借以维护统一，但并没有得到他预期的结果。4月12日，南方军队公然炮轰南卡罗来纳州查尔斯顿港的萨姆特要塞；14日占领该要塞；15日林肯政府不得不宣布南方各州为叛乱州，并下令征集志愿军入伍，号召人民为恢复联邦的统一而战斗。南北战争从此开始。

1861年4月~1863年1月为第一阶段。战争初期，从总体来看，双方的力量对比和人心向背是有利于北方的。北方获得北方23个州的支持，盛产粮食，拥有2200万人口，其中大多数反对奴隶制；还拥有雄厚的工业，工业生产在1860年占有全国的92%，尤其是军火工业强大，资源丰富，而且得到广大人民的支持和同情。参加南方同盟的有11个州，只有900万人，其中包括400万随时可能起来反抗奴隶主的黑人奴隶；经济上比北方落后，工业生产在1860年仅占全国的8%；而且扩展奴隶制度，分裂国家是不得人心的。从性质方面看，南部同盟进行的是非正义的战争，因为它的目的在于维护和扩大落后的奴隶制。联邦政府所进行的是正义战争，因为它的目的是保存联邦和维护联邦的统一。

但是从战争的准备情况来看，形势又出现了颠倒。南方种植园奴隶主蓄谋叛乱已久，军事准备充分，拥有像罗伯特·李这样的优秀指挥员；南部人民习惯于户外生活和骑射，稍加训练就可成为善战的士兵，他们在本土作战，有保卫家园的热忱；而且更有英、法的支持，而林肯政府在战争初期仍然希望能与南方奴隶主达成妥协，提出维护宪法和联邦统一的口号，而不敢提出废除奴隶制问题和土地问题。由于未能充分发动群众，加之战前又缺乏准备，所以，尽管北方在人力、物力、财力上占优势，但在军事上却反而一再失败，甚至连首都华盛顿也几乎失守。

这种危急的形势终于促使林肯下决心采用革命的方式来应对这场战争。1862年5月，林肯政府颁布了《宅地法》，允许每个成年公民在交纳10美元的登记费后均可在西部获得160英亩(1英亩＝6.07市亩)土地，在连续耕种5年后，即成为这块土地的所有者。它满足了西部拓荒者对土地的愿望，促进了他们的革命积极性高涨，对于争取西部农民支持北部的战争起了重要作用，他们纷纷参军和支援联邦军队。

但此法只限于白人和欧洲移民，林肯政府并不要解放黑奴。1861年8月，弗里蒙特将军下令解放黑奴，被林肯撤职，而且还宣布弗里蒙特命令无效。直到1862年9月22日，为了使叛乱各州失去战斗力，才发表了《解放黑奴宣言》，规定：自1863年1月1日起所有叛乱各州的奴隶都成为自由人，允许奴隶作为自由人参加联邦的军队。《解放黑奴宣言》的宣布是南北战争的一个重大转折点，该宣言将联邦政府的战争目标从"根据宪法原则"提高到了要消灭奴隶制的高度，使南北战争由保持联邦的战争变成了争取解放奴隶的战争，等于把南方的数百万黑人奴隶变成了南部同盟后方的反奴隶主同盟军。1854年，联邦军队中的黑人战士达18.6万人，此外尚有25万黑人为联邦军队担任后勤工作。在南部，黑人奴隶纷纷起来反抗，约有50万人逃离种植园，使南部经济陷于瘫痪。他们还在南部开展游击战，牵制了奴隶主10万军队。尽管这两项政策是不完善和不彻底的，但却是林肯政府的一大进步，有力地动员了广大劳动人民参加战争，使美国内战成为真正的革命，对于北部的胜利发挥了重要作用。

1863年1月~1865年4月为第二阶段。战局向着有利于联邦军方面转变，北方取得了最后的胜利。1863年7月初，在葛底斯堡战斗中，双方共集中了16万多的兵力，进行内战中最大的一次战役，北方获得胜利。葛底斯堡的胜利成为南北战争的转折点。7月4日，联邦军又攻陷密西西比河下游的要塞维克斯堡。1864年春天，联邦军采取新的战略计划。巴特勒将军率部在东线牵制敌人，格兰特将军亲自指挥部队从北线向南部同盟"首都"里士满发动进攻。9月2日，谢尔曼将军率部攻入南部

第九章 美国：从蚂蚁到大象

腹地，占领佐治亚首府亚特兰大，随后向海岸进军，12月21日占领萨凡纳港，切断了南方军粮食运输线，使南部陷于瘫痪状态。1865年4月3日，联邦军占领了南方同盟的"首都"里士满。4月9日，南方军总司令罗伯特·李将军率其残部2.8万人在弗吉尼亚州的阿波马托克斯向北方军总司令格兰特将军投降。延续4年之久的美国南北战争以北方的胜利宣告结束。

1864年11月，林肯以绝对多数的选票再度当选总统。南方奴隶主对林肯恨之入骨。内战刚刚停止，不甘心失败的奴隶主怀着刻骨的仇恨，于1865年4月14日晚上，派遣间谍、白人种族主义者约翰·蒲斯在华盛顿的福特剧院开枪射击林肯。林肯中弹后，于次日凌晨不幸逝世。林肯虽然死了，但南方奴隶主的卑鄙行径并未能挽救奴隶制度，林肯由于领导了解放奴隶的斗争而受到美国人民的尊敬。马克思代表第一国际总委员会起草的公开信里高度评价林肯："他是一位达到伟大境界而仍保持自己优良品质的罕有的人物。这位出类拔萃和道德高尚的人竟是那样谦虚，以致只有在他成为殉难者倒下去之后，全世界才发现他是一位英雄。"

美国内战是继独立战争后的又一次资产阶级民主革命，被称为美国历史上的"第二次革命"，是美国历史上又一块重要的里程碑。内战之后，美国成为单一的、联合的、强大的国家，这奠定了美国崛起的基础。

美国南北战争粉碎了奴隶主的反动势力，从而巩固了美国的统一和保证了工商业资产阶级在国家政权中的统治地位，美国南北战争消灭了南方奴隶制，使南方经济从此纳入美国资本主义发展的轨道，美国南北战争还使大批农民获得了土地，保证了美国式的农业资本主义发展道路的胜利。

这次战争为资本主义的进一步发展扫除了障碍，黑奴制的废除、《宅地法》的实施和西部地区的开发提供了广阔的国内市场；欧亚移民提供了劳动力和技术；欧洲的"剩余资本"流入后被大量利用；加上地理位置的优势，自然资源丰富这样一些因素，使美国的经济在19世纪后半期开始进入了一个广泛和迅速发展的新时期。

五、新贵与老欧洲

内战结束后,美国的经济取得了长足的发展,政治也进行了一定程度的改革,文化教育事业获得了较大进步,从总体来看,单就美国国内的实力而言,到19世纪末,作为后起之秀已经超过了欧洲国家,但其国际影响力还不能与其实力相匹配。在资本主义本性的驱使下,在其进攻性战略文化的蛊惑下,面对世界殖民地瓜分完毕的形势,美国与欧洲国家展开了争夺殖民地和势力范围的角逐。

内战后美国国内实力的增强

美国建国之初,人口仅为393万(1790年),领土面积十分狭小,共89万多平方英里,没有海军力量,陆军规模很小,经济上负债累累,政治上各州自行其是,国家实力相当弱小。到19世纪中晚期以后,通过战争吞并和购买的方式,美国的领土已比建国时扩张了10倍,美国领土范围从东部大西洋沿岸,向西部延伸,横跨美洲大陆,直达加利福尼亚、俄勒冈等西部海岸,覆盖了除加拿大、墨西哥之外的整个北美大陆,成为拥有45个州、7000多万人口的名副其实的大国。

19世纪后半期,在第二次科技革命的推动下,美国迅速完成了近代工业化,国民总产值由1869~1873年的67.1亿美元上升到1897~1901年的179亿美元;1860年美国工业生产在世界中所占的比重为17%,位居英国(36%)之后;但到19世纪80年代初美国工业在世界工业中的比重,就已与英国平分秋色;到1890年这个数字则改写为31%,超过英国(22%),上升到第一位,取代英国成为名副其实的"世界工厂";1860年与1900年相比,投入制造业中的资本从60亿美元增加到了将近100亿美元;产业工人的人数从330万人增加到了530万人;原煤产量从 1700 多万吨增长到 2.4 亿吨；生铁产量从不足 100 万吨上升到 1.37 亿吨；钢产量从 1.2 万吨剧增至 1.02 亿吨。1865 年，美国铁路线长仅 3.5 万英里；1870 年增加到约 5.3 万英里；1875 年达到 7.4 万英里，80 年代是铁路大发展的 10 年，铁路线从 9.3 万英里猛增到 16.6 万英里。1900 年，营业的铁路线已在 19 万英里以上，全部线路长度达近 26 万英里，超过欧洲铁路线的总长度，几乎等于全世界的半数。

其间，农业也有长足的发展。农产品的增长幅度也不小。1870 年小麦、玉米和棉花的产量分别是 2.35 亿蒲式耳、1.09 亿蒲式耳和 402 万包，而到 1900 年则分别飙升到 5.22 亿蒲式耳、2.1 亿蒲式耳和 1.012 亿包。

对外贸易额 1870 年出口为 4.51 亿美元，进口为 4.62 亿美元，到 1900 年，进出口贸易额则分别增长到 9.3 亿美元和 14.99 亿美元。到 19 世纪末，美国赶上并超过了老牌资本主义国家，成为世界上最富有和最大的工业国。

美西战争

1893 年，历史学家 F. 特纳说过："扩张力是美国人固有的一种力量……如果有人一定断言，美国生活中的扩张性现在已经完全停止了的话，那么，他一定是一个冒失的预言家。"特纳的预言"不幸"被美国的对外扩张而证实。1898 年美国发动的美西战争就是美国为了争夺古巴和菲律宾而与老牌殖民帝国西班牙进行的一次战争，这场战争是美国扩张活动由大陆转向海外的一个标志，是帝国主义国家之间因重新分割殖民地而爆发的第一场战争。它不仅是美国推行帝国主义战争政策的起点，也是世界资本主义转变为帝国主义的标志之一。因此，这场战争也是世界历史新时代的一个重要历史界标。

（一）美西战争的原因。

第一，垄断资本扩张的本性使然。扩张主义是美国自由资本主义向垄断资本主义过渡时期在对外关系上的一股思潮，它集中反映了统治阶级对外扩张的强烈愿望，适应了垄断资本主义扩张海外市场的要求。

早在19世纪40年代，美国的扩张主义者就鼓吹"天定命运"论，把美国领土从大西洋沿岸扩张到太平洋沿岸说成是上帝赋予的使命。但是，随着西部领土扩张完毕，边疆消失，扩张主义者便把目光转向了北美大陆以外的其他地方。社会达尔文主义者鼓吹美国是"具有向四面八方扩张传统的种族"，将"适者生存"作为种族优劣论的理论依据，宣称美国的进步和伟大"是自然选择的结果"，只有盎格鲁－撒克逊种族才是"优秀种族"，应当领导世界。19世纪末，美国工业生产增长，生产与资本的集中迅速发展。庞大的经济力量集中在实力雄厚的大资本家手中，美国开始进入垄断资本主义时期。殖民地成为列强输出资本、掠夺廉价原料与劳动力以及攫取垄断利润的主要场所，因此，一旦垄断组织得以进一步影响和控制政府，并在实际上支配内政与外交时，就会强烈要求按资本和实力重新瓜分世界，促使国家走上向外扩张和争夺世界霸权的道路。1897年工商界喉舌《工商时报》称：美国工业品大大超过了国内需求，其中许多甚至超过4倍以上，这就注定美国要争夺世界工业霸权。1896年总统选举时，共和党人麦金莱获胜。对内，他推行关税保护政策，维护垄断资本家的利益。对外，扩张和侵略则成了主要内容。他在总统就职演说中声称，在强大的海军组建以后，应该提供一支相称的商船队，目的是要使美国的贸易通往外国。麦金莱上任后，常常谈到国内市场狭窄，产品过剩，需要打开国外市场。垄断资本的御用文人和工具也以"天定命运"为中心，大造对外扩张的舆论，1890年达到了甚嚣尘上的地步。

第二，西班牙的衰落为美国提供了难得的"机遇"。与美国实力不断增强相反，西班牙却已经衰落。西班牙是老牌殖民帝国，在世界各地曾经拥有过广泛而众多的殖民地，殖民地面积曾经是其本国领土面积的20倍。虽然它在美洲的殖民地在19世纪20年代的民族独立战争后摆脱了它的控制，大部分地区先后成立了民族国家，但在世界许多地方仍保留了一些不可忽视的殖民据点，主要包括美洲的古巴、波多黎各及太平洋上的菲律宾、马里安纳群岛和加罗林群岛等5块殖民地，其中以富庶

第九章　美国：从蚂蚁到大象

的古巴和菲律宾最为重要。在那里，殖民地人民同宗主国西班牙存在着极其尖锐的矛盾，便于美国的插手；美国在古巴也有巨大的经济利益要保护，更为其插手提供了借口；当时俄、英同美国保持着较好的关系，法国也不愿同美国对抗，国际形势也有利于美国。

第三，马汉的"海权论"为其扩张提供了理论根据。马汉在1890年出版了《海权对1660~1783年历史的影响》，1892年又发表续篇《海权对1793~1812年法国革命和帝国的影响》，1897年又抛出《美国海权利益的现在和未来》，奠定了美国"海权论"的基础。他认为制海权是国家实力的关键，有制海权的民族才是历史上最伟大的民族。唯有那些拥有强大海军的国家，才能实现世界霸权政策。因此，美国的发展必须建立在制海权的基础上。他露骨地说："不管美国人愿不愿意，现在他们必须开始目光向外看。"他主张从夺取加勒比海霸权开始，通过开掘沟通大西洋和太平洋的洋际运河，把美国的海上势力连为一体，以便夺取太平洋和远东地区的霸权。马汉的扩张主义思潮适应了帝国主义政策的需要，成为美国总统制定对外政策的重要指导原则。

第四，美国统治者对古巴与菲律宾垂涎三尺。古巴不仅资源丰富，而且地理位置重要，是通往墨西哥湾的咽喉，也是美国向拉丁美洲扩张的一块跳板，素有"加勒比海的明珠"之称。早在1823年4月，国务卿昆西·亚当斯就主张阻止古巴独立，支持西班牙在该岛的殖民统治，一直到这个岛屿在"政治引力规律"的作用下，像只成熟了的苹果一样，落到美国的手中。

菲律宾群岛位于亚洲的东南方向，是南洋群岛中最大的岛屿，有"南太平洋锁钥"之称，在地理上与中国隔海相望，美国扩张主义者将菲律宾看作是"到中国的垫脚石"。

第五，舆论宣传为其侵略制造借口。不少报刊为了适应统治阶级向外扩张的需要，刊出许多耸人听闻的报道，为美国对西班牙作战进行舆论准备。1896年，西班牙政府镇压了古巴人民在1895年掀起的反西班牙统治的起义。美国人民包括在古巴投资的资本家同情古巴人民。麦金莱政府利用人民的同情，在1896年6月向西班牙政府提出抗议。1898年，又以"保护美侨"为名派"缅因"号战舰赴哈瓦那。资产阶级报纸乘机煽风点火，激起民众的反西情绪。有的报纸发表所谓西班牙驻美公使的信件，信中称美国总统为"政治骗子"。

1898年2月15日，"缅因"号爆炸沉没，死亡官兵266人，伤100余人。这一事件为扩张主义者和煽动战争狂热的美国报刊提供了极好的借口。顷刻间，"记住缅因号"的叫嚣充斥全国。4月25日，美国国会通过决议，宣布向西班牙宣战。

（二）美西战争的过程与结果。

美西战争持续的时间并不长，实际上，战斗从1898年5月~7月只进行了3个月。战事是在大西洋和太平洋上同时拉开的。美国宣战后，第一次战役并不是在它要加以"解救"的古巴岛上打的，而是在距此万里之遥的菲律宾群岛的马尼拉湾进行的。

在太平洋，4月27日，美国的亚洲舰队司令、海军准将G.杜威率队从中国香港附近的大鹏湾全速驶往马尼拉，利用夜幕潜入马尼拉湾。在5月1日清晨，突然以猛烈的炮火轰击湾内西班牙舰队。正午时分结束战斗，西班牙的10艘战舰，不是被击沉就是被焚烧，官兵死伤380人。美军舰只完好，士兵无一死亡，只有7人负伤。两个月后，在W.梅里特将军统率下，约1.1万美军抵达马尼拉湾，并在阿奎纳多领导的菲律宾起义者的支持下，于8月13日占领马尼拉城。

在大西洋，从5月~7月，一位美国海军少将率领的大西洋舰队，将塞韦拉率领的西班牙舰队封锁在古巴圣地亚哥港内，与此同时由W.R.谢夫特率领的美国远征军1.7万人于6月14日在内巴代基里登陆，然后向圣地亚哥挺进。7月1日，美军分别夺取圣地亚哥的制高点和附近的凯特尔山，使西班牙舰队难以突围，终遭全歼，该城守军也不得不于两周后投降。

西班牙在古巴和菲律宾的战败，使它不得不要求停火。在法国的斡旋下，美西和谈于1898年12月10日在巴黎正式举行。《美西和约》

共17条，其中，最主要的是前3条。第一条规定："西班牙放弃对古巴的主权和所有权的一切要求"，"西班牙撤离后，将由合众国予以占领"。第二条规定："西班牙将波多黎各岛和西印度群岛中现属西班牙主权之下的其他各岛，以及马里亚纳群岛亦即拉达罗内斯群岛中的关岛让与合众国。"第三条规定："西班牙将通称菲律宾群岛的各岛屿让与合众国。"美国在条约互换批准书后3个月内，付给西班牙2000万美元。1901年3月，美国国会通过《普拉特修正案》，规定古巴不得向美国以外的任何国家转让土地，美国取得在古巴建立军事基地的权利，并可以维护古巴"独立"而对其进行干涉等。1903年美国强占古巴两处海军基地。美国如愿以偿。

在美西战争之前，美国在太平洋已经占领了一系列岛屿，如豪兰岛（1857年）、贝克岛（1857年）、贾维斯岛（1857年）、金门礁（1858年）、约翰斯顿（1858年）等等。在美西战争之后，美国在夺取古巴和菲律宾的同时，又以不同方式夺取或控制了众多地盘。例如，1878年美国与萨摩亚签约获得领事裁判权，1890年英、美、法三国宣布它为保护国，1899年取消保护后美国取得东萨摩亚。

1899年，美国吞并位于关岛和夏威夷之间的威克岛。1900年，美国国会通过的法令规定，波多黎各岛和关岛的总督等的任命须经美参议院同意。1903年，美国先策划巴拿马脱离哥伦比亚独立，然后从巴拿马共和国手中夺得运河开挖权并"永久租借"该运河区。1917年，美国又从丹麦手中"购买"维尔京群岛。

这样，在美西战争之后，美国的海外殖民体系已经基本形成。

门户开放政策

（一）门户开放政策出台的背景。

第一，中国庞大的市场对美国垄断资本具有诱惑力。美国早就有意染指中国。1784年第一艘美轮"中国皇后"号到达中国，展开了首次贸易。随着此后中美贸易量的不断增加，美国对中国广阔的、潜在的市场十分垂涎。18世纪末到19世纪初，由于欧洲各国之间战乱频繁，给美国的海外商业扩张提供了绝好的机会。美国较为先进的造船技术也为美国的海外扩张提供了必要的运输工具。在对华贸易中，美国很快便超过法国、荷兰等国，成为仅次于英国的中国第二大贸易伙伴。据统计，从1785年到1838年的54年间，来华贸易的外国商船数为4519艘，其中美国的船只就有1150艘，占来华外国商船总数25.45%。在欧洲列强加紧侵华之际，美国商人敦促本国政府采取更加积极的对华政策。美国进入帝国主义阶段后，将中国看作是它的商品输出和投资市场。美国占领菲律宾的目的旨在将之作为进入中国的"踏脚石"。1898年间美国对中国的输出，从740万美元猛增至1630万美元。中国已经成为美国相当重要的商品销售市场和投资场所。

第二，美国参与瓜分中国"心有余而力不足"。当美西战争结束时，英、德、法、俄、日等帝国主义列强已经在中国划分了各自的"势力范围"。中国东北落入俄国之手，山东成为德国的势力范围，长江流域及云南的一部分为英国所控制，福建、台湾则处于日本控制之下。这使美国感到，如果容忍列强瓜分中国的势头蔓延，"我们就会失去……世界上最大的市场"。美国如要取得在中国的"势力范围"，必将同列强发生尖锐的矛盾，甚至冒武装冲突的风险。尽管这时的美国在经济上有能力同世界列强竞争，但军事的"疲软"却造成它"心有余而力不足"，无力在远东地区称霸。1784年，军队只剩下70人，用以警卫西点的军事仓库，海军所剩无几的舰船也被拍卖了，这样，美国已变成一个几乎没有军队的国家。即使在美西战争前军事实力有所增长，但全军也只有2.8万人。19世纪80年代，美国海军实力只居世界第12位，虽然经过1893年的海军拨款和建设，跃居世界第5位，到美西战争时，已位居世界第3，但与在华角逐的沙俄、德国、法国和英国相比，整体军事实力还是比较薄弱的。当时，沙俄、德国、法国军队人数分别为75万、46万和61万。英、法、俄、德的军舰数则分别为581艘、403艘、286艘和216艘，其中一级战舰依次为80艘、50艘、40艘和28艘。而美国海军军舰总数只有81艘，其中一级战舰18艘。

第九章 美国：从蚂蚁到大象

第三，外交手段更为隐蔽。美国与其他列强相比，其最大的优势是具有雄厚的经济实力。优越的经济基础使美国不满足成为瓜分中国的一个普通角色，而应是竭力在东亚事务中充当首席仲裁者的角色，谋取美国在中国市场的垄断地位，将太平洋变成"美国湖"。历史证明，以武力侵略暂时能获得市场，但不能持久，因为侵略本身加剧了与对象国人民之间的矛盾，而且更容易成为矛盾的"主角"，成为其他列强的众矢之的。避免不必要的麻烦，而又能实现美国目的的手段和途径应该是相对温和而隐蔽的外交。外交手段对当时的美国而言就显得非常重要了。

（二）门户开放政策的内容。

门户开放政策是由美国国务卿约翰·海提出的，是由1899年颁布、1900年补充，并在1905年日俄战争后重申的三次门户开放照会组成的。

约翰·海于1899年9月6日向伦敦、柏林、彼得堡发出了一个相同的照会，说明"门户开放"政策的本质（以后又向东京、罗马和巴黎致送同样的照会），要求每个国家以正式宣言的方式保证：

一、不得干涉任何一个依照条约开放的通常口岸，或于各该国在华的所谓"势力范围"或租借地内，干涉任何其他国家的已得利益。

二、不论何国的货物，进入上述"利益范围"的口岸内（"自由"口岸除外），一律适用目前的中国协定关税，计由中国政府抽收。

三、对于上述"范围"内口岸的别国船只，各该所谓"利益范围"的国家，不得征收比对本国船只更高的港口税；对别国商品经过上述"范围"内，各该所谓"利益范围"的国家，不得利用其所修建、控制及管理的铁路，在同等里程内，抽收比本国同类货物更高的运费。

对于美国提出的这一"门户开放"政策，当时在华势均力敌的各个列强最终予以认可。1900年3月20日，约翰·海致美国驻英、法、德、俄、意、日6国使节转告6国政府，在这一宣言中宣称"所有在中国有租借地或所谓'势力范围'的列强均已采取相似行动"，通知有关各国"所有其他有关列强同样接受美国之提议——业已实现。因此美国政府认为贵国所表示之同意是最后而确定的"。

1900年6月，英、法等八国联军发动侵华战争，镇压义和团运动。一些国家主张一举瓜分中国，美国则主张"以华制华"。7月3日，约翰·海照会英、法、德、意、俄、奥、比、西、日、荷、葡等11国，提出第三个门户开放宣言。强调美国与列强一致行动，以保护美国在华利益，防止骚乱蔓延。照会特别强调"美国政府的政策，是在寻求一种解决，使中国获得永久安全与和平，保持中国的领土与行政完整，保护各友邦受条约与国际法所保障的一切权利。并维护各国在中国各地平等公正贸易之原则"。这样，美国的门户开放政策趋于完善。

　　这个照会的实质是承认各国势力范围，在各国势力范围内门户开放，利益均沾，以达到保护美国在华的利益。这是一种美国式的新型殖民主义政策。在经济上，排除一国独占中国，通过自由竞争，以争夺在华优势；在政治上以华制华，逐步取得对华控制权；在外交上，注重对华经济扩张和政治渗透，而对列强协同侵略则互不干涉。

六、启示

美国作为一个后起的资本主义国家,在大约一个世纪的时间里,赶上并超过当时世界上最先进的资本主义国家——英国,并由此而崛起、发展、壮大起来。除去其"天然"具备的优越的地理位置和丰富的自然资源外,其中还有很多的经验可供我们借鉴和学习。

必须维护国家主权完整

独立战争前,美国是英国的13个殖民地,在政治上和经济上都受到英国的控制,殖民地本身的政治经济发展受到压制。英国为了加强自己对北美13个殖民地的统治,不仅扶持那里封建残余势力,力图使殖民地永远停留在经济附庸的地位,而且还向北美殖民地转嫁自己的经济压力,严重地损害殖民地经济的发展。

独立战争推翻了英国的殖民统治,彻底粉碎了殖民枷锁,建立了独立的美利坚合众国,美利坚民族赢得了政治上的主权。

政治主权的获得为美国经济的进一步发展提供了政治前提。但诚如马克思所说,当时"从经济上来说,美国仍然是欧洲的殖民地"。第二次美英战争的结果使英国实际上放弃了侵占美洲大陆的野心,扫除了美国在北美大陆开拓领土的最大外部障碍。这次战争使美国基本摆脱了经济上对英国的依赖,走上了独立发展资本主义工业的道路。

美国内战是两种不同制度之间矛盾与冲突的结果,也是一场维护国家主权完整的战争。如果主权完整得不到维护,领土得不到统一,资本主义制度就难以一统美国天下,工业化就会推迟。如果美国分裂成了两个或者更多的国家,或者北方没有赢得胜利,美国就不可能成为20世纪世界第一强国。

必须推进和适应生产力的发展

1787年宪法中规定"为促进科学和实用技艺的普及,对作家和发明家的著作和发明,在一定期限内给予专利权的保障"。用国家的根本大法来保护发明创造。1802年,美国成立了国家专利局。19世纪后半叶,各种各样的发明如雨后春笋般出现在美国。1790~1860年,美国专利局批准的专利总计为3.6万件,之后的1897年一年就批准了专利2.2万件。19世纪70年代末,第二次工业革命爆发。技术革命为经济发展提供了新能源,也给美国的经济发展带来了强劲的动力。依靠强大的科技实力,美国很快在第二次工业革命中独占鳌头。

生产力的高速发展时刻要求着建立与之相适应的生产关系。从整个世界范围内说,这一时期,封建制度已经趋于腐朽衰落,丧失了生命力,到处成为生产力发展的障碍。独立战争和美国内战是美国资本主义制度发生和发展中的两次重大革命。资本主义制度使生产力又得到一次大解放。

必须建立顺畅的法律机制

独立之后的美利坚合众国,在政权方面只设有国会,没有总统,没有最高法院,而国会本身也没有实际的执行权力。独立后的13个州实际上只是一个非常松散的联盟。在《邦联条例》(1777年)之下,各州保留了很大的独立性,而邦联政府的权限很小,导致邦联政府对内无法解决严重的经济问题,对外难以捍卫本国利益;各州间在边界、关税问题上纠纷频起,州际商品流通也无法正常进行。

1787年9月17日,美国第一部成文宪法最终形成,确立了适应于美国的总统制。在宪法的确认和保障下,国家主权由州政府转移到联邦政府。同时,宪法规定由各州保留的自治权利,联邦政府不得干涉;界定了个人、州政府和联邦政府在经济运行中的分工,为美国的经济发展提供了法律保障。

第九章 美国：从蚂蚁到大象

必须争取国际资源的支持

一个国家由于所处的地位、环境以及利益追求等条件的不同，形成其他国家对该国的不同态度。从别国对该国的态度来看，国际资源可以划分为顺意国际资源、逆意国际资源和中间国际资源。顺意国际资源对该国奉行的政策、采取的行为持赞赏、支持、合作的态度。这种国际资源有时是既定的，但大多数的情况是国家通过外交努力争取而来的。这就需要国家注意与它们保持沟通联系，不使它们的态度发生逆转。

独立战争期间，英美力量对比极为悬殊。美国从现实出发，善于利用复杂的国际关系，积极争取法国的支持。但法国在初期却顾虑重重。驻英代表阿瑟·李以法国著名戏剧家博马舍为桥梁，说服了法国外交大臣维尔仁，采取了秘密向北美殖民地出口军火的措施。美利坚立即抓住这个机会任命以博学多才而闻名欧洲的富兰克林为驻法代表。他随即利用老练的外交手腕，向法国政府施压。萨拉托加战役后，为了向法国施加压力，富兰克林秘密与英国展开谈判，法国被迫做出让步，正式决定开始法美同盟谈判。法美同盟既使法国从暗地援美转为公开抗英，又为美利坚开扩外援之先声。西班牙也于1779年6月对英作战。俄国于1780年联合普鲁士、荷兰、丹麦、瑞典等国组成"武装中立同盟"，打破了英国的海上封锁。1780年12月荷兰进一步加入法国方面对英作战。

在争取更多顺意国际资源支持的同时，要利用灵活的外交手段，尽可能地减少逆意国际资源。美国内战触及了英国在美国南部的利益，"特伦特"号事件又使英国对美国剑拔弩张。林肯政府采取了灵活机动的外交策略，使"特伦特"号事件得以和平解决。英国因而失去了对美国宣战的借口，同时也打碎了南部同盟希望欧洲列强的外交承认或"武装干涉"的泡影，化解了林肯政府面临的第一场外交危机。

以史为鉴，可知兴衰。美国用了百余年的时间崛起为一个世界性的大国。独立战争的胜利获得了政治上的主权；美国内战的胜利结束维护了国家主权的统一，促进了资本主义生产的迅猛发展；西进运动开疆拓土，扩展了美国的领土，为资本主义的发展提供了原料和能源产地以及销售市场；门罗咨文的颁布为美国赢得了近百年的快速发展时间，在一定程度上构筑了较为稳定的"后院"；美西战争的发动和门户开放政策的出台是实力强大的"后起之秀"对老牌欧洲殖民国家的"叫板"，以谋取和扩大自身的国际影响力。应该说，到19世纪末20世纪初，拥有雄厚实力和国际影响力的美国已经在美洲崛起。

后 记

"江山代有才人出",每一个时代总有大国,更准确地说是强国在独领风骚,但若不能顺应时代潮流而动,则必然由强盛转向衰败,正是:"眼见他起高楼,眼见他宴宾客,眼见他楼塌了。"历史上大国成功的经验各不相同,失败也是原因各异。总结大国成功的经验,吸取大国衰败的教训,是所有胸怀中华民族伟大复兴愿望的国人所需要的。

本书对15世纪以来9个世界性大国的崛起历程做了介绍,史论结合,以史为主,力图客观准确地反映大国成功的经验和失败的教训。为了准确反映作者的观点,各章的风格不做统一。全书具体分工为:唐永胜,前言;刘宏伟,第一、二、三章;周毅,第四、五章;刘东哲,第六、七、八章;詹家峰,第九章。本书主编,唐晋。

作者

2006年12月

图书在版编目（CIP）数据

大国崛起/唐晋主编．
—北京：人民出版社，2006.12（2021.1 重印）
ISBN 978-7-01-006006-4

Ⅰ.大… Ⅱ.唐… Ⅲ.世界史—史料 Ⅳ.K106

中国版本图书馆 CIP 数据核字（2006）第 153288 号

大国崛起　DAGUO JUEQI

作　　者：唐　晋
责任编辑：杨美艳
封面设计：张云飞
出版发行：人民出版社
社　　址：北京市东城区隆福寺街 99 号
邮政编码：100706
经　　销：新华书店
印　　刷：北京中科印刷有限公司
开　　本：690 毫米 × 980 毫米　1/16
字　　数：378 千字
印　　张：27
版　　次：2006 年 12 月第 1 版　2021 年 1 月第 4 次印刷
书　　号：ISBN 978-7-01-006006-4
定　　价：56.00 元

版权所有　翻印必究·印装有误　负责调换